行政法研究双書 33

# 公務員制度の法理論
——日仏比較公務員法研究

下井康史 著

弘文堂

## 「行政法研究双書」刊行の辞

　日本国憲法のもとで、行政法学が新たな出発をしてから、七〇有余年になるが、その間の理論的研究の展開は極めて多彩なものがある。しかし、ときに指摘されるように、理論と実務の間に一定の乖離があることも認めなければならない。その意味で、現段階においては、蓄積された研究の成果をより一層実務に反映させることが重要であると思われる。そのことはまた、行政の現実を直視した研究がますます必要となることを意味するのである。

　「行政法研究双書」は、行政法学をめぐるこのような状況にかんがみ、理論と実務の懸け橋となることを企図し、理論的水準の高い、しかも、実務的見地からみても通用しうる著作の刊行を志すものである。もとより、そのことは、本双書の内容を当面の実用に役立つものに限定する趣旨ではない。むしろ、当座の実務上の要請には直接応えるものでなくとも、わが国の行政法の解釈上または立法上の基本的素材を提供する基礎的研究にも積極的に門戸を開いていくこととしたい。

塩　野　　　宏<br>
園　部　逸　夫<br>
原　田　尚　彦

## はしがき

　本書は、筆者がこれまでに発表してきた論攷のうち、日仏の公務員法研究に関わるものを集成し、若干の書き下ろしを加えた論文集である。既発表のものについては、誤記修正の他、引用方法の統一化、初出後に改訂された引用文献の参照箇所訂正等、最小限の修正を行ったが、内容は基本的に変更していない。初出後の法制度改革や公表関連文献については、各節の最後に補注として簡単に紹介した。ただし、各文献についてコメントを付すまでには至っていない。
　以下、本書の内容を簡単に説明しておく。

　序「公務員制度改革と公務員法」は、地方自治職員研修557号（2007）の巻頭言として執筆したものである。その性質上、学術性は高くないが、筆者の公務員法研究における基本的視座を簡潔に明らかにし、本書全体を通底する研究理念を端的に示していることから、序として収録した。
　第1編から第3編のいずれにおいても、第1章にフランス法を論じたものを、第2章に日本法を論じたものを、それぞれ配した。
　第1編のテーマは「公務員の勤務条件決定システム」である。各章各節いずれの執筆も、公務員労働基本権改革が検討されていた時期の前後であった。ここでの主たる問題関心は、勤務条件決定システムにおける法令規律の要請と協約締結権保障の要請とをいかに調和させるべきか、という点にある。第1章「フランス法」のうち、第1節「地方公務員制度における給与決定システム」は、2012（平成24）年に自治総合センターから委託を受けた調査の報告として執筆した。その性質上、学術論文の体裁はとられていない。第2節「法令規律の仕組みと組合参加制度」は、ジュリ1435号（2011）における特集「転機を迎える国家公務員労働関係法制」の一環として執筆した。第1節と重複する部分は多いが、第1節の対象は地方公務員制度であり、第2節のそれは国家公務員制度である。また、第2節「Ⅴ　おわりに」では簡単な日

仏比較を行っている。第2章「日本法」の第1節「公務員の団体交渉権・協約締結権」は、季刊労働法221号（2008）における特集「公務員労働基本権の新展開」の一環として執筆した。「Ⅵ　おわりに」で示した私見は、第3節で一部修正している。第2節「地方公務員制度における新たな労使関係の構築に向けて」では、2012（平成24）年5月の総務省「地方公務員制度改革について（素案）」を取り上げた。第3節「公務員法における法律・条例事項と協約事項」は、2013（平成25）年5月の日本労働法学会におけるシンポジウム「公務における『自律的労使関係制度』の確立の意義と課題」での報告を、第4節「公務員──この特殊な労働者に及ぶべき法的規律について」は、2012（平成26）年10月の日本公法学会第2部会「人の属性と公法」での報告を、それぞれ基にしている。第3節までは、勤務条件決定システムに関する立法論が中心であったが、第4節では、公務員関係を契約関係と把握すべきとする立場から、他の論点に関する現行法解釈論も試みた。

　第2編のテーマは「身分保障」である。そこでの主たる問題関心は、「公務員法は、労働者保護法であると同時に、公益実現に資することを目的とした、適切な行政サービス実施の蓋然性を高めるための法である」という基本理念のもと、身分保障法制のあり方をいかに考えるべきか、という点にある。分限・懲戒制度のみならず、公務員の義務や、成績主義──身分保障は成績主義原則を支える制度である──の実現手法を論じたものもここに配した。第1章「フランス法──官職分離原則の身分保障機能」（書き下ろし）では、我が国公務員法の根幹に関わる問題点──制度の建前は開放型任用制（ノンキャリア・システム）であるのに、実態は閉鎖型任用制（キャリア・システム）であること、および、職階制は廃止されたのに、これを土台として構築されているはずの任用制度は維持されていること──を指摘したうえで、かかる問題を解決するための理論的指針を得るため、フランス法における官等と職の区別（官職分離）の原則、および、同原則を踏まえた任官補職のシステムを考察した。第2章「日本法」の第1節「公務員法と労働法の距離──公務員身分保障のあり方」は、日本労働研究雑誌509号（2002）における特集「公務員制度の改革と展望」の一環として執筆したものである。第2節「公務員の守秘義務」と第3節「行政法における公務員倫理法の位置付け」では、

懲戒制度が身分保障機能を果たすことから、懲戒事由たる義務の問題を扱った。いずれにおいても、第3編における問題関心も踏まえている。後者は、日本労働研究雑誌565号（2007）における特集「労働と倫理」の一環として執筆した。第4節「人事評価システムにおける制度的工夫」では、2007（平成19）年通常国会提出の地公法改正案（その内容は2014〔平成26〕年改正地公法に反映されている）を素材として、人事評価制度のあり方を検討している。

　第3編のテーマは「多様な公務員と公務員制度の射程」である。一口に公務員といっても、国や地方公共団体のみならず特別行政主体に勤務する者も存在するし、勤務形態（任用期間や勤務時間）も様々である。かかる多様性を踏まえた立法論および解釈論はいかにあるべきか、これがここでの主たる問題関心である。第1章「フランス法」の第1節「公務員制度の射程──公役務理論と官吏概念」では、官吏概念、ひいては官吏制度の範囲画定について、公役務理論が与える理論的影響とその限界を論じた。第2節「任用・勤務形態の多様化──地方公務を中心に」は、2003（平成15）年12月の地方公務員制度調査研究会報告書「分権新時代の地方公務員制度──任用・勤務形態の多様化」における筆者担当部分を基にしている。第2章「日本法」の第1節「公務員の勤務形態多様化政策と公法理論」は、2003（平成15）年11月の日本労働法学会におけるシンポジウム「雇用政策法の基本原理」での報告を、第2節「任期付任用公務員の更新拒否をめぐる行政法上の理論的問題点──合理的意思解釈による更新前提性判断の可能性」は、2007（平成19）年5月の同学会におけるシンポジウム「非常勤職員を巡る諸問題」での報告を、それぞれ基にしている。

　結「日仏比較公務員法研究の意義」（書き下ろし）は、本書全体のまとめとして、フランス公務員法の考察が我が国公務員法研究に示唆をもたらすのはいかなる点においてであるのかを、本書の構成に即して指摘し、最後にやや大胆な提言を行っている。

　各章各節における内容の重複は少なくない。とりわけフランス公務員法制の概説が頻繁に登場する。本書を上梓するにあたり、制度全体の説明に目的を絞った項を書き下ろし、全体を再構成することも検討したが、初出時が

2002年から2016年と長きにわたっているところ、フランス公務員法は改正が実に頻繁であるため、却って矛盾・混乱が生じる可能性が高く、初出時の制度説明を残すべきと判断した。説明の重複に煩わしさを感じる向きもあろうが、ご寛恕をお願いする次第である。なお、引用条文は、フランス法については初出時施行のもののままとしたが、日本法については、原則として事後の改正を反映させている。

　本書上梓にあたり、既発表論攷のすべてを見直したが、様々な誤りを見過ごしている可能性は高く、ご指摘等を頂ければ幸いである。

　筆者が研究者を志し、北海道大学大学院修士課程に入学してから、2017年でちょうど30年になる。この節目となる年に本書を上梓できるまで、数え切れないほど多くの方々からご指導・ご助力を頂いた。とりわけ恩師である古城誠先生（現在は上智大学教授）に、改めて心より謝意を表させていただきたい。先生には、学部ゼミに所属して以来、大学院在学時代を通じ、研究者としての基礎を作って頂いた。怠惰で非力な弟子の遅々として進まぬ研究ぶりに困惑されたことと拝察するが、本書をもって少しでも学恩に報いることができればと願っている。また、大学院および法学部助手時代は、北大公法研究会の他、労働判例研究会や社会保障法研究会において、諸先生方、諸先輩方、そして多くの学友に、まさに鍛えて頂いた。この経験がなければ、今の私はない。助手在任中にポアチエ大学に留学できたことも思い出深い。

　その後、鹿児島大学、新潟大学、筑波大学を経て、現在は千葉大学に奉職しているが、いずれの大学においても、快適な研究・教育環境、そして同僚に恵まれたことに感謝したい。本書に収めた論攷のいくつかは、鹿児島大学公法研究会や新潟大学公法研究会での報告と議論を基にしている。行政判例研究会やフランス行政法研究会での報告そして議論が、日々の研究における礎となっていることも、ここに記しておきたい。

　伝統ある行政法研究双書の一冊に本書を加えて頂けたのは、塩野宏先生のご厚情による。拙い本書の企画を先生におそるおそるお示ししたところ、出版をお認め頂けただけでなく、貴重なアドバイスまで頂いた。先生には、公

法学会や行政判例研究会でもお世話になるばかりで、御礼の言葉もない。
　本書の刊行に際しては、弘文堂編集部の北川陽子さんから多大なるご尽力を頂いた。書籍出版は編集者の力によるところが多であることを、改めて強く実感した次第である。仕事が遅く、かつミスが多い私に辛抱強く対応して頂いた北川さんに、衷心より御礼を申し上げたい。
　なお、本書の刊行にあたっては、平成28年度科学研究費補助金（研究成果公開促進費）の助成を受けた。
　最後に私事となるが、わがままな私を日々支えてくれる家族（2頭の柴犬を含む）と両親に、感謝の言葉を記すことをお許し頂きたい。

　　2016年11月

　　　　　　　　　　　　　　　　　　　　　　　　　　　下井　康史

# 初出一覧

序　　「公務員制度改革と四つの基本原則」地方自治職員研修557号11-12頁（2007）

## 第1編　公務員の勤務条件決定システム
### 第1章　フランス法
第1節　「フランス」自治総合センター『諸外国の地方公務員の給与決定に関する調査研究会報告書』（2013）34-60頁、資料編20-21頁

第2節　「フランス法の視点から——法令規律の仕組みと組合参加の制度」ジュリスト1435号（2011）41-48頁

### 第2章　日本法
第1節　「公務員の団体交渉権・協約締結権——制度設計における視点の模索」季刊労働法221号（2008）88-105頁

第2節　「地方公務員制度における新たな労使関係の構築に向けて（覚書）——総務省『地方公務員制度改革について（素案）』を素材として」地方公務員月報587号（2012）2-21頁

第3節　「公務員法における法律・条例事項と協約事項——公法学の視点から」日本労働法学会誌122号（2013）77-85頁

第4節　「公務員——この特殊な労働者に及ぶべき法的規律について」公法研究75号（2013）176-187頁

## 第2編　身分保障
### 第1章　「フランス法——官職分離原則の身分保障機能」書き下ろし
### 第2章　日本法
第1節　「公務員法と労働法の距離——公務員身分保障のあり方について」日本労働研究雑誌509号（2002）21-30頁

第2節　「公務員の守秘義務」髙木光＝宇賀克也編『行政法の争点』（有斐閣・2014）72-73頁

第3節　「行政法における公務員倫理法の位置付け」日本労働研究雑誌565号（2007）47-53頁

第4節　「人事評価システムにおける制度的工夫について（試論）」地方公務員月報541号（2008）2-15頁

**第 3 編　多様な公務員と公務員制度の射程**
第 1 章　フランス法
第 1 節　「公務員制度の射程——フランス公役務理論と官吏概念」川上宏二郎先生古稀記念論文集『情報社会の公法学』(信山社・2002) 49-75頁
第 2 節　「フランスにおける公務員の任用・勤務形態の多様化(上)(下)——地方公務を中心に」自治研究81巻 3 号50-65頁、81巻 6 号 (2005) 109-131頁
第 2 章　日本法
第 1 節　「公務員の勤務形態多様化政策と公法理論」日本労働法学会誌103号 (2004) 36-51頁
第 2 節　「期限付任用公務員の更新拒否をめぐる行政法上の理論的問題点——『公法』関係論と任用『処分』論の検討」日本労働法学会誌110号 (2007) 132-145頁

結　　「日仏比較公務員法研究の意義」書き下ろし

# 目　次

はしがき　*i*
初出一覧　*vi*
凡　例　*xv*

序　公務員制度改革と公務員法 ……………………………………… *1*

## 第1編　公務員の勤務条件決定システム

第1章　フランス法 ……………………………………………………… *6*
　第1節　地方公務員制度における給与決定システム ……………… *6*
　　Ⅰ　地方公務員制度の概況 ………………………………………… *6*
　　　　1　公務員制度の概要
　　　　2　労働基本権の付与状況
　　Ⅱ　地方公務員の給与決定システム ……………………………… *24*
　　　　1　給与の種類
　　　　2　給与決定（改定）過程
　　Ⅲ　〈補論1〉労使協働諮問機関制度 ……………………………… *28*
　　　　1　概　略
　　　　2　現行法制の概要
　　　　3　2010年官吏法改正による制度改革
　　Ⅳ　〈補論2〉地方公務管理機構
　　　　（centre de gestion de la fonction publique territoriale）……… *36*
　　　　1　概　要
　　　　2　組　織
　　　　3　業　務
　第2節　法令規律の仕組みと組合参加制度 ………………………… *50*
　　Ⅰ　はじめに ………………………………………………………… *50*
　　Ⅱ　公務員法制の概要 ……………………………………………… *51*
　　Ⅲ　法令規律の内容 ………………………………………………… *53*
　　　　1　官吏法の規律事項
　　　　2　俸給決定システム

Ⅳ　組合参加の制度 ································································ 56
　　　　　1　労使協働諮問機関を通じた参加
　　　　　2　団体交渉と協定締結
　　　Ⅴ　おわりに
　　　　——我が国の現行法および国公労法案とフランス法との比較············ 61
　　　　　1　現行国公法・地公法との比較
　　　　　2　国公労法案との比較


第2章　日本法 ······················································································ 64
　第1節　公務員の団体交渉権・協約締結権
　　　　——制度設計における視点の模索 ·············································· 64
　　　Ⅰ　はじめに ························································································ 64
　　　Ⅱ　現行法の概要 ················································································ 67
　　　Ⅲ　全農林最判 ···················································································· 70
　　　　　1　全農林最判の労働基本権制約理由
　　　　　2　全農林最判が示した各制約理由に対する本報告書の見解
　　　　　3　主たる制約理由としての勤務条件法定主義・財政民主主義
　　　Ⅳ　名古屋中郵最判 ············································································ 78
　　　　　1　名古屋中郵最判の労働基本権制約理由
　　　　　2　名古屋中郵最判による議会制民主主義重視
　　　　　3　名古屋中郵最判の公務員労働基本権観
　　　　　4　名古屋中郵最判の香城敏麿調査官解説
　　　Ⅴ　全農林最判と名古屋中郵最判が立法論に与える影響 ················ 85
　　　　　1　両最判の違い
　　　　　2　立法論への影響
　　　　　3　拠るべきスタンス
　　　Ⅵ　おわりに ························································································ 90
　　　　　1　団体交渉・協約事項の画定に関する基本的視点
　　　　　2　法律・条例事項とすべき勤務条件
　第2節　地方公務員制度における新たな労使関係の構築に向けて
　　　　——総務省「地方公務員制度改革について（素案）」を素材として
　　　　 ·································································································· 96
　　　Ⅰ　はじめに ························································································ 96
　　　Ⅱ　改革の経緯 ···················································································· 97
　　　Ⅲ　総務省素案の内容 ········································································ 98
　　　　　1　総　　論
　　　　　2　各　　論

Ⅳ　おわりに ……………………………………………………………… *111*
第3節　公務員法における法律・条例事項と協約事項 ……… *113*
　Ⅰ　はじめに ……………………………………………………………… *113*
　Ⅱ　基本的視点 …………………………………………………………… *114*
　　　1　勤務条件法定主義と労働基本権保障の両立・調和
　　　2　国家公務員労働法案と地方公務員労働法案
　　　3　必要的法律事項と任意的法律事項
　Ⅲ　いかなる事項が必要的法律事項か ………………………………… *117*
　Ⅳ　いかなる事項が任意的法律事項か（試論）……………………… *119*
　　　1　閉鎖型任用制か開放型任用制か
　　　2　情勢適応原則の採否
　　　3　給与に関する原則の採否
　Ⅴ　おわりに ……………………………………………………………… *121*
第4節　公務員
　　　　──この特殊な労働者に及ぶべき法的規律について ………… *122*
　Ⅰ　はじめに ……………………………………………………………… *122*
　Ⅱ　公務員が特殊な労働者であるべきことの法的論拠 …………… *123*
　Ⅲ　勤務条件法定主義
　　　　──民間雇用法制からの距離を構造的に設定する法制度 …… *124*
　Ⅳ　2011年国公労法案 …………………………………………………… *126*
　Ⅴ　民間雇用法制からの適切な距離を設定する法制度
　　　　──「勤務関係の法的性質」論からのアプローチ …………… *128*
　Ⅵ　民間雇用法制からの適切な距離を設定する法解釈
　　　　──「勤務関係の法的性質」論からのアプローチ …………… *131*
　　　1　労働契約関係説を否定する通説の問題点
　　　2　採用内定について
　　　3　一方的辞職の禁止について
　Ⅶ　おわりに ……………………………………………………………… *136*

# 第2編　身分保障

## 第1章　フランス法
　　　　──官職分離原則の身分保障機能 ………………………………… *138*
　Ⅰ　はじめに ……………………………………………………………… *138*
　Ⅱ　日本公務員制度における二つの問題点 …………………………… *139*
　　　1　閉鎖型任用制と開放型任用制

　　　　　2　職階制廃止の問題
　　　　　3　フランス法を参照する意味
　　Ⅲ　官等と職の区別（官職分離）
　　　　──任官補職のシステムを支える制度 …………………………………… 149
　　　　　1　現行国家官吏制度の基礎概念
　　　　　2　官等と職の関係
　　　　　3　官職分離制度の歴史的経緯
　　　　　4　現行法下における官職分離の具体的機能
　　　　　5　官職分離制度の限界
　　Ⅳ　おわりに──日本法への示唆の模索 ………………………………………… 168
　　　　　1　「官」制度の残存
　　　　　2　現行実定公務員法における「身分」の観念
　　　　　3　「任官補職のシステム」の実態
　　　　　4　制度と実態の乖離と身分保障


第2章　日本法 ……………………………………………………………………………… 177
　第1節　公務員法と労働法の距離
　　　　　──公務員身分保障のあり方 …………………………………………… 177
　　Ⅰ　はじめに ……………………………………………………………………… 177
　　Ⅱ　距離が確保されるべき理由 ………………………………………………… 178
　　Ⅲ　公務員身分保障と解雇権濫用法理 ………………………………………… 180
　　Ⅳ　公務員の任用昇進システムと身分保障 …………………………………… 183
　　Ⅴ　キャリア・システムにふさわしい身分保障システム …………………… 187
　　　　　1　身分と職の区別
　　　　　2　昇進制度の整備
　　　　　3　不利益処分手続の整備
　　Ⅵ　おわりに ……………………………………………………………………… 192
　第2節　公務員の守秘義務 …………………………………………………………… 195
　　Ⅰ　守秘義務が課される人の範囲 ……………………………………………… 195
　　　　　1　現行法制
　　　　　2　法制度上の課題
　　Ⅱ　守秘義務が課される「秘密」 ……………………………………………… 198
　　　　　1　「秘密」の意味
　　　　　2　秘密指定の意義
　第3節　行政法における公務員倫理法の位置付け ……………………………… 201
　　Ⅰ　はじめに ……………………………………………………………………… 201
　　Ⅱ　国家公務員倫理法の目的と対象 …………………………………………… 203

Ⅲ　行動基準 …………………………………………………………… 204
　　　　1　利害関係者との間で行うことを禁止される行為
　　　　2　利害関係者以外の者との間における禁止行為
　　　　3　その他の規制
　　Ⅳ　贈与等の報告義務 …………………………………………………… 207
　　Ⅴ　国家公務員倫理法違反に対する措置 …………………………… 208
　　Ⅵ　おわりに──若干のコメント …………………………………… 209
　　　　1　行政基盤的制度としての公務員倫理法
　　　　2　公務員倫理規制制度の射程
　　　　3　勤務条件法定主義と地方公務員倫理規制
　第4節　人事評価システムにおける制度的工夫 ……………………… 213
　　Ⅰ　はじめに …………………………………………………………… 213
　　Ⅱ　改正地公法案と国公改革基本法 ………………………………… 214
　　　　1　改正地公法案の内容
　　　　2　国公改革基本法の内容
　　Ⅲ　なぜ人事評価「制度」改革が必要なのか …………………… 216
　　Ⅳ　なぜ人事評価が重要なのか ……………………………………… 217
　　Ⅴ　人事評価権の濫用を予防するには、どのような制度的工夫が
　　　　考えられるか …………………………………………………… 220
　　　　1　裁量権濫用予防の仕組みの必要性
　　　　2　評価基準の設定・公表
　　　　3　評価結果開示時の理由付記
　　Ⅵ　おわりに …………………………………………………………… 223

## 第3編　多様な公務員と公務員制度の射程

### 第1章　フランス法 ………………………………………………… 228

　第1節　公務員制度の射程
　　　　　──公役務理論と官吏概念 ……………………………… 228
　　Ⅰ　はじめに …………………………………………………………… 228
　　Ⅱ　現行官吏法における官吏の概念その他 ………………………… 231
　　　　1　現行官吏法における官吏概念
　　　　2　官吏法における基礎概念
　　Ⅲ　官吏概念をめぐる判例・学説と実定法 ………………………… 234
　　　　1　判例・学説
　　　　2　1946年官吏法による定式化
　　Ⅳ　公役務理論と官吏法制 …………………………………………… 240

           1　公役務理論と官吏概念
           2　公役務理論と官吏法制の普通法外性
     Ⅴ　商工的公役務理論と官吏概念 ………………………………… *245*
     Ⅵ　おわりに ………………………………………………………… *248*
 第2節　任用・勤務形態の多様化
       ──地方公務を中心に ………………………………………… *251*
     Ⅰ　はじめに──我が国の状況 …………………………………… *251*
           1　任期付任用の範囲拡大
           2　部分休業制度の拡大
           3　本節の趣旨
     Ⅱ　公務員法制の概要 ……………………………………………… *254*
           1　公務員の定義と種類
           2　官吏概念と官吏法制
           3　官吏法の基礎概念
     Ⅲ　任期付任用非正規職員 ………………………………………… *261*
           1　非正規職員
           2　地方契約職員の任用が可能な場合
           3　官吏法制との相違点
           4　非正規職員任官政策
     Ⅳ　部分時間勤務 …………………………………………………… *264*
           1　通常の部分時間勤務
           2　特別の部分時間勤務
           3　漸次的現役離職制度としての部分時間勤務
           4　取得状況
     Ⅴ　短時間勤務職への任用 ………………………………………… *276*
           1　短時間勤務職の官吏
           2　短時間勤務の非正規職員
     Ⅵ　おわりに──日本法との比較 ………………………………… *280*
           1　地方公務員任期法改正による任用システム改革の位置付け
           2　地方公務員任期法改正による任用システム改革から見える
             現行公務員法の問題点


第2章　日本法 …………………………………………………………… *285*

 第1節　公務員の勤務形態多様化政策と公法理論 ……………………… *285*
     Ⅰ　はじめに ………………………………………………………… *285*
     Ⅱ　公務員の勤務形態多様化をめぐる諸法制 …………………… *286*
     Ⅲ　公務員制度における根本的問題と勤務形態多様化政策 …… *288*

　　　　　1　閉鎖型任用制と開放型任用制
　　　　　2　我が国における制度と実態の乖離と勤務形態多様化政策
　　　　　3　公務員法は一つでなければならないか
　　　Ⅳ　任用における成績主義原理と公務就任平等・機会均等原理…… *291*
　　　　　1　成績主義と任期付・非常勤公務員
　　　　　2　憲法上の要請としての公務就任平等・機会均等
　　　Ⅴ　公務員の勤務形態多様化政策と身分保障原理 ……………………… *293*
　　　　　1　身分保障原理の趣旨
　　　　　2　任期付任用職員の身分保障
　　　　　3　2002年報告の立場
　　　　　4　どのような制度が望ましいか
　　　Ⅵ　おわりに——公務・公務員概念再検討の必要性 ………………… *296*
　　　　　1　公務員とは国・地方公共団体の職員に限られるべきか
　　　　　2　国・地方公共団体の職員は当然に公務員か
第2節　任期付任用公務員の更新拒否をめぐる行政法上の理論的
　　　問題点
　　　　　——合理的意思解釈による更新前提性判断の可能性 …………… *300*
　　　Ⅰ　はじめに ……………………………………………………………… *300*
　　　Ⅱ　勤務条件法定主義に基づく公法関係論は合理的意思解釈の妨げに
　　　　なるか…………………………………………………………………… *301*
　　　　　1　公法概念の無意味性
　　　　　2　勤務条件法定主義と公務員関係の法的性質
　　　Ⅲ　公務員の任用が行政処分であることは、合理的意思解釈の妨げに
　　　　なるか…………………………………………………………………… *305*
　　　　　1　公務員任用「処分」の公権力性
　　　　　2　行政行為と行政処分
　　　Ⅳ　おわりに——私見と最高裁判決の関係……………………………… *312*

結　日仏比較公務員法研究の意義 ……………………………………………… *315*


　　事項索引　*323*

# 凡　例

〈主要法令名略称一覧〉

国公法＝国家公務員法
人規＝人事院規則
給与法＝一般職の職員の給与に関する法律
独通法＝独立行政法人通則法
行政執行法人労働法＝行政執行法人の労働関係に関する法律
地公法＝地方公務員法
地独行法＝地方独立行政法人法
地方公営企業労働法＝地方公営企業等の労働関係に関する法律
自治法＝地方自治法
行手法＝行政手続法
行訴法＝行政事件訴訟法
行政機関情報公開法＝行政機関の保有する情報の公開に関する法律
行政機関個人情報保護法＝行政機関の保有する個人情報の保護に関する法律

〈主要和雑誌略称一覧〉

民集＝最高裁判所民事判例集
刑集＝最高裁判所刑事判例集
判時＝判例時報
判タ＝判例タイムズ
判自＝判例地方自治
公研＝公法研究
自研＝自治研究
ジュリ＝ジュリスト
曹時＝法曹時報
法時＝法律時報
法教＝法学教室
法協＝法学協会雑誌
北法＝北大法学論集
民商＝民商法雑誌
労旬＝労働法律旬報
労働＝日本労働法学会誌

労判＝労働判例
人月＝人事院月報
地公月＝地方公務員月報

〈主要仏雑誌略称一覧〉

A.J.D.A.＝Actualité Juridique, Droit administratif
A.J.F.P.＝Actualité Juridique, Fonctions pubuliques
D.＝Recueil Dalloz
Dr.soc.＝Droit Social
E.D.C.E.＝Etudes et Documents du Conseil d'Etat
J.C.A.＝Jurisclasseur Administrative
J.C.P.＝Jurisclasseur Périodique (Semaine Juridique)
L.P.A.＝Les Petites Affiches
R.A.＝Revue Administrative
R.D.P.＝Revue du Droit Public et de la Science Politique
R.I.D.C.＝Revue internationale de droit comparé
Rec.＝Recueil des décisions du Conseil d'Etat
S.＝Recueil Sirey

# 序

# 公務員制度改革と公務員法

## 1　四つの基本原則

　公務員制度改革をめぐる動きが激しい。議論の主たる焦点は、公務の範囲、労働基本権のあり方、天下り制限等である。身分保障や年功序列人事、給与や宿舎のような待遇の問題も論じられている[1]。やや拙速の感はあるものの、制度改革の必要性は否定すべくもない。とはいえ、無闇に手を着けるべきではない、いわば公務員制度の基本原則たる仕組みもあるだろう。そのようなものとして、行政法学専攻の立場から、①公務就任の平等・機会均等、②成績主義、③身分保障、④勤務条件法定主義の四つを挙げたい。

## 2　誰でも公務員になる資格がある

　国民・住民であれば誰でも公務員になる資格がある。これが①公務就任の平等・機会均等の原則である。なぜこのことが基本原則なのか。公正・中立な行政サービスを提供するためには、公務員制度が一部特権階級に専有されてはならないからである。

　もちろん、希望さえすれば誰でも公務員になれる制度は望ましくない。公務遂行能力の実証は不可欠だし、年齢制限も必要だろう。国籍が問われることもある。必要以上の人員を公務員とするわけにはいかないから、能力がある者の採用拒否もあり得よう。排斥されるべきは、能力や年齢、国籍、定員といったこと以外の理由による採用拒否である。職種の如何を問わず、全ての公務員に通じる最も基本的な原則だろう。

---

[1]　2007（平成19）年5月時点における指摘である。

### 3　公務員任用は能力の実証に基づく

　公務員の採用や昇任は能力の実証に基づいて行う。これが②成績主義の原則である。なぜこのことが基本原則なのか。政治的情実人事やコネ採用を排すべきだからである。競争試験や選考によって具体化されるこの原則には、①公務就任の平等・機会均等原則を、最もよく体現するという機能もある。

　もちろん、あらゆる公務員に成績主義が貫かれるべきではない。議員や首相、知事、市町村長のように、政治過程を経て選任される公務員への成績主義適用は背理である。副大臣や助役といった一定層の公務員は、政治的信条に基づく自由任用の対象とすべきだろう。問題は、成績主義に基づく原則的任用と政治的任用とのバランスだが、諸外国と比べた場合、我が国は前者に偏り過ぎといわれている。

### 4　不合理な理由で公務員の身分を侵してはならない

　公務員の地位をはく奪・侵害するには合理的な理由が必要。これが③身分保障の原則である。なぜこのことが基本原則なのか。採用時に成績主義が貫かれても、採用後の人事で政治的情実やコネ人事が横行すれば、②成績主義原則の趣旨が画餅に帰すからである。身分保障は成績主義採用の必然的帰結と位置付けられよう。そのため、成績主義の埒外にある政治的任用公務員には、身分保障の必要がない。また、労働基本権制限とは無関係の原理である。したがって、身分保障を労働基本権制限の代償措置としたり、労働基本権の付与が身分保障不要を導くとする考えに与することはできない。

　身分保障が組織改編の支障になっているとか、公務員は過度にその地位を保護されているとして、身分保障制度を改革すべきという指摘もある。しかし、身分保障とは、不合理な理由で公務員の身分をはく奪・侵害してはならないという原則であるから、合理的な理由による身分変動を妨げるはずがない。事実、国公法も地公法も、免職が可能である旨を定めている。たしかに、多くの公務員は、よほどのことがない限り定年までその身分を失わないのが通例だろう。しかし、このことは、法律による制度的保障の帰結ではなく、懲戒・分限制度を積極的に用いないという、現実の制度運用からもたらされる現象に過ぎない。むしろ、②成績主義原則の必然的帰結というその本来の

性質を重視すれば、能力や行状に問題のある公務員を積極的に排斥することこそが——排斥事由の認定に公正を期すべきことは言を俟たない——、身分保障原則の趣旨に即す運用のはずだろう。改められるべきは、身分保障制度そのものではなく、制度運用のあり方である。

### 5 公務員の勤務条件は法律・条例で定める

公務員の勤務条件は法律や条例で整備する。これが④勤務条件法定主義の原則であり、この原則は、労使自治の原則否定を導く。民間企業であれば、各会社と労働者間の当事者自治が基本であり、労働者の勤務条件は、労働基準法に反しない限り、労使が締結する契約や協約、あるいは、雇い主が定める就業規則で自由に定めることができるのに、なぜ、公務員については、労使自治が制限されるのか。雇い主である行政と公務員が、自分たちだけに都合のよい仕組みを勝手に決めないよう、少なくとも人事制度の基本部分については、国民・住民の代表である議会が予めルール化しておくべきだからである。

勤務条件法定主義には、公務員人事のルール内容を国民・住民に示すという意義もある。公金を使用した行政サービスの実施が行政の責務である以上、その担い手に関する人事のルールを、本来の雇い主である国民・住民に向けて可視化すべきは当然だろう。

### 6 公務員制度の目的

以上の四つは、概ね、公務員制度に関する普遍的な法原則といえるだろう。注意すべきは、これら四原則が、いずれも、行政サービスの公正・中立確保を最終的な趣旨としていることである。この点に、労働者保護に力点を置く民間労働法と、行政法の一分野たる公務員法との違いを指摘できよう。行政法とは、「役所をコントロールするための法」なのだが、公務員法は、「公務労働者保護立法であると同時に、適切な行政運営を実現するために公務員関係をコントロールする法」なのである。

もちろん、上記四原則を備えた公務員制度を整備しただけで、当然に公正中立な行政が実現するわけではない。適切な制度運用が伴わなければ無意味

である。そこで、制度作りにあたっては、骨抜き運用のリスクを可能な限り低減させるための工夫が求められよう。いかなるルールを用意すれば、最低限の行政機能が担保されるのか、「行政の最低品質保証の法システム」として、どのような公務員法制であるべきか、改革をめぐる筆者の関心はそこにある。

# 第1編

# 公務員の勤務条件決定システム

# 第1章
# フランス法

## 第1節 地方公務員制度における 給与決定システム[1]

### I 地方公務員制度の概況

　フランスの地方公共団体は、市町村（commune）、県（département）、州

---

1) 本節は、2012（平成24）年に自治総合センターから委託を受けた調査の報告として執筆したものである。その性質上、概説的な説明も含まれており、また、文献引用も十分ではない。なお、同年秋に実施した現地調査を踏まえており、同調査において聴取した内容を記す場合は、【……】のように聴取先を明示した。踏査訪問先は以下のとおり。
- エマニュエル・オーバン（E. Aubin）教授（ポアティエ大学）
- 国家改革・地方分権・公務員制度省行政・公務員総局（Direction générale de l'administration et de la fonction publique; DGAFP）
- オリヴィエ・ゴーイン（O. Gohin）教授（パリ第2大学）
- ジャン＝ベルナール・オービイ（J.-B. Auby）教授（パリ政治学院）
- トゥール市役所（Mairie de Tours）
- ポアティエ市役所（Mairie de Poitiers）
- アンドル・エ・ロワール県地方公務管理機構（Centre de gestion de la fonction publique territorial d'Indre-Et-Loire）
- イル・ド・フランス州地方公務管理機構（Centre de gestion de la grande couronne de la région Ile-De-France）

　内容は基本的に初出時のままであるが、本節末尾に掲載した資料のうち、公務員の人数に関する**資料1**と**資料2**については、最新の情報を補充した。なお、筆者は、2014（平成26）年にも同様の委託を受けており、同年秋に実施した現地調査を踏まえ、その結果を2015（平成27）年に報告している（同報告については、下井康史「フランスの地方公務員の給与制度について」地公月624号〔2015〕48頁）。その内容は、手当制度に対象を絞ったものであるため、本書には、2013（平成25）年の報告内容を掲載することとした。

(région) の 3 種類である（1958年10月 4 日の第 5 共和国憲法72条）。最も長い歴史を有するのは市町村であり、現在の総数は約 3 万6,500に上る。その約 1 割は人口100人以下（中には人口 0 人のところもある）で、 2 万3,000弱のものが人口500人以下である。人口10万人以上は39を数えるに過ぎない。基本的には全市町村に同一の法制度が適用されるが、パリ、マルセイユおよびリヨンについては大都市特別制度がある（1982年12月31日の法律82―1169号）。県は、かつては国の行政区画であったが、1982年に地方公共団体となり、官選の県知事（préfet）に代わって県議会議長が県の執行機関とされた。現在、本国に96の県がある。州は、1964年に国の行政区画として制度化され、1982年に地方公共団体となった。現在、本国に22の州がある[2]。なお、海外領土における地方公共団体については言及しない。

## 1 公務員制度の概要

### (1) 公務員の概念・種類

フランスにおいて、公務員（agent public）とは、国や公共団体その他の公法人に勤務する者のうち、民間労働法が適用されずに公法上の規律を受ける者を意味し、正規任用職員である官吏（fonctionnaire）と非正規職員（agent non-titulaire）とに分類される。フランス公務員制度は、国家公務員制度、地方公務員制度および病院公務員制度から構成されるが（後述(2)参照）、いずれにおいても圧倒的多数を占めるのは官吏である。

官吏は、武官吏、行政府に勤務する文官吏、司法裁判所司法官および国会官吏に分類され、それぞれ別個の身分規程（statuts）――公務員の法的地位を規律する法令群――が適用される。本節の対象は、我が国の一般職非現業職員に相当する行政府文官吏に絞られる。

なお、アンドル・エ・ロワール県地方公務管理機構によれば、公務員が勤

---

　本節のうち、公務員制度全般に係る部分については第 2 編第 1 章および第 3 編第 1 章と、労働基本権（とりわけ協約締結権）と労使協働諮問機関制度に係る部分については本章第 2 節と、それぞれ内容が重複する。
2)　フランスにおける地方公共団体の概況については、例えば、滝沢正『フランス法〔第 4 版〕』（三省堂・2010）155頁参照。

務する地方公共団体その他の公法人は、合計で約5万5,000団体に上るという。同機構は、数があまりに多過ぎ非効率であると評する【アンドル・エ・ロワール県地方公務管理機構】。

⑵ **公務員の数**

2010年12月31日現在における公務員の数は、官吏（武官吏と文官吏）と非正規職員とを併せて、国家公務において230万7,492人、地方公務において181万1,079人、病院公務において110万469人、3公務合計で522万9,040人である。このうち、官吏の総数は381万5,743人であり、公務員全体の7割以上を占める（**資料**1参照）。また、地方公務員の中では、市町村公務員が圧倒的に多数である（**資料**2参照）。

なお、1998年12月31日時点に比べ、国家公務員の数が減っているのに対し、地方公務員の数は増えている。特に官吏についてその傾向が著しい。これは、1980年代前半から地方分権改革が漸次的に進められ、その一環として、国家官吏の身分を地方官吏に移管する政策が採られ続けているからである。

⑶ **官吏法制**

第5共和国憲法34条2項は、国の文武官吏に認められる基本的保障（garanties fondamentales）を法律事項としており、これを受けて、行政府文官吏一般に適用される官吏法（一般規程〔statut général〕）が定められている。

現行官吏法は、以下の四つの法律から構成される。

　①官吏の権利と義務に関する1983年7月13日の法律83―634号（官吏法第Ⅰ部）

　　　この第Ⅰ部は、3公務の官吏に共通して適用される。

　②国家公務制度における身分条項に関する1984年1月11日の法律84―16

---

3）　**資料**1では、工廠労務者、保育補助員そして医師が官吏・非正規職員と別扱いになっているが、これらも非正規職員である。非正規職員については、第3編第1章第2節Ⅲ1参照。

4）　2008年までにおける公務員数の変動を分析するものとして、自治総合センター『新たな地方公務員制度における給与決定に関する調査研究会報告書』（2011）（以下、「2011年報告書」という）25頁〔玉井亮子〕。

5）　地方官吏や病院官吏の基本的保障も、当然に法律事項と解されている。v. Auby(J.-M.), Auby(J.-B.), Jean-Pierre(D.) et Taillefait(A.), Droit de la fonction publique, 7$^e$ éd., Dalloz, 2012, p. 48. この点については、菅原真「フランスにおける外国人の公務就任権に関する一考察⑴―近代国民国家における『国籍』・『市民権』観念の研究序説」法学73巻5号（2009）57頁参照。

号（官吏法第II部）

　　この第II部は、国およびその行政的公施設法人（établissement public administratif）の官吏に適用される。行政的公施設法人は、国や地方公共団体とは別法人であるが、そこに勤務する者は原則として官吏であり、適用される法制度は、国や地方公共団体の官吏と異ならない。なお、国の商工的公施設法人（établissement public industriel et commercial）に勤務する者は、原則として公務員ではないが、一部の者は、国の官吏として、官吏法第 I 部および同第 II 部が適用される。

③地方公務員制度における身分条項に関する1984年1月26日の法律84―53号（官吏法第III部）

　　この第III部は、市町村、県、州およびそれらの行政的公施設法人の官吏に適用されるが、パリ市については、コンセイユ・デタ[6]の議を経るデクレ[7]（décret en conseil d'Etat）で第III部の例外を定めることが認められており（118条）、これを受けて、1994年3月24日のデクレ94―415号が、パリ市官吏についての例外規程（statut dérogatoire）を定めている。

④病院公務員制度における身分条項に関する1986年1月9日の法律86―33号（官吏法第IV部）

　　病院公務とは、官吏法第IV部2条が列挙する医療関係の公施設法人における公務である。

　以上の官吏法に加え、国家公務および病院公務においては職員群ごとに、そして、地方公務においては職群（後述(4)参照）ごとに、それぞれに固有の身分規程（個別規程〔statut particulier〕）がデクレで定められる（官吏法第 II 部 8 条、同第III部 6 条、同第IV部 5 条）。ただし、地方公共団体のうち、パリ市についてのみは、一部の官吏を除き、市議会の議決で個別規程が定められ

---

6) コンセイユ・デタとは、行政裁判所の最上級裁判所であるが、政府の準備する法令案などについて、諮問に応じて意見を発する権限も有する。

7) デクレとは、共和国大統領もしくは首相が定めるもので、行政立法たる一般規制デクレ（décret réglementaire）と、個別行政行為である個別デクレ（déctet individuel）とがある。それぞれにつき、特に手続の規制がない一般デクレ（décret simple）の他、閣議を経るデクレ（décret en conseil des ministres）と、コンセイユ・デタの議を経るデクレとがある。

る（前述の1994年デクレ31条）。

　以上のような身分規程を定める法令群が、官吏の勤務条件を細部にわたって詳細に規律しており、個別契約や労働協約による勤務条件決定の余地は否定されている（ただし、2⑶で後述するように、実際には、政府と官吏組合との間で、法的拘束力のない取決めが締結されてきている）。この点を官吏法第Ⅰ部４条は、公務員の地位が法令規律上のもの（situation statutaire et réglementaire）（法令規律関係）であるという、20世紀前半の判例が確立した伝統的原理を確認するかたちで明らかにしている。

　現行官吏法は、フランスで初めての本格的一般規程を国家官吏について定めた1946年10月19日の法律46―2294号の内容を基盤とする。同法は、1959年２月４日のオルドナンス59―244号に代わられているが、この改革は、1958年の第５共和国憲法が定めた法律・命令事項の配分に対応するためのものであるから、規律内容の面で大きな変革があったわけではない。他方、1946年と1959年の両官吏法は、国の公務員制度のみを対象としたもので、地方公共団体と病院の公務員制度は、現行官吏法が制定されるまで、法的に未整備な状態であった。1983年以降に制定された現行官吏法は、各公務員制度に共通の法制度を整備しており、これにより、公務間の異動が容易になったとされている（競争試験や選考を経ることのない異動を可能とした）。ただし、オービイ教授によると、現実の異動は活発でなく、その原因は、とりわけ国家官吏

---

8) この原理の論拠は、一般利益を体現する責任を負う国家には、そのための様々な特権が付与されているところ、民主主義政体において、これら諸特権は、政治的責任を委ねられた機関が行使しなければならず、そして、これらの機関は、国家に勤務する職員との関係でも、上記諸特権を放棄し得ないこと（v. Ayoub（E.）, La fonction publique en vingt principes, Editions Frison-Roch, 2$^e$ éd., 1998, p. 49, Salon（S.）et Savignac（J.-Ch.）, Code de la fonction publique, 14$^e$ éd., 2015, Dalloz, p. 152）や、情勢適応（adaptation）原則――フランス公役務（service public）理論における基本原理の一つである（第３編第１章第１節Ⅳ２参照）――のもと、一般利益の需要変化に適応するためには、公務員の勤務条件を法令改正により一方的に変更できなければならないこと等に求められている。
9) 第２次世界大戦終結後から現行官吏法制定までの経緯の簡単な概観として、第２編第１章Ⅲ３⑵、第３編第１章第１節Ⅲ２の他、下井康史「フランスにおける公務員の不利益処分手続⑴」北法54巻１号（2003）30頁以下を参照。
10) 自治総合センター『諸外国の地方公務員の給与決定に関する調査研究会報告書』（2012）（以下、「2012年報告書」という）27頁。この内容は、2011（平成23）年に、筆者が、自治総合センターから委託を受けた調査の報告であり、同年秋の現地調査を踏まえている。

が、自分たちの職員群の現状を維持することに強く固執しているため（他公務からの参入を喜ばない）、地方・病院公務から国家公務への異動が事実上難しくなっているからだという。これに対し、地方・病院公務への異動は、相対的にスムーズであるとのことであった【オービイ教授】。

なお、現行官吏法は、1983年以降、頻繁に改正されているが、2010年7月5日の法律2010―751号によって、労働基本権や給与決定システムに一定の影響を与え得る重要な改正がなされている。この改正が、社会的対話（dialogue social）に関する2008年6月2日のベルシー協定（accords de Bercy）[11]――法的拘束力のない取決めとして締結された――を踏まえたものであることも注目されよう。

⑷　**官吏法制における基礎概念――地方官吏法制を中心に**

官吏法第Ⅲ部は、職群（cadre d'emplois）という概念で地方官吏を分類する（4条）。職群とは、職種と責任の程度とが類似する官吏の集合を意味し、フランス公務員制度における19世紀以来の伝統的概念である職員群（corps）――1946年以来の官吏法が国家官吏について採用してきた――と同一の法的機能を果たす。[12]

職群には62種類のものがある。[13]いずれについても国がデクレで個別規程を定め、この個別規程が、パリ市を除く（前述⑶参照）全地方公共団体等の各職群に共通して適用される（官吏法第Ⅰ部13条、同第Ⅲ部4条）。また、各地方公共団体等が独自に職群を創設できるわけではない。

地方官吏の採用が職群ごとに行われる等、職群は人事管理の基本単位として機能している。各職群は、一または複数の官等（grade）から構成され

---

11) ベルシー協定については、植村哲「欧州地方公務員情勢（第六回：フランスの地方公務員制度に関する比較論的考察（その二））」地公月548号（2009）58頁以下、2011年報告書29頁、2012年報告書27頁参照。

12) v. Auby et autres, op. cit., p. 597.

13) v. Ministère de la réforme de l'Etat, de la decentralisation et de la fonction publique, Rapport annuel sur l'etat de la fonction publique, Politiques et pratiques de ressources humaines, Faits et chiffres, édition 2012, p. 313. ただし、2011年7月15日付の内務省通達では、54の職群しか列挙されていない。なお、職群の数は、1999年段階では55だったようであり（Les fonctions publiques de A à Z, Berger-Levrault, 1999, p. 78)、2011年報告書26頁は、2011年3月時点で60種類とする。

(官吏法第Ⅲ部4条)、新規採用官吏は、職群の最下位官等に任官 (tituralisation)[14] された後、一定の条件をクリアすれば、直近上位の官等に昇格する (同79条)。各官等には複数の号俸 (échelon) が付され、これが俸給額決定の基礎となる (官吏法第Ⅰ部20条)。同一官等内における上位号俸への昇進が昇給を意味し[15] (同第Ⅲ部78条)[16]、各職群の個別規程が、昇給に必要な期間の上限と下限を定める (**資料4～6参照**)[17]。ある職群に採用された官吏は、当該職群内で昇進し (キャリア [carrière] の形成・進行)[18]——定期昇給権と直近上位官等への昇格の機会の付与とが保障されている——、当該職群内で地方官吏生活を終えるのが通常である。最下位官等以外の官等への新規採用は、基本的に想定されていない (閉鎖的内部昇進システム)[19]。なお、上位職群の最下位官等に任官される途も開かれているが、これは昇進ではなく、原則として、新規採用と同様の扱いとなる[20]。

各職群は、原則として、垂直的に上位からABCの3種類のカテゴリー (catégorie) のいずれかに分類され、また、水平的にいくつかの部門 (職種) (filière) のいずれかに分類される。部門の種別を定める法令はなく、分類方法は論者によって様々だが[21]、地方分権・公務員制度省の行政組織・公務員制

---

14) (1)で前述した官吏と非正規職員とは、法形式的には、任官されているか否か、つまり、官等を保持しているか否かで区別される。第2編第1章Ⅲ2(1)参照。
15) 昇進については、下井康史「フランス公務員法制の概要」日本ILO協会編『欧米の公務員制度と日本の公務員制度』(日本ILO協会・2003) 34頁参照。なお、藤巻詩子「フランスの地方公務員の給与決定制度について」地公月583号 (2012) 936頁も参照。
16) 職員群や官等、号俸等については、第2編第1章の他、下井康史「フランス」諸外国教員給与研究会『諸外国の教員給与に関する調査研究報告書』(2007) 183頁以下、村松岐夫編著『公務員制度改革』(学陽書房・2008) 221頁以下参照。
17) 2011年報告書資料編63頁には、地方行政管理職職群についての紹介がある。
18) 「キャリア」とは、公務員が公務に就いたときから離職するまでに置かれる一連の人事行政上の諸地位の総称である。第2編第1章の他、下井・前掲注9) 43頁以下参照。
19) 閉鎖的内部昇進システムである閉鎖型任用制とそれと対置される開放型任用制については、第2編第1章Ⅱ1および第2章第1節Ⅳ、第3編第1章第2節Ⅵ2および第2章第1節Ⅲ1参照。文献については、第2編第2章第1節注29) 参照。閉鎖型任用制を法的に整備するフランスから見た場合における我が国公務員法制の問題点については、第2編第1章Ⅳ3および第3編第1章第2節Ⅵ2参照。
20) 下井・前掲注15) 35頁参照。
21) オーバンは、一般行政部門、技術 (技能) 部門、文化芸術部門、スポーツ部門、社会医療部門、地域振興 (推進) 部門、市町村警察部門 (filière des polices municipales)、職業消防士部門 (filière des sapeurs-popiers professionnels) に分類し (Aubin(E.), La fonction publique

度総局（direction générale de l'administration et de la fonction publique）が発行する年報は、以下のように分類し、それぞれの実人員数を示している。

| | |
|---|---|
| 一般行政部門（filière administrative） | 40万7,617人 |
| 地域振興（推進）部門（filière de l'animation） | 8万7,190人 |
| 文化部門（filière culturelle et artistique） | 7万1,580人 |
| 消防・救助部門（filière de l'incendie-secours） | 3万8,725人 |
| 社会医療部門（filière médico-sociale） | 7万6,316人 |
| 技術医療部門（fillière médico-technique） | 2,136人 |
| 治安部門（fillière de la sécurité） | 2万1,001人 |
| 社会教育部門（filière sociale） | 16万2,721人 |
| スポーツ部門（filière sportive） | 1万8,679人 |
| 技術（技能）部門（filière technique） | 82万5,523人 |
| その他の部門 | 3万7,879人 |
| 部門外および部門際的職 | 5万1,890人 |

なお、全ての地方公共団体に全部門の職群が設置されているわけではない。[22]

## 2　労働基本権の付与状況

1958年第5共和国憲法は、その前文において、1789年人権宣言と1946年第4共和国憲法前文が定める基本的人権の尊重を謳う。そして、1946年第4共和国憲法前文は、「何人も、組合活動によってその権利及び利益を擁護し、かつ、自己の選択する組合に加入することができ」、「罷業権はそれを規律する法律の範囲内で行使され」、「すべての労働者は、その代表者を介して、労働条件の団体的決定並びに企業の管理に参加する」[23]と定める。

---

　territoriale, 3e éd., Gualino, 2012, p. 66 et s.）、オービイ他は、これに一般監察部門（filière inspection générale）を加える（Auby et autres, op. cit., p. 599）。なお、2011年報告書資料編62頁では、2007年12月31日時点における全職群について、いずれのカテゴリー・部門に分類されるのかが示されている。
22)　2012年報告書29頁参照。
23)　「企業」という文言が用いられているものの、1946年第4共和国憲法前文による参加権保障が、官吏その他の公務員にも及ぶことにつき、異論は見られない。

なお、フランスでは、労使間における交渉（négociation）、対話（dialogue）、そして参加（participation）の各語が、明確には区別されずに使用されているが、1946年第4共和国憲法前文が保障する「参加」が最も包括的な概念であり、そして「交渉」とは、協約の締結を目指したものを意味するのが通常であるとのことであった【オーバン教授】。

(1) **団結権**

官吏法第Ⅰ部8条は、以下のように定める。

> 「官吏は団結権（droit syndical）を保障される。官吏は、自由に組合組織を結成し、これに加入し、そしてその任務を遂行することができる。これらの組合組織は、法廷に出廷することができる。これらの組合組織は、職員の身分に関する行政立法行為や、官吏の集団的利益を侵害するような個別決定に対し、管轄裁判所に出訴できる。」

ただし、一部の官吏は団結権を否定されている[24]。

(2) **団体交渉権**

(a) 権利性の有無　これまで我が国では、フランスの公務員につき、協約締結権は否定されているが団体交渉権は承認されていると説明されてきた[25]。しかし、フランスでは、協約締結権から団体交渉権を切り離さず、団結権、協約締結権、争議権という区分で論じるのが一般的である[26]。そして、2010年改正以前の官吏法第Ⅰ部は、その8条で、「官吏の組合組織は、給与改定の決定の事前交渉を全国レベルで行い、勤務条件や勤務形態（organisation du travail）に関する諸問題について、様々なレベルの管理当局（autorités chargees de la gestion）と議論する資格を有する（avoir qualité）」と定めるに過ぎなかった。2010年改正法はこの定めを廃止したが、新たに設けられた官吏

---

24) 例外的に団結権を否定される公務員については、村松編著・前掲注16）245頁参照。
25) 例えば、外国公務員制度研究会編『欧米国家公務員制度の概要』（生産性労働情報センター・1997）340頁、村松編著・前掲注16）245頁。なお、藤巻・前掲注15）36頁参照。
26) 例えば、v. Auby, op. cit., p. 101 et s.. 民間労働法についても同様であることにつき、外尾健一『フランスの労働組合と法』（信山社・2002）153頁参照。

法第Ⅰ部8条の2も、Ⅲで後述する労使協働諮問機関において代表権を有する官吏組合（代表的組合）[27]（官吏法第Ⅰ部8条の2Ⅲ）が、「公務員の給与や購買力の向上について、政府代表、地方の公的使用者の代表、そして、病院の公的使用者の代表との交渉に、全国レベルで参加する資格を有する」としか定めていない（同条Ⅰ）。前述した団結権や、(4)で後述する争議権とは異なり、権利（droit）であることが明定されていないのである[28]。さらに、団体交渉応諾を当局側に義務付ける定めはなく、団体交渉拒否に対する救済制度も存在しない。

　代表的組合が交渉する「資格を有する」という定めについては、交渉が実施されている限りにおいて、当該組合が、組合員あるいは公務員を代表して交渉しているという意味に過ぎず、したがって、交渉が実施されていない状態において、交渉応諾を当局に義務付けるような意味での権利が認められているわけではない【オービイ教授】とか、代表的組合は、交渉する権能（compétence）があるに過ぎない【ゴーイン教授、行政・公務員総局】といった説明があった。そして、当局による団体交渉拒否に対し、代表的組合が団体交渉応諾を求める訴えを提起した場合に関し、かかる訴えの適法性については意見が分かれたが（法律に特別の定めがない限り訴えの利益が否定されるという意見【ゴーイン教授、オーバン教授】と、訴えの利益は認められるものの、法律に特別の定めがない限り、請求が認容されることはないとの意見【オービイ教授】があった）、請求を認容する判決が下ることはあり得ないとする点は一致しており【オービイ教授、ゴーイン教授、オーバン教授】、いずれにせよ、当局には、団体交渉に応じる法的義務があるわけではないことになる。すなわち、民間労働法で認められているような、法的効力が認められる協約の締結に至り得る本格的交渉権が保障されているわけではない。オービイ教授によれば、団体交渉は、毎年、同時期に、給与その他の勤務条件について、組合

---

[27]　2011年2月時点における地方公務員制度高等評議会に議席のある代表的組合について、2011年報告書30頁参照。
[28]　1946年第4共和国憲法前文に従い、公務員の労働基本権を、団結権・争議権・参加権という区分に従って説明するものとして、Salon(S.) et Savignac(J.-Ch.), Fonctions publiques et fonctionnaires, Armand Colin, 1997, p. 281 et s..

と政府の間で行われているが、法令規律関係（前述1(3)）という、フランス公務員制度の強固な基本原則が維持されている以上、労働協約のような正式な合意の締結に至ることはできず、したがって、交渉応諾を政府に義務付けることもできないのであるから、言葉の定義にもよるが、話し合いはできるものの協約の締結はできない、言い換えれば、勤務条件についての協議に参加する権利はあるが（憲法の保障する基本的権利）、それはあくまで参加権であり、あるいは、協議する権利あるいは括弧付の団体交渉権に過ぎないのだという【オービイ教授】。

　以上のことに着目すれば、フランスにおいては、協約締結権のみならず、団体交渉権も否定されていると見ることも可能だろう。もっとも、我が国でも、非現業一般職の公務員については、職員団体が団体交渉を申し入れた場合に、当局が「その申入れに応ずべき地位に立つものとする」と定められているに過ぎず（国公法108条の5第1項、地公法55条1項）、また、民間労働関係におけるような、団交拒否を不当労働行為（労働組合法7条2号）とする仕組みも用意されていない。かかる制度のもとでも、協約締結権は否定されているが団体交渉権は認められているとするのであれば、フランスの官吏についても、団体交渉権が保障されているとすべきことになろう[29]【オーバン教授】。なお、フランスの場合、交渉資格を有するのは、我が国とは異なり、代表的組合のみである（排他的交渉代表制）[30]。

　現実問題として、仮に政府が団体交渉を拒否したら、組合はストライキをするだろうとのことである【オーバン教授】。また、実際に政府は、従来から団体交渉に応じてきており、かかる慣行がある以上、団体交渉応諾は法律で義務付けるようなものではないとの指摘もあった【行政・公務員総局】。

　なお、Ⅲで後述するように、フランス官吏制度においては、官吏または官吏組合が労使協働諮問機関制度を通じて勤務条件決定過程に参画するシステムが発達している。2011（平成23）年に実施した前回の現地調査において、

---

29)　逆に、フランスの官吏には団体交渉権が保障されていないと見るのであれば、我が国の非現業公務員についても団体交渉権は保障されていないと把握すべきことになろう。
30)　民間部門における排他的交渉代表制につき、荒木尚志＝山川隆一＝労働政策研究・研修機構編『諸外国の労働契約法制』（労働政策研究・研修機構・2006）235頁〔奥田香子〕参照。

フランスでは、これら労使協働諮問機関における協議が団体交渉の一局面であり、または、そうあるべきと考えられているのではないかという印象を持ったが、今回（2012年）の現地調査において、憲法の保障する参加権は、労使協働諮問機関における協議と、慣行として実施されている交渉の双方によって具体化されると考えられているとの説明があった【オービイ教授】。なお、地方実務の現場からは、団体交渉について、行政管理委員会（後述Ⅲ 2）における協議の準備作業であり、同委員会は正式化の場であるところ、同委員会で協議しないことについても団体交渉をすることはあるとの説明もあった【トゥール市役所】。他方、行政管理委員会における協議は正式化のためであるとしつつ、それは、インフォーマルなかたちで実施される交渉よりも、実際上の重要度は落ちるとの指摘もあった【行政・公務員総局】。

(b) **交渉事項**　2010年に改正された官吏法第Ⅰ部は、その8条の2Ⅰにおいて、官吏組合が公務員の給与や購買力について交渉する資格を有すると定め、さらに、同条Ⅱにおいて、交渉事項を以下のように列挙する。

①在宅勤務（télétravail）についてを含めた勤務条件や勤務形態

②キャリア（前述1(4)参照）の進行や昇進

③継続的なものを含めた職員研修

④福利厚生活動、補完的な社会的保護

⑤労働安全衛生

⑥身体障害職員の職業参入

⑦男女の職務上の平等

行政・公務員総局によると、以上の諸事項は2010年法改正以前から交渉で取り上げられてきていたものであり、したがって、同改正は、いわば慣行を明文化したものといえるが、かかる明文化は、交渉に実質を付与するもので非常に重要な意味があるという【行政・公務員総局】。なお、団体交渉には、争議への発展を予防するという意味もあるため、上記①〜⑦に挙げられていない事項であっても、争議につながる可能性がある場合は、当然に団体交渉で取り上げられるとの説明もあった【ゴーイン教授、行政・公務員総局】。つ

---

31) 2012年報告書32頁。

まり、上記①～⑦は限定列挙ではなく、例えば年金はそこに含まれていないが、2010年法改正以前から団体交渉で取り上げられてきたという【行政・公務員総局】。

なお、Ⅱ2で後述するように、地方官吏の給与等勤務条件は、法令が全国一律に定めているため、地方レベルでの団体交渉にさしたる意味はないが、特別手当（プリム〔prime〕。後述Ⅱ1参照）の場合、金額に関してはともかく、支給要件（modalité）については団体交渉の意味がある場合もあるとのことであった【オーバン教授、ポアティエ市役所】。その他、ポアティエ市では、現在、補足的医療保険――法定保険制度を補足するための医療保険制度――について協議をしているとのことであった[32]【ポアティエ市役所】。

(c) 交渉の形態　行政・公務員総局によると、団体交渉の前に、各組合と個別に話し合いを行い（下交渉）、仮合意文書を作ることもあるとのことであり、そして、下交渉において、予定されている協定が有効（後述(3)参照）なものとなるように調整することもあり得るとのことであった【行政・公務員総局】。

(3) 協約締結権

1960年代から、政府と官吏組合は、給与等に関する様々な取り決めを締結してきた。議定書とか協定といった名称が付されており、1(3)で前述した2008年ベルシー協定がその一例である。主たる協定事項は年次俸給指数値の決定についてであるが、1990年には、俸給指数表の改定が合意されている[33]（後述Ⅱ2(1)参照）。

1(3)で前述したように、官吏の地位が法令規律上のものである以上、議定書や協定といった取り決めに法的効力が認められることはない。その事実上の影響力は小さくないが、2010年改正以前の官吏法には、これら取り決めの存在を前提にした定めが含まれていなかった。

これに対し、ベルシー協定を踏まえた2010年改正官吏法第Ⅰ部は、官吏組合と政府代表等とが協定を締結できることを前提として、協定を締結した一または複数の官吏組合組織が、当該協定に係る交渉の直前に実施された職員

---

32) その他の任意的交渉事項については、2012年報告書31頁以下参照。
33) 第2節Ⅳ2参照。年次俸給指数値をめぐる交渉の詳細については、2011年報告書39頁参照。

代表選出選挙——Ⅲで後述する労使協働諸問機関における組合代表や職員代表を選ぶ選挙——において、少なくとも50％以上の票を獲得したものであれば、当該協定は有効（valide）であると定める（8条の2Ⅳ）。これを額面どおりに受け取れば、フランスにも、労使自治による勤務条件決定システムが導入されたことになろう。

しかし、官吏関係を法令規律関係とする官吏法第Ⅰ部4条が改正されたわけではない。したがって、たとえ有効な協定であっても、法令の内容に及ぶものであれば、当該法令が改正されない限り、当該協定の内容が現実のものとなることはない（規範的効力の否定）。

問題は、有効な協定における債務的効力の存否だろう。すなわち、当局が、有効な協定に従い、法律事項については改正法案の国会提出義務を、そして、命令等事項であれば当該命令等の改定義務を、それぞれ課せられるのか否かである[34]。この点、一般には、官吏法の定める有効要件を満たした協定でも、その効力は法的なものではなく、あくまで政治的・道義的なものに過ぎないと解されている[35]。このことは、前回の調査に続いて今回の現地調査でも確認された[36]。オービイ教授は、「有効」という表現の意味は極めて曖昧で、その意味は、受容可能であるとか、正統性（légitimité）を有するとか、適法であり無効ではないとか、あるいは、公の秩序（ordre public）に反するわけでは

---

[34] 2011（平成23）年の我が国通常国会に提出された国家公務員の労働関係に関する法律案、および、2012年臨時国会に提出された地方公務員の労働関係に関する法律案は、団体協約という名の協約を締結する権利を承認しつつ（国公労法案13条本文、地公労法案12条1項）、その規範的効力を認めないが、内閣等に対し、締結された団体協約の内容を適切に反映させるために必要な法律案または条例案を国会または地方議会に提出する義務（国公労法案17条1項、地公労法案16条1項）の他、政省令等の制定・改廃義務（国公労法案17条2項3項、地公労法案16条2項3項）を課す（債務的効力）（両法案については、第2節Ⅴ2、第2章第3節Ⅱ2および第4節Ⅳ参照。同章第2節Ⅲも参照）。もし、フランス官吏法第Ⅰ部8条の2Ⅳにおける「有効」の意味が債務的効力を承認するものであれば（本文で紹介するように、かかる効力を否定するのがフランスにおける一致した見解ではあるが）、上記両法案の内容は、フランス法と極めてよく似たものということになる。

[35] Salon et Savignac, Code de la fonction publique, op. cit., p. 132, Sautereau(N.), Vers un dialogue social rénové dans la fonction publique?, A.J.F.P., 2011, p. 94. 法令規律関係であることの維持と協定の有効条件を定めたこととは矛盾すると批判されている。例えば、v. Melleray (F.), La loi relative à la rénovation du dialogue social dans la fonction publique; première étape d'une réforme profonde, A.J.D.A., 2010, p. 2049.

[36] 2012年報告書33頁参照。

ないといったものに過ぎないのではないかとする。そのうえで、もし、法的効力があることを含意させるのであれば、法令規律関係の原則を修正する規定が定められるか、あるいは、政府に対して「義務を課す (s'imposer à)」とか、協定の履行が政府の「義務である（obligatoire）」といった文言の定めが用意されるであろうが、そのような改正はされていないと説明する【オービイ教授】。なお、協定を締結した代表的組合が、協定の履行を求める訴えを提起した場合に関し、かかる訴えの適法性については意見が分かれたが（法律に特別の定めがない限り訴えの利益が否定されるという意見【ゴーイン教授、オーバン教授】と、訴えの利益は認められるものの、法令規律関係の原則が維持されている以上、法律に特別の定めがない限り、請求が認容されることはないとの意見【オービイ教授】があった）、請求を認容する判決が下ることがあり得ないとする点は一致しており【ゴーイン教授、オーバン教授、オービイ教授】、いずれにせよ、協定内容の実効性を確保する法的手段も見出されないことになる。

　もっとも、締結された協約の現実的な意味は小さくないと認識されている。例えば、道義的効力（validité morale）があるに過ぎず、紳士協定のようなものだが、現実には、その後の法改正の予告になっており、事実、2010年以降の制度改革は、いずれも、1年前に合意された協定を経て実施されているなど、事実上の（*ipso facto*）労働協約になっていること【オーバン教授】[37]、協約内容を履行する政治的責務が政府に課され、合意がされた以上、その内容に即した法改正がなされるのは当然であること【ゴーイン教授】等の指摘があった。また、協定によって政府が自己拘束されること、社会的対話は慣行的な交渉であって、法文よりも強力な現実的拘束力があること、使用者としての国と被用者代表としての組合とが締結した合意文書は、正統性のある政治的合意という意味で拘束力があること、政府がした約束であってメディアも注目すること、以上のことから、法的な意味で「有効である」との定めが

---

37）　オーバン教授は、その著書において、最近の重要な官吏法改正の多くが、協定の内容に従っていることを踏まえ、現実に協定が有する影響力は非常に大きいと指摘する。v. Aubin (E.), La fonction publique, 6$^e$ éd., Gualino, 2015, p. 445. なお、2010年の官吏法改正自体、ベルシー協定の内容に則ったものである。

なくても、現実の効力がないというわけではないとの説明もあった【行政・公務員総局】。

　ただ、有効な協定であっても法的効力が否定されるのであれば、かかる協定を締結し得る組合の資格を制限する必要はないようにも思える。そこで、かかる資格制限の趣旨につき、「協定に法的効力が認められないとしても、現実にそれなりの力を有する組合との間で締結しないと政治的に無意味であるからなのか」と質問したところ、そのような趣旨であり、要は、協定に正統性を付与するための資格制限であるのだが、公務員組合はかなりの数のものがあるところ、少数組合が全体を代表するような協定を締結する事態を防ぐための制限であるとの回答が得られた【オービイ教授】。その他、民主的手続という観点から、協定に正統性を付与するための改革であるとか【オーバン教授】、代表的組合の代表的性格を強化【ゴーイン教授】あるいは正統化する【行政・公務員総局】趣旨であるとの説明もあった。なお、2010年10月の職員代表選出選挙において、単独で50％を獲得した組合はなかったとのことである【ゴーイン教授】。[38]

　その他、団体交渉及び協定に係る2010年法改正については、組織立った交渉ができるようにすることを狙いとするもので、憲法の趣旨に即した改革であるとか【ゴーイン教授】、民間労働法への接近という方向での改革であり【オーバン教授、ゴーイン教授】、労使間での規範的自律性を持たせる方向での改革である【オーバン教授】との説明があった。

　民間労働法への接近という改革は、2003年にコンセイユ・デタが公表した報告書[39]の方向性に即すものであるという【オービイ教授、オーバン教授】。同報告書は、公務員間の平等よりも、契約化による個別化が重要であるとし、法令規律関係の原則を維持しつつ、同原則を補完、修正するシステムとして、労働協約に一定の法的効力を付与する制度を副次的に導入することを提言していた。フランス公務員法の伝統に大きな修正を施す提言であるが【オービイ教授】、近い将来、この方向性を更に進める制度改革が実現されるであろ

---

38)　2012年報告書33頁の内務省自治体総局の指摘も参照。
39)　Rapport public 2003, Considérations générales Perspectives pour la fonction publique, La Documentation française, mars 2003, p. 227 et s..

うとのことであり【オービイ教授、オーバン教授】、最も可能性のあるシナリオは、公務員に対し、法的効力のある協約の締結権を承認するが、憲法が公務員の基本的保障を法律事項とする以上（前述1(3)参照）、かかる協約の効力を、政府に対して法改正を事実上義務付けるものとするに止める制度であろうとのことである【オーバン教授】。公務員の基本的保障は法律が定め、勤務条件の詳細は協約が定めるという、法律と協約とで役割を分担するシステムであり、法令規律関係原則を維持しつつ、協約締結権を承認するものであるという【オーバン教授】。同教授が示唆する制度は、我が国の2011（平成23）年通常国会に提出された国家公務員の労働関係に関する法律案（以下、「国公労法案」という）、および、2012（平成24）年臨時国会に提出された地方公務員の労働関係に関する法律案（以下、「地公労法案」という）の内容に極めて類似する。

このような改革の方向性を強く支持する意見として、個別化の必要性は高いが、公務員が公役務（service public）の実施を担う者である以上、公役務原理の遵守という要請も重要であり、したがって、公役務原理の遵守と、個別化によって個人のモチベーションを高めるという要請との適切なバランスが肝要であるとの指摘があった【オーバン教授】。この指摘によると、現在、平等原理があまりに重視され過ぎているが、平等原理と個別化・契約化とは相互補完の関係にあって、矛盾するものではなく、そして、両者の適切なバランスを実現することで、公務員制度がヨリ効率的なものになっていくという【オーバン教授】。

また、契約化の必要性を強調したうえで、しかし、公務員関係を契約関係とする改革を行ったイタリアが、必ずしも満足のいく結果を得ていないことを引き合いに出したうえで、法令規律の仕組みと契約による仕組みとをミックス（協働）させた、より中庸的で混合的なシステムが必要であるとの主張もあった【オービイ教授】。すなわち、法令規律関係の原則を維持しつつ、法令の範囲内で、事項ごとに、協約規律を認めるべき制度が望ましいというのである【オービイ教授】。いかなる事項を協約規律の対象とするかは政治的な

---

40) オービイ教授の示唆と類似の発想に立つ筆者の私見については、第2章第3節II 1および第4節V参照。

問題と関わるものであり、現在のように経済危機の状況にあっては非常にデリケートな問題となるが、例えば、育児休暇、宗教休暇、祝祭日勤務、安全衛生、身体障害者の採用枠といった、具体的で日常的な問題については、全国レベルで法令によって一律に規律するよりも、地域レベルあるいは職員群・職群レベルでの協約によって規律すべきではないかというのである【オービイ教授】。ただし、組合は平等取扱いを重視し、地域あるいは職ごとに異なる取扱いがされることを非常に恐れており、できるだけ全国レベルで統一的に決めることを望んでいるとのことであった【オービイ教授】。

他方、給与について協約で決定するという仕組みも理論的には考え得るが、現実には、国は財政危機を理由にそのような制度とすることを拒むと予想されること、デクレによる俸給額決定という権限を国が手放すとは思えないこと、ただし、特別手当（プリム。後述Ⅱ１参照）についてであれば、協約事項とされることも考え得ること[41]、とはいえ、限定的なものであっても法的拘束力が承認される協約を締結する権利が認められると、団交応諾や協約履行を求める訴えが適法なものになると考えられるが、国は、訴えを増加させるような制度改革には消極的なのではないかと考えられること等の指摘もあった【オーバン教授】。

また、現政権は社会党のオランド政権であり、親組合的な立場であるため、労使対話などの分野で、より進展した改革がなされると予測され、少なくとも、前のサルコジ政権とは異なる公務員制度政策が打ち出されるだろうとの分析もあった【オービイ教授】。

(4) 争議権

官吏法第Ⅰ部10条は、「官吏は、法令の範囲内で争議権（droit de grève）を行使する」と定めており、一部の官吏を除き、争議権が承認されている[42][43]。

---

41) 我が国において、手当の一部については協約事項とすべきとする筆者の見解については、第２章第１節Ⅵ２参照。
42) 協約締結権がない公務員による争議の現実的意味合いについては、藤巻・前掲注15) 44頁参照。近時における争議の実態については、2012年報告書34頁参照。
43) 例外的に争議権を否定される公務員については、村松編著・前掲注16) 245頁参照。

## II　地方公務員の給与決定システム

### 1　給与の種類

　官吏の給与（rémunération）は、俸給（traitement）と手当（indemnité）から構成される。これらに関する官吏法の定めは極く簡潔で、職務遂行後（après service fait）の官吏には給与受給権が認められること、給与には家族給付（prestations familiales）が加えられること、そして、俸給額は官等と号俸に応じて決まることが定められているに過ぎない（官吏法第Ⅰ部20条）。俸給や各種手当の額を具体的に決定するシステムは、2で後述するように、各種デクレが詳細に定める。以上のような俸給と手当の他、様々な特別手当（プリム）が官吏に支給されている。

　これまでの我が国では、手当と特別手当（プリム）が区別されることを前提に、後者については、制度や実態が不透明であると報告されてきたが[44]、前回の現地調査では、両者を同義とする回答が大勢を占めた[45]。しかし、今回の現地調査では、やはり両者は異なるというのが一致した回答であった。もっとも、論者によって概念の用い方が必ずしも一致しておらず、法制度上は特別手当（プリム）の名が用いられていても、手当の一種として定められているものもあり【オーバン教授】、実務上も混同されて使用されているという【オービイ教授】。両者の違いについて、今回の現地調査では、例えば、手当は身分に着目して支給されるのに対し、特別手当（プリム）は職務に着目して支給されるものであり、前者は一定の要件を満たせば当然に支給されるのに対し、後者はそうではないといった説明【オーバン教授】の他[46]、手当は、一定の経費を補うものであったり、何らかの理由で生じた不都合な状態を補

---

44)　例えば、人事院『平成21年度年次報告書』40頁参照。
45)　特別手当（プリム）については、下井・前掲注1）55頁以下を参照。
46)　2010年改正官吏法第Ⅲ部88条は、職務成果特別手当（プリム）（prime de fonction et résultat）を新設し、これは、部局全体の職務成果に応じて支給されるもので、支給額の年間上限額は、1人当たり300ユーロとされている（2012年10月22日の通達INTB1234383C。同通達は、オーバン教授より提供を受けた）。なお、同手当が2014年のデクレで廃止されたことにつき、下井・前掲注1）69頁以下参照。

埋するためのものであるのに対し、特別手当（プリム）は、出席手当とか、能率手当、勤勉手当といったようなものであるといった指摘【オービイ教授】があった[47]。そして、2(1)で後述するように、地方官吏の俸給額は、デクレが全国一律に決定するのに対し、手当や特別手当（プリム）は、地方公共団体レベルで支給要件や支給額を決定する余地があることもあり、とりわけ特別手当（プリム）については、地方の裁量が相対的に広いとのことであった【オーバン教授、トゥール市役所】。

いずれにせよ、今回の調査においても、特別手当（プリム）を含めた手当制度の全体像を具体的に把握することはできなかった。今後における本格的な文献調査と現地調査の必要性を強く感じさせるが、フランスにおいても、特別手当（プリム）制度の不透明さと複雑さが問題視されているとのことである[48]。例えば、特別手当（プリム）については不透明の王国といわれていること、国家官吏についても、特別手当（プリム）の支給額は明らかにされていないこと、省庁ごとで支給額に随分と差があるらしく、とりわけ経済財政省（Ministère de l'économie et des finances）のそれが、他省とは比較にならないほど高額とされていること、何らかの報告書は存在するらしいものの、政府は公開していないこと等の説明があった【オービイ教授】。そして、特別手当（プリム）制度の改革は非常に重要な課題であり、改革がなされることは間違いないだろうが、しかし、まだ行われておらず、また、改革がなされるとしても、どこまで抜本的なものになるかは不明であるという【オービイ教授】。他方、行政・公務員総局からは、詳しくはいえないとしつつ、最近になって進展があったこと、特別手当（プリム）制度は非常に複雑なので、簡素化すべきであること、職務内容に着目したものと成果に着目したものとの2種類に整理できないかと考えていること等の説明があった【行政・公務員総局】。

なお、特別手当（プリム）の財源を負担するのは地方公共団体自身である

---

47) 2011年報告書34頁は、手当が、あるポストに継続して就業するにあたり必要な額を支給するという意味が強いのに対し、特別手当（プリム）については、俸給を補足する意味で支給される報奨金といった要素を含むとしている。

48) 2012年報告書35頁も参照。

ため、各団体の財政状況によって支給額にかなりの差があるという【イル・ド・フランス州管理機構】。前回の現地調査において、フランスの公務員制度においては、均衡原則（principe de parité）という発想が非常に強い価値観として存在しており、同様の職務に携わっている官吏は、国・地方公共団体・病院のいずれの公務に所属しているのであれ、または、どこの地方公共団体に勤務しているのであれ、同レベルの給与を支給される仕組みが構築されているとの説明を数多く受けたが、それはあくまで俸給についてだけのことであるという【イル・ド・フランス州管理機構】。

## 2　給与決定（改定）過程
### (1)　俸　　給

　国家・地方・病院各官吏の俸給額は、全て、国がデクレで統一的に決定する。制度の概要は以下のとおりである。

　まず、1982年12月23日のデクレ82―1105号別表が、全官吏の号俸を100から1,015までの指数で格付けする俸給指数表（grille indiciaire）を定める。この指数には2種類のものがあり、一つは、100から1,015までの格付指数（税込指数、グロス指数）（indice brut）であり（**資料3**の俸給指数表①参照）、今一つは、格付指数ごとに定められる俸給指数（換算指数）（indice majoré）である（**資料3**の俸給指数表②参照）。

　次に、各職員群・職群の個別規程を定めるデクレ（前述Ⅰ1⑶参照）が、当該職員群・職群における各官等の各号俸について、俸給指数表における指数のいずれに位置付けられるのかを指定する（**資料4～6**参照）。

　そして、全公務の全官吏に適用される1985年10月24日のデクレ85―1148号の3条が、格付指数100に格付けされた号俸の官吏に支給される俸給額を、年次俸給指数値（valeur annuelle du traitement et de la solde）というかたち

---

49)　2012年報告書35頁参照。
50)　2012年報告書36頁参照。
51)　1948年7月10日のデクレ48―1108号が、全文武官吏の職員群と職とを格付けする指数表の策定を求め、これを受けて、本文で紹介した1982年デクレが俸給指数表を策定している。
52)　2011年報告書資料編63頁も参照。国家官吏の職員群に関する例として、下井・前掲注16）194頁以下、村松編著・前掲注16）250頁以下参照。

で具体的に定める。

　以上のことから、各官吏の年次俸給額は、「当該号俸に付された格付指数の俸給指数」÷100×「年次俸給指数値」という式で得られた数字によることになるが、各俸給指数の年次俸給額もデクレで一覧化されている（上記1985年デクレ別表B。**資料3**の俸給指数表②参照）。2013年3月現在の上記1985年デクレ3条（2010年7月7日のデクレ2010―761号で改正）は、年次俸給指数値を5,556.35ユーロと定める（2016年3月5日のデクレ2016―690号1条により、5,589.69ユーロに改定）。これは、2010年7月7日のデクレ改正によるものであるから、同年以降、各号俸の俸給額に変化はないことになる。なお、格付指数1,015を超える格付けがなされるべき号俸の官吏については、号俸外（hors échellon; HE）の官吏として、上記1985年デクレの6条が別の俸給表を用意する（**資料6**参照）。

　ところで、職と俸給との関係であるが、フランス官吏法は、職務給という発想に依拠しておらず、官吏という地位に応じた俸給を支給するという、いわば身分給という考え方を基盤としている。そのため、俸給決定に際して民間部門とのバランスは考慮されないと説明されるが、職と俸給額との連関がまったく考慮されない制度となっているわけでもない。というのは、垂直的かつ水平的に分類された職員群・職群ごとに、当該職員群・職群に所属する官吏が担当する職（emploi）の集合（職団〔cadre〕）が決められ、かつ、各職員群・職群における官等ごとに、当該官等の官吏が配属され得る職の集合も決められているからである。なお、地方公共団体における職団や職の設置は、地方議会の権限に属す。

---

53)　下井・前掲注16）193頁、村松編著・前掲注16）249頁、2011年報告書32頁参照。また、いくつかの職員群・職群における官等と号俸、格付指数、俸給指数、俸給年額の具体例につき、下井・前掲注16）194頁以下、村松編著・前掲注16）250頁以下、2011年報告書資料編63頁参照。
54)　2011年報告書34頁参照。同報告書の資料編64頁には、1995年以降における年次俸給指数値の推移が示されている。
55)　例えば、消防長で6号俸の者の格付指数はHEAであるから（**資料5**）、AグループのシェヴロンIで示された額がその年次俸給額となる（**資料6**）。
56)　藤巻・前掲注15）40頁参照。なお、民間部門との給与比較については、2012年報告書資料編13参照。

### (2) 手当制度

　手当の種類は極めて多岐にわたっており、その全体像を把握することは難しいが、国・地方・病院各公務を問わず、手当の種類と受給要件を定めるのは、国の様々なデクレであり、具体的な手当額を決めるのは、国の諸々のアレテ（arrêté）である。つまり、地方官吏の手当についても国が統一的に規律しているのであるが、手当の種類によっては、具体的な額の決定が、地方公共団体の裁量に委ねられる場合もある。ただし、その場合も、原則として、国家官吏に支給される同種手当の額を超えてはならない。1991年9月6日のデクレ91―875号は、その別表において、地方の各職群に類似する国家官吏職員群を指定し、これら各職群の地方官吏に支給される手当の額は、当該類似職員群における国家官吏のそれを超えてはならないと定める（1条）。なお、官吏法第Ⅰ部20条は、官吏が受給できる手当を、居住地手当（indemnité de résidence）と家族扶養付加手当（supplément familial de traitement）の他、法令の定める諸手当に限ると定めており、地方公共団体が独自の手当を創設することは許されないのが原則である。

## Ⅲ 〈補論1〉労使協働諮問機関制度

### 1 概　　略

　フランス公務員制度においては、古くから労使協働諮問機関制度が発達してきた。その起源は、いくつかの職員群における個別規程が20世紀前半に設置した懲戒審議会に求められる。同審議会は、任命権者が懲戒処分を下す前に、被処分予定者から意見を聴取し、処分の是非や下されるべき処分内容に

---

57) 手当については、2011年報告書34頁、下井・前掲注16）199頁以下、同・前掲注1）55頁、村松編著・前掲注16）252頁参照。
58) 我が国の省令に相当する。
59) 2011年報告書資料編67頁参照。
60) 例外については、2012年報告書37頁参照。
61) この制度に関する先駆的研究として、兼子仁『現代フランス行政法』（有斐閣・1970）の特に271頁以下参照。
62) 兼子・前掲注61）283頁、下井・前掲注9）29頁参照。

つき、処分権者に対して答申を発する機関であった。この制度を一般化したのが、Ⅰ1(3)で前述した1946年の官吏法である。同法は、労使協働諮問機関への諮問手続を、懲戒手続に限らず、人事管理行政の様々な局面に導入し、かつ、各種諮問機関を労使同数構成とした。この改革は、公務員制度の民主化を実現したものと位置付けられている。

現行官吏法は、三つの公務員制度のいずれについても、行政当局に対し、人事行政上の様々な局面において、各種労使協働諮問機関の答申（consultation）や意見（avis）を事前に経ることを義務付ける。かかる諮問機関は、組合員または職員による選挙で選出された代表と当局代表とで構成されることが法定されており、答申や意見に法的拘束力はないものの、組合または職員は、これら諮問手続を通じて、間接的にではあるが、給与その他の勤務条件の決定過程に参画していることになる。なお、Ⅰ2(2)(a)で前述したように、これらの労使協働諮問機関における代表権を有する組合が、当局と交渉する資格を有する（官吏法第Ⅰ部8条の2Ⅲ）。

以上のような労使協働諮問機関制度によって、1946年第4共和国憲法前文が定める参加権の保障が図られていると説明される【オーバン教授】。我が国風に形容すれば、協約締結権制約の代償措置が講じられているとも評し得よう。

## 2　現行法制の概要

現行官吏法第Ⅰ部は、その9条で、「官吏は、諮問機関の委員である自分達の代表者を通じて、公役務の組織編成や運営、及び、身分に関わる諸規範

---

63）　戦前における懲戒審議会の多くが労使同数構成ではなかったことにつき、下井・前掲注9）29頁参照。
64）　兼子・前掲注61）153・283頁。下井・前掲注9）30頁も参照。
65）　もっとも、アンドル・エ・ロワール県管理機構によれば、ほぼ全ての事例において、意見の内容がそのまま採用されているという【アンドル・エ・ロワール県管理機構】。
66）　我が国における労働基本権制限の代償措置を検討するにあたり、フランスの労使協働諮問機関制度が参考となる可能性については、第2節Ⅴ2参照。また、山本隆司「公務員の労働基本権小考」人月737号（2011）20頁は、ドイツにおける職員代表制をモデルとした制度の検討を示唆する。その他、フランスについては、植村哲「欧州地方公務員情勢（第七回：フランスの地方公務員制度に関する比較論的考察（その三））」地公月549号（2009）29頁参照。

の策定、並びに、自分達のキャリアに関わる個別的な決定の審査に参加する」と定める。そして、同第Ⅲ部は、地方官吏制度における諮問機関として、①地方公務員制度高等評議会（最高官吏制度協議会）(Conseil supérieur de la fonction publique territoriale)（8条）──全国に一つ設置されるが、パリ市については、この評議会の機能をパリ行政組織高等評議会 (Conseil supérieur des administrations parisiennes) が代替する（Ⅰ1⑶で述べた1994年デクレ5条6号）──、②労使同数人事管理協議会（人事同数審議会、労使共同管理委員会）(commission administrative paritaire)（官吏法第Ⅲ部28条）──地方公務管理機構（後述Ⅳ参照）に加入していない地方公共団体またはその行政的公施設法人であれば当該団体に、同機構に加入している市町村またはその行政的公施設法人であれば当該機構に、それぞれ設置される──、③行政管理委員会（行政管理協議会、技術審査会）(comité technique)（同32条）──職員数50人以上の地方公共団体またはその行政的公施設法人であれば当該団体に、職員数50人未満の市町村またはその行政的公施設法人であれば、当該各団体が加入する地方公務管理機構に、それぞれ設置される──、および、④衛生安全労働条件委員会（衛生安全労働条件協議会）(comité d'hygiène, de sécurité et des conditions de travail)（同33―1条Ⅰ）──設置形態は③と同じである──の設置を定める。①と④のメンバーは、代表的官吏組合から選出された「官吏組合」代表と当局代表とであるのに対し（同8条・33―1条Ⅲ）、②と③のそれは「職員」代表と当局代表とであるが、職員代表選出選挙（前述Ⅰ2⑶参照）に官吏組合が関与する（同29条・32条、官吏法第Ⅰ部9条の2）。

　①は、地方公務員制度全般に関するすべての問題を扱う。地方公共団体担当大臣は、各職群の個別規程（前述Ⅰ1⑶参照）を定めるデクレの内容について①に諮問するものとされているところ（官吏法第Ⅲ部9条）、Ⅱ2⑴で前述したように、各職群における各官等の号俸につき指数を決めるのは個別規程であるから、官吏組合は、①を通じて俸給の決定過程に参画できることとなる。②は、懲戒処分や分限免職処分、昇格、配置転換等の個別的人事措置

---

67）　当局側委員から選ばれた1名が議長を務める（官吏法第Ⅲ部8条）。

を任命権者が決定するにあたり、事前に意見を述べる（同30条）。1で前述した懲戒審議会はこの②に設置され（同89条）、懲戒処分に対する不服申立ての審査も担当する（同90条）。③は、人事行政の運営に関わる諸事項について意見を述べるものだが（同33条）、労使協働諮問機関制度を改革した2010年官吏法改正は、③の所管事項として、特に「手当政策に関する基本方針」を明示した（同33条4º）。職員代表あるいは官吏組合に対し、手当額の決定システムに参画する途を新たに開いた点で注目されよう。④は、勤務中の職員の肉体的および精神的健康、安全の保護、および、労働条件改善に努めることを任務とする（同33—1条）。

なお、国家官吏と病院官吏についても、以上と同様の制度が定められている。

### 3　2010年官吏法改正による制度改革

2010年官吏法改正は、国・地方・病院各公務における既存の労使協働諮問機関制度を改革するとともに、新たな労使協働諮問機関を設けた。

**(1) 既存制度の改革**

2010年官吏法改正以前、国・地方・病院のいずれの官吏制度においても、上記の①〜④は全て労使同数構成であったが、同改正により、②を除き、労使同数である必要がなくなり（その結果、③の名称は、労使同数行政管理委員会〔comité technique paritaire〕から行政管理委員会に変更された）、かつ、答申または意見の内容が、職員または官吏組合の代表の意思だけで決定されることとなった。ただし、地方公務の場合に限り、議会が事前に承認していれば、当局代表の意見が別途表明され得る（以上につき、官吏法第III部32条）。なお、いずれの諮問機関についても、答申や意見に法的拘束力が認められないことに変わりはない。

③について労使同数制を廃した理由について、職場における具体的な問題を解決するための機関である行政管理委員会には、労使対立の場という図式

---

68) アンドル・エ・ロワール県管理機構では、③行政管理委員会の議事録を個人名の部分を除いて公表しており、そして、意見内容は、当該議事録に記載されているとのことであった【アンドル・エ・ロワール県管理機構】。

が必ずしも適合的ではないことに求められるとの説明があった【オービイ教授】（同教授は、むしろ当該問題の専門家等を参加させることが重要であるとも指摘する）。

　他方、労使同数制を廃止した改革は、主として、国家官吏制度の改革を念頭に置いたものだという。前回の調査においては、地方公共団体の場合、当局代表は政治機関（市長や副市長等）であるため、労使協働諮問機関における協議や意見の発出が、実際の制度・運営の改変につながりやすいのに対し、国の場合、当局代表は、決定権限のない行政官（部局長）に過ぎず、そのために協議の実が小さくなってしまうことから、組合または職員代表の意見を、より直截的に表明できるようにする改革が目指されたのだという説明があったが、今回の調査においても、類似の説明を受けた。[69] すなわち、国の場合、当局代表として各局長クラスが出てくるが、人事のことは人事担当の者しかわからず、他の当局代表達は何が問題になっているかさえもわからないので、常に人事担当者の意見に賛成するしかなく、労使同数とすることに意味はないとのことであった【行政・公務員総局】。他方、地方行政の現場からは、地方と国とでは事情がまったく異なるのであるから、労使同数制の廃止は、地方のことを考慮しない改革であるとの指摘があった【イル・ド・フランス州管理機構、ポアティエ市役所】。

　官吏組合のみの判断で答申・意見を発することができるように改革した理由については、行政管理委員会を、労使対立の場から、公務員が勤務条件について意見を表明する場にするためであるとの説明があった【オービイ教授】。また、労使共同の意見とすると、場合によっては何も決まらず効率性が悪いこと、職員の意思を伝えるのが組合の本来の役割であること【オービイ教授、行政・公務員総局】、組合の意見に答えるのが当局の責務であること、手続を簡素化するためであること【行政・公務員総局】といった理由も挙げられた。かかる改革がもたらすと期待される効果について、労使同数制においては、賛否同数の場合、当局側である議長がキャスティングボートを握る

---

69）　2012年報告書40頁の内務省自治体総局の発言も参照。その他、v. Melleray, op. cit., p. 2048.

ことになるため、組合側の意見は隠れてしまい、その結果、組合が影響力を持ち得なかったところ、今回の改革により、組合がどのような意見を持っているのか、なぜそのような意見であるのか、説明する責任を負うことになるから、当局側も、これまで以上に組合の意見に耳を傾けることになり、事前調整が推進されるのではないかとの意見があった【トゥール市役所】。なお、前回の現地調査においても、地方行政の現場から、労使同数制においては、労使合意に至らなかった場合、最終的には、議長である市長が当局側の意見を採用することとなるため、従来は、職員・組合代表が、当局側の提案に対し、政治的なニュアンスを含めた反対・抗議の意を表明することに終始しがちであり、また、答申・意見の決定にあたっても、反対するというよりは棄権をし、議会で採決された以上やむなしといった消極的態度をとるのが通例であったところ、職員代表側のみの意思で答申・意見の内容を決めることができるようになった以上、職員・組合側も、自ら意見を述べ、公役務のためにヨリ積極的な役割を果たさなければならなくなったのであるから、労使協働諮問機関を本来の意味での協議の場とするための改革であり、地方の現場に大きな影響を与えるものと評し得るという指摘があった[70]。これに対し、今回の現地調査では、同じく地方行政の現場から、共同合意に向けた労使対話の活発化という制度趣旨と矛盾する改革ではないかとの批判もあった【イル・ド・フランス州管理機構】。

　地方公務に限り、当局代表も意見を表明できることとされた理由につき、地方の自律性や、自由な地方行政（第5共和国憲法72条）といったことへの配慮であり、また、国の場合の当局代表は行政官であるのに対し、地方のそれは政治機関であるから、当局側が政治的な意見を表明できることには意味があるからであるとの説明があった【行政・公務員総局】。また、地方公務管理機構（後述Ⅳ参照）において複数団体が共同交渉するような場合は、複数ある当局も意見を表明できるようにすべきだからとの指摘もあった【オービ

---

70) 2012年報告書40頁以下のシャルトル市役所職員の発言参照。総務省「地方公務員の自律的労使関係制度に関する会議」第6回（2012〔平成24〕年10月26日）〔資料2〕下井康史委員提出資料2頁における主張は、2011（平成23）年の現地調査における聴取結果を踏まえている。

イ教授】。なお、地方行政の現場からは、従来、労使同数制がよく機能していたこと、そして、労使のコンセンサスが重要であることから、今後は、組合側と当局側とが同じ内容の意見を表明するように調整し、従来の労使同数制下における運用を実質的に継続させたいとの説明があった【アンドル・エ・ロワール県管理機構】。

### (2) 新たな労使協働諮問機関の設置

2010年官吏法改正は、Ⅰ1(3)で前述したベルシー協定（前述Ⅰ2(3)も参照）に基づき、新たな労使協働諮問機関として、全公務に共通する問題を管轄する公務員制度共通協議会（Conseil commun de la fonction publique）を設置した。労使同数構成であることは求められておらず、官吏組合の代表と、国およびその公施設法人の当局代表、地方公務の当局代表、病院公務の当局代表とから構成され、公務員制度担当大臣が議長を務める。同協議会の意見は、官吏組合、地方公務当局、そして病院公務当局の各委員の意見が出揃った場合に表明されたものとされる（以上については、官吏法第Ⅰ部9条の3）。なお、2012年4月に第1回会議が開催されたが、政治的に非常に難しい時期であったため、対話はまったく進まなかったとのことである【オーバン教授】。

この公務員制度共通協議会に対する評価は分れている。

消極的評価として[71]、従来から公務ごとに高等評議会（前述2参照）が設置されているところ、これらは重要な機関であるのだが、実際には重要な決定をしてきてはおらず、政府代表が何か提案し、それに対して組合が反対するという、同じパターンが毎回のように繰り返される儀式に堕しているが、共通評議会も同じような機関となり得るのではないか【オービイ教授】、これまでは活発でなかった公務間異動（前述Ⅰ1(3)参照）を促進する役割を果たすことができれば素晴らしいが、同協議会がかかる役割を効率的かつ自主的に果たし得るかどうかは不明である【オービイ教授】、共通協議会では3公務に共通のテーマを扱うことになっているが、各公務はそれぞれの特性を維持したいと考えているので、結局、多くの問題が高等評議会で議論されることに

---

71) 2011（平成23）年の現地調査において聴取した消極的評価については、2012年報告書41頁参照。

なってしまうのではないか【オーバン教授】、国の当局代表が採決に加わらない制度となっている点でかなりバランスが悪く、このことが議論そのものを歪めることになるのではないか【オーバン教授】、国の当局代表が採決に加わらないとされた理由は、3公務に共通するテーマは法律で規律することになるが、国の当局代表は法律案を当然に支持するからとされているが、国は法律案を修正できる以上、採決に加わらせるべきである【オーバン教授】といった批判があった。また、地方行政の現場からは、今のところかたちだけの協議になっているといった批判【トゥール市役所】の他、各公務の自律性を狭めるものになるのではないか、公務員制度を中央集権化の方向にのみ進ませるものではないか【イル・ド・フランス州管理機構、アンドル・エ・ロワール県管理機構】といった懸念が表明された。

　積極的評価として、オーバン教授は、10年後にどうなっているかわからず、評価をするには時期尚早であることを留保しつつ、制度の理念自体は評価できるとする。なぜなら、三つの各高等評議会で別々に協議していたことの中には、3公務間の異動とか、障害者の雇用といったような、3公務共通の問題もある以上、これらについて共通の協議ができれば効率的であるし、労使対話の改善につながることは間違いないからだという。このように、理念自体は評価できるのであるから、制度内容を改善すべきであり、そして、本来の意味での協議の場となる可能性は秘められていて、公務員制度の重要論点が取り上げられる可能性もあるところ、そういう姿になっていくためには、組合の代表的性格が強化されること、つまり、加入率が高くなることが重要だとオーバン教授は主張する【オーバン教授】。

---

72）　前回の現地調査において聴取した積極的評価については、2012年報告書41頁参照。メルレイは、公務員制度共通協議会設置の理由について、各公務高等評議会への無用に大げさな諮問を回避するという、現実的なものであったと指摘する。v. Melleray, op. cit., p. 2047.

## IV 〈補論2〉地方公務管理機構[73]
(centre de gestion de la fonction publique territoriale)

### 1 概　要
　地方公務管理機構とは、市町村やその地方行政的公施設法人[74]（以下、「市町村等」という）における官吏の人事管理について助言を行うために設立される行政的公施設法人である（官吏法第Ⅲ部13条）——その職員は官吏または非正規職員たる公務員である（前述Ⅰ1(1)参照）——。設立資金は、同機構に加入する市町村等が負担する（同22条）。加入義務があるのは、官吏とフルタイムの研修職員——官吏採用試験に合格したが、まだ任官されていない者——との合計人数が350人未満の市町村等（同15条）、そして、フルタイム勤務ではない官吏のみを任用している市町村等である（同16条）。その他の市町村等が任意に加入することは妨げられない（同15条）。

　管理機構は各県に設置される（同14条）。各機構の理事会の共同議決があれば、県際的に設置することもでき、イル・ド・フランス州には、二つの県際管理機構がある【イル・ド・フランス州管理機構】。また、各県の管理機構が協定を締結することで、各管理機構における業務の一部を担当する管理機構を、州単位あるいは州際的に設置することもでき（同14条）、今回の現地調査で訪問したイル・ド・フランス州管理機構が、州設置の例である。

　今回の現地調査で訪問した管理機構のうち、イル・ド・フランス州管理機構は、義務的加入市町村等が980団体、任意的市町村等が20団体であり、全加入市町村等の総職員数は4万5,000人である【イル・ド・フランス州管理機構】。アンドル・エ・ロワール県管理機構は、加入市町村等が421団体（うち、

---

73) 今回の調査において地方公務管理機構を取り上げたのは、我が国でも地方公共団体の規模は様々であり、この点への配慮が、地方公務員に協約締結権を付与する改革において求められるかもしれないからである。以上については、第2章第2節Ⅲ2(4)参照。
74) 地方公務管理機構に加盟する地方行政的公施設法人の例として、市町村社会公民機構（centres communaux d'action sociale）や市町村組合（syndicats intercommunaux）、市町村共同体（communautés de communes）や都市圏共同体（communauté d'agglomération）等があるという【アンドル・エ・ロワール県管理機構】。

275が市町村。同県内の市町村で同機構に加入していないのは2市町村のみ）であり、全加入市町村等の総職員数は7,300人である【アンドル・エ・ロワール県管理機構】。

## 2　組　　織

　管理機構は理事会（conseil d'administration）が運営する。理事は、加入市町村等の議員から選任されるが（官吏法第Ⅲ部13条）、イル・ド・フランス州管理機構の理事は、市町村長であるのが通例であるという。理事の数は、各機構に加入している市町村等の人口数や職員数に応じ、15人以上30人以下の範囲でデクレで定める（同13条）。アンドル・エ・ロワール県管理機構の理事数は22人とのことであった【アンドル・エ・ロワール県管理機構】。理事会は、理事の中から長官を選任する（同13条）。なお、理事の選任は、政治色の濃い過程を経て決められているようである【イル・ド・フランス州管理機構、アンドル・エ・ロワール県管理機構】。

## 3　業　　務

　管理機構の担当業務には、義務的なものと任意的なものとがある。

### (1) 義務的業務

　まず、義務的業務として、第1に、官吏法第Ⅲ部23条Ⅰは、当該機構が置かれた県内の市町村等の全てにおける職に関する情報の管理を挙げる。ここで扱われる職は、当該機構に加入している市町村等のそれに限られない。

　義務的業務の第2として、同23条Ⅱは、加入市町村等のみに関する以下の業務を列挙する。

①競争試験[76]の管理運営、能力リスト[77]の作成
②能力リストの公示

---

75)　市町村長は、市町村議会議員から選出される。
76)　新規採用や昇進手続において利用される（官吏法第Ⅲ部35条以下・79条）。第2編第1章Ⅲ1 (2)の他、下井・前掲注15）32頁以下参照。
77)　昇進手続において利用される（官吏法第Ⅲ部39条）。昇進手続については、第2編第1章Ⅲ1 (3)の他、下井・前掲注15）34頁参照。

③職の新設や空職の公示

④昇格手続において用いられる昇進資格者名簿の公示

⑤一時的に職を失ったが官等を保持している官吏の人事管理

⑥職務遂行能力欠如を理由とする官吏再配属

⑦休職期間満了後の官吏に対する補職援助

⑧懲戒処分に対する不服申立てを審査する懲戒審議会（前述Ⅲ１参照）の運営

⑨労使同数人事管理協議会および同協議会に設置された懲戒審議会の運営

⑩退職委員会[78]（commissions de réforme）の事務局

⑪医療委員会[79]（comités médicaux）の事務局

⑫行政管理委員会（前述Ⅲ２参照）の運営

⑬組合活動時間[80]（crédit de temps syndical）の計算、および、同時間利用に係る給与の支給[81]

⑭行政不服申立手続に関する助言

⑮官吏の身分に関わる法的な問題に関する助言

⑯他の地方公共団体等への採用や異動のサポート

⑰退職年金額の算定

　以上のうち、⑩⑪⑭〜⑰は、2012年３月12日の法律2012—347号で新たに追加された業務である。かかる追加は、市町村における人事管理業務の共同機関として、管理機構が理想的であるとの認識に基づいており、管理機構の位置付けを大きく変更する非常に重要な改革であるとのことであった【アンドル・エ・ロワール県管理機構】。

---

78) 公務災害の認定を行う機関である（官吏法第Ⅲ部57条）。
79) 各県ごとに置かれ、官吏法第Ⅲ部の適用に必要な医療関係の意見を述べる機関である（1987年７月30日のデクレ87—602号４条）。
80) 勤務時間内に職務専念義務を免除されて組合活動に従事する時間をいう。これを利用しても俸給請求権は消滅しない（官吏法第Ⅲ部100—１Ⅰ）。
81) 加盟市町村等の総職員数が約7,300人のアンドル・エ・ロワール県管理機構では、組合活動時間に係る給与として、毎年、約28万ユーロを支給しているとのことである。これは、同機構の年間予算における約32％を占めるという【アンドル・エ・ロワール県管理機構】。

なお、⑩⑪⑭⑰については、加入していない市町村等についても、当該市町村等から要求があれば実施できる（官吏法第Ⅲ部23条Ⅲ）。①について、アンドル・エ・ロワール県管理機構では、加入市町村等における全ての職群に関する採用試験を運用しており、そこで扱う職種は約300に及ぶこと、および、採用試験の受験者が数千人に及ぶようなものについては、他県の管理機構と共同で実施していること、採用情報については、ウェブ上で検索ができるようにしていること等の説明があった【アンドル・エ・ロワール県管理機構】。

⑵　任意的業務

　次に、任意的業務として、アンドル・エ・ロワール県管理機構は、以下のような業務を実施しているとのことであった【アンドル・エ・ロワール県管理機構】。

　　①職員の増援：休職者が生じた市町村等に職員を派遣する業務である。同機構の職員は32人であるところ、うち4人は、今回の調査時点において、特別併任[82]（出向〔mise à disposition〕（官吏法第Ⅲ部25条））という地位で市町村に勤務しているとのことであった。

　　②ヘッドハンティングに関する助言：具体的には、求人プロフィールの作成、具体的な人材探し、面接等の手配とのことであった。

　　③訴訟に関する助言

　　④法令解釈に関する助言

　　⑤保険会社と交渉する休職職員への助言

　　⑥職場における事故予防や衛生安全上の助言

　　⑦退職年金受給に関する助言

　　⑧研修計画樹立の助言

---

82)　第2編第1章注80）参照。

〈補注〉
　2013年 5 月、コンセイユ・デタは、官吏法第 I 部 8 条の 2 Ⅳが定める「有効」（Ⅰ 2 ⑶参照）の意味を判断する機会を得た（C.E., 22 mai 2013, Fédération Interco C.F.D.T. et autres, A.J.D.A., 2013, p. 1077, note Montecler, p. 2041, note Melleray, A.J.F.P., 2014, p. 15.）。事案は、以下の通りである。
　2011年 9 月23日、内務大臣と四つの官吏組合との間で、職業消防士部門の改革に関する協定が締結されたところ、同年11月23日、上記組合とは別の官吏組合（原告組合）が、同協定は上記 8 条の 2 Ⅳが定める有効要件を満たしていないとして、内務大臣に対し、同協定の取消しと同協定への異議を考慮することとを求めた。しかし、同年12月19日、内務大臣がいずれの要求も拒否したため、原告組合が、⑴上記協定の取消しと⑵内務大臣の拒否決定の取消しとを求める越権訴訟を提起した。
　コンセイユ・デタは、まず、⑴の訴えを却下した。その理由は、本件協定が法効果を欠いており、訴えの対象となる侵害的行為（acte faisant grief）とはいえないことである。次に、⑵の訴えについては、上記 8 条の 2 Ⅳが協定の有効要件を定めていることから、内務大臣の拒否決定は侵害的行為であるとした。ただし、一審の土地管轄が誤っていることを理由に訴えを却下している。
　メルレイは、同判決の評釈において、2010年官吏法改正の際、官吏は法令規律関係にあるとする定めが維持された以上、従来のコンセイユ・デタ判例からすれば、⑴のみならず、⑵も却下される可能性があったとする（Ⅰ 1 ⑶および第 2 節 Ⅳ 2 参照）。そのうえで、⑵に関する判旨につき、協定の有効要件を定めた2010年官吏法改正の趣旨を無にしないためのプラグマティックな解決と評する。また、同評釈によれば、同判決の論告担当官は、協定の有効性に関する行政の見解――それが否定であれ肯定であれ――を示した行為を侵害的行為とすべき論拠として、有効な協定がもたらす政治的現実的影響力を挙げていたという（Melleray, op. cit., p. 2043）。
　メルレイは、本判決によって、協定自体の法効果が否定されるにもかかわらず、行政裁判所が、協定の有効要件欠如を理由として、組合からの異議に対する行政決定を取り消すことができるようになったとし、これにより、2010年官吏法改正における矛盾（前掲注35）参照）が深まったと批判する（Melleray, op. cit., p. 2044）。
　なお、2012年 5 月 7 日、上記協定の内容に従った六つのデクレが定められた。上記原告組合は、上記協定の締結手続きに瑕疵がある以上、いずれのデクレも違法であるとして、それらの取消しを求める訴えも提起した。これに対しコンセイユ・デタは（C.E, 1$^{er}$ oct. 2013, Fédération Interco C.F.D.T. et autres, A.J.F.P., 2014, p. 17.）、上記判決を引用した上で、協定の法的効力が認められない以上、たとえその締結過程に瑕疵があったとしても、当該デクレが違法とされるわけではないとし、請求を棄却した。

## 資料1
### フランスにおける公務員の人数[83]

|  | 1998年12月31日時点 |  | 2010年12月31日現在 |  | 増減率 |
| --- | --- | --- | --- | --- | --- |
| **国家公務（各省および行政的公施設法人）** | | | | | |
| 官吏 | 1,719,590 | 72% | 1,581,957 | 69% | -8.7% |
| 非正規職員 | 289,807 | 12% | 363,467 | 16% | 20% |
| 武官 | 316,535 | 13% | 322,276 | 14% | 2% |
| 工廠労務者[84]（ouvriers d'Etat） | 64,046 | 3% | 39,792 | 2% | -61% |
| **文官と武官の合計** | 2,389,978 | 97% | 2,307,492 | 100% | 13% |
| 非正規職員の割合 | 12.1% |  | 15.8% |  |  |
| **地方公務（行政的公施設法人を含む）** | | | | | |
| 官吏 | 942,940 | 74% | 1,412,244 | 78% | 33.2% |
| 非正規職員 | 266,007 | 21% | 350,627 | 19% | 24.1% |
| 保育補助員[85]（assistantes maternelles） | 57,112 | 5% | 48,208 | 3% | -18.5% |
| 合計 | 1,266,059 | 100% | 1,811,079 | 100% | 30.1% |
| 非正規職員の割合 | 21.0% |  | 19.4% |  |  |
| **病院公務** | | | | | |
| 官吏 | 710,001 | 79% | 821,542 | 74% | 13.6% |
| 非正規職員 | 106,097 | 12% | 183662 | 17% | 42.2% |
| 医師[86] | 88,054 | 10% | 105,265 | 9% | 16.4% |
| 合計 | 904,152 | 100% | 1,110,469 | 100% | 18.6% |
| 非正規職員の割合 | 11.7% |  | 16.5% |  |  |
| **3公務合計** | | | | | |
| 官吏 | 3,372,531 | 74% | 3,815,743 | 73% | 11.6% |
| 非正規職員 | 661,911 | 15% | 897,756 | 17% | 26.3% |
| 武官 | 316,535 | 7% | 322,276 | 6% | 1.8% |
| 工廠労務者 | 64,046 | 1% | 39,792 | 1% | -61.0% |
| 保育補助員 | 57,112 | 1% | 48,208 | 1% | -18.5% |
| 医師 | 88,054 | 2% | 105,265 | 2% | 16.4% |
| 合計 | 4,560,189 | 100% | 5,229,040 | 100% | 12.8% |
| 非正規職員の割合 | 14.5% |  | 17.2% |  |  |

---

83) Ministère de la réforme de l'Etat, de la décentralisation et de la fonction publique, Rapport annuel sur l'état de la fonction publique, 2010-2011, Politiques et pratiques de ressources humaines, Faits et chiffres, p. 289 に依拠して作成した。公務員分類方法は、原典に従っている。
84) 工廠労務者も非正規職員の一種である。
85) 保育補助員も官吏ではないが、非正規職員と別扱いにすることについて、原典は特に理由を

〈補注〉2013年12月31日時点における人数は、以下のとおり。[87]

| 国家公務（各省および行政的公施設法人） | | |
|---|---|---|
| 官吏 | 1,529,415 | 64.1% |
| 契約職員 | 370,416 | 15.5% |
| 武官 | 309,800 | 13.0% |
| その他 | 175,857 | 7.4% |
| 合計 | 2,385,488 | |
| 非正規職員の割合 | 15.5% | |
| 地方公務（行政的公施設法人を含む） | | |
| 官吏 | 1,453,109 | 77.3% |
| 契約職員 | 362,826 | 19.3% |
| その他 | 62,810 | 3.3% |
| 合計 | 1,878,745 | |
| 非正規職員の割合 | 19.3% | |
| 病院公務 | | |
| 官吏 | 836,041 | 72.5% |
| 契約職員 | 198,708 | 17.2% |
| その他 | 117,958 | 10.2% |
| 合計 | 1,152,707 | |
| 非正規職員の割合 | 17.2% | |
| 3公務合計 | | |
| 官吏 | 3,818,565 | 70.5% |
| 契約職員 | 931,950 | 17.2% |
| 武官 | 309,800 | 5.7% |
| その他 | 356,625 | 6.6% |
| 合計 | 5,416,940 | |
| 非正規職員の割合 | 7.2% | |

---

　　説明していない。
86)　医師も官吏ではないが、非正規職員と別扱いすることについて、原典は特に理由は説明をしていない。
87)　Ministère de la Décentralisation et de la Fonction publique, Rapport annuel sur l'état de la fonction publique, 2015, Politiques et pratiques de ressources humaines, Faits et chiffres, p. 102 et p. 300 に依拠して作成した。公務員分類方法は、原典に従っている。

**資料2**
**フランス地方公共団体における公務員の人数**[88]

|  |  | 2009年 | 2010年 | 増減率 | 2010年時における比率 |
|---|---|---|---|---|---|
| 市町村 | 官吏 | 803,466 | 801,522 | -0.2% | 80% |
|  | 非正規職員 | 200,038 | 193,746 | -3.2% | 19% |
|  | 保育補助員 | 11,779 | 11,575 | -1.8% | 1% |
|  | 合計 | 1,015,283 | 1,006,843 | -0.8% | 100% |
| 県 | 官吏 | 221,720 | 223,973 | 1.0% | 77% |
|  | 非正規職員 | 34,956 | 34,006 | -2.8% | 12% |
|  | 保育補助員 | 32,412 | 32,612 | 0.6% | 11% |
|  | 合計 | 289,088 | 290,591 | 0.5% | 100% |
| 州 | 官吏 | 67,435 | 68,617 | 1.7% | 86% |
|  | 非正規職員 | 11,266 | 11,102 | -1.5% | 14% |
|  | 合計 | 78,701 | 79,719 | 1.3% | 100% |
| 全（狭義の）地方公共団体 | 官吏 | 1,092,621 | 1,094,112 | 0.1% | 79% |
|  | 非正規職員 | 246,260 | 238,854 | -3.1% | 17% |
|  | 保育補助員 | 44,191 | 44,187 | 0.0% | 3% |
|  | 合計 | 1,383,072 | 1,377,153 | -0.4% | 100% |
| 市町村行政的公施設法人 | 官吏 | 81,360 | 82,449 | 1.3% | 65% |
|  | 非正規職員 | 42,009 | 42,340 | 0.8% | 33% |
|  | 保育補助員 | 3,016 | 2,857 | -5.6% | 2% |
|  | 合計 | 126,385 | 127,646 | 1.0% | 100% |
| 市町村共同行政的公施設法人 | 官吏 | 168,923 | 176,073 | 4.1% | 75% |
|  | 非正規職員 | 55,919 | 56,807 | 1.6% | 24% |
|  | 保育補助員 | 1,158 | 1,164 | 0.5% | 0% |
|  | 合計 | 226,000 | 234,044 | 3.4% | 100% |
| 県行政的公施設法人 | 官吏 | 56,810 | 57,097 | 0.5% | 87% |
|  | 非正規職員 | 8,383 | 8,498 | 1.4% | 13% |
|  | 保育補助員 | 0 | 0 | 100.0% | 0% |
|  | 合計 | 65,193 | 65,595 | 0.6% | 100% |

---

88) 前掲注83）の Rapport annuel sur l'état de la fonction publique, 2010-2011, p. 316. に依拠して作成した。公務員分類方法は、原典に従っている。

| | | | | | |
|---|---|---|---|---|---|
| その他の行政的公施設法人 | 官吏 | 2,415 | 2,513 | 3.9% | 38% |
| | 非正規職員 | 3,522 | 4,128 | 14.7% | 62% |
| | 保育補助員 | 0 | 0 | 0.0% | 0% |
| | 合計 | 5,937 | 6,641 | 10.6% | 100% |
| 全行政的公施設法人 | 官吏 | 309,508 | 318,132 | 2.7% | 73% |
| | 非正規職員 | 109,833 | 111,773 | 1.7% | 26% |
| | 保育補助員 | 4,174 | 4,021 | -3.8% | 1% |
| | 合計 | 423,515 | 433,926 | 2.4% | 100% |
| 全地方公務 | 官吏 | 1,402,129 | 1,412,244 | 0.7% | 78% |
| | 非正規職員 | 356,093 | 350,627 | -1.6% | 19% |
| | 保育補助員 | 48,365 | 48,208 | -0.3% | 3% |
| | 合計 | 1,806,587 | 1,811,079 | 0.2% | 100% |

〈補注〉2013年12月31日時点における人数は、以下のとおり。[89]

| | | | |
|---|---|---|---|
| 市町村 | 官吏 | 807,144 | 78% |
| | 契約職員 | 202,002 | 20% |
| | その他 | 19,117 | 2% |
| | 合計 | 1,028,263 | 100% |
| 県 | 官吏 | 227,980 | 77% |
| | 契約職員 | 30,148 | 10% |
| | その他 | 37,208 | 13% |
| | 合計 | 295,336 | 100% |
| 州 | 官吏 | 70,945 | 87% |
| | 契約職員 | 9,744 | 12% |
| | その他 | 499 | 1% |
| | 合計 | 81,188 | 100% |
| 全（狭義の）地方公共団体 | 官吏 | 1,106,069 | 79% |
| | 契約職員 | 241,894 | 17% |
| | その他 | 56,824 | 4% |
| | 合計 | 1,404,787 | 100% |

---

89) 前掲注87）の Rapport annuel sur l'état de la fonction publique, 2015, p. 322. に依拠して作成した。公務員分類方法は、原典に従っている。

| | | | |
|---|---|---:|---:|
| 市町村行政的公施設法人 | 官吏 | 86,387 | 65% |
| | 契約職員 | 43,139 | 33% |
| | その他 | 2,753 | 2% |
| | 合計 | 132,339 | 100% |
| 市町村共同行政的公施設法人 | 官吏 | 199,081 | 75% |
| | 契約職員 | 64,689 | 24% |
| | その他 | 3,071 | 1% |
| | 合計 | 266,841 | 100% |
| 県行政的公施設法人 | 官吏 | 57,791 | 87% |
| | 契約職員 | 8,607 | 13% |
| | その他 | 123 | 0% |
| | 合計 | 66,521 | 100% |
| その他の行政的公施設法人 | 官吏 | 3,781 | 46% |
| | 契約職員 | 4,437 | 54% |
| | その他 | 39 | 0% |
| | 合計 | 8,257 | 100% |
| 全行政的公施設法人 | 官吏 | 347,040 | 73% |
| | 契約職員 | 120,932 | 26% |
| | その他 | 5,986 | 1% |
| | 合計 | 473,958 | 100% |
| 全地方公務 | 官吏 | 1,453,109 | 77% |
| | 契約職員 | 362,826 | 19% |
| | その他 | 62,810 | 3% |
| | 合計 | 1,878,745 | 100% |

## 資料3

**俸給指数表①**[90]

| 格付指数 | 俸給指数 |
|---|---|
| 100 | 203 |
| 101 | 204 |
| 102 | 204 |
| 103 | 205 |
| … | … |
| 290 | 292 |
| 291 | 292 |
| … | … |
| 297 | 292 |
| 298 | 293 |
| … | … |
| 1015 | 821 |

**俸給指数表②**[91]

単位：ユーロ

| 俸給指数 | 俸給年額（退職年金保険料控除） |
|---|---|
| 203 | 1,127,939 |
| 204 | 1,133,495 |
| 205 | 1,139,052 |
| … | … |
| 510 | 2,833,739 |
| 511 | 2,839,295 |
| … | … |
| 821 | 4,561,763 |

## 資料4
### 一般消防吏員の職群（カテゴリーC）[92]

| 官等 | 号俸 | 格付指数 | 昇給期間 最長 | 昇給期間 最短 |
|---|---|---|---|---|
| | | | 最長 | 最短 |
| 消防司令（adjudant） | 7号俸 | 529 | | |
| | 6号俸 | 499 | 4年 | 3年 |
| | 5号俸 | 469 | 4年 | 3年 |
| | 4号俸 | 440 | 3年 | 2年3月 |
| | 3号俸 | 410 | 3年 | 2年3月 |
| | 2号俸 | 387 | 3年 | 2年3月 |

---

90) 1982年12月23日のデクレ82―1105号別表Aから抜粋して作成した。同表の最終改正は2009年7月3日のデクレ2009―824号2条による。
91) 1985年10月24日のデクレ85―1148号別表Bから抜粋して作成した。同表の最終改正は2010年7月1日のデクレ2010―761号による。
92) 職業消防吏員の職群の個別規程に関する1990年9月25日のデクレ90―851号13条に依拠して作成した。

| | | | | |
|---|---|---|---|---|
| | 1号俸 | 358 | 3年 | 2年3月 |
| 消防司令補（sergent） | 6号俸 | 479 | | |
| | 5号俸 | 449 | 4年 | 3年 |
| | 4号俸 | 427 | 3年6月 | 2年9月 |
| | 3号俸 | 398 | 3年6月 | 2年9月 |
| | 2号俸 | 380 | 2年6月 | 2年 |
| | 1号俸 | 351 | 2年6月 | 2年 |
| 消防士長（caporal） | 11号俸 | 446 | | |
| | 10号俸 | 427 | 4年 | 3年 |
| | 9号俸 | 398 | 4年 | 3年 |
| | 8号俸 | 380 | 4年 | 3年 |
| | 7号俸 | 364 | 4年 | 3年 |
| | 6号俸 | 351 | 3年 | 2年 |
| | 5号俸 | 336 | 3年 | 2年 |
| | 4号俸 | 322 | 3年 | 2年 |
| | 3号俸 | 207 | 2年 | 1年6月 |
| | 2号俸 | 302 | 2年 | 1年6月 |
| | 1号俸 | 299 | 1年 | 1年 |
| 消防士（sapeur） | 11号俸 | 413 | | |
| | 10号俸 | 389 | 4年 | 3年 |
| | 9号俸 | 374 | 4年 | 3年 |
| | 8号俸 | 360 | 4年 | 3年 |
| | 7号俸 | 347 | 4年 | 3年 |
| | 6号俸 | 333 | 3年 | 2年 |
| | 5号俸 | 323 | 3年 | 2年 |
| | 4号俸 | 310 | 3年 | 2年 |
| | 3号俸 | 303 | 2年 | 1年6月 |
| | 2号俸 | 299 | 2年 | 1年6月 |
| | 1号俸 | 298 | 1年 | 1年 |

**資料5**
**管理職職業消防吏員の職群（カテゴリーA）**[93]

| 官等 | 号俸 | 格付指数 | 昇給期間 | |
|---|---|---|---|---|
| | | | 最長 | 最短 |
| 消防長（colonel） | 6号俸 | HEA | | |
| | 5号俸 | 1015 | 3年3月 | 2年6月 |
| | 4号俸 | 980 | 3年3月 | 2年6月 |
| | 3号俸 | 901 | 3年 | 2年6月 |
| | 2号俸 | 852 | 3年 | 2年6月 |
| | 1号俸 | 801 | 2年9月 | 2年 |
| 消防総監（lieutenant-colonel） | 7号俸 | 966 | | |
| | 6号俸 | 910 | 3年3月 | 2年6月 |
| | 5号俸 | 831 | 3年3月 | 2年6月 |
| | 4号俸 | 771 | 2年6月 | 2年 |
| | 3号俸 | 700 | 2年6月 | 2年 |
| | 2号俸 | 620 | 2年 | 1年6月 |
| | 1号俸 | 560 | 2年 | 1年6月 |
| 消防司監（commandant） | 7号俸 | 881 | | |
| | 6号俸 | 821 | 3年3月 | 2年6月 |
| | 5号俸 | 759 | 3年3月 | 2年6月 |
| | 4号俸 | 695 | 2年6月 | 2年 |
| | 3号俸 | 620 | 2年6月 | 2年 |
| | 2号俸 | 565 | 2年 | 1年6月 |
| | 1号俸 | 520 | 2年 | 1年6月 |
| 消防正監（capitaine） | 10号俸 | 750 | | |
| | 9号俸 | 710 | 4年 | 3年 |
| | 8号俸 | 668 | 4年 | 3年 |
| | 7号俸 | 621 | 4年 | 3年 |
| | 6号俸 | 588 | 3年6月 | 2年9月 |
| | 5号俸 | 540 | 3年6月 | 2年9月 |
| | 4号俸 | 492 | 3年 | 2年3月 |
| | 3号俸 | 458 | 2年6月 | 2年 |
| | 2号俸 | 430 | 1年 | 1年 |
| | 1号俸 | 379 | 1年6月 | 1年6月 |

**資料6**
**号俸外（hors échelle；HE）グループ官吏俸給表**[94]

単位：ユーロ

| グループ | シェヴロン (chevron) | | |
|---|---|---|---|
| | I | II | III |
| A | 48,951,44 | 50,896,17 | 53,507,65 |
| B | 53,507,65 | 55,785,75 | 58,786,18 |
| Bの2 | 58,786,18 | 60,341,96 | 61,953,30 |
| C | 61,953,30 | 63,286,83 | 64,675,91 |
| D | 64,675,91 | 67,620,78 | 70,565,65 |
| E | 70,565,65 | 73,343,82 | ― |
| F | 76,066,43 | ― | ― |
| G | 83,400,81 | ― | |

---

93) 職業消防吏員のうち消防正監、消防司監、消防総監、消防長の職群の個別規程に関する2001年7月30日のデクレ2001―682号9条に依拠して作成した。
94) 1985年10月24日のデクレ85―1148号6条IIに依拠して作成した。同条の最終改正は、2010年7月7日のデクレ2010―761号による。

## 第 2 節　法令規律の仕組みと組合参加制度

### Ⅰ　はじめに

　フランスは、公務員に対し、団結権のみならず争議権も承認しておきながら[1]、団体交渉権と協約締結権を保障しない。公務員の勤務条件は法令が詳細に規律しており――現行法は、公務員の地位が法令規律上のもの（situation statutaire et réglementaire）であるという、20世紀前半の判例が確立した伝統的原理を明文で確認する（後述Ⅳ2参照）[2]――、個別契約や労働協約による勤務条件決定の余地は認められていない。

　他方、公務員組合が勤務条件決定過程に参加する途が開かれていないわけではない。その第1は、労使協働諮問機関を通じての参加である[3]。すなわち、行政当局は、人事行政上の様々な局面において、各種内部諮問機関の答申（consultation）や意見（avis）を事前に経るよう義務付けられているところ、これらの諮問機関は、当局側の代表と組合員または職員による選挙で選出された代表とで構成されることが法定されている。ただし、各諮問機関の答申

---

1）　例外的に団結権や争議権を否定される公務員については、村松岐夫編著『公務員制度改革』（学陽書房・2008）245頁参照。
2）　この原理の論拠は、一般利益を体現する責任を負う国家には、そのための様々な特権が付与されており、民主主義政体において、これら諸特権は、政治的責任を委ねられた機関が行使しなければならないところ、かかる機関は、国家に勤務する職員との関係でも、上記諸特権を放棄し得ないこと（v. Ayoub (E.), La fonction publique en vingt principes, Editions Frison-Roch, 2$^e$ éd., 1998, p. 49, Salon (S.) et Savignac (J.-Ch.), Code de la fonction publique, 14$^e$ éd., 2015, Dalloz, p. 152）や、情勢適応（adaptation）原則――フランス公役務（service public）理論における基本原理の一つである――のもと、一般利益の需要変化に適応するためには、公務員の勤務条件を法令改正により一方的に変更できなければならないこと（第3編第1章第1節Ⅳ2参照）等に求められている。
3）　この制度に関する先駆的研究として、兼子仁『現代フランス行政法』（有斐閣・1970）の特に271頁以下参照。

や意見に拘束力はない。第2は、団体交渉と協定（accord）締結を通じた参加である。法律は、官吏組合に対し、政府代表等と交渉し、協定を締結する資格を承認しており、この協定に法的効力は認められないものの、事実上の影響力は小さくない。以上の両参加システムにより、1946年の第4共和国憲法前文が団結権や争議権とともに定める参加権の保障が図られていると説明される。我が国風に形容すれば、協約締結権否定の代償措置が講じられているとも評し得よう。

　以上のような特色を有するフランス法から見た場合、我が国の非現業一般職公務員に関する現行法、そして、2011（平成23）年通常国会に提出された「国家公務員の労働関係に関する法律案」（以下、「国公労法案」という）について、いかなる指摘が可能だろうか。以下では、フランス公務員制度の基礎概念を、その後の叙述に必要な限りで確認し（II）、法令規律の内容（III）と組合参加制度（IV）とを概観したうえで、我が国の現行法および国公労法案とフランス法との簡単な比較を試みる（V）。

## II 公務員法制の概要

　フランスにおいて、公務員（agent public）とは、国や公共団体その他の公法人に勤務する者のうち、民間労働法ではなく公法上の規律を受ける者を意味し、正規任用職員である官吏（fonctionnaire）と非正規職員（agent non-titulaire）とに分類される。フランス公務員制度は、国家公務員制度、地方

---

4）　1958年第5共和国憲法は、その前文において、1789年人権宣言と1946年第4共和国憲法前文が定める基本的人権の尊重を謳い、後者は、「何人も、組合活動によってその権利及び利益を擁護し、かつ、自己の選択する組合に加入することができ」、「罷業権はそれを規律する法律の範囲内で行使され」、「すべての労働者は、その代表者を介して、労働条件の団体的決定並びに企業の管理に参加する」と定める。

5）　Aubin(E.), Droit de la fonction publique, 6ᵉ éd., Gualino, 2015, p. 445, Salon et Savignac, op. cit., p. 110.

6）　本節の内容は第1節と相当程度まで重複するが、重複部分について、同節への参照を逐一示すことはしていない。

7）　フランス公務員法制の概要については、第1節I、第2編第1章III1、第3編第1章第2節IIも参照。

8）　公務員の概念や種類については、第1節I 1(1)、第3編第1章第2節II 1・III 1参照。

公務員制度および病院公務員制度から構成されるが、いずれにおいても圧倒的多数を占めるのは官吏である。

官吏は、武官吏、行政府に勤務する文官吏、司法裁判所司法官および国会官吏に分類され、それぞれ別個の身分規程（statuts）——公務員の法的地位を規律する法令群——が適用される。このうち、行政府の文官吏一般に適用される身分規程（一般規程〔statut général〕）が、我が国の国公法・地公法に相当する官吏法であり、現行のそれは、官吏の権利と義務に関する1983年7月13日の法律83―634号（官吏法第Ⅰ部。3公務の官吏に共通して適用される）、国家公務員制度における身分条項に関する1984年1月11日の法律84―16号（同第Ⅱ部）、地方公務員制度における身分条項に関する1984年1月26日の法律84―53号（同第Ⅲ部）、病院公務員制度における身分条項に関する1986年1月9日の法律86―33号（同第Ⅳ部）から構成される[9]。本節は、我が国における正規非現業国家公務員に相当する国家行政文官吏制度を取り上げるため、紹介の対象は第Ⅰ部と第Ⅱ部である。

現行官吏法は、フランスで初めての本格的一般規程を定めた1946年10月19日の法律46―2294号（以下、「1946年官吏法」という）の内容を基盤とする。1946年官吏法は、1959年2月4日のオルドナンス59―244号に代わられているが、この改革は、1958年の第5共和国憲法が定めた法律・命令事項の配分に対応するためのものであるから、規律内容の面で大きな変革があったわけではない。

1946年以来の官吏法は、職員群（corps）という概念で官吏を分類する。職員群とは、職種と責任の度合いが共通する官吏の集合であり、職員群ごとの身分規程（個別規程〔statut particulier〕）がデクレで定められ（官吏法第Ⅰ部13条、同第Ⅱ部8条）、官吏の採用は職員群ごとに行われる等、人事管理の基本的単位として機能している。各職員群は、一または複数の官等（グレード、等級）（grade）から構成される[10]（同第Ⅱ部29条）。新規採用官吏は、職員

---

9) 非正規職員に官吏法は適用されない。その勤務関係は専らデクレ等で規律されている。そのため、公法上の契約職員と呼称される非正規職員も、その名称に反して法令規律関係にあるとされ、契約関係であることが否定されている。第3編第1章第2節Ⅲ3参照。
10) 職員群と官等の具体例については、第1節資料4・5、第2編第1章Ⅲ1(1)(a)および(c)の他、

群の最下位官等に任官され、その後、一定の条件をクリアすれば、直近上位の官等に昇格する（同58条）。各官等には複数の号俸（échelon）が付され、これが俸給額決定の基礎となり（官吏法第Ⅰ部20条）、上位号俸への昇進が昇給を意味する（同第Ⅱ部57条）。ある職員群に採用された官吏は、当該職員群内で昇進し[11]——定期昇給権と直近上位官等への昇格機会とが保障されている——、当該職員群内で官吏生活を終えるのが通常であり、このことを前提とするシステムが法令で整備されている（継続的内部昇進を前提とした閉鎖型任用制）[12]。

## Ⅲ　法令規律の内容

### 1　官吏法の規律事項

第 5 共和国憲法34条 2 項は、国の文武官吏に認められる基本的保障（garanties fondamentales）を法律事項としており、これを受けて、前述の現行官吏法各部が、様々な内容の規律を定める[13]。

例えば、官吏法第Ⅰ部と同第Ⅱ部の規律内容は、欠格要件の限定列挙（官吏法第Ⅰ部 5 条以下）[14]、意見の自由の保障（同 6 条）、差別的取扱いの禁止（同 6 条以下）、団結権の保障（同 8 条）、団体交渉および協定締結に関する資格の承認（同 8 条の 2 ）、労使協働諮問機関を通じた参加の保障（同 9 条以下）、各種諮問機関の法定（官吏法第Ⅱ部12条以下）、争議権の保障（同第Ⅰ部10条）、職務遂行に関する官吏の保護（同11条以下）、競争試験による採用の原則（同16条）、同試験の種類や手続（官吏法第Ⅱ部19条以下）[15]、昇進や異動のシステム

---

村松編著・前掲注 1 ）221頁以下参照。
11)　昇進については、第 2 編第 1 章Ⅲ 1 (3)の他、下井康史「フランス公務員法制の概要」日本ILO 協会編『欧米の公務員制度と日本の公務員制度』（日本 ILO 協会・2003）34頁参照。
12)　閉鎖型任用制を法的に整備するフランスから見た場合における我が国公務員法制の問題点については、第 2 編第 1 章Ⅳ 3 および第 3 編第 1 章第 2 節Ⅵ 2 参照。
13)　地方官吏や病院官吏の基本的保障も、当然に法律事項と解されている。v. Auby (J.-M.), Auby (J.-B.), Jean-Pierre (D.) et Taillefait (A.), Droit de la fonction publique, 7$^e$ éd., Dalloz, 2012, p. 48.
14)　欠格要件については、第 2 編第 1 章Ⅲ 1 (2)参照。
15)　採用については、第 2 編第 1 章Ⅲ 1 (2)の他、下井・前掲注11）31頁参照。

(同第Ⅰ部12条以下、同第Ⅱ部55条以下)、各種身分(position)における服務形態[16](同第Ⅱ部33条以下)、人事評価制度(同第Ⅰ部17条、同第Ⅱ部55条以下)、人事記録制度(同第Ⅰ部18条)、給与(rémunération)(俸給〔traitement〕と手当〔indemnité〕)請求権(同20条、官吏法第Ⅱ部34条以下・64条)や退職年金請求権(同第Ⅰ部20条)、各種休暇請求権(同21条、官吏法第Ⅱ部34条以下)、部分時間勤務請求権[18](同第Ⅱ部37条以下)、研修受講請求権(同第Ⅰ部22条以下)、労働安全衛生の確保(同23条)、懲戒手続の保障(同19条、官吏法第Ⅱ部67条)、懲戒処分の限定列挙(同66条)、離職事由の限定[19](官吏法第Ⅰ部24条、同第Ⅱ部68条以下)、各種義務の列挙(同第Ⅰ部25条以下)等である。

　他方、憲法院やコンセイユ・デタのかつての判例には、基本的保障の内容を具体的に判断したものがあり、これらの判例が基本的保障性を肯定した事項の全てが、現行官吏法の規律事項に含まれている[20]。これに対し、官吏法は各種手当の請求権を保障するが(官吏法第Ⅰ部20条、同第Ⅱ部34条以下)、コンセイユ・デタは、同請求権を基本的保障に含めない。したがって、任命権者は、官吏法に定めのない独自の手当を適法に支給できる[21]。また、官吏法に基づく諸手当については、デクレがその支給要件や額を具体的に定めている[22]が、特別手当(プリム)(prime)については、制度や実態が不透明であると報告されている[23]。手当請求権の保障が基本的保障に含まれておらず、手当についての規律が法律事項とはされていないことに、不透明さの遠因を求め得るかもしれない。

---

16) 2011年当時の官吏法第Ⅱ部33条によれば、国家官吏は、以下に示す各種身分のいずれかに位置付けられる。①フルタイムもしくは部分時間勤務の現職、②派遣、③職団外派遣、④休職、⑤各種の国民役務上の地位、⑥育児休業。現行法上の制度については、第2編第1章注73)参照。
17) 派遣については第2編第1章Ⅲ4(3)、休職については同(5)参照。
18) 部分時間勤務については、第3編第1章第2節Ⅳ参照。
19) 懲戒制度や離職制度については、第2編第1章Ⅲ1(4)参照。
20) 判例については、v. Silvera(V.) et Salon(S.), La fonction publique et ses problèmes actuels, 2ᵉ éd., L'Actualité juridique, 1976, p. 28, Salon(S.) et Savignac(J.-Ch.), Fonctions publiques et fonctionnaires, Armand Colin, 1997, p. 155, Aubin, op. cit., p. 31.
21) C.E., 29 déc. 2006, Synd. nat. des personnels de l'O.N.F. et autres, Rec. t.,p. 924.
22) 2で後述する1985年デクレ9条以下。手当制度の具体的内容については、第1節Ⅱの他、下井康史「フランスの地方公務員の給与制度について」地公月624号(2015)55頁、村松編著・前掲注1)252頁参照。
23) 人事院『平成21年度年次報告書』40頁、村松編著・前掲注1)252頁参照。

その他、勤務時間について、コンセイユ・デタの判例は法律事項としていない。官吏法にも定めはなく、この点は専らデクレが規律する。なお、年間最大勤務時間を短縮するための大臣アレテ（省令）を改正する場合は、事前に労使協働諮問機関の答申（後述Ⅳ1参照）を経なければならない。[24]

## 2　俸給決定システム

以上のように、官吏法による法定事項は多岐にわたるが、全ての事項について、官吏法自身が詳細に規律しているわけではない。

例えば、給与（俸給と手当）について、官吏法自身は、職務遂行後（après service fait）の官吏に給与受給権が認められること、給与には家族給付（prestations familiales）が加えられること、俸給額は官等と号俸に応じて決まることを定めるに過ぎない（官吏法第Ⅰ部20条）。[25] 俸給額決定の具体的システムは、各種デクレが詳細に定める。その概要は以下のとおりである。

まず、1982年12月23日のデクレ82―1105号が、全官吏の号俸を100から1,015までの数字で格付けする俸給指数表（grille indiciaire）[26] を定める。[27] 次に、各職員群の個別規程を定めるデクレは、当該職員群における各官等の各号俸が、上記の俸給指数表における指数のいずれに位置付けられるのかを指定する。そして、全公務の全官吏に適用される1985年10月24日のデクレ85―1148号3条が、指数100に位置付けられた号俸の官吏に支給される俸給額を、年次俸給指数値（valeur annuelle du traitement et de la solde）というかたちで具体的に定めており、この年次俸給指数値を基にして、各号俸の年次俸給額が決定される。[28]

---

24) 2000年8月25日のデクレ2000―815号1条。大臣アレテ改定にあたっては、事前に行政管理協議会（後述Ⅳ1参照）の意見を経なければならず、夜間勤務や祝日勤務に関わる場合は、衛生安全労働条件委員会（後述Ⅳ1参照）の意見も必要となる。
25) 官吏法第Ⅱ部64条は、同第Ⅰ部20条の定めを確認するに過ぎない。
26) 指数が1,015を超える号俸も存在し、これらについては、格付け外の号俸として（号俸外）、後述する1985年デクレの6条が別の俸給表を用意する。第1節Ⅱ2(1)の他、村松編著・前掲注1）250頁参照。
27) 1948年7月10日のデクレ48―1108号が、全文武官吏の職員群と職とを格付けする指数表の策定を求め、これを受けて1982年デクレが俸給指数表を策定している。
28) 給与決定システムについては、第1節Ⅱの他、村松編著・前掲注1）249頁、自治総合センター『新たな地方公務員制度における給与決定に関する調査研究会報告書』（2011）（以下、「2011年

なお、俸給指数表を定める1982年デクレの改正にあたっては、事前に国家公務員制度高等評議会（後述Ⅳ1参照）の意見を経ることが必要であり、また、個別規程を改正する際には、その案につき、行政管理委員会（後述Ⅳ1参照）の意見を経なければならない。その限度においてではあるが、官吏組合は給与決定過程に関与できる。他方、年次俸給指数値を定める1985年デクレの改正については、上記のような労使協働諮問機関の意見を経ることが求められていない。[30]

## Ⅳ　組合参加の制度

### 1　労使協働諮問機関を通じた参加

官吏法制における諮問手続制度の起源は、20世紀前半にいくつかの個別規程が設置した懲戒審議会に求められる。[31]同審議会は、任命権者が懲戒処分を下す前に、被処分予定者から意見を聴取し、処分の是非や下されるべき処分内容につき答申を発する機関であった。この制度を一般化したのが1946年官吏法である。同法は、懲戒手続に限らず、人事管理行政の様々な局面に諮問手続を導入しただけでなく、各種諮問機関を労使同数構成とすることで、公務員制度の民主化を実現したと位置付けられている。[32][33]もっとも、後述するように、労使同数のシステムは、2010年の法改正で大きく改革された。

現行官吏法は、第Ⅰ部9条で、「官吏は、諮問機関の委員である自分達の代表者を通じて、公役務の組織編成や運営、及び、身分に関わる諸規範の策定、並びに、自分達のキャリアに関わる個別的な決定の審査に参加する」と

---

　報告書」という）24頁以下〔玉井亮子〕参照。また、いくつかの職員群における官等と号俸、格付指数、俸給指数、俸給年額の具体例については、第1節**資料3〜6**の他、下井・前掲注11）194頁以下、村松編著・前掲注1）250頁以下参照。
29)　前掲注27)の1948年デクレ1条。
30)　村松編著・前掲注1）249頁参照。
31)　兼子・前掲注3）283頁、下井康史「フランスにおける公務員の不利益処分手続(1)」北法54巻1号（2003）29頁参照。
32)　戦前の懲戒審議会の多くが労使同数構成ではなかったことにつき、下井・前掲注31）29頁参照。
33)　兼子・前掲注3）153頁・283頁参照。下井・前掲注31）30頁も参照。

定める。そして、第Ⅱ部12条が、国家公務員制度における具体的な諮問機関として、①国家公務員制度高等評議会（最高官吏制度協議会）(Conseil supérieur de la fonction publique de l'Etat)、②労使同数人事管理協議会（人事同数審議会）(commission administrative paritaire)、③行政管理委員会（行政管理協議会）(comité technique)、および、④衛生安全労働条件委員会(comité d'hygiène, de sécurité et des conditions de travail) を設置する。①〜③は1946年官吏法以来の機関であり、④は現行官吏法で制度化された。①と④のメンバーは当局代表と「官吏組合」代表であるのに対し（官吏法第Ⅱ部13条・16条）、②と③のそれは当局代表と「職員」代表であるが、職員代表選出選挙に官吏組合が関与する（同第Ⅰ部9条の2、同第Ⅱ部14条・15条）。いずれについても、制定当時の官吏法第Ⅱ部は、職員または官吏組合の代表と当局代表とが同数構成であることを法定していたが、2010年7月5日の法律2010―751号による官吏法改正により、②を除き、労使同数である必要がなくなり、かつ、答申または意見の内容が、職員または官吏組合の代表の意思だけで決定されることとなった（官吏法第Ⅱ部13条・15条・16条）。なお、各諮問機関の答申や意見に法的拘束力が認められない点に変りはない。

　①は、国家公務員制度全般に関する全ての問題を扱い、また、懲戒処分や分限免職処分、昇進に関する処分についての不服申立てを審理する（官吏法第Ⅱ部13条）。②は、原則として各職員群に一つずつ設置され、懲戒処分や分限免職処分、昇格、配置転換等の個別的人事措置を任命権者が決定するにあたり、事前に意見を述べる[34]（同14条）。③は、1946年官吏法により、労使同数行政管理委員会（comité technique paritaire）の名称で各省に設置され、各部局の組織運営――年間最大勤務時間を短縮する大臣アレテについて等（前述Ⅲ1参照）――や個別規程案の検討を諮問事項としてきたところ、2010年の改正官吏法が、必置の組織レベルを多様化し、かつ、諮問事項として、当該部局の定員や職、権限に関わる問題等を加えた（官吏法第Ⅱ部15条。2010年改正官吏法は労使同数構成であることを求めていないため名称が変更され

---

34) 労使同数人事管理協議会が設置する懲戒審議会における手続の概要については、下井・前掲注31) 6頁参照。

た)。④は、現行官吏法が衛生安全委員会（comité d'hygiène et de sécurité）として制度化して以来、③による要求がある限りで設置されるに過ぎず、また、その権限事項は法定されていなかったが、2010年改正官吏法が名称を変更し、必置機関にするとともに、その権限を法定した[35]。具体的な権限事項は、勤務中の職員の肉体的ならびに精神的健康、安全の保護、および、労働条件改善に努めること、これらの事項に関して定められている法規範の遵守を監視することである（官吏法第Ⅱ部16条）。

2010年改正官吏法は、③と④の設置が義務付けられる場合を多様化し、かつ、それらの権限を拡張することで、参加の機会をさらに充実させたものと評し得よう。そして、②を除き、答申や意見の内容を決するにあたり、当局代表の意思を介在させないこととした点で、官吏側の意見が、より直截的に表明され得るシステムを整備したことになる。さらに、同改正法は、新たな労使協働諮問機関として、全公務に共通する一般的な問題を管轄する公務員制度共通協議会（Conseil commun de la fonction publique）を設置した（官吏法第Ⅰ部9条の3。労使同数構成であることは求められていない）。今後の運営ぶりが興味深い。なお、以上の法改正が、2で後述するベルシー協定に基づくものであることも注目される。

### 2　団体交渉と協定締結

1946年と1959年の両官吏法は、団体交渉や協定締結につき何も定めていなかった。しかし、1968年に政府と官吏組合が、俸給増額や勤務時間短縮等に関するウディノ議定書（protocole Oudinot）を締結して以来、両者による定期的な交渉が重ねられてきた[36]。そして、1983年制定の官吏法第Ⅰ部8条（2010年改正以前のもの）が、「官吏の組合組織は、給与改定の決定の事前交渉を全国レベルで行い、勤務条件や勤務形態に関する諸問題について、様々なレベルの管理当局と議論する資格を有する（avoir qualité）」と定めるに至

---

35)　この名称変更により、民間企業における同種の委員会（労働法典L4612—1）との平仄が揃えられた。

36)　1960年代前半から、官吏組合と政府の間で給与等をめぐる事実上の交渉が行われていたことにつき、兼子・前掲注3）295頁参照。近時における交渉の実際については、村松編著・前掲注1）246頁、人事院・前掲注23）40頁以下参照。

る。しかし、同条によっても、団体交渉権と協定締結権が保障されたわけではない。

　まず、管理当局には、団体交渉応諾義務が課されていない。団交拒否に対する救済措置は法定されておらず、官吏組合は、団体交渉を行う「資格」を有するだけである。次に、2010年改正前の官吏法第Ⅰ部8条は、協定締結を前提にした定めを用意していなかった。同条のもとでも、実際には、交渉の結果、協定や議定書が官吏組合と管理当局との間で締結されてはいたものの、他方において、同4条は、官吏が法令規律関係上の地位にあるという伝統的原理を確認している。判例は、同8条に基づく交渉の結果として成立した合意につき、その法的効力を否定するのみならず[37]、合意に反する行為を損害賠償の対象とすることさえ認めない[38]。

　とはいえ、協定がもたらす事実上の影響力は小さくない。主たる交渉事項は年次俸給指数値であり、この点について協定妥結に至ることは稀であるが[39]、1990年2月9日のデュラフール協定（accords Durafour）では、俸給指数表の改定が合意されている。さらに、俸給以外については、少なくない数の協定が締結されてきた。具体的な協定事項は、職業研修、労働安全衛生、臨時的な職の解消、病院公務員制度の一部職員群における採用や組織再編、争議行為の制限等である[40]。

　注目すべきは、社会的対話（dialogue social）に関する2008年6月2日のベルシー協定（accords de Bercy）である[41]。同協定の内容は、2010年官吏法

---

[37]　C. E., 27 oct. 1989, Synd. nat. des ingénieurs des études et de l'exploitation de l'aviation, Rec. t., p. 766, C. E., 23 fév. 2001, Synd. C.F.D.T. des personnels assurant un service aviation civile et activités connexes, Rec. t.,p. 1016.

[38]　C. E., 24 mai 2006, Mme Valérie.

[39]　1998年を最後に、年次俸給指数値に関する協定は成立していない。v. Direction générale de l'administration de la fonction publique, Rapport annuel sur l'état de la fonction publique 2009-2010, V. 1, p. 350. 村松編著・前掲注1）247頁、人事院・前掲注23）41頁参照。

[40]　v. Conseil d'Etat, Rapport public 2003, La documentation française, p. 332, Direction générale de l'administration de la fonction publique, Rapport annuel sur l'état de la fonction publique, Faits et chiffres 2006-2007, V. 1, p. 70, Direction générale de l'administration de la fonction publique, Rapport annuel sur l'état de la fonction publique, Politiques et pratiques 2009-2010, V. 2, p. 59 et p. 154 et s.. 植村哲「欧州地方公務員情勢（第六回：フランスの地方公務員制度に関する比較論的考察（その二））」地公月548号（2009）71頁も参照。

[41]　ベルシー協定については、植村・前掲注40）58頁以下、2011年報告書29頁参照。

改正に反映された。同改正は、前述した労使協働諮問機関改革の他、官吏法第Ⅰ部8条の前述部分を削除したうえで、8条の2を新設し、まず、官吏組合組織が、給与等の上昇について、政府代表等との交渉に参加する資格を有することを定める（同条Ⅰ）。加えて、交渉事項として、勤務条件・勤務形態、キャリア進行・昇進、職業研修、福利厚生活動、安全衛生、身体障害者職員の職、職務上の男女平等を列挙した（同条Ⅱ）。さらに、代表資格を有する組合の範囲を広げ（同条Ⅲ）、そして、協定を締結した一または複数の官吏組合組織が、当該協定に係る交渉の直前に実施された組合代表選挙において、少なくとも50％以上の票を獲得したものであれば、当該協定は有効（valide）であると定める（同条Ⅳ）。改正前とは異なり、協定締結の可能性を明文で認めた点が注目されよう。

もっとも、官吏が法令規律関係であるとする官吏法第Ⅰ部4条は改正されていない。すると、たとえ有効な協定であっても、その内容が現実のものとなるためには法令改正が必要であり、官吏の勤務条件を直接的に規律する効力（規範的効力）が協定に認められたわけではない。では、そこでの「有効」とは、いかなる意味で解すべきなのか。協定に従った何らかの作為・不作為義務が生じる（債務的効力）との趣旨なのかもしれない。もしそうであるならば、なお限定的ではあるものの、フランス官吏法にも、労使自治による勤務条件決定システムが導入されたことになる。コンセイユ・デタは、2003年の年次報告において、官吏関係の契約化を推進する制度改正を提言しており[43]、2009年の段階では、その内容が現実に受け入れられてはいないと評されていたが[44]、かかる評価が、2010年法改正によってどのように変化していくことになるのか、今後における議論の動向が注目される。

---

42) Salon et Savignac, Code de la fonction publique, op. cit., p. 110, Melleray(F.), La loi relative à la rénovation du dialogue social dans la fonction publique; première étape d'une réforme profonde, A.J.D.A., 2010, p. 2048, Sautereau(N.), Vers un dialogue social rénové dans la fonction publique?, A.J.F.P., 2011, p. 94.
43) Conseil d'Etat, op. cit., p. 334 et s..
44) Auby(J.-M.), Auby(J.-B.), Jean-Pierre(D.) et Taillefait(A.), Droit de la fonction publique, 6ᵉ éd., Dalloz, 2009, p. 103.

## V おわりに
―― 我が国の現行法および国公労法案とフランス法との比較

### 1 現行国公法・地公法との比較

まず、団体交渉権について、日本法は、職員団体が団交を申し入れた場合、当局が「その申入れに応ずべき地位に立つものとする」と定める（国公法108条の5第1項、地公法55条1項）。しかし、民間労働関係におけるような、団交拒否を不当労働行為（労働組合法7条2号）とする仕組みは用意されていない。フランス法も、官吏組合に対し、管理当局との交渉に参加する資格を承認するに過ぎず、当局に団交応諾義務を課すわけではなく、団交拒否に対する救済手続も欠いている。日仏ともに、団体交渉権が実効的に保障されているとは言い難い。

次に、協約締結権について、日本法は、協約成立の余地を明示的に否定する（国公法108条の5第2項、地公法55条2項）。フランス法も、2010年改正官吏法が協定の有効要件を定めたものの、公務員の地位を法令規律関係とする伝統的原理を堅持しており、勤務条件を直接的に規律する規範的効力を協定に認めたわけではない。それでも、協定締結が法律の想定内である点で、書面協定の締結を認める地公法55条9項との共通性を指摘できよう。彼我の違いは、フランス法における「有効」な協定の効力次第である。

### 2 国公労法案[45]との比較

まず、2011（平成23）年通常国会に提出された国公労法案は、団体交渉権を承認し、かつ、団交拒否について、不当労働行為制度による救済手続を設ける（9条2号・19条1項2号）。さらに、団体協約という名の協約を締結する権利を正面から承認した（13条本文）。交渉・協約事項が制限されており（10条2項・13条ただし書）、団体協約に規範的効力が認められたわけではな

---

45) 2011（平成23）年通常国会に提出された国公労法案、そして、2012（平成24）年臨時国会に提出された地方公務員労働法案については、第2章第3節II 2および第4節IV参照。同章第2節IIIも参照。文献については、第2章第2節注1）参照。

いが、内閣等には、締結された団体協約の内容を適切に反映させるために必要な法律案を国会に提出する義務（17条1項）の他、政省令等の制定・改廃義務（同条2項3項）が課されている（債務的効力）。

これに対し、フランス法は、団体交渉権を明文で承認しておらず、国公労法案よりも制限的である。他方、規範的効力が認められていない点は国公労法案と同じであり、そして、仮に、官吏法第Ⅰ部8条の2Ⅳの定める「有効」が、協定に従った何らかの作為・不作為義務を当局に課すことを含意するのであれば（債務的効力）、国公労法案との共通性は高くなろう。

次に、国公労法案は、団体協約締結権を承認しつつ、結局は、フランス法と同様、勤務条件の規律を法令に委ねている（勤務条件法定主義の維持）。日仏ともに、勤務条件を統一的に規律する必要性が重視されているのである。国公労法案におけるこの方向性は強く支持されるべきと考えるが、フランスの場合は、民間においても労働条件統一化の要請が重視されており——労働協約の規範的効力は、労働者の組合所属とは無関係に、当該労働協約に拘束される使用者との間で締結された個別労働契約の全てに及ぶ——、このこととの平仄という、我が国にはない考慮点があることは留意しておかなければならない。

なお、国公労法案が予定する協約に規範的効力が認められない以上、憲法28条の保障する団体交渉権の保障は、少なくとも民間労働者と比較する限り、なお不十分なままということになろう。かかる見地に立つ限り、何らかの代償措置が必要となる。団体交渉権および協約締結権について現行法を維持することとする場合を含め、代償措置制度のモデルとして、フランスの労使協働諮問機関制度が参考になるかもしれない。

---

46) 勤務条件法定主義の維持についてを含め、国公労法案に対する批判的検討として、清水敏「公務における自律的労使関係制度の樹立の意義と課題」労働調査501号（2011）4頁、大塚実「国家公務員の新たな労使関係制度と労働条件の決定について」同9頁。
47) 第2章のうち、第2節Ⅲ2(5)(b)、第3節Ⅱ2、第4節Ⅳの他、荒木尚志「公務員の自律的労使関係制度と民間における団体交渉制度」地公月578号（2011）12頁参照。
48) 第2章のうち、第2節Ⅲ2(5)(b)、第3節Ⅱ2、第4節Ⅴ(iv)参照。
49) 荒木尚志＝山川隆一＝労働政策研究・研修機構編『諸外国の労働契約法制』（労働政策研究・研修機構・2006）235頁〔奥田香子〕参照。
50) 山本隆司「公務員の労働基本権小考」人月737号（2011）20頁は、ドイツにおける職員代表制

〈補注〉
　官吏法第Ⅰ部8条の2 Ⅳが定める「有効」（Ⅳ2参照）の意味に関するコンセイユ・デタ判決については、第1節の補注を参照。

---

をモデルとした制度の検討を示唆する。その他、植村哲「欧州地方公務員情勢（第七回：フランスの地方公務員制度に関する比較論的考察（その三））」地公月549号（2013）29頁参照。

#  第 2 章

# 日本法


## 第 1 節　公務員の団体交渉権・協約締結権
―― 制度設計における視点の模索


### I　はじめに

　2005（平成17）年12月24日の閣議決定「行政改革の重要方針」は、公務員の労働基本権や人事院制度につき「幅広い観点から検討を行う」とし、翌2006（平成18）年 6 月 2 日成立の「簡素で効率的な政府を実現するための行政改革の推進に関する法律」（以下、「行革推進法」という）63条は、公務員制度改革として講ずべき措置の一つとして、労働基本権のあり方の検討を掲げた。これを受けて、行政改革推進本部に専門調査会が設置される（会長・佐々木毅）。同調査会の任務は、「国及び地方公共団体の事務及び事業の内容及び性質に応じた公務員の労働基本権の在り方その他の公務員に係る制度に関する専門の事項を調査し、本部に報告する」ことであった（行政改革推進本部令 1 条 2 項）。同年 7 月27日に第 1 回会議を開催した同調査会は、15回の会議を重ねたうえで[1]、翌2007（平成19）年10月19日、「公務員の労働基本権のあり方について（報告）」（以下、「本報告書」という）を公表した。公務員[2]

---

1 ）　2007（平成19）年 3 月末段階までの調査会における議論状況につき、関威「行政改革推進本部専門調査会の開催状況について」地公月525号（2007）42頁参照。
2 ）　本報告書の紹介として、植村哲「行政改革推進本部専門調査会の審議経過」地公月533号（2007）63頁、佐々木敦朗「どうなる？　地方公務員の労働基本権」同18頁、小幡純子「公務員の

に協約締結権を付与すべきとした点が（本報告書二2(1)）、本報告書の最も重要な提言である。[3]

　専門調査会は、その設置経緯からも明らかなように、行政改革の一環として、公務員の労働基本権を扱った。この点につき、同調査会に委員として加わった小幡純子は、「法理論的には、違和感も存する」としつつ、そのことは、行革推進法63条の規定により法的に条件付けられていたとし[4]、そのうえで、本報告書が、「公務員の労働者としての権利に関わる必要性」といった、「基本権付与に内在する本質の議論」をしていないことを指摘して、その理由を[5]、「本報告書が、あくまで、行革の中で位置づけられ、国民の視点に立った公務員制度改革であったことから、公務員の基本権問題をそれ自体として内在的に議論する環境にはなかった」ことに求め、しかし、そのことに「留意しておく必要はあろう」と注意を促す[6]。

　そもそも、労働基本権の問題が課題とされた政治的背景は、公務員制度改革の推進にあたり、組合側の協力が必要とされたからに過ぎない[7]。小幡と同じく調査会委員を務めた稲継裕昭は、専門調査会自体、協約締結権を付与することに、必ずしも前向きでスタートしたわけではなかったと述懐する[8]。加えて、社会保険庁や大阪市において、不適切な労使慣行に起因する不祥事が発覚し、そのような慣行の改善こそが行革に期待されるところの一つであるが、にもかかわらず、あえて公務員の権利を強調することは、困難であったのだろうと推測される[9]。

---

　　労働基本権のあり方―平成19年専門調査会報告に関して」ジュリ1355号（2008）28頁。
3)　小幡・前掲注2）34頁。なお、本報告書は、協約締結権付与を「概ねの合意が得られた事項」とするが、この点には異論が唱えられている。例えば、専門調査会第15回会議田島優子委員発言参照。また、宇賀克也＝稲継裕昭＝株丹達也＝田中一昭＝森田朗「〔座談会〕公務員制度改革の現状と課題」ジュリ1355号（2008）21頁〔稲継発言〕参照。
4)　小幡・前掲注2）28頁。
5)　小幡・前掲注2）31頁。
6)　小幡・前掲注2）36頁。
7)　小幡・前掲注2）28頁は、2006（平成18）年1月16日と3月20日の「政労協議」の存在を指摘する。
8)　宇賀＝稲継＝株丹＝田中＝森田・前掲注3）21頁。
9)　2007（平成19）年4月24日の専門調査会で、佐々木会長から示された「専門調査会における議論の整理」には、以下のような記載がある。「国民の公務員に対する信頼は揺らいでいる。公

ところで、本報告書公表後の2008（平成20）年2月5日、「公務員制度の総合的な改革に関する懇談会」（2007〔平成19〕年7月12日設置）が報告書をまとめ、その中で、「労働基本権の付与については、専門調査会の報告を尊重する」としていた。しかし、同年4月4日に法案が国会に提出された国家公務員制度改革基本法案の12条は、「政府は、国家公務員の労働基本権の在り方については、協約締結権を付与する職員の範囲の拡大に伴う便益及び費用を含む全体像を国民に提示してその理解を得ることが必要不可欠であることを勘案して検討する」と定めるに止まる。他方、稲継は、本報告書公表後の2007（平成19）年12月18日に自民党の研究会が作成したペーパー「公務員の労働基本権のあり方について」に触れ、今後の議論は、このペーパーに沿うかたちで進む、つまりは、「新たな基本権の付与というところに一歩踏み出す法改正は行われないのではないか」と予測する[10]。加えて、上記法案の成立自体が危ぶまれており[11]、この問題については、早くも終焉感が漂う（結局は2008〔平成20〕年6月に成立した。ただし、上記12条の文言は若干修正されている）。それでも、本報告書が、憲法、労働法、そして行政法における古くからの重要論点につき、一定の政策的提言を行ったこと自体の意義は大きい。かつ、川田琢之が指摘するように[12]、この問題が、公務員制度の「総合的」改革の中でこそ検討すべき課題であることにも変わりはない[13]。

そこで本節は、前述した小幡の指摘に鑑み、憲法が、公務員に対し、いかなる内容の労働基本権を保障しているのか、あらためて議論を整理することで、団体交渉・協約制度の設計において拠るべき視点を探り、そのことを通じて、本報告書の問題点を指摘したい。検討の素材は、公務員の争議行為禁

---

　　務員については、年功序列的人事、縦割り意識、サービス意識の欠如、業務効率の低下などが指摘され、国民の公務部門を見る目は厳しくなっている」。
10)　宇賀＝稲継＝株丹＝田中＝森田・前掲注3）21頁。
11)　2008（平成20）年5月10日、衆議院で同法案の審議が始まったが、成立困難の見通しと報道されていた（同年5月21日 asahi.com）。
12)　川田琢之「『公務員制度の総合的な改革に関する懇談会報告書』の検討」ジュリ1355号（2008）53頁。
13)　晴山一穂「公務員制度改革をどうみるか―行政法学からの検討」労旬1510号（2001）18頁は、労働基本権回復を先送りにしたまま、各府省＝各大臣の人事管理権を強化すると、公務員に対する強力な統制を招き、その地位を著しく不安定な状況に陥れるとする。

止（国公法98条 2 項）を合憲とした全農林警職法闘争事件最判（最大判昭和48・ 4 ・25刑集27- 4 -547。以下、「全農林最判」という）と名古屋中郵事件最判（最大判昭和52・ 5 ・ 4 刑集31- 3 -182。以下、「名古屋中郵最判」という）である。両最判には厳しい批判が多数寄せられており、[14]筆者も、最高裁の結論には多大な疑問を持つ。それでもこの両最判を検討素材とする理由は、両最判は現行法を合憲としただけで、現行法制度を立法政策上の唯一の解としたわけではないこと、[15]および、行政機関である専門調査会は、最高裁判例の憲法解釈を前提にした制度設計を強いられるため、[16]本報告書の検討にあたり、最高裁判例の憲法解釈自体を論難することに、現実的生産性を見出し難いこと、以上の 2 点に求められる。

以下、現行法制を概観し（II）、全農林最判と名古屋中郵最判の論理を確認した後（III、IV）、両最判における憲法解釈の相違、その相違が立法論に与える影響、および、制度設計にあたって拠るべきスタンスを指摘したうえで（V）、私見のあらましを明らかにしておく（VI）。

## II　現行法の概要

公務員も、民間企業労働者と同様、憲法28条の「勤労者」である。労働基本権制約の合憲性につき、判例と学説は鋭く対立するが、この点への異論は見られない。[17]すると、使用従属関係に置かれる公務員であれば、憲法28条によって労働基本権が保障される、このように考えるのが素直だろう。全農林

---

14)　学説の概況については、渡辺賢『公務員労働基本権の再構築』（北海道大学出版会・2006) 22頁以下・110頁以下参照。

15)　小幡・前掲注 2 ) 30頁、専門調査会第 6 回会議西尾勝委員発言参照。塩野宏「全農林警職法反対斗争事件大法廷判決に関する若干の問題点」判時699号（1973)　9 頁は、全農林最判につき、「現行国家公務員法制の如きいわば剛構造的制度こそ憲法の要請に適合し、しからざる制度は、むしろ違憲とされる」とは、多数意見といえども、そこまでには硬直的ではないことに留意すべきとする。

16)　ただし、小幡・前掲注 2 ) 30頁は、全農林最判が示す制約理由につき、その「今日的意味を吟味することは有用」だが、「それ自体を障害としてとらえる必要性は存しない」とする。しかし、制約理由の実質が変容したとしても、憲法上の制約理由である限り、制度設計論に対する、今日的な意味においての制約となることは、否定できないのではあるまいか。

17)　鵜飼信成『公務員法〔新版〕』（有斐閣・1980) 123頁、渡辺・前掲注14) 3 ・112頁等を参照。

最判も以下のように述べる。

「公務員は、私企業の労働者とは異なり、使用者との合意によつて賃金その他の労働条件が決定される立場にないとはいえ、勤労者として、自己の労務を提供することにより生活の資を得ているものである点において一般の勤労者と異なるところはないから、憲法28条の労働基本権の保障は公務員に対しても及ぶものと解すべきである。」（圏点筆者。以下、同様）

しかし、現行実定公務員法は、労働基本権の行使を著しく制約する。その概要を制約態様別に確認すると、以下のようになる[18]。

第1は、団結権・団体交渉権・争議権の全てが認められていない者である。国の警察職員（入国警備官を含む。出入国管理及び難民認定法61条の3の2第4項）、海上保安庁または刑事施設で勤務する職員（国公法108条の2第5項）、自衛隊員（自衛隊法64条2項）、地方の警察職員や消防職員（地公法52条5項）である。なお、団体結成禁止義務違反につき、国公法と自衛隊法は刑事罰を用意するが（国公法110条1項20号、自衛隊法119条1項2号）、地公法に罰則規定はない。

第2は、団結権は認められているが、団体交渉権・争議権が認められていない非現業公務員[19]である（国公法98条2項・108条の2第3項・108条の5、国会職員法18条の2、裁判所職員臨時措置法1号、地公法37条・52条3項・55条[20]）。争議行為のあおり・そそのかしについては、刑事罰が用意されている[21]（国公法110条1項17号、地公法61条4号）。

第3は、団結権と団体交渉権（協約締結権を含む）は認められているが、争議権が認められていない現業公務員である。行政執行法人の職員（行政執

---

18) 本節原論攷公表時と本書公刊時では法制度が異なるが、ここでは、本書公刊時のものを紹介する。
19) 一般に、「非現業公務員」とは、第1のタイプの者も含めた指称だが、本節では、便宜上、第2のタイプの者だけを指す意味で用いる。
20) 地方公務員には書面協定締結権が認められているが（地公法55条9項）、この書面に労働協約としての意味はないとされている（菅野和夫「公共部門労働法（3・完）—基本問題の素論」曹時35巻12号〔1983〕2427頁）。
21) ただし、国会職員法に罰則規定はない。

行法人労働法 8 条～12条、17条)、地方公営企業職員、地方公共団体の単純労働職員（地方公営企業労働法附則 5 項）、特定地方独立行政法人の職員（同法 5 条～11条）である。なお、協約締結権は認められているが、予算上または資金上、不可能な資金の支出を内容とする協定は政府・地方公共団体を拘束しない（留保付協約締結権。旧特定独立行政法人労働法16条 1 項、地方公営企業労働法10条）。国家現業公務員についての現行法は、かつての三公社五現業[22]に適用されていた（旧）公共企業体等労働関係法（以下、「(旧）公労法」という）の仕組みを、(旧）国営企業等労働関係法や旧特定独立行政法人労働法を経て、継受したものである。

　このように制限的な法制度を、最高裁は、一貫して合憲としてきた。理由付けには紆余曲折があったものの、全農林最判を皮切りとする一連の判決群が今日の判例とされ[23]、本報告書も[24]、全農林最判が判例理論として「定着している」とする（本報告書二 3 ）。ただ、同最判は、1973（昭和48）年に下されたものであるから、そこで示された制約理由が、今日でも当然に通用するのか、改めて検討されなければならない。

---

22) 三公社とは、日本国有鉄道、日本電信電話公社、日本専売公社のことで、これら公社の職員には国公法は適用されていなかった。五現業とは、政府直営企業であった郵便事業、国有林野事業、印刷事業、造幣事業、アルコール専売事業のことであり、これらの事業に従事する者には国公法が適用されていた。詳細については、峯村光郎『公共企業体等労働関係法・公務員労働関係法〔新版〕』（有斐閣・1972）公共企業体等労働関係法 1 頁以下参照。なお、国有林野事業職員は、2012（平成24）年の「国有林野の有する公益的機能の維持増進を図るための国有林野の管理経営に関する法律等の一部を改正する等の法律」により非現業の国家公務員となった。

23) 非現業地方公務員についての岩手県教組事件・最大判昭和51・5・21刑集30- 5 -1178、現業国家公務員についての名古屋中郵最判、現業地方公務員についての北九州市交通局事件・最判昭和63・12・ 8 民集42-10-739、地方単純労働職員についての北九州市清掃事業局小倉清掃事務所事件・最判昭和63・12・ 9 民集42-10-880等。以上はいずれも争議権に関する例である。団体交渉・協約締結権については、非現業国家公務員に関する国立新潟療養所事件・最判昭和53・ 3・28民集32- 2 -259が、全農林最判および名古屋中郵最判の「趣旨に徴すれば、国家公務員について憲法上団体協約締結権が保障されているものということができないことは明らかであるから、団体協約締結権を認めていない昭和40年法律第69号による改正前の国家公務員法98条 2 項但書は憲法28条に違反するものではない」とする。

24) 判例の概要については、菅野和夫「公務員の労働基本権」雄川一郎＝塩野宏＝園部逸夫編『現代行政法大系 9　公務員・公物』（有斐閣・1984）148頁以下、渡辺・前掲注14）17頁以下・104頁以下、小幡・前掲注 2 ) 29頁以下参照。

## III　全農林最判

　本報告書は、全農林最判が挙げる労働基本権制約理由を、①議会制民主主義および財政民主主義、②㋐「公務員の地位の特殊性」と㋑「職務の公共性」、③「市場の抑止力の欠如」の三つに整理する（本報告書二３）。③は専ら争議権の制約に係るものであるから、本節が扱う主題との関係では、①と②が問題となろう。では、同判は、いかなる論拠から、①と②が公務員の労働基本権を制約する理由になるとしたのか。既に論じ尽くされた点ではあるが、本報告書の視点を明確にするため、あらためて確認しておきたい。

### 1　全農林最判の労働基本権制約理由

　まず、①議会制民主主義による制約につき、全農林最判は以下のように述べる。

> （ⅰ）　公務員の給与の財源は税収で賄われており、勤務条件の決定は、全て立法府において論議のうえなされるべきものである。争議行為の圧力による強制を容認する余地はまったく存しない。
> （ⅱ）　憲法自体、73条4号で、「法律の定める基準に従ひ、官吏に関する事務を掌理すること」を内閣の事務の一つとし、国公法も、国家公務員の給与は、「法律により定められる給与準則」に基づくものとしている（2007〔平成19〕年改正前の国公法63条1項）[25]。公務員の「勤務条件は、私企業の場合のごとく労使間の自由な交渉に基づく合意によって定められるものではなく、原則として、国民の代表者により構成される国会の制定した法律、予算によって定められることとなつている」。
> （ⅲ）　「使用者としての政府にいかなる範囲の決定権を委任するかは、

---

[25]　給与準則（pay plan）は職階制と連動したものであるため、2007（平成19）年に、国家公務員の職階制に関する法律が廃止されたことに伴い、国公法63条の「法律により定められる給与準則に基づいて」は、「別に定める法律に基づいて」に改められた。

(iv)「公務員の勤務条件の決定に関し、政府が国会から適法な委任を受けていない事項について、公務員が政府に対し争議行為を行なうことは、的はずれであつて正常なものとはいいがた」い。

(ⅴ)「このような制度上の制約にもかかわらず公務員による争議行為が行なわれるならば、使用者としての政府によつては解決できない立法問題に逢着せざるをえ」ず、「ひいては民主的に行なわれるべき公務員の勤務条件決定の手続過程を歪曲することともなつて、憲法の基本原則である議会制民主主義（憲法41条、83条等参照）に背馳し、国会の議決権を侵す虞れすらなしとしない」。

全農林最判は、公務員の勤務条件は立法府が決定すべきこと（勤務条件法定主義）、および、勤務条件を決定する権限を有しない政府に対し、公務員が争議行為を行うことは、議会制民主主義という憲法の基本原則に背馳すること、以上を述べるだけで、勤務条件法定主義自体が憲法上の原則であるとは明言していない。しかし、一般には、公務員が「全体の奉仕者」であり（憲法15条2項）、その選定罷免権が国民固有の権利である以上（同条1項）、公務員の究極の使用者は国民・住民であるから、国民主権原理のもと、国民・住民の代表者たる国会・地方議会が公務員の勤務条件決定権限を有すべきことは、議会制民主主義から導かれる憲法上の要請だと解されている。憲

---

26) 勤務条件法定主義の趣旨については、第3節Ⅱ1および第4節Ⅲの他、例えば、向井哲次郎「判解」最高裁判所判例解説刑事篇昭和48年度（1975）333頁、香城敏麿「判解」最高裁判所判例解説刑事篇昭和52年度（1980）122頁、室井力『特別権力関係論』（勁草書房・1968）391頁、浜川清「勤務条件法定主義・条例主義」成田頼明編『行政法の争点〔初版〕』（有斐閣・1980）148頁、鵜飼・前掲注17) 124頁、森園幸男＝吉田耕三＝尾西雅博編『逐条国家公務員法〔全訂版〕』（学陽書房・2015）299頁、藤田宙靖『行政組織法』（有斐閣・2005）266頁、今村成和（畠山武道補訂）『行政法入門〔第9版〕』（有斐閣・2012）41頁参照。

27) 例えば、渡辺・前掲注14) 117頁は、財政民主主義とともに、勤務条件法定主義を「議会制民主主義の要請」とし、阿部泰隆＝中西又三＝乙部哲郎＝晴山一穂『地方公務員法入門』（有斐閣・1983）63頁〔晴山〕は、勤務条件法定主義が、憲法73条4号と憲法27条2項から要請されるとする。藤田・前掲注26) 266頁は、「公務員の選定・罷免が国民の固有の権利であり、また公務員が国民全体の奉仕者である、ということになれば、そのあり方についても、少なくとも基本的

法73条4号は、このことを前提とした定めと位置付けられよう。全農林最判も、以上の理解を前提にするものと思われる。

このように、①議会制民主主義から導かれる勤務条件法定主義が、そして、とりわけ給与のように財政に関わる勤務条件については財政民主主義（憲法83条）が、憲法上の要請として公務員の労働基本権を制約するのなら、公務員の労働基本権と、民間企業労働者の労働基本権とは、憲法レベルで既に、保障内容が異なることになる。このことは、全農林最判を待つまでもなく、憲法の構造から導かれる当然の帰結だろう。

次に、②(ア)「地位の特殊性」と(イ)「職務の公共性」による制約につき、全農林最判は以下のように述べる。

> （vi）　公務員は、国民の信託に基づいて国政を担当する政府により任命される。憲法15条が示すとおり、実質的には、公務員の使用者は国民全体であり、公務員の労務提供義務は国民全体に対して負うものであ

---

には国民の代表者たる国会の制定する法律で定めるべきである、という考え方が導き出されるのは、極く自然のこと」とする。他方、室井力『公務員の権利と法』（勁草書房・1978）55頁は、勤務条件法定主義を憲法上の要請ではないとするように読める。

28)　今村・前掲書注26) 41頁参照。宇賀克也『行政法概説Ⅲ〔第4版〕』（有斐閣・2015）342頁は、憲法73条4号が「法律の定める基準に従ひ」と明記していなくても、「公務員を全体の奉仕者とする日本国憲法の公務員観（憲15条2項）に照らせば、公務員制度の基準については、国民代表からなる国会が定めるべきことは当然」とする。なお、全農林最判、そして、本文で後述する名古屋中郵最判の香城敏麿調査官解説は、勤務条件法定主義の憲法上の根拠を憲法73条4号に求めるかのようにも読める（香城・前掲注26) 119頁）。しかし、全農林最判における5裁判官の意見にもあるように、同号の趣旨は、「国家公務員に関する事務が内閣の所管に属することと、内閣がこの事務を処理する場合の基準の設定が立法事項であって政令事項ではないことを明らかにした」に止まるというべきであろう。勤務条件法定主義の憲法上の根拠は、あくまで憲法15条と解すべきである。さもないと、地方公務員の勤務条件を法律・条例で定めるべきとの論拠が失われよう。

29)　渡辺も、勤務条件法定主義という憲法上の要請がある以上、憲法28条が公務員に保障する労働基本権は、民間企業労働者のそれとは異質のものと理解すべきとしたうえで、公務員に保障される労働基本権とは、勤務条件決定権者の権限行使に対し、利害関係者としての公務員組合がチェックするという手続的権利であり、この権利に対応する決定権者（当局）の義務は、説明責任を果たすことにあるとする（とりわけ、渡辺・前掲注14) 3頁以下・193・204頁以下・302・309・319頁等）。筆者は、この見解に与しない。Ⅵで述べるように、勤務条件法定主義は、憲法28条の労働基本権を、渡辺のように「質的に」制約すると見るのではなく、いわば「量的に」制約する、あるいは、その保障を「弱めている」と考えるからである。

る。
(vii) 公務員の地位の特殊性と職務の公共性を根拠として、公務員の労働基本権に必要やむを得ない限度の制限を加えることは、十分に合理的な理由がある。
(viii) 公務員は公共の利益のために勤務するものであり、公務の円滑な運営のためには、その担当する職務内容の別なく、それぞれの職場においてその職責を果たすことが必要不可欠である。公務員の争議行為は、その地位の特殊性および職務の公共性と相容れず、多かれ少なかれ公務の停廃をもたらし、その停廃は勤労者を含めた国民全体の共同利益に重大な影響を及ぼすか、またはその虞れがある。

以上の説示につき、同最判の向井哲次郎調査官解説は、公務員が「公の勤務関係に立つ者として特別の法的規律の適用を受ける」のは憲法15条に由来するとし、多数意見も「このような公の勤務関係における地位の特殊性に着目している」としたうえで、「公務員は、公の勤務関係に立つ者として公共の利益のために勤務するものであるから、この職務の公共性が公務員の労働基本権に対する制約を合憲的に説明する最も端的な理由となる」とする[30]。全体の奉仕者(憲法15条2項)であるから、特別の法的規律を受ける「公の勤務関係」に立ち、そのような者として公共の利益のために勤務することが、労働基本権の制約理由になるというのであるから、㋐だけでなく㋑も、憲法15条から導かれることになろう。同調査官の述べるところが、同時に多数意見の趣旨でもあるならば、全農林最判によれば、①と同様に②も、公務員の労働基本権を制約する憲法上の要請であることになり、この点からも、憲法28条が公務員に保障する労働基本権は、憲法レベルにおいて既に制約されていることになる。

## 2 全農林最判が示した各制約理由に対する本報告書の見解

本報告書は、まず、①財政民主主義・勤務条件法定主義が、「今日におい

---

30) 向井・前掲注26) 331頁。

ても妥当する当然の制約理由」だとする。前述したように、①が公務員の労働基本権を憲法レベルで制約すること自体は否定し難い。本報告書も、公務員に保障される労働基本権が、憲法レベルで既に制約されていることを、立法論における当然の前提としたのである。次に、②(ア)「地位の特殊性」と(イ)「職務の公共性」による制約につき、本報告書は、「近年、独立行政法人、国立大学法人及び指定管理者制度が導入されて」いることから(ア)が、そして、「公共サービスの多くが民間委託などにより民間労働者によっても担われつつあるという現状にある」ことから(イ)が、それぞれ「当時ほど絶対的なものではなくなっている」とする。以下、②に的を絞って検討する。

⑴　(イ)「職務の公共性」について

本報告書は、(イ)「職務の公共性」について、かつては公共サービスの実施を公務員が独占していたとしても、今日では、近時の様々な制度改革により、私人が担当するケースが増えてきたことを理由に、(イ)は公務員だけの特徴ではなくなっている、このように言うのだろう。確かに、公共サービス担当者である点では同じでも、一方は公務員であるため労働基本権を制約され、他方は民間企業労働者であるため何の制約も受けない、これではいかにもバランスを欠く。この点から、本報告書が、「現行の制約を緩和する余地はある」とする点は、大方の賛同を得られよう。

---

31)　私人による公共サービス担当の途を開いた近時の改革例として、例えば、建築確認を国土交通大臣または都道府県知事の指定を受けた者（指定確認検査機関）にも実施させることを認めた1998（平成10）年の建築基準法改正（6条の2第1項・77条の18以下）、公共施設の建設や改修、維持管理、運営を民間事業者（選定事業者）に実施させることを認めた1999（平成11）年の民間資金等の活用による公共施設等の整備等の促進に関する法律（PFI法）制定、市町村経営を原則とする水道事業（水道法6条2項）の一部を民間事業者（水道管理業務受託者）に委託できるとした2001（平成13）年水道法改正（24条の3）、地方公共団体における公の施設の管理を民間団体（指定管理者）に実施させることを認めた2003（平成15）年自治法改正（244条の2第3項以下。指定管理者制度が導入される以前も、公の施設の管理は、地方公共団体の出資法人等に委託できるとされていたことにつき、塩野宏『行政法III〔第4版〕』〔有斐閣・2012〕226頁参照）、放置車両の確認と確認標章取付けを公安委員会の登録を受けた法人（放置車両確認機関）に委託できるとした2004（平成16）年の道路交通法改正（51条の8・51条の12）、官民競争入札（市場化テスト）や民間競争入札の手続を経て事務事業の実施を民間事業者（公共サービス実施民間事業者）に委託できることとした2006（平成18）年の競争の導入による公共サービスの改革に関する法律（いわゆる「市場化テスト法」）制定等が挙げられる。

32)　公共サービス担い手の多様化現象は、むしろ、公務員以外の公共サービス担当者に対する公

とはいえ、全農林最判当時においても、公務員が公共サービス実施を独占していたわけではない。特殊法人や公共組合、地方公社といった特別行政主体は多数存在していたし、指定法人（指定機関）による委任行政（私人による行政）という手法も古くから採用されてきた。他方、私企業にも公共性の高い業種があることは論を俟たない。さらに、画一的公務員法制を採用する我が国では、一口に公務員と言ってもその職種は多種多彩で、職務によって公共性の強弱には濃淡がある。既に言い尽くされてきたことだが、(イ)は、あらゆる公務員の労働基本権を一律に制約する論拠としては、さほど強固なものではない。このことを、最高裁自身も意識していたとの分析がある。

　すると、(イ)は、公務員の労働基本権制約理由として、全農林最判当時においてさえ、さして絶対的なものではなかったことになろう。かつ、この制約理由は、争議行為禁止のみを正当化し得るものだから、労働基本権全般の制約理由としては、さほど強力なものではない。だからこそ、同最判自身、「補強的な論拠」として、①の要請を加えたと指摘されている。すると、この点に関する報告書の上記叙述は、全農林最判当時においてさえ制約理由としての絶対性が弱かった(イ)が、公共サービス担当者がさらに多様化した今日、一層その絶対性を弱めている、このような趣旨に理解されよう。

---

　　的人事規制の必要性を喚起するように思える。この点については、米丸恒治『私人による行政』（日本評論社・1999）388頁以下、清水敏「『公務』従事者の多様化と『公務』労働の規制」法時75巻5号（2003）24頁の他、第3編第2章第1節Ⅵ1参照。
33)　指定法人（指定機関）については、米丸・前掲注32）325頁以下が詳しい。
34)　特別行政主体と委任行政の意味や内容については、塩野・前掲注31）89頁以下参照。
35)　我が国の現行法が画一的公務員法制であることについては、第3編第1章第2節Ⅵ1および第2章第1節Ⅲ3の他、田中二郎『新版行政法㈩〔全訂第2版〕』（弘文堂・1976）241頁、塩野・前掲注31）260頁以下、宇賀・前掲注28）328頁参照。
36)　地方公共団体によるゴルフ場やレストランの経営につき、塩野・前掲注31）174・236頁参照。
37)　全農林最判の5裁判官意見参照。
38)　全農林最判は、「公務員は、公共の利益のために勤務するものであり、公務の円滑な運営のためには、その担当する職務内容の別なく、それぞれの職場においてその職責を果すことが必要不可欠」とする一方で、「公務員中職種と職務内容の公共性の程度が弱く、その争議行為が国民全体の共同利益にさほどの障害を与えないものについて、争議行為を禁止し、あるいはそのあおり等の行為を処罰することの当を得ないものがあるとすれば、それらの行為に対する措置は、公務員たる地位を保有させることの可否とともに立法機関において慎重に考慮すべき立法問題であると考えられるのである」ともしており、渡辺・前掲注14）116頁は、両説示間の動揺を指摘する。
39)　渡辺・前掲注14）117頁。

## (2) (ア)「地位の特殊性」について

　他方、(ア)「地位の特殊性」に関する本報告書の論理はわかりにくい。もとより全農林最判自体、公務員のいかなる特質をもって「地位の特殊性」としたのか、判決文からは判然としない。おそらくは、公務員の使用者はかたちの上では政府だが、実質的には国民であるという点（憲法15条1項）に求めるのだろう（全農林最判(ⅰ)(ⅱ)）。これに対し、本報告書は、「給与が基本的には国民の租税負担により賄われる[40]」ことをもって「地位の特殊性」とする。その意味するところが全農林最判とさして異なるわけではないにしても、あえて同最判とは違う表現で説明した理由は不明である。全農林最判当時とは異なり、行政執行法人（本報告書公表時は「特定独立行政法人」）職員のように、公務員法上の公務員ではあっても（独通法51条、地独行法47条）、形式的使用者が政府ではない者も存在することを顧慮したのかもしれない。それでも、本報告書が、(ア)が弱まっていることを示す事情として、独立行政法人と国立大学法人、そして指定管理者制度を挙げる点は理解が難しい。

　まず、一口に独立行政法人と言っても、職員に国公法が適用される行政執行法人と、そうではないもの（便宜上、以下、「非公務員型独立行政法人」という）が区別されるが、本報告書が念頭に置くのは後者だろう。確かに、非公務員型独立行政法人や国立大学法人の職員は、公務員法上の公務員ではないが、その給与は、相当程度において租税で負担されている。しかし、国が100％出資する特殊法人や、政府からの補助金で経費の相当程度を賄う法人は、全農林最判以前から数多く存在していた。これら法人の職員について、給与を租税で賄っていないとは断じ難い。つまり、「給与が国民の租税負担により賄われる」という意味での「地位の特殊性」は、従来から、公務員だけに認められる特質ではなかったのである[41]。そして、非公務員型独立行政法人や国立大学法人も特別行政主体の一種であることからすれば、これらの存在は、公務員の(ア)「地位の特殊性」ではなく、その(イ)「職務の公共性」の絶対性が弱まっていることを示す例ではなかろうか。

---

40) 前掲注23)の国立新潟療養所事件最判における環昌一裁判官意見に同様の説明がある。
41) 専門調査会第6回会議西尾委員発言。

次に、指定管理者の場合、当該管理者に雇用される労働者の給与を、当該管理者を指定した地方公共団体が財政負担するとは限らない。なぜ、指定管理者制度の存在から、国民が給与を負担するという意味での(ア)「地位の特殊性」が弱まったといえるのか、本報告書の文面からは不明である。この点、専門調査会の会議において、指定管理者が行政処分を行い得ることを指摘し、公共サービスの担い手が必ずしも公務員だけではなくなっていることの例であるとの発言がある。そうだとすれば、指定管理者制度は、公共サービスの担い手が多様化したことの例証ということになるから、この点も、(イ)「職務の公共性」の絶対性が弱まっていることを示す例ではなかろうか。

以上のように、本報告書は、全農林最判がいうところの(ア)の論理、すなわち、公務員の実質的使用者が国民であることに起因する「地位の特殊性」が、その絶対性を弱めている理由を説明できていないように思える。

## 3　主たる制約理由としての勤務条件法定主義・財政民主主義

本報告書は、上記③「市場の抑止力欠如」とともに、②(ア)「地位の特殊性」と(イ)「職務の公共性」が、いずれも「なくなるものではない」とする。確かに、(イ)の絶対性が弱まったとしても、公務員の職務から公共性が失われるわけではない。かつ、(ア)については、その絶対性が弱まっていることが説明されていないのだから、全農林最判当時と同様に、今日でも憲法上の制約

---

42) 地方公共団体が、公の施設の管理を指定管理者に行わせることとした場合、業務委託管理費等の必要経費を、地方公共団体と指定管理者のいずれが負担するのか、自治法等は特に定めていない。この点、出井信夫編『指定管理者制度』（学陽書房・2005）48頁は、「必要経費の回収方法または負担方法」には、「①指定管理料だけで行うケース、②利用料金制度（施設の利用に係る料金を指定管理者の収入とする制度）と併用して行うケース、③利用料金制度のみで行うケース」の3通りがあるとしたうえで、指定管理料については、「サービスの質、水準を維持し、その業務を担うにふさわしい賃金、経費比率、また給与水準などの諸条件が吟味されて決定されるもの」とする。

43) 第15回会議松本英昭委員発言。

44) 全農林最判の5裁判官意見は、職務の公共性が「公務員の争議行為を制限する実質的理由とされていることは、なにびとも争わない」とする。5裁判官の1人である田中二郎は、その著書において、「憲法28条の保障規定にもかかわらず、種々の制約が加えられているのは、公務員の勤務関係の特質、特にその従事する職務の公共性に基づくものであり、この理由によってのみ、その合憲性を説明することができる」とする（田中・前掲注35）244頁）。

理由であることになる。

　とはいえ、前述したように、(イ)は重視されるべきではない。(ア)についても、既に多くの指摘があるように、なぜこの点が労働基本権制約を正当化できるのか、全農林最判自身、その実質的論拠を示しているとは言い難い[45]。おそらくは、国民が実質的使用者である以上、国民の代表者たる国会が勤務条件決定権限を有すべきとの趣旨であろうが、だとすると、この制約理由は、①勤務条件法定主義・財政民主主義という、「議会制民主主義の要請に収斂」[46]されるべきことになる。

　すると、②の(ア)と(イ)は、公務員の労働基本権を制約する憲法上の要請であること自体は否定し難いにしても、今日においては、まったく顧慮しないわけにはいかないという程度の制約理由ではないか。公務員の労働基本権を憲法レベルで制約するのは、主として、①勤務条件法定主義と財政民主主義ということになる。全農林最判を前提とする制度設計論においては、議会制民主主義に由来する勤務条件法定主義・財政民主主義と、憲法28条が保障する労働基本権保障という、対立する二つの憲法原理をいかに調整し、調和的な制度を構築するか、以上の点を重視すべきことになろう[47]。

## IV　名古屋中郵最判

　本報告書は、「定着している」最高裁判決として、全農林最判のみを挙げる。しかし、同最判の4年後に、現行法制を合憲とする論拠を総括的に示した名古屋中郵最判[48]は、現行法を合憲とする論拠、および、憲法28条が公務員に保障する権利の内容につき、全農林最判とは重点が異なる論理を展開したと指摘されている[49]。この分析に従えば、全農林最判のみを前提とする本報告

---

45)　渡辺・前掲注14）115頁。
46)　渡辺・前掲注14）115頁。
47)　菅野和夫「『財政民主主義と団体交渉権』覚書」法学協会編『法学協会百周年記念論文集第2巻』（有斐閣・1983）319頁、菅野・前掲注20）2450頁参照。
48)　渡邊賢「判批」高橋和之＝長谷部恭男＝石川健治編『憲法判例百選II〔第5版〕』（有斐閣・2007）323頁参照。
49)　例えば、渡辺・前掲注14）43・108頁以下を参照。

書は、必ずしも今日の判例理論を正確に把握していないことになろう。そこで、これも既に論じ尽くされている点ではあるが、名古屋中郵最判の内容を、本節の主題に関連する限りで確認しておく。

### 1　名古屋中郵最判の労働基本権制約理由

同最判は、まず、公務員も憲法28条にいう勤労者に当たることを明らかにしたうえで、全農林最判が、非現業国家公務員につき、「その憲法上の地位の特殊性から労働基本権の保障が重大な制約を受けている旨を説示していることに、留意しなければならない」とする。この説示は、全農林最判が示す三つの制約理由のうち、②(ア)「公務員の地位の特殊性」に注意を促すもののように見える。しかし、名古屋中郵最判が続いて引用する全農林最判の判旨は、Ⅲ1で前述した(ⅰ)～(ⅴ)に当たる部分であった。そのうえで、「これを要するに」とし、以下のように述べる。

> (ⅰ)　「非現業の国家公務員の場合、その勤務条件は、憲法上、国民全体の意思を代表する国会において法律、予算の形で決定すべきものとされており、労使間の自由な団体交渉に基づく合意によって決定すべきものとはされていないので、私企業の労働者の場合のような労使による勤務条件の共同決定を内容とする団体交渉権の保障はない」。
> (ⅱ)　「右の共同決定のための団体交渉過程の一環として予定されている争議権もまた、憲法上、当然に保障されているものとはいえない」。

最高裁は、以上の理が、現業公務員と三公社職員にも「直ちに又は基本的に妥当する」としたうえで、結論的な説示として、全農林最判と名古屋中郵最判自身が判示するところを、以下の3点にまとめる。

> (ⅲ)　(一)「公務員及び三公社その他の公共的職務に従事する職員は、財政民主主義に表れている議会制民主主義の原則により、その勤務条件の決定に関し国会又は地方議会の直接、間接の判断を待たざるをえない特殊な地位に置かれている」。

(二)　「そのため、これらの者は、労使による勤務条件の共同決定を内容とするような団体交渉権ひいては争議権を憲法上当然には主張することのできない立場にある」。

(三)　「公務員及び三公社の職員は、その争議行為により適正な勤務条件を決定しうるような勤務上の関係にはなく、かつ、その職務は公共性を有するので、全勤労者を含めた国民全体の共同利益の保障という見地からその争議行為を禁止しても、憲法28条に違反するものとはいえない」。

以下、本節の主題との関連で、2点を指摘しておく。

## 2　名古屋中郵最判による議会制民主主義重視

第1に、全農林最判が、①議会制民主主義に由来する勤務条件法定主義と財政民主主義、そして②(ア)「地位の特殊性」および(イ)「職務の公共性」を、それぞれ独立に、労働基本権全般の制約理由としていたのに対し、名古屋中郵最判は、①から②(ア)を導き（(iii)(一)）、「そのため」団体交渉権と争議権は保障されないとしたうえで（(iii)(二)）、②(イ)を専ら争議権行使の制約理由としている（(iii)(三)）。すると、団体交渉権・協約締結権を制約する理由は、①に限られることになろう。菅野和夫は、①を強調する(iii)の(一)および(二)を、今日の判例における「核心」とする[50]。

他方、全農林最判は、①をさほど重視していなかった[51]。本節は、本報告書の記述に従った便宜上、①②の順番で同最判を紹介したが（前述Ⅲ1参照）、実は、同最判は、②を先に判示し、その後、争議禁止の合憲性を導く論拠として、しかも、前述したように（Ⅲ2参照）、②(イ)「職務の公共性」を補強するために①を持ち出しただけである。かつ、同最判の向井哲次郎調査官は、公務員の選定罷免権が国民固有の権利であること、公務員の給与が国の租税によって賄われていること、勤務条件法定主義（憲法73条4号）の趣旨は、

---

50)　菅野和夫『労働法〔第11版〕』（弘文堂・2016）37頁。
51)　ただし、塩野・前掲注31）321頁は、全農林最判につき、「争議行為は勤務条件の決定に関する議会制民主主義と衝突するという原理論に立脚している」と指摘する。

公益追求を目的とする公務員の雇用条件を国会の統括と監視下に置くべき点にあること、勤務条件の決定が労使の駆け引きによるのは妥当ではないこと、公務員の給与については市場理論が働かないため、民間追随方式で決めざるを得ないこと、以上のような協約権否認の実質的理由から、勤務条件法定主義は、「決して公務員の争議行為禁止の積極的理由にならぬことはない」[52]という、極めて消極的な表現で①を争議権制約の理由としていたに過ぎなかった[53]。

ただ、前述したように（Ⅲ3参照）、②(ｱ)の位置付けについては、むしろ全農林最判の論理構成に問題があったのであり、②(ｱ)を①に包含させる名古屋中郵最判の理解こそが、憲法の構造に整合しよう。同最判は、全農林最判の論理的欠陥を修正したと見るべきである。

### 3　名古屋中郵最判の公務員労働基本権観

第2に、こちらがより重要だが、名古屋中郵最判は、全農林最判と異なり、憲法28条の保障が公務員に及ばないとしたように読める。というのは、両最判とも、公務員が憲法28条の勤労者に該当する旨を明らかにするが、全農林最判が、続けて「憲法28条の労働基本権の保障は公務員に対しても及ぶ」と明言するのに対し、名古屋中郵最判には、全農林最判の引用に係る部分を除き、この下りが登場しない[54]。また、名古屋中郵最判は、団体交渉に基づく合意により勤務条件を決定すべきものとはされていないこと、および、共同決定を内容とする団体交渉権が保障されていないこと、この両点が、いずれも、「憲法上」の要請であるとし（( i )）、公務員は、団体交渉権や争議権を、「憲法上当然には主張することのできない立場」にあるとする（(iii)(二)）。さらに、上告理由に答えるかたちで、次のようにも述べていた。

---

52)　向井・前掲注26）333頁。
53)　渡辺・前掲注14）110頁は、全農林最判が、名古屋中郵最判ほどには団交権概念を厳格化せず、かつ、議会制民主主義の要請も強く捉えていないことから、争議権が憲法で保障されていると見得る余地の可能性を指摘する。
54)　団藤重光・環昌一両裁判官の反対意見は、公務員にも憲法28条の労働基本権保障が及ぶことを明言する。

（ⅳ）（一）　勤務条件について国会が定める「大綱的基準のもとでその具体化を団体交渉によつて決定するという制度をとる余地があるにしても、そのような制度が憲法上当然に保障されているわけではない」。

（二）　「それは、団体交渉によつて具体的な勤務条件を決定するという余地を国会から付与されて初めて認められるものであつて、国会の意思とは無関係に、憲法上の要請として存在するものとすることはできない」。

（三）　「労使間の団体交渉による勤務条件の共同決定権が憲法上当然に保障されていると主張することは、その事項につき国会に決定権が存在しないということに帰し」、憲法41条や83条等に示された「憲法上の原則」に沿わない。

（ⅴ）　労使交渉による「共同決定の権利が憲法上保障されているものとすれば、勤務条件の原案につき労使間に合意が成立しない限り政府はこれを国会に提出することができないこととなり、常に合意をもたらしうるという制度的保障が欠けていることとあいまつて、国会の決定権の行使が損なわれるおそれがある」が、「このような特殊の権利が憲法上保障されていると解すべき根拠は、見当たらない」。

　このように、名古屋中郵最判は、そもそも、憲法28条の保障が、公務員には及ばないとしたように読める。とはいえ、「当然に」保障されるわけではないとのフレーズ（（ⅱ）、（ⅲ）（二）、（ⅳ）（一）および（三））からは、憲法28条が公務員と無縁であるとまでは断じていないようにも解されよう。この点、髙辻正己裁判官補足意見は、「国政の権力を行使して国権を発現する任に当たる」者以外の公務員にも、憲法28条により労働基本権が保障されていることは明らかだが、憲法上、勤務条件の決定が、労使間の自由な交渉に基づく合意に委ねられていないことも明らかで、結局、公務員に対する労働基本権は、公務員の勤務条件決定方式における「憲法上の特殊性と調和が保たれる態様」で保障されている、以上が多数意見の趣旨だとする。では、多数意見は、憲法28条が公務員に保障する労働基本権、とりわけ団体交渉権をいかな

る内容のものと考えているのだろうか。この点は、名古屋中郵最判の香城敏麿調査官の解説から明らかになる。

### 4 名古屋中郵最判の香城敏麿調査官解説

香城は、公務員の団体交渉権につき、二つの基本型を区別できるとする。その第1は、(A)国会またはその委任を受けた政府が一方的に勤務条件を決定するに先立ち、公務員等の代表に意見を述べる機会を与える型（団体協議型）であり、第2は、(B)使用者たる政府と公務員等の代表との合意によって勤務条件を決定するという双方的な方式において、合意を目的とする交渉権を公務員等に与える型である。そして、香城は、名古屋中郵最判で問題になった団体交渉権、すなわち、「共同決定を内容とする団体交渉権」((ⅰ)、(ⅱ)、(ⅲ)(二)、(ⅳ)(三)、(ⅴ))とは、(B)の意味での団体交渉権だとする。

そのうえで香城は、憲法が、(B)の意味での団体交渉権を公務員等に保障することと、公務員等の勤務条件の決定権限を国会に付与していることとは、明らかに「二律背反」であり両立しないとし、公務員等に(B)の団体交渉権が保障されているか否かは、憲法28条の法原理と議会制民主主義とのいずれに憲法上の優位性が認められるかという問題であるとしたうえで、後者が優位するとした多数意見につき、「一般論としてことを論ずる限りでは、その結論には異論はないと思われる」とする。

この場合の「優位」は、一方の要請が他方のそれを弱めるという意味においてではなく、当該他方の要請自体を否定する意味で用いられている。この点は、香城が、公務員等には、「使用者たる政府に対して勤務条件の共同決定を求めて団体交渉を行う権利を有せず」とし、(B)の団体交渉権が公務員等に保障されているとすれば、「使用者たる政府と公務員等との間に勤務条件の原案について合意がととのわない限り」、国会が勤務条件決定権限を

---

55) 同解説は、香城敏麿『憲法解釈の法理』（信山社・2004）159頁以下にも掲載されている。
56) 香城・前掲注26) 117頁以下。
57) 香城・前掲注26) 119頁。
58) 香城・前掲注26) 121頁。

行使できないことになるが、それは、「国会の権限に対する重大な制約であって、憲法上こうした制約が存在すると解すべき根拠は見出しがたい」とする点に表れよう。さらに、争議権への言及の中では、「公務員等に対し共同決定権たる団体交渉権が憲法上保障されていないとされる根拠として」、公共的、政治的立場からの勤務条件決定手続を確保する必要性が考えられている以上、これと抵触する争議権を、「憲法が権利として承認しているものとはとうてい解されない」と断じる。

　他方で、香城は、公務員等も、使用者たる政府の原案作成について「意見を述べる権利を有する」とし、勤務条件の決定に関して自らの意見を表明する権利は、「憲法上保障されていることは明らか」で、多数意見もこれを肯定したとする。つまり、憲法28条が公務員に保障するのは、（A）の意味での団体交渉権だけだから、（B）の意味での団体交渉権、そして争議権は、憲法28条から「当然に」保障されるわけではないというのだろう。

　以上のような香城の見解が、多数意見の考えでもあることは、判決文のうち、(旧)三公社五現業等の職員に留保付団体交渉権を承認していた(旧)公労法につき（前述Ⅱ参照）、それが立法裁量の表われとする説示にも見出し得る。以下のように判示した。

> (ⅵ) (一) (旧)公労法が、労働協約締結権を含む団体交渉権を付与したのは、「憲法28条の当然の要請によるものではなく、国会が、憲法28条の趣旨をできる限り尊重しようとする立法上の配慮から、財政民主主義の原則に基づき、その議決により、財政に関する一定事項の決定権を使用者としての政府又は三公社に委任したものにほかならない」。
> (二) 「国会が、その立法、財政の権限に基づき、一定範囲の公務員その他の公共的職務に従事する職員の勤務条件に関し、職員との交

---

59)　香城・前掲注26) 124頁。
60)　香城・前掲注26) 126頁。
61)　香城・前掲注26) 121頁以下。
62)　香城・前掲注26) 124頁。

渉によりこれを決定する権限を使用者としての政府その他の当局に委任し、さらにはこれらの職員に対し争議権を付与することも、憲法上の権限行使の範囲内にとどまる限り」、違憲とされない。「現行法制が、非現業の公務員、現業公務員・三公社職員、それ以外の公共的職務に従事する職員の三様に区分し、それぞれ程度を異にして労働基本権を保障しているのも、まさに右の限度における国会の立法裁量に基づくものにほかならない」。

## V　全農林最判と名古屋中郵最判が立法論に与える影響

### 1　両最判の違い

　前述したように（Ⅲ 1 参照）、全農林最判も、公務員の労働基本権行使に関する法制度の内容は、「国会がみずから立法をもつて定めるべき労働政策の問題」だとしていた（全農林最判（ⅲ））。具体的法制度の内容が立法裁量に委ねられるとする点は、名古屋中郵最判と異ならない。しかし、全農林最判は、憲法28条の保障が公務員にも及ぶと明言し、かつ、保障内容を名古屋中郵最判のように限定はしていない。全農林最判を前提にすれば、前述したように（Ⅲ 3 参照）、労働基本権保障と勤務条件法定主義という、対立する二つの憲法法理をいかにして調整し、調和的な制度を実現するか、この点が立法裁量に委ねられることになろう。これに対し、名古屋中郵最判によれば、公務員の労働基本権に関する法制度の内容は、財政民主主義の原則に基づく立法裁量であり、憲法28条は、「立法上の配慮」の対象に過ぎない。同最判には、勤務条件法定主義と労働基本権保障の調整という発想が見られないのである。

　両最判の見解が明らかに異なることは、争議権禁止の代償措置を論じる説示からも看取できる。全農林最判は、（α）公務員にも労働基本権が保障される以上、「この保障と国民全体の共同利益の擁護との間に均衡が保たれることを必要とすることは、憲法の趣意」であるから、労働基本権制限に代わる相応の措置が講じられなければならないとしたうえで、（β）現行法には、人事院勧告制度等、「労働基本権に対する制限の代償として、制度上整備さ

れた生存権擁護のための関連措置による保障」があり、「適切な代償措置が講じられている」から、争議行為やそのあおり行為等の禁止は、「憲法28条に違反するものではない」とする。これに対し、名古屋中郵最判は、全農林最判の（α）部分を引用したうえで、現行法制は、「代償措置として、よく整備されたものということができ」、「生存権擁護のための配慮に欠けるところがない」と、簡単に結論付ける。全農林最判とは異なり、代償措置を含めた法制度全体の憲法28条適合性という視点を、そこに見出すことはできない。

## 2　立法論への影響

　以上のように、全農林最判と名古屋中郵最判とでは、憲法28条についての基本的な考え方に大きな隔たりがある。この隔たりは、現行制度を合憲とする解釈には影響しないとしても、立法論という局面では、制度設計の基本的方向性を異なったものにしよう。

　まず、全農林最判によれば、憲法28条と勤務条件法定主義の関係は、後者が前者の要請を制約する、あるいは、弱める関係になる（制約原理としての勤務条件法定主義[63]）。公務員は、勤務条件法定主義による制約の限度で、民間企業労働者と同質の労働基本権を憲法28条によって保障されるから、国会は、両憲法法理を調和させる法制度の構築を目指すこととなる。同最判は、労働基本権を厳しく制約する現行法でも合憲とするから、立法裁量の範囲はかなり広いことになるが、それでも憲法28条は、国会の立法裁量を拘束し、労働基本権制限の行き過ぎに対する歯止めとして機能するはずだろう。公務員の労働基本権をどこまで制限するかが、立法裁量の内容となるから（88頁の図

---

63）　全農林最判の5裁判官意見は、多数意見を厳しく批判する中で、「公務員の地位の特殊性を強調する右の考え方は、勤労条件の決定に関する公務員の労働基本権、とくにその争議権に対する制約原理としてよりも、むしろ、その否定原理としてはたらく性質のものであつて、公務員についても基本的には憲法28条の労働基本権が認められるとする多数意見自体の説くところと矛盾する契機をすらもつものである」とする。この意見から、多数意見が、勤務条件法定主義や財政民主主義を、憲法28条による労働基本権保障を否定する論理（否定原理としての勤務条件法定主義）と見ていたわけではないことが看取されよう。ただし、全農林最判の向井調査官は、仮に協約締結権を認めるとしても、国会の予算審議権等との関係上、その協約に労働法上の法的拘束力を認めるわけにはいかないとし、この点につき、「勤務条件法定主義は、原則的に『労使自治の原則』と相互に排他的な関係に立つためであろうか」とする（向井・前掲注26）334頁）。

参照)、労働基本権を拡大した場合のコストとベネフィットとの関係を重視することは、少なくとも法律論としては望ましくない。[64][65]

　これに対し、名古屋中郵最判によれば、憲法28条と勤務条件法定主義の関係は、後者が前者の要請――少なくとも（B）の意味での団体交渉権の保障――を全面的に否定する関係になる（否定原理としての勤務条件法定主義）。憲法28条が公務員に保障するのは単なる意見表明権だけだから、国会が、制限的にではあれ、（B）に含まれる権利を公務員に付与する法律を定めても、それは、あくまで財政民主主義や勤務条件法定主義に基づく立法裁量の結果に過ぎず、憲法28条は、国会の立法裁量を拘束する憲法法理としては機能し得ない。新たな制度設計にあたり、憲法28条の要請を無視しても、憲法論としての問題は、政策的配慮不足というレベルに止まる。公務員の労働基本権をどこまで創設的に付与するかが立法裁量の内容となるから（88頁の図参照）、上記のコスト・ベネフィット論に親和的だろう。

　このように、全農林最判は、合憲判決という結果から得られるイメージとは異なり、少なくとも名古屋中郵最判よりは、公務員の労働基本権を重視した判決なのである。

### 3　拠るべきスタンス

　行政機関たる専門調査会としては、「定着している」最高裁判例を前提にした制度設計を求められるが、憲法28条と勤務条件法定主義との関係につき、全農林最判と名古屋中郵最判とでは考え方に大きな隔たりがあり、かつ、後者が前者よりも新しい最高裁判決である以上、そこで前提とすべき最高裁判決は、全農林最判ではなく名古屋中郵最判だったはずである。

　とはいえ、本報告書のスタンスは、名古屋中郵最判のそれに近い。本報告

---

64)　専門調査会の清家篤座長代理が重視する視点である。専門調査会第13回および第14回会議の清家発言参照。

65)　専門調査会の稲継裕昭委員は、第13回会議において、「現行制度のデメリット、制度変更のメリットが十分に明らかにできない」以上、「憲法第28条の労働者の基本権を与えるという、そのそもそものところを押し出して、国民のデメリットがあったとしてもそれに踏み切る」、「国民にデメリットをもたらすかもしれないけれども付与する、つまり緩和するということを、この委員会として言う必要がある」としていた。

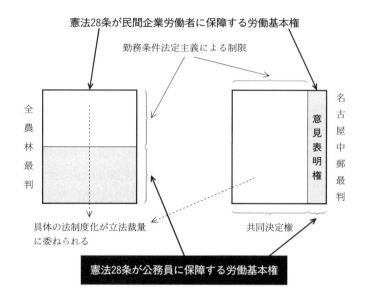

書が基本権付与の前提として挙げるのは、労使の理念の共有、労使交渉の透明性の向上、国における使用者機関の確立、交渉当事者の体制の整備のみであり（本報告書三1）、憲法28条が公務員にも労働基本権を保障していることへの言及がない。他方、議会制民主主義と財政民主主義が憲法上の要請であることは強調されているように読める（本報告書二3、三2(3)〔「憲法上の当然の要請」とする〕）。そもそも、本報告書には、憲法28条という文言は1度も登場しない。以上の点は、冒頭で紹介した小幡の指摘にあるように、「本報告書が、あくまで、行革の中で位置づけられ、国民の視点に立った公務員制度改革であったことから、公務員の基本権問題をそれ自体として内在的に議論する環境にはなかった」ことの反映だろう。

しかし、菅野が指摘するように、「公務員等も憲法28条の『勤労者』として同条の『団体交渉権』の保障を受けているが、他方では財政民主主義等の対立的憲法原理の制約下にある、との立場から出発して、両者間に調和的な

---

66) 専門調査会の岡部謙治委員は、第14回会議での議論の際に、労働基本権保障という前提に関する議論の不在を指摘する。
67) その他、両論併記においてではあるが、本報告書三2(1)。

解釈を求めるというのが、より正統な憲法解釈」であろう。この指摘を立法論に引き直せば、勤務条件法定主義と労働基本権保障とを調整し、調和させる制度こそが志向されるべきことになろうが、これはまさに、全農林最判の基本スタンスである。

　名古屋中郵最判による憲法28条の解釈、および、立法裁量についての理解には、とりわけ菅野による精緻な批判がある。その要点は、「労使当事者間の合意ないし取決めを目標とした話合いのプロセスの保障」が憲法28条による団体交渉権保障の「真髄」であり、このように理解すれば、議会制民主主義と団体交渉原理とが制度上両立し得ることは明らかであるところ、団体交渉権の保障を、労使による勤務条件の共同決定を内容とするものとした名古屋中郵最判は（名古屋中郵最判（ⅰ）、（ⅱ）、（ⅲ）（二）、（ⅳ）（三）、（ⅴ））、「団体交渉」を本来のそれとは異なる「共同決定」と理解し、内容上、団体交渉権とは呼び得ないものを団体交渉権の一種としていること、公務員に対し、本来の意味での団体交渉を制度化しても、判旨が危惧するような「交渉上の合意が成立しない限り議会が議決をなしえないという事態は制度上発生しない」にもかかわらず、憲法28条の団体交渉権を「本来の内容以上に強力な権利と理解」して、この強力さを本来の団体交渉権を否定する理由付けに用いていること、同最判は、現業公務員等に対する団体交渉権の保障が憲法28条に基づくものではなく、財政民主主義に基づく立法上の制度とするが、「これは不自然すぎる把握」であり、「財政民主主義の不自然な拡張」であること、団体交渉制度の立法化自体は憲法28条の団体交渉権の保障に基づくものであり、議会による議決権留保のような制度をもって、財政民主主義原則に基づく団体交渉の制限とみるのが、憲法28条と83条以下の素直な読み方であること、同最判も代償措置論に触れるが、この点は、財政民主主義原則と労働基本権保障の調整という発想があって、初めて登場するはずであること、

---

68) 菅野・前掲注47）319頁、同・前掲注20）2450頁、同・前掲注24）158頁以下。
69) 菅野・前掲注47）316頁。
70) 菅野・前掲注47）313頁以下。その他、同・前掲注20）2447頁以下参照。なお、渡辺・前掲注14）193頁は、団体交渉を共同決定的なものに固定した理解はナンセンスとする。
71) 菅野・前掲注47）318頁以下。その他、同・前掲注20）2448頁参照。
72) 菅野・前掲注47）319頁、同・前掲注24）159頁。

等である。

　以上のような極めて説得力のある批判が寄せられていることからすれば、新たな制度設計にあたっては、かたちの上では、「憲法28条の趣旨をできる限り尊重しようとする立法上の配慮」をするという名古屋中郵最判風の衣をまといつつ（否定原理としての勤務条件法定主義）、実質的には、「公務員についても憲法によってその労働基本権が保障される以上、この保障と国民全体の共同利益の擁護との間に均衡が保たれること」を求める全農林最判のスタンス（制約原理としての勤務条件法定主義）に拠るべきと考える。

## VI　おわりに

　具体的には、どのような実定法制度が望ましいだろうか。論じられるべきは、団体交渉権と協約締結権を保障すべき人的範囲、および、団体交渉・協約事項如何だろう。以下、団体交渉・協約事項について、私見のあらましを簡単に述べておく。

### 1　団体交渉・協約事項の画定に関する基本的視点

　憲法28条と対立する憲法原理は、勤務条件法定主義と財政民主主義だが、本報告書を含めた従来の議論は、主として財政民主主義との関係に的を絞って論じてきたように思える。例えば、憲法28条が公務員に保障する労働基本権を、利害関係者としての公務員組合がチェックするという手続的権利と捉えなおしたうえで[73]（説明責任型団交の要請）、現行法が現業公務員に認める団体交渉システム（留保付団体交渉権）の法定化をもって憲法28条の要請とする[74]、渡辺賢の所説がその例だろう。そして、渡辺は、財政民主主義・勤務条件法定主義が要請するのは、「たかだか、勤務条件を最終的に法律・予算というかたちで決定する国会の権限を侵すことは許されないということ」[75]だと

---

73)　渡辺・前掲注14）4・193・319頁。
74)　渡辺・前掲注14）309頁。
75)　渡辺・前掲注14）310・312頁。憲法論としてではないが、道幸哲也「公務員労働団体の代表法理」労働101号（2003）49頁も、留保付団体交渉権システムの選択が妥当とする。

断じる。この指摘は、財政民主主義との関係では賛同できよう。現業公務員型の現行制度をもって憲法28条の要請とする、渡辺自身の主張とも整合する。しかし、給与についてはともかく、その他の——人事制度を含めた広義の意味での——勤務条件についても、最終的決定権限が国会に留保さえされていれば、勤務条件法定主義という憲法上の要請が満たされるといえるのだろうか。そうではなく、勤務条件法定主義とは、一定の事項については——給与や勤務時間といった狭い意味での勤務条件に限らず——、必ず法律・条例で一定程度まで詳細に規律することを求める憲法上の原則なのではなかろうか。すると、まずは、勤務条件法定主義という憲法原則が、法律・条例による整備を要請する勤務条件事項を画定したうえで、それ以外の勤務条件事項は労使自治に委ね、協約締結権を認める、すなわち、法律・条例制定事項と労使自治事項とをトレードオフの関係と捉える——その結果として、憲法28条が公務員に保障する労働基本権は、民間企業労働者に認められる労働基本権が制約された、あるいは、弱められた内容のものと性質決定される——ことが、労働基本権保障と勤務条件法定主義という、対立する憲法原理の調整となる、これが私見の提示したい視点である。では、憲法は、いかなる勤務条件について、法律・条例による規律を要請しているのだろうか。

---

76) 渡辺・前掲注14) 27頁。
77) 菅野和夫「国家公務員の団体協約締結権否定の合憲性問題」下井隆史＝浜田富士郎編『久保敬治教授還暦記念論文集 労働組合法の理論課題』(世界思想社・1980) 141頁は、人事事項の勤務条件法定は、憲法15条1項から導かれる「公務員の地位の特殊性」に基づく制約だとする。また、地公法24条6項の「勤務条件」につき、法制意見は、「労働関係法規において一般の雇用関係についていう『労働条件』に相当するもの、すなわち、給与及び勤務時間のような、職員が地方公共団体に対し勤務を提供するについて存する諸条件で、職員が自己の勤務を提供し、又はその提供を継続するかどうかの決心をするにあたり一般的に当然考慮の対象となるべき利害関係事項であるものを指す」(昭和26年4月1日法務府法意一発20法制意見第1局長) としており、鹿児島重治＝森園幸男＝北村勇編『逐条国家公務員法』(学陽書房・1988) 892頁は、国公法上の勤務条件も同様としたうえで、「その範囲はかなり広いといってよい」とする。
78) 全農林最判の5裁判官意見は、憲法「73条4号は……公務員の給与など勤労条件に関する基準が逐一法律によって決定されるべきことを憲法上の要件として定めたものではなく、法律で大綱的基準を定め、その実施面における具体化につき一定の制限のもとに内閣に広い裁量権を与え、かつ、公務員の代表者との団体交渉によつてこれを決定する制度を設けることも憲法上は不可能ではない」とするが、事項によっては、法律・条例で詳細まで規律することが求められているのではなかろうか。

## 2 法律・条例事項とすべき勤務条件

　第1に、公務員の選定・罷免権を国民固有の権利とする憲法15条1項は、公務就任の平等・機会均等を含意する[79]。この原理は、民主的で公正な公務員制度、ひいては、公正な行政サービス実現に向けた、公務員法における最も重要な憲法原則であろう[80]。この原則を実現するための制度として、採用試験の公開平等（国公法46条、地公法18条の2）を確保するシステム[81]、そして、欠格条項（国公法38条、地公法16条）のような、就任に関する消極事由を定めるシステム等が、憲法上の法律・条例事項と考えられる。

　第2に、公務就任平等・機会均等原則を最もよく体現するのは成績主義原則（メリット・システム）（国公法33条、地公法15条）であるから、この原則も憲法上の要請となろう。すると、競争試験の原則や、例外としての選考（国公法36条、地公法17条の2第1項）等を、法律・条例で整備することが憲法上の要請となる。また、成績主義原理は、政治的情実や縁故による任用を防止することで、適切な行政サービスの実現を担保しようとするものだから、新規採用だけでなく、昇進についても可能な限り取り入れられなければならない。とりわけ、我が国のように、継続的内部昇進を基本とする閉鎖型任用制[82]では、能力主義に基づく昇進を保障する制度の整備が不可欠となるから、昇進手続[83]（国公法58条1項、地公法21条の3・21条の4）や人事評価制度（国公法70条の2以下、地公法23条以下）等も、憲法上の法律・条例事項となろう。さらに、昇進によって生じる処遇の変化——何をもって昇進とするか——も

---

79) 鵜飼・前掲注17) 116頁、塩野・前掲注31) 287頁。なお、明治憲法19条は、公務就任平等・機会均等原則を明示していた。
80) 公務就任平等・機会均等の原則が憲法上の要請であることにつき、第3編第2章第1節IV参照。
81) 競争試験のみならず、選考についても公開平等原則が及ぶべきことにつき、第3編第2章第1節IV 2参照。
82) なお、我が国の現行実定公務員法は、内部昇進を前提とした仕組みとはなってはおらず、この点において、法制度の建前と実態との間に看過し難い乖離があることにつき、第2編第1章II 1および第2章第1節IV、第3編第1章第2節VI 2および第2章第1節III参照。
83) 2007（平成19）年改正前の国公法は、その37条1項で、昇任も競争試験に拠ることを原則としていたが、同改正は37条を削除したうえで、58条を改正し、昇任は人事評価に基づくものと改めた。2014（平成26）年改正前の地公法も、その17条2項3項で、昇任も競争試験に拠ることを原則としていたが、同改正は両項を削除したうえで、21条の3を新設し、国公法58条と同様の制度とした。ただし、地公法21条の4第1項は競争試験に拠る途も開いている。

明らかにされなければ、成績主義の機能が不明になりかねないから、昇進経路も、一定程度までは法律・条例で整備すべきである。現行法上、昇進は、号俸の昇進である昇給（給与法8条6項以下）と、等級の昇進である昇格とに区別できるが（同条5項）、昇進経路が法律・条例事項である以上、現行法のように、俸給表（給与法6条1項および別表）を法律・条例で定めることが求められよう。このように考えると、現業公務員のような留保付協約締結システムは、むしろ問題があるように思える。他方、手当については（同法10条の3以下）、成績主義と無関係のものであれば、労使自治事項となろう。ただし、議会が承認する限りで有効という留保が付されるべきことは、財政民主主義から当然に求められる。

　第3に、身分保障原則——公務員に不利益を与えたり、その地位をはく奪するためには、法令の定める合理的理由が必要——（国公法75条1項、地公法27条）は、成績主義原理から当然に帰結される原則であるから、法律・条例による制度整備が憲法上の要請となる。具体的には、処分事由、処分権者、処分手続、処分内容、処分の効果等（国公法78条以下、地公法28条以下）である。欠格条項該当による失職（国公法76条、地公法28条4項）や定年退職（国公法81条の2以下、地公法28条の2以下）等もここに含まれよう。処分事由とは公務員の義務違反であるから、倫理規制（国家公務員倫理法）や、退職管理（国公法106条の2以下）を含めた私企業からの隔離（国公法103条、地公法38条）等、諸々の義務についても法律・条例事項となる（国公法98条以下、地公法32条以下）。職務専念義務（国公法101条、地公法35条）との関係上、専従許可制度（国公法108条の6、地公法55条の2）も、法律・条例で整備すべきだろう。分限処分では公務員の勤務実績が問題となるため（国公法78条1号、地公法28条1項1号）、人事評価システムは、この点からも法律・条例事項となる。さらに、閉鎖型任用制においては、昇進システムも身分保障機能を有するから、その意味でも法律・条例による制度化が必要となろう。

---

84) 身分保障と成績主義の関係については、第2編第2章第1節Ⅲ、第3編第1章第1節Ⅳ2参照。
85) 地方公務員倫理規制と勤務条件法定・条例主義の関係につき、第2編第2章第3節Ⅵ3参照。
86) 閉鎖型任用制を採用する典型例はフランスの官吏制度であるところ、リヴェロが、キャリア

以上の３点を法律・条例事項とし、その残りの勤務条件を団体交渉・協約事項とする私見によれば、現行実定公務員法を改正する必要性は高くない。すると、たとえ協約締結権を認めても、労使自治の余地はほとんどなく、法律・条例制定事項と労使自治事項をトレードオフの関係とする私見は無意味である、このような批判があり得よう。例えば、菅野は、現行法における交渉制度を、勤務条件詳細法定主義下の「団交制約的立法体制」とし、そのような体制下で留保付の協約締結権を認めても、法的拘束力を生じ得る事項はごく限られたものになるとする。[87]

しかし、既に指摘があるように、[88]現行法は、必ずしも勤務条件「詳細」法定主義というわけではなく、当事者自治に委ねられるべき事項は、決して少なくない。[89]また、人事事項について、現行実定公務員法は、任命権者の裁量を広範に認めており、現実には、裁量基準を示す通達類が大量に発出されているところ、[90]この裁量基準を労働協約で定めても、勤務条件法定主義とは矛盾しない。事実、現業職員にも国公法・地公法の懲戒処分に関する定めが適用されるが、懲戒基準は団体交渉事項とされている（行政執行法人労働法 8 条 2 号、地方公営企業労働法 7 条 2 号）。なお、当該協約の内容が法令に違背してはならないことは当然であるし（法律の優位）、近年の不適切な労使慣行の事実に鑑みれば、これら協約の適正さを担保するには、内容公表等の措置[91]が強く要請されよう（本報告書三 1 (2)）。

---

　（carrière）――官吏生活において継続的に登場する諸段階――実現の可能性保障こそが、官吏の身分保障機能を果たすとしていること（Rivero (J.), Droit Administratif, Dalloz, 1960, p. 358）につき、第 2 編第 2 章第 1 節Ⅴ 2 および第 3 編第 1 章第 2 節Ⅵ 2 参照。

[87]　菅野・前掲注77）145頁以下。

[88]　鵜飼・前掲注17）77頁、渡辺・前掲注14）131頁。

[89]　第 3 編第 2 章第 2 節Ⅱ 2 では、当事者自治に委ねられるべき事項の例として、法令や条例に根拠のない任期付任用における任期の期間や、更新前提性の有無を挙げている。

[90]　例えば、人事院職員福祉局の発する「懲戒処分の指針」や、2009（平成21）年に人事院事務総局人材局長が発した「分限処分に当たっての留意点等について」（人企―536）がある。なお、内部基準に従った懲戒処分を違法とした例として、最判平成24・1・16判時2147-127。東京地判平成17・10・31判時1930-158からは、要綱に従った配置転換人事という実務の一端を知ることができる。

[91]　菅野・前掲注77）147頁は、団交制約的立法体制のもとでは、「協約と法令との抵触の有無は最終的に裁判所に決着をつけられるまで断定的なことのいえない難問とな」るとする。この点の考察は、筆者に課せられた課題の一つだろう。

〈補注〉
「VI おわりに」で示した私見は、第3節において一部修正している。

## 第2節　地方公務員制度における新たな労使関係の構築に向けて
　　　──総務省「地方公務員制度改革について（素案）」を素材として

### I　はじめに

　2012（平成24）年5月11日、総務省が「地方公務員制度改革について（素案）」（以下、「素案」という）を公表した。その内容は、「（一）自律的労使関係制度の措置」、「（二）能力及び実績に基づく人事管理」、「（三）退職管理の適正の確保」および「（四）施行日」である。このうち（一）については、その狙いが、協約締結権を一般職非現業地方公務員に付与（回復？）することで、2011（平成23）年通常国会に提出された「国家公務員の労働関係に関する法律案」（以下、「国公労法案」という）との平仄を揃える点にあることは言を俟たない──同年通常国会には、国公労法案とともに、国家公務員法等の一部を改正する法律案（以下、「国公法改正案」という）、公務員庁設置法案、国家公務員法等の一部を改正する法律等の施行に伴う関係法律の整備等に関する法律案も提出されている（国家公務員制度改革関連4法案）[1]──。本節は、素案に至るまでの経緯を、国家公務員関係のものも含めて確認したうえで、素案の（一）につき部分的にではあるが素描する中で、国公労法案と国公法改正案に言及しつつ、公法学の立場から若干のコメントを試みるものである。

---

1) 国家公務員制度改革関連4法案については、宇賀克也『行政法概説Ⅲ〔第4版〕』（有斐閣・2015）360・446頁、西谷敏＝道幸哲也＝中窪裕也編『新基本法コンメンタール労働組合法』（日本評論社・2011）354頁以下〔根本到〕の他、労働調査501号（2011）、労旬1755号（2011）、ジュリ1435号（2011）、季刊自治と分権45号（2011）、法時1043号（2012）、労働122号（2013）所収の各論攷等を参照。地方公務員制度改革については、山本隆司「地方公務員と団体協約締結権」地公月583号（2012）2頁も参照。

## II 改革の経緯

　近時における公務員制度改革の起点は、2006（平成18）年6月の「簡素で効率的な政府を実現するための行政改革の推進に関する法律」に求められよう。同法の企図する改革は多岐にわたるが、公務員制度改革として「措置を講ずるものとする」（63条柱書）事項の一つとして、公務員の労働基本権および人事院制度等につき、「国民の意見に十分配慮して、幅広く検討を行うこと」が挙げられている（同条2号）。これを受けて行政改革推進本部に設置された専門調査会が、2007（平成19）年10月、報告書「公務員の労働基本権のあり方について（報告）」を公表した。その内容は、一般職非現業公務員への協約締結権付与を主眼とする。これを踏まえて、2008（平成20）年6月成立の国家公務員制度改革基本法（以下、「国公改革基本法」という）が、国家公務員については12条で、「政府は、協約締結権を付与する職員の範囲の拡大に伴う便益及び費用を含む全体像を国民に提示し、その理解のもとに、国民に開かれた自律的労使関係制度を措置するものとする」と定め、地方公務員については附則2条1項で、「政府は、地方公務員の労働基本権の在り方について、第12条に規定する国家公務員の労使関係制度に係る措置に併せ、これと整合性をもって、検討する」としたのである。

　その後、国家公務員制度については、2009（平成21）年12月の内閣公務員制度改革推進本部（国公改革基本法13条）の労使関係制度検討委員会報告書「自律的労使関係制度の措置に向けて」、および、2011（平成23）年4月の国家公務員制度改革推進本部決定「国家公務員制度改革基本法等に基づく改革の『全体像』について」を経て、同年6月3日、前述した国家公務員制度改革関連4法案が通常国会に提出された。

　地方公務員制度については、2011（平成23）年以降、総務省がいくつかの文書を発表してきた。同年6月2日の「地方公務員の労使関係制度に係る基本的な考え方」、同年12月26日の「地方公務員の新たな労使関係制度に係る主な論点」、2012（平成24）年3月21日の「地方公務員の新たな労使関係制度に関する考え方について」、そして5月11日の素案である。

なお、2010（平成22）年12月に、国家公務員制度改革推進本部に設置された「国家公務員の労働基本権（争議権）に関する懇談会」が「国家公務員の労働基本権（争議権）に関する懇談会報告」を、そして、総務省に設置された「消防職員の団結権のあり方に関する検討会」が「消防職員の団結権のあり方に関する検討会報告書」を、それぞれ公表したこともここで紹介しておく。

## III 総務省素案の内容

素案「（一）自律的労使関係制度の措置」は、総論と各論から構成されている。以下、この構成に従ってその内容を素描していくが、筆者の能力上の理由から、網羅的なものとはなっていない。

### 1 総 論

素案は、まず、現行制度において、地方公務員の協約締結権が制約され、その勤務条件が基本的には人事委員会勧告を踏まえて決定されていることから、「首長等が職員の勤務条件について主体的に検討し、労使が自律的に決定する仕組みとはなっていない」と指摘する（現状認識）。そのうえで、今回の改革は、地方公務員に「協約締結権を付与し、職員の勤務条件について、団体交渉を通じて自律的に勤務条件を決定し得る仕組みに変革」することで（手段）、「時代の変化や新たな政策課題に対応し、主体的に人事・給与制度の改革に取り組むことができる仕組み」を創出しようとするもの（目的）と説明している。そのうえで、かかる改革が実現すれば、「地方公共団体としては、社会経済情勢の変化や政策課題の変化を踏まえた人事・給与制度の見直しを行うことにより、優秀な人材の確保が図られ」、「職員の側においても、勤務条件の決定プロセスに参画することにより、意識改革や士気の向上につながり、ひいては住民に対して効率的で質の高い行政サービスの提供が図られる」（成果）というのである。[2]

---

2) 素案が説明する手段・目的・成果は、概ね、国公労法案1条の内容に即したものとなっている。同法案について、川田琢之「アメリカ法の視点から」ジュリ1435号（2011）55頁は、公務員

続いて素案は、国家公務員制度との整合性が図られるべきであるとし、その理由として、①国家公務員も地方公務員も「全体の奉仕者」（憲法15条2項）であり、両公務員制度の構造は、戦後の発足以来、基本的に共通しており、この点は労働基本権についても異ならないこと、②したがって、地方公務員制度の特性や実態を踏まえるべきであるとしても、協約締結権の有無そのもののような制度の基本的事項については、国家公務員制度との均衡が図られるべきこと、③そのことは、国公改革基本法附則2条1項によっても求められていることを挙げる。

①～③に異論を挟むことは難しい。憲法28条による労働基本権の保障は国家公務員にも地方公務員にも及ぶところ、協約締結権制限の法的根拠を前者につき否定しながら後者に肯定することは、理論的にはともかく、現実には不可能に近いとの指摘がある[3]。

## 2 各 論

各論は、「協約締結権を付与する職員の範囲」、「団体交渉の当事者」、「団体交渉の範囲等」、「不当労働行為の禁止」、「勤務条件の決定原則等」、「団体協約の効力」、「交渉不調の場合の調整システム」、「人事行政に関する第三者機関」、「労働委員会の体制整備等」、「県費負担教職員に係る特例」、「消防職員」、「その他」に分かれる。以下では、前六者につき、一部順序を入れ替え、国公労法案と比較しながら紹介する。いずれについても網羅的なものではない。

### (1) 協約締結権を付与する職員の範囲

素案は、一般職地方公務員に協約締結権を付与するものとする。ただし、①団結権を制限される職員、②普通地方公共団体の長の直近下位の内部組織の長その他の重要な行政上の決定を行う職員——その範囲は都道府県労働委員会（以下、「都道府県労委」という）が認定して告示する——、③地方公営

---

に協約締結権を認める必要性についての議論が十分に深められていないとし、西谷＝道幸＝中窪編・前掲注1）359頁〔根本〕は、改革の理念が明確でなく、労働基本権の保障が十分考慮されていないと批判する。
3) 山本・前掲注1) 3頁。

企業または特定地方独立行政法人に勤務する職員（地方公営企業労働法3条4号）は除外される。

　国公労法案2条1号も、同法案が適用される「職員」を一般職（国公法2条2項）の国家公務員と定めつつ、（ⅰ）団結権が認められていない者（国公法108条の2第5項、国公法改正案100条2項）、（ⅱ）庁の長官（国家行政組織法6条）、各省事務次官（同法18条1項）、各省の局長（同法21条1項）その他の重要な行政上の決定を行う職員として中央労働委員会（以下、「中労委」という）が認定し告示するもの、（ⅲ）（旧）特定独立行政法人や国有林野事業の職員（旧特定独立行政法人労働法2条2号。なお、行政執行法人労働法2条2号参照）を除外する。

　国家公務員の（ⅰ）には、警察職員の他、海上保安庁または刑事施設に勤務する職員が属す。地方公務員の①は、現行の地公法52条5項によれば警察職員と消防職員であるが、素案は、消防職員に対し、団結権に加えて協約締結権も付与するとしているから、①は警察職員に限られることになる。この点、後述する全国知事会の決議は（Ⅳ参照）、消防職員の労働基本権をめぐる従来の論点が専ら団結権に限られてきたにもかかわらず、素案は協約締結権の付与を突如追加したと抗議する。総務省は、団結権付与に協約締結権承認が伴うのは当然だと考えているのだろう。あるいは、団結権のみの承認に止まる場合、労働基本権に係る一般職地方公務員の種別が、現行法の3種類——団結権否定（警察・消防職員）、協約締結権否定（一般職非現業職員）、労働協約締結権肯定（③）——から4種類——団結権否定（①）、団体協約締結権否定（消防職員）、団体協約締結権肯定（素案による改革の対象となる職員）、労働協約締結権肯定（③）——となるが、そのように複雑な制度となることを避けたいのかもしれない。

　②と（ⅱ）については、後述する「管理職員等」（(2)）との関係で注意を要する。

　③と（ⅲ）が除外されたのは、現行法が既に「労働協約」締結権を承認しているからである（地方公営企業労働法7条、旧特定独立行政法人労働法8条）。なお、これらの職員に係る「労働協約」制度と、素案や国公労法案における「団体協約」制度とでは、内容が大きく異なることに留意しておくべきだろ

う（後述(5)(b)参照）。

## (2) 団体交渉の当事者——労働側の当事者

　素案は、団体交渉の当事者を労働側と使用者側とに分けて説明するが、ここでは前者のみを取り上げ、後者については、団体協約の効力（(5)）を見た後に言及する（(6)）。

　まず素案は、①労働側の当事者たる「労働組合」を、国公労法案2条2号に倣い（以下、素案の内容に対応する国公労法案や国公法改正案の条文は、括弧内で引用するに止めることもある）、「〔協約締結権が付与される〕職員が主体となって自主的にその勤務条件の維持改善を図ることを目的として組織する団体又はその連合体」とする。現行法における職員団体の定義に類似するが（地公法52条1項）、「主体となって自主的に」という文言の挿入が目を惹く。この点は、後述するように（(6)参照）、実務的にも意味を有する点である。素案は続いて、②職員には労働組合結成・加入の自由（あるいは不結成・不加入の自由）があるとしたうえで、③管理職員等とそれ以外の職員とは同一の労働組合を組織できないとし（国公労法案4条1項参照）、そして、④都道府県労委に申請して認証を受けた労働組合（以下、「認証組合」という）であれば（国公労法案5条は中労委が認証するものとする）、団体協約締結権等、法律で定める一定の法効果を享受できるとする（国公労法案13条本文参照）。

　「管理職員等」の意味については注意を要しよう。現行の地公法および国公法が、「管理職員等」を「重要な行政上の決定を行う職員、重要な行政上の決定に参画する管理的地位にある職員、職員の任免に関して直接の権限を持つ監督的地位にある職員」等とするのに対し（地公法52条3項ただし書、国公法108条の2第3項ただし書）、国公労法案は、「重要な行政上の決定を行う職員」を、「管理職員等」（4条1項ただし書）ではなく、同法案の適用が除外される者（前述(1)参照）に含めているからである（2条1号ロ）。その結果、国公労法案は、「重要な行政上の決定を行う職員」から、既得の団結権と団体交渉権を剥奪するものになっている（国公法改正案は現行国公法108条の2を削除する）。素案は管理職員等を定義しないが、国公労法案と異なる立場を採用するものではないだろう。事実、「重要な行政上の決定を行う職員」を、協約締結権が付与される職員から除外している（前述(1)参照）。このよう

に、公務員の労働基本権保障を促進しようとする改革において、ごく一部の公務員についてではあるし、実務的な影響はほとんど考えられないものの、基本権保障が後退する者も存在することになり、その点に違和感を覚えなくもない。[4]

　なお、管理職員等の範囲につき、現行地公法52条4項は、人事委員会規則または公平委員会規則で定めることとするが（現行国公法108条の2第4項は人規で定めるとする）、素案は、都道府県労委が認定し告示するものとしている（国公労法案4条2項は中労委が認定し告示するとしている）。

### (3) 団体交渉・団体協約の範囲、不当労働行為の禁止

　素案は、団体交渉の範囲等につき、以下の①～④を明らかにする。①認証組合から適法に団体交渉の申入れがあった場合、当局（後述(6)）は、「その申入れに応ずべき地位に立つものとする」（国公労法案10条1項柱書参照）。②団体交渉事項は、（ⅰ）職員の給料その他の給与、勤務時間、休憩、休日および休暇に関する事項、（ⅱ）職員の昇任、降任、転任、休職、免職および懲戒の基準に関する事項、（ⅲ）職員の保健、安全保持および災害補償に関する事項、（ⅳ）上記（ⅰ）～（ⅲ）に掲げるものの他、職員の勤務条件に関する事項、（ⅴ）団体交渉の手続その他の労働組合と当局との間の労使関係に関する事項である（同法案10条1項各号参照）。③地方公共団体の事務の管理および運営に関する事項（以下、「管理運営事項」という）は団体交渉の対象とならない（同法案10条2項参照）。④認証組合と当局は、②の各事項について団体協約を締結できる（同法案13条本文参照）。

　①の「その申入れに応ずべき地位に立つものとする」という表現は、現行法のそれと同じである（地公法55条1項、国公法108の5第1項）。しかし、その持つ意味は大きく異なる。なぜなら、現行法が、適法な交渉申入れに対する当局の応諾義務につき、その履行を確保するための制度を用意していないのに対し、素案は、正当な理由なき団体交渉拒否を不当労働行為の一つとし[5]

---

4）　清水敏「公務における勤務条件決定システムの転換」自治総研402号（2012）7頁は、「重要な行政上の決定を行う職員」の範囲の決定は慎重でなければならないとする。

5）　神戸地判昭和63・2・19判時1290-63は、教育委員会が「交渉の申入れに応ずべき地位に立つことの確認」を求める職員団体の訴えにおいて確認の利益を否定する。

て禁じるとともに（国公労法案9条2号参照）、不当労働行為があった場合には、認証組合からの申立てに基づき、都道府県労委が救済命令を発することができるとしているからである（同法案19条1項2号・22条1項は、中労委による救済命令制度を定める）。つまり、素案や国公労法案によって、当局による団体交渉応諾は、強制力を伴った義務に昇格することになる[6]。

②の各団交事項のうち、（ⅰ）～（ⅳ）は、地方公営企業労働法7条1号～4号に類似する。文言はともかく、内容面に違いはなかろう。なお、後述するように（(5)(a)参照）、団体協約締結に伴う当局の実施義務は、「勤務条件に関する事項」としての（ⅰ）～（ⅳ）と「労使関係の運営に関する事項」である（ⅴ）とに分けて説明されている。

③は現行法の定めを受け継ぐものだが（地公法55条3項、国公法108条の5第2項）、この制限にさしたる意味はない。一般に、管理運営事項とは、「地方公共団体の機関がその本来の職務又は権限として、法令等あるいは議会の議決に基づき、専ら自らの判断と責任により執行すべき事務」と説明されるが、勤務条件と密接に関連する管理運営事項であれば、その限りにおいて団体交渉事項になると解されているからである[7]。

④について、国公労法案13条ただし書は、「この法律、国家公務員法、検察庁法……及び外務公務員法……の改廃を要する事項に関しては、団体協約を締結することができない」と定める。団交事項と協約事項との間にズレが生じることになるが、少なくとも公務員制度の基本原則に関わる根本基準については、議会による民主的決定に委ねるべきとの趣旨だろう[8]。素案には、上記ただし書に相当する説明は見当たらないが、かかる制限を排斥するものとは考えにくい。地方公務員制度の場合、協約締結事項から除外されるのは、

---

6) 救済命令の履行確保については、荒木尚志＝岩村正彦＝山川隆一＝山本隆司＝渡辺章「(座談会)転機を迎える国家公務員労働関係法制」ジュリ1435号（2011）28頁以下の各発言参照。
7) 神戸地判昭和63・2・19・前掲注5）の他、橋本勇『新版逐条地方公務員法〔第4次改訂版〕』（学陽書房・2016）974頁参照。勤務条件措置要求（地公法46条）の対象たる勤務条件と管理運営事項との関係に関する名古屋高判平成4・3・31労判612-71、最判平成6・9・13労判656-13も参照。
8) 山本・前掲注1）10頁。かかる除外に対する批判として、清水敏「紛争調整、代償措置および争議行為の禁止」法時84巻2号（2012）38頁。

### (4) 勤務条件の決定原則等

　素案は、団体協約締結権付与に伴い、人事委員会勧告制度（地公法26条）を廃止するとしているが（国公法改正案は、人事院勧告に係る国公法67条を削除する）、他方、情勢適応原則（地公法14条1項、国公法28条、国公法改正案5条参照）や職務給原則（地公法24条1項、国公法62条、国公法改正案54条1項）、均衡原則（地公法24条4項、国公法改正案54条2項参照）に加え、勤務条件条例主義（地公法24条5項）も維持するものとしている（国公法改正案5条・55条1項も、勤務条件法定主義を定める現行国公法28条・63条1項の改正を目指していない）。素案や国公労法案の主眼は、職員に協約締結権を付与することであるにもかかわらず、職員の勤務条件を規律するのは、従来と同じく条例なのである。では、職員と当局の間で締結された団体協約には、いかなる法的意味や効力が付与されるのだろうか。この点は後述の(5)で詳しく見ることにしたい。

　なお素案は、「住民への説明責任を果たし、住民の理解を得る観点から」、人事委員会が職種別民間給与調査を実施し、かつ、その結果を公表するものとすることで、現在は同調査を実施していない地方公共団体が、この調査結果を活用できるようにしようとする。これに対し、国公法改正案や国公労法案は、人事院が実施してきた民間給与調査について、いずれの機関が実施することになるのか、明らかにしていない。この点、2010（平成22）年12月の国家公務員制度改革推進本部事務局「自律的労使関係制度に関する改革素案」は、素案と同じく、「国民への説明責任を果たし、国民の理解を得る」には民間給与調査が必要としたうえで、しかし、調査をするのは、交渉主体たる使用者機関であるとしていた。そして、国公法改正案58条が、「内閣総理大臣は、職員の給与に関する制度について、随時、調査研究を行い、その結果を公表するものとする」と定め（131条も参照）、公務員庁設置法案4条2項2号が、「国家公務員の給与……に関する制度に関すること」を同庁の所管事務としていることからすれば、民間給与調査を実施するのは公務員庁となるのだろう。すると、国民または住民への説明責任を果たし、それらの

理解を得ることという、調査実施の目的は共通するにもかかわらず、国家公務員については使用者側の公務員庁が、地方公務員については第三者機関たる人事委員会が、それぞれ調査を実施することとなり、両制度の間に大きな違いが生まれることになる。

　国家公務員制度についての指摘として、「自律的労使関係制度の視点からは、労使双方がそれぞれの要求・主張の正当性を自らの責任において示すことが求められる」以上、調査主体は、第三者機関よりも使用者であることが望ましいとする見解がある。この指摘によれば、地方公務員制度の場合、全地方公共団体において、首長その他の執行機関が民間給与調査をすべきことになろう。しかし、一口に地方公共団体と言っても、その規模や職員数は実に多様である。当局側に対し、一律に調査義務を課すというのは、いささか現実味を欠いた構想のように思える。素案が懸念するのもこの点なのだろう。このことに加え、上記の見解が指摘する点を踏まえれば、例えば、複数の地方公共団体における当局が共同して調査を実施し、団体交渉や協約締結も共同で行うような仕組みが検討されるべきかもしれない。

　もう1点、重大な問題を指摘しておく。素案は、引き続き団結権を制限される警察職員につき、他の職員の勤務条件との均衡を考慮して定めるものとするが（国公法改正案127条参照）、従来の最高裁判例によれば、公務員の労働基本権制約が合憲とされる論拠の一つは、人事院や人事委員会の給与勧告制度という代償措置の存在に求められてきた。前述したように、素案は人事委員会勧告を廃止するというのであるから、国家公務員制度改革につき既に指摘があるように、警察職員の労働基本権制約について、重大な憲法上の疑

---

9）　稲葉馨「公務員制度改革関連法案と人事行政組織の再編」自治総研399号（2012）26頁。他方、第三者組織による調査研究活動の重要性を説く山本・前掲注1）17頁以下の主張は極めて説得力に富む。

10）　例えばフランスには、実質的な団体交渉を行う場である労使同数人事管理協議会（commission administrative paritaire）を複数の地方公共団体が共同設置する仕組みがある（第1章第1節Ⅲおよび第2節Ⅳ1参照）。なお、2009（平成21）年12月内閣公務員制度改革推進本部労使関係制度検討委員会報告書の考え方につき、高橋滋「公務員への労働基本権の付与について」地公月565号（2010）12頁参照。

11）　荒木＝岩村＝山川＝山本＝渡辺・前掲注6）15頁以下の各発言、渡辺賢「国家公務員の労働条件決定システムと議会制民主主義の要請」法時84巻2号（2012）15頁参照。

(5) 団体協約の効力

(a) 当局の実施義務　素案は、団体協約締結によって、当局に一定の措置を実施する義務が生じるものとする。義務の内容は、前述した「勤務条件に関する事項」と「労使関係の運営に関する事項」（(3)参照）のそれぞれにつき、いくつかの場合に分けて説明されている。以下、前者につきコメントを加える。

まず、「勤務条件に関する事項」のうち、①条例の制定改廃を要するものにつき協約が締結された場合、地方公共団体の長は、協約内容を反映した条例案を議会に付議しなければならない（国公労法案17条1項参照）。ただし、議会に付議された条例案が会期中に条例とならなかった場合、当該協約は失効する（同法案18条1項1号参照）。当該条例案が修正されて成立した場合は、当該条例と抵触する範囲で当該協約は効力を失う（同法案18条2項参照）。次に、②いわゆる法規命令たる規則・規程の制定改廃を要する場合であれば、地方公共団体の長等（長その他の執行機関および議会の議長）は、協約内容を反映した規則・規程を制定改廃するよう義務付けられる（同法案17条2項3項参照）。③法律・条例・規則・規程に基づき長等またはその委任を受けた補助機関たる上級地方公務員が定める勤務条件に係る場合は、当該長等または当該受任補助機関が、協約内容を反映させるために必要な決定をしなければならない（同法案17条4項参照）。④上記①〜③以外の事項については、当該事項について適法に管理・決定できる者が、協約内容に即した措置を講じることになる（同法案17条5項参照）。

③や④の措置は、いかなる形（規範形式）で実施されるのだろうか。この点、国公法改正案128条は、「各省各庁の長……又はその委任を受けた部内の国家公務員は、法律又はこれに基づく命令の規定に反しない限りにおいて、その所属の職員の勤務条件を定めることができる」とする。通達や要綱等のいわゆる行政規則による勤務条件決定を予定した定めであろう[12]。素案が念頭に置く地公法改正も同様であるのなら、③④の措置も行政規則によることと

---

12) 晴山一穂「団体交渉と立法措置」法時84巻2号（2012）34頁参照。

なる。③と④の違いは、法律・条例・規則・規程に具体的根拠のある勤務条件か否か、あるいは、当該行政規則の制定機関が受任補助機関たる公務員か否かである。

その他、素案は、各当局に対し、団体協約の内容をインターネット等により速やかに公表することを義務付ける（国公労法案15条2項参照）。

また、素案は、組合との交渉が不調の場合、都道府県労委に置かれた仲裁委員会（同法案40条1項参照）が仲裁裁定を下すことができ（同法案39条参照）、同裁定の定めるところは団体協約と同様の効力を有するものとする[13]（同法案41条参照）。なお、交渉が決裂したのに仲裁等の申請がなかった場合、または、そもそも団体協約締結に向けた交渉自体がされなかった場合は、現行法下と同様、条例や規則・規程の他、行政規則等により、勤務条件が定められることになる。

(b) **団体協約制度の限界**　以上のように、素案、そして国公労法案は、団体協約に対し、それ自体で勤務条件を直接に規律する効力（規範的効力）を認めず、当局に対して一定の措置を講じるよう義務付ける効力（債務的効力）を付与するに過ぎない[14]。加えて、法律事項や条例事項に属す勤務条件（前述(a)参照）の場合、当局が協約によって負う義務は議案提出に限られ、協約内容を実現するか否かを決するのが議会である以上、債務的効力さえも制限的である。さらに、①〜④のいずれに属する勤務条件事項であれ、債務の実効性を確保する制度は用意されていない[15]。このような仕組みは、協約締結権承認による自律的労使関係の構築と勤務条件法定主義とを調和させ[16]、かつ、勤務条件を統一的に規律する必要性を重視したものと評し得るが[17]、民間企業

---

13) 仲裁裁定の効力に関する国公労法案の問題点につき、山本・前掲注1）16頁参照。同法案における仲裁裁定手続の問題点につき、清水・前掲注8）40頁参照。
14) 団体協約の効力に関する今後の検討課題につき、荒木尚志「公務員の自律的労使関係制度と民間における団体交渉制度」地公月578号（2011）11頁参照。
15) 荒木＝岩村＝山川＝山本＝渡辺・前掲注6）23頁〔山本発言〕、山本・前掲注1）9頁参照。なお、協約に基づく債務を当局が履行しない場合に組合がとり得る訴訟手段につき、荒木＝岩村＝山川＝山本＝渡辺・前掲注6）16頁〔山本発言〕、晴山・前掲注12）33頁参照。
16) 第1節Ⅴ・第3節Ⅱ1・第4節Ⅲの他、清水・前掲注4）5頁参照。
17) 第1章第2節Ⅴ、本章第3節Ⅱ2および第4節Ⅳの他、荒木・前掲注14）12頁参照。この点に批判的な論考として、根本到「ドイツ公務労使関係法制の現況と日本との比較」ジュリ1435号（2011）62頁、清水・前掲注8）36頁以下。

労働者のみならず、労働協約締結権を承認されている公務員（前述⑴③と(iii)）と比べても、労使自律のレベルが明らかに劣っている[18]。このこと[19]は、団体協約の失効制度（前述(a)参照）によってさらに際立つ。筆者は、憲法上の原則である勤務条件法定主義を重視し、そして、統一的規律の必要性も積極的に肯定する立場である[20]が、それでも、条例不成立の場合における自動的失効制度の冷淡さを指摘する見解に共感を覚える[21]。

なお、前述したように（⑶参照）、国公労法案13条ただし書は、国公労法や国公法等の改廃を要する事項を協約事項から除外する。その趣旨を否定するつもりはないが、既に指摘があるように[22]、法律事項に属す勤務条件については、協約内容を実現するか否かの決定権が議会にある以上、上記ただし書所定の事項を協約事項にしたとしても、交渉事項に止めた場合と比べてさしたる違いがあるとは思えない。

### ⑹　団体交渉・団体協約の当事者——使用者側の当事者である当局

素案は、まず、団体交渉における使用者側当事者たる当局につき、「引き続き交渉事項について適法に管理し、又は決定することのできる者」とする。現行地公法55条4項（国公法108条の5第4項参照）がほぼそのまま継承されているのだが、現行法と異なるのは、さらに、協約締結によって実施義務を負う当局の種別に応じて（前述⑸(a)参照）、団体交渉の当事者たる当局を書き

---

18) 前述⑴③や(iii)の公務員の場合、予算上または資金上、不可能な資金の支出を内容とする協定は政府・地方公共団体を拘束せず（旧特定独立行政法人労働法16条1項、地方公営企業労働法10条）、かつての国有林野事業職員の場合、当該会計年度予算で給与総額として定められた額を超えることが原則として禁止されていた（旧国有林野事業を行う国の経営する企業に勤務する職員の給与等に関する特例法5条）（留保付協約制度）。③の場合、労働協約の内容が条例と抵触する場合に限り、長に議案付議義務が生じる（地方公営企業労働法8条1項）。なお、国有林野事業職員は、2012（平成24）年の「国有林野の有する公益的機能の維持増進を図るための国有林野の管理経営に関する法律等の一部を改正する等の法律」により非現業国家公務員となった。
19) 道幸哲也「国家公務員労働関係法案の団交・協約規定」法時84巻2号（2012）25頁以下は、様々な点において「自律」の意味が問われることを指摘する。
20) 第1章第2節V2、本章第3節Ⅱ2および第4節Ⅴ(iv)の他、島田陽一＝下井康史「〔対談〕公務員制度改革と公務関係の法的性格」季刊労働法230号（2010）105頁〔下井発言〕参照。なお、晴山・前掲注12）32頁参照。
21) 荒木＝岩村＝山川＝山本＝渡辺・前掲注6）20頁〔山本発言〕、山本・前掲注1）9頁。
22) 荒木＝岩村＝山川＝山本＝渡辺・前掲注6）22頁〔岩村・山本発言〕、渡辺・前掲注11）12頁、山本・前掲注1）10頁。

分けている点である。すなわち、「勤務条件に関する事項」の場合、①条例の制定改廃を要する事項については、当該事項に係る事務を所掌する地方公共団体の長等（長その他の各執行機関）が、②規則・規程の制定改廃を要する事項であれば、当該事項に係る事務を所掌する長等が、③法律・条例・規則・規程に基づき長等またはその委任を受けた補助機関たる上級地方公務員が定める事項に係る場合は、当該長等または当該受任補助機関が、④上記の①〜③以外の事項については、当該事項について適法に管理・決定できる者が、それぞれ団体交渉の当事者たる当局になる。以上の当局は、①〜④のそれぞれにつき団体協約を締結する当事者にもなるものである。

　このような仕組みは、基本的に国公労法案のそれと同じだが（国公労法案11条各号・14条1項各号参照）、協約を締結する場合の手続は両者で異なる。国公労法案14条2項によれば、法律や政令の改定を要する事項の場合、当局たる主任の大臣は、予め内閣の承認を得ておかなければならない。これに対し素案は、①における当局が長以外の場合、すなわち各種委員会等（自治法180条の5第1項〜3項）であるときには、当該委員会等に対し、予め長と協議をし、その同意を得るよう求める。かかる違いは、国と地方公共団体における行政組織法制の差異に由来する。すなわち、国の場合、行政の最高責任機関は内閣であり（憲法65条）、各主任大臣は内閣の構成員であるところ（同66条1項、内閣法2条1項・3条1項）、内閣は合議体であるから、その職権を行うのは、閣議という会議による（内閣法4条1項）。これに対し、地方公共団体の場合、執行機関が多元的であり（自治法138条の4第1項）、各執行機関は、長の所轄の下で相互に連絡を取り合い、全て一体として行政機能を発揮するようにしなければならないが（同法138条の3第2項）、それでも「自らの判断と責任において」各事務を誠実に管理し執行する義務を負う（同法138条の2）。にもかかわらず、議会に議案を提出する権限は長にしか認められていない（同法149条1号・180条の6第2号）。現行自治法上は、長以外の執行機関による協約締結を長の承認にかからしめる制度も、各執行機関が独自に協約を締結する制度も、いずれも採用し難く、したがって、素案が示すような協議・同意のシステムとせざるを得ないのである。

　もっとも、承認と協議・同意との間に、実務上どれほどの違いがあるかは

判然としない。また、長の権限は相当に包括的かつ強力であるのが現実である（知事部局や市長部局の職員数や権限と、他の執行機関におけるそれらとの違いを想起されたい）。国においては主任の大臣による分担管理原則が採用されていること（内閣法3条1項）も併せ考えれば、むしろ地方公共団体の方が、長による強力なリーダーシップのもとで総合行政を行い得る環境ができあがっているとも評し得よう[23]。それでも、現行の地方自治法制における建前との矛盾を避けるのであれば、素案のような仕組みとするしかない[24]。

なお、国公労法案14条2項は、政令事項に係る勤務条件につき主任大臣が団体協約を締結しようとする場合についても、内閣の事前承認を必要とする。これに対し素案は、②の場合における当局が長以外の執行機関である場合について、事前協議等の経由を求めない。前者の場合、政令制定権者が内閣である（憲法73条5号）のに対し、地方公共団体の各執行機関は、規則・規程を独自に制定する権限を有しているからである（自治法15条1項・138条の4第2項）。

ところで、国公労法案によれば、当局が団交応諾義務を負うのは、「認証された労働組合」から団体交渉の申入れがあった場合に限られ（10条・9条2号）、団体協約も「認証された労働組合」との間で締結する（14条1項）。他方、各当局が使用者側の当事者となるのは、「労働組合」との団体交渉についてであって（11条柱書）、「認証された労働組合」とのそれに限られない。議事概要をインターネット等を通じて公表する義務を負うのも、「労働組合」との団体交渉についてである（12条6項）。以上のことは、素案が示す構想においても同様である。すると、実務上、「労働組合」か否かの判定を迫られる局面の登場が想定され、その場合には、「主体となって自主的に」という文言（前述(2)）をいかに解釈するかが問われよう[25]。

---

23) 宇賀克也『地方自治法概説〔第6版〕』（有斐閣・2015）243頁参照。
24) 国公労法案につき、道幸・前掲注19）27頁以下は、全体として、「自律的労使関係というよりは、当局の管理システムに組合との関係がビルドインしている構図となっている」とし、西谷＝道幸＝中窪編・前掲注1）360頁〔根本〕は、内閣による決定が必要であるのは当然としても、事前承認をルール化する必要はないとする。
25) 荒木＝岩村＝山川＝山本＝渡辺・前掲注6）15頁〔荒木発言〕参照。

## IV　おわりに

2点、ごく簡単な指摘をしておく。

まず、2012（平成24）年5月18日、全国知事会が、「地方公務員の新たな労使関係制度に関する決議」を公表した。いくつかの理由から素案を批判するものだが、その中に、「公務員の身分保障を維持しながら労働基本権を付与するのは明らかに『公務員優遇』であり、国民からの批判に耐えられない」とする下りがある。身分保障の法的意味については社会一般に誤解があり、その意味では全国知事会の懸念も理解し得よう。しかし、少なくとも法理論的には、身分保障と労働基本権付与との間に直接の関係はない。その理由は、筆者を含め既に多くの論者が指摘してきたところであり[26]、ここで繰り返すことは控えるが、いずれにせよ、身分保障制度の存在が労働基本権付与抑制の「法的」論拠となり得ないことだけは、ここであらためて強調しておきたい。

次に、素案および国公労法案は、いずれも自律的労使関係の構築を謳うが、前述したように（Ⅲ2(5)(b)参照）、それらの予定する自律性のレベルが高いとは評し難い。素案と国公労法案を見る限り、そのように指摘せざるを得ないが、ただ、最終的決定権限を議会が有する勤務条件事項、すなわち法律・条例事項（前述Ⅲ2(5)(a)の①を参照）を減らし、決定権限を行政機関が有する勤務条件事項、つまりは法規命令たる規則・規程で定める事項、そして行政規則で定める事項（前述Ⅲ2(5)(a)の②～④を参照）を増やせば、自律性のレベルは相対的に上昇する。そして、法律・条例事項と法規命令事項の振り分けは、国公法や地公法の定めによるのであるから——両事項以外は行政規則事項となり得る——、素案を踏まえた法案や国公労法案が成立した場合の公務員制度において、その自律性の高さは、国公法・地公法という公務員行政法制の内容次第ということになる[27]。そうであれば、法律・条例事項の画定

---

26）　第2編第2章第1節Ⅲ参照。
27）　第3節Ⅱ2参照。同様の指摘として、清水・前掲注4）15頁。

という考察を踏まえたうえで、国公法改正案を精査し、素案を前提にして現行地公法をどのように改正すべきかを検討すること、これが筆者に課せられた今後の課題だろう。

〈補注1〉
　2012（平成24）年11月15日、地方公務員の労働関係に関する法律その他のいわゆる地方公務員制度改革関連2法案が国会に提出されたが、国家公務員制度改革関連4法案とともに廃案となっている。両改革関連法案については、下井康史「公共部門労使関係法制の課題」山川隆一＝荒木尚志＝村中孝史編『講座労働法の再生第1巻 労働法の基礎理論』（日本評論社・2017公刊予定）を参照。なお、上記2法案における改正地公法案は、団結権を制限される者から消防職員を除外していたが、上記2法案とともに提出された改正消防組織法案は、消防職員の組織する団体を労働組合とはせずに「消防職員団体」とし（17条）、同団体につき、団体交渉権は承認するが（17条の3第1項・3項）、協約締結権を否定していた（17条の3第2項）。

〈補注2〉
　Ⅳの最後に示した課題については、第3節で若干の検討を行っている。

---

28）　山本・前掲注1）10頁の指摘が示唆に富む。

## 第3節　公務員法における法律・条例事項と協約事項

### I　はじめに

　私見によれば、公務員の労働基本権保障と勤務条件法定主義という、二つの憲法上の要請を両立・調和させるためには、法律・条例の範囲内で協約の締結を認めることが望ましい。これは、公務員の勤務条件——ここでの勤務条件とは、給与や勤務時間等に限らず、「職員が地方公共団体に対し勤務を提供するについて存する諸条件で、職員が自己の勤務を提供し、又はその提供を継続するかどうかの決心をするにあたり一般的に当然考慮の対象となるべき利害関係事項」（昭和26年4月1日法務府法意一発20法制意見第1局長）を意味する——のうち、法律・条例（以下、単に「法律」という）が規律する事項については協約を締結できない——少なくとも協約の効力を制限する——のに対し、法律が定めていない事項や、法律を適用するための具体的基準については、協約の締結を認める法制度とすることが、より憲法適合的であるとの主張である。この主張によれば、具体の法制度設計にあたりまず検討すべきは、公務員の勤務条件のうち、「何を」「どこまで」法律で定めるべきか（法律事項）の画定だろう。この点が決まれば、協約事項の範囲も自ずから帰結される。そこで以下では、本節のテーマに関する筆者の基本的視点をやや詳しめに紹介した後（II）、法律事項たる勤務条件の範囲について、必要的法律事項（III）と任意的法律事項（IV）に分けて論じることとしたい。

## II 基本的視点[1]

### 1 勤務条件法定主義と労働基本権保障の両立・調和

　勤務条件法定主義が憲法上の要請であることは、公法学において一般的に受容されている。憲法上、公務員が全体の奉仕者とされ（15条2項）、その選定罷免が国民固有の権利とされる（同条1項）以上、公務員制度のあり方につき、少なくともその基本的な部分は、主権者たる国民の代表者としての国会が法律で定めるべきこと（議会制民主主義）は当然だからである。とはいえ、非現業公務員の勤務条件を相当程度まで詳細に規律する現行実定公務員法の内容が、勤務条件法定主義という憲法上の要請を満たす唯一の解というわけではない。このことは、現業職員に留保付協約締結権を承認する制度（旧特定独立行政法人労働法16条1項、地方公営企業労働法10条）も、憲法上の勤務条件法定主義の一体現とされていること（名古屋中郵事件・最大判昭和52・5・4刑集31-3-182参照）から明らかだろう。公務員の勤務条件のうち、「何を」「どこまで」法律で定めるかは、相当程度まで国会の立法裁量に委ねられ、非現業についての現行法制は、かかる立法裁量に基づく選択肢の一つに過ぎないのである。

　他方、公務員の多くは、民間企業労働者と同様、憲法上の勤労者であるから、労働基本権が保障されなければならない（全農林警職法事件・最大判昭和48・4・25刑集27-4-547）。その意味において、国会の上記立法裁量は制約される。すると問題は、憲法上の要請としての勤務条件法定主義と労働基本権保障とを、いかに両立・調和させる実定法制を構想すべきかという点に収斂しよう。なお、財政民主主義（憲法83条）も問題となるが、この点が直接的に関連するのは給与制度に限られるため、以下では、より広い射程を有する勤務条件法定主義のみを扱う。

---

1）　第1節Vおよび第4節IIIの他、島田陽一＝下井康史「（対談）公務員制度改革と公務関係の法的性格」季刊労働法230号（2010）85頁も参照。
2）　参照すべき文献は多いが、第1節III1および第4節IIIの他、藤田宙靖『行政組織法』（有斐閣・2005）266頁、宇賀克也『行政法概説III〔第4版〕』（有斐閣・2015）342頁以下のみを挙げておく。

以上のように、公務員法制の設計にあたっては、異なる憲法上の要請を両立・調和させなければならない。この点で、公務員勤務法制と民間雇用法制とは憲法上の基礎を異にする。[3] かかる差異は、実定法レベルにおける両法制の相違を導くが、この相違は、憲法上の基礎における差異に相応するものでなければならない。非現業公務員に関する現行実定法制は労働基本権を著しく制約しており、勤務条件法定主義の重視に偏していることは否定し難く、上記の相応性を満たしているのか疑わしい。その合憲性はともかく、立法政策的妥当性は、なお議論の対象となり得よう。私見によれば、法律の範囲内で協約の締結を認めるという、いわば公法的規律と私法的規律を協働させる法制度こそが、勤務条件法定主義と労働基本権の保障とを両立・調和させ、憲法上の基礎における差異と実定法上の相違とを相応させる、より憲法適合的な仕組みと考える。

## 2 国家公務員労働法案と地方公務員労働法案[4]

では、国家公務員制度改革関連法案の一つとして2011（平成23）年通常国会に提出された国家公務員労働法案（以下、「国公労法案」という）、および、地方公務員制度改革関連法案の一つとして2012（平成24）年臨時国会に提出された地方公務員労働法案は——いずれも廃案とされた——、どのように評価されるべきか。

両法案の眼目は、一般職の非現業公務員に、団体協約という名の協約を締結する権利を承認することにあった。しかし、国公労法案は（便宜上、以下、国家公務員制度改革にのみ言及する）、①国公労法や国公法、検察庁法および外務公務員法の改廃を要する事項を、団体交渉事項には含めるものの、協約事項から除外する（13条ただし書）。その他の事項は協約事項とされたが、協約の効力は、当局に対し、協約内容の実現措置を講じることの義務付けに限られていた。すなわち、当局は、②法律の制定改廃を要する事項につき、協約内容を反映した法案を議会に提出する義務を（17条1項・18条）、③法律の

---

3) 塩野宏『行政法Ⅲ〔第4版〕』（有斐閣・2012）260頁参照。
4) 国公労法案を含めた国家公務員制度改革関連法案および地方公務員制度改革に関する文献については、第2節注1）参照。

制定改廃が不要の事項については、行政立法（法規命令または行政規則）の制定改廃を通じて、協約内容を反映した措置を講じる義務を、それぞれ協約によって課せられる（17条2項〜5項）。協約の効力を債務的効力に限定し、規範的効力を否定する制度であるが、②については、最終的決定権が議会に留保されるため、債務的効力さえも制限的で、労使自律の程度は、民間雇用法制のみならず、現業公務員制度よりも明らかに劣っている。

とはいえ、③については、実効性確保措置の欠如という問題があるものの[6]、協約による勤務条件決定システムを実質的に導入したものと評し得る。行政立法の制定改廃が求められたのは、勤務条件を統一的に規律する必要性が重視されたためだろう[7]。その基本的方向性は十分に支持し得るが[8]、ここで留意すべきは、同法案のような制度のもとで、労使自律性の程度を左右するのは、団交・協約システムを規律する公務員労働法制よりも、国公法その他の公務員行政法制である点だろう[9]。これらの法律が多数の事項を詳細に定めていれば、それだけ行政立法事項が減り、実質的協約システムの及ぶ範囲は狭くなるのに対し、法律が限られた事項について、あるいは大綱的な基準しか定めていなければ、それだけ実質的協約システムの及ぶ範囲が広がるからである。したがって、国家公務員制度改革関連法案のような制度のもとでは、法律で「何を」「どこまで」規律すべきかという、法律事項画定の検討がとりわけ重要な意味を持つことになろう。

### 3　必要的法律事項と任意的法律事項

公務員の勤務条件のうち、「何を」「どこまで」法律が規律すべきか、この

---

5）　両法案の内容は、菅野和夫が想定する制度のいくつかに近い。菅野和夫「公務員団体交渉の法律政策（3・完）」法協100巻1号（1984）42頁、同「国家公務員の団体協約締結権否定の合憲性問題」下井隆史＝浜田富士郎編『久保敬治教授還暦記念論文集　労働組合法の理論課題』（世界思想社・1980）146頁参照。
6）　第2節III 2(5)(b)および第4節IV参照。
7）　第1章第2節V 2、本章第2節III 2(5)(b)および第4節IVの他、荒木尚志「公務員の自律的労使関係制度と民間における団体交渉制度」地公月578号（2011）11頁参照。
8）　私見については、第1章第2節V 2および第4節IV参照。
9）　両法案のような制度の下で労使自律の程度を左右するのは国公法および地公法であることにつき、第2節IV参照。

点は、相当程度まで、国会の立法裁量に委ねられよう。しかし、勤務条件法定主義が憲法上の要請であることの論拠（前述1参照）に照らせば、憲法上、法律によって一定程度まで詳細に規律することが必要な事項（必要的法律事項）があるのではなかろうか。そして、法律で定めることを憲法から要請されるわけではないが、立法者の判断次第で、法律による規律が認められる事項、換言すれば、法律による規律の要否が立法裁量に委ねられる事項（任意的法律事項）の存在も否定されるべきではない。他方、労働基本権の保障が憲法上の要請であることに鑑みれば、上記の両法律事項を除いた事項は、実質的に協約で規律し得る事項──国公労法案の仕組みであれば行政立法事項（前述2参照）──とし、法律による規律が排除されるべきである。なお、任意的法律事項のうち、法定されなかったものは、協約による規律の対象となる。また、私見の構想は、国公労法案のように、法律事項につき、協約に基づく法案の提出を当局に義務付ける制度を否定するものではない。重要なことは、最終的決定権が議会に留保されているか否かである。

　以上のような考え方に従い、法律の範囲内で協約の締結を認める法制度を構築すれば、勤務条件法定主義と労働基本権保障との両立・調和が実現できると考える。そこで以下では、具体的にいかなる事項が必要的法律事項であり、任意的法律事項であるかを検討したい。なお、本来であれば、法律による規律の対象（「何を」）だけではなく、その規律密度（「どこまで」）の検討も必要だが、筆者の能力の都合上、前者のみを扱う[10]。また、現業公務員に関する現行法の内容や、地方公務員制度における法律事項と条例事項の切り分けも検討すべきであるが、これらについても割愛する。

## III　いかなる事項が必要的法律事項か

　既に論じたように[11]、私見によれば、公務員制度に関する憲法上の原則を実

---

10)　必要的法律事項と任意的法律事項の区別は、菅野・前掲注5)「国家公務員の団体協約締結権否定の合憲性問題」141頁が指摘する、憲法規定の「中核的要請」と「立法政策的要請」との区別に概ね対応しよう。
11)　第1節VI 1参照。ただし、ここでは、同節における主張を部分的に修正している。

現するための制度は、その具体化を労使協議に委ねるべきではなく、国会自ら定めることを要する必要的法律事項となる。かかる原則の第1は、公務就任平等原則だろう。憲法はこの原則を明定しないが、公務員の選定罷免権が国民固有の権利であり、公務員は全体の奉仕者とされる以上、公務員制度における最も重要な憲法的要請と考える。具体的には、採用試験の公開平等を確保するシステム（国公法46条、地公法18条の2）や、公務就任に関する消極事由（欠格事由）の法定が（国公法38条、地公法16条）、就任平等原則を支える制度として必要的法律事項となろう。

次に、公務就任平等原則を最もよく体現するシステムとして、成績主義（メリット・システム。国公法33条1項、地公法15条）の具体化が必要的法律事項となろう[12]。採用や昇任の手続としての競争試験や選考（国公法36条、地公法17条の2第1項）、人事評価（国公法70条の2以下、地公法23条以下）といった制度の整備が挙げられる。成績主義が、公務の政治的中立という、公務員の全体の奉仕者性から導かれる重要な憲法的要請を体現する制度であることも、必要的法律事項であることの論拠となる。

さらに、身分保障制度も、成績主義を担保する機能を有する以上、必要的法律事項となろう[13]。具体的には、懲戒や分限の処分事由（欠格事由発生による失職や定年退職を含む）、処分権者、処分手続、処分内容、処分の効果等（国公法76条以下、地公法28条以下）が挙げられる。懲戒事由とは公務員の義務違反を意味するから、公務員に課せられる義務の内容も必要的法律事項となる。分限事由には勤務実績・勤務成績の不良が当然に含まれるところ、かかる事由に基づく分限処分につき、その適正を確保するためには、人事評価が適切に実施されなければならず、したがって、これらに関する基本事項は、成績主義の具体化としてのみならず、身分保障との関係でも必要的法律事項となろう。なお、現行公務員法は、懲戒・分限処分の事前手続をほとんど整備しておらず、行手法も、公務員の職務や身分に関する処分には適用されな

---

12) 菅野・前掲注5)「国家公務員の団体協約締結権否定の合憲性問題」141頁は、メリット・システムを基幹とするか、他のシステムを基幹にするかを立法政策の要請とする。
13) 身分保障と成績主義の関係については、身分保障制度と解雇権濫用法理（労働契約法16条）との機能的類似と理念的相違とを併せて、第2編第2章第1節III参照。

い（3条1項9号）。身分保障についての現状は、法律による規律が不足していると考える。

## IV　いかなる事項が任意的法律事項か（試論）

公務員法制の具体的なありようについては、様々な選択肢があり得る。このことは、諸外国の公務員制度が実に多様であることからも示唆されよう。すると、国会には、自国の公務員制度をいかなるものとするかについて、政策判断に基づく選択をすることが、憲法の範囲内で認められるべきではあるまいか。かかる選択に委ねられるべき事項を任意的法律事項とするのが、筆者の提唱したい構想である。以下、未だ試論の域を脱していないが、現段階で筆者が任意的法律事項と考えているものの一部を簡単に紹介しておく。[14]

### 1　閉鎖型任用制か開放型任用制か

行政学の知見によれば、諸国の公務員制度は、閉鎖型任用制——採用の対象を主として新規学卒者に絞り、採用された公務員が、行政組織内部を継続的に昇進していき、定年まで勤務することを前提とする制度——と開放型任用制——特定ポストにおける職務従事のために職員を採用し、継続的内部昇進を前提としない公務員制度——とに分類される。[15]いずれも理念型としてのモデルであり、各国ともいずれかを純粋なかたちで採用するわけではないが、どちらかをベースとするシステムにはなっている。

いずれの任用制度をベースとするかは、公務員制度に関する憲法上の原則——公務員の全体の奉仕者性・政治的中立性、勤務条件法定主義、財政民主主義——、または、公務就任平等原則や成績主義、身分保障原則から帰結されるものではない。この点は、国会の政策判断に基づく選択に委ねられるべき事項だろう。さらに、かかる選択自体を労使協議に委ねるという判断も、立法裁量の範囲内ではなかろうか。つまり、ベースとすべき任用制度の

---

14）　第4節Ⅵ3では、一方的辞職禁止の採否も任意的法律事項としている。
15）　2種の任用システムについては、第2編第1章Ⅱ1および第2章第1節Ⅳ、第3編第1章第2節Ⅵ2および第2章第1節Ⅲ1参照。文献については、第2編第2章第1節注29）参照。

採否は任意的法律事項と考える。他方、この問題が公務員制度の基本に関わる事柄である点を重視するならば、選択自体は必要的法律事項とすべきだろう。

なお、閉鎖型任用制は継続的内部昇進を前提とするものであるから、その採用を法律で定めた場合は、昇進制度の詳細——昇進基準や決定手続の他、俸給表の法定も含む——を法律で整備することが、成績主義原則や身分保障原則に適う。[16]

## 2　情勢適応原則の採否

現行公務員法は、給与、勤務時間その他の勤務条件につき、社会一般の情勢に適応するよう、国会や地方公共団体が一定の措置を講ずべきことを求めており（国公法28条、地公法14条）、この原則が、公務員の給与を民間賃金レベルに準拠させる根拠とされる。しかし、かかる原則の法定は、公務員制度に関する憲法上の原則等（前述Ⅲ参照）から要請されるものではなかろう。勤務条件の内容を社会情勢に適応させる公務員制度にするのかどうか、公務員の給与を民間準拠で決めるか否かは、国会の政策判断に委ねられる任意的法律事項と考える。なお、情勢適応原則を法定した場合には、民間給与調査の必要性や調査機関如何が必要的法律事項となろう。

## 3　給与に関する原則の採否

現行公務員法は、公務員の給与について、職員の職務と責任に応じたものであることを求める（職務給原則。国公法62条、地公法24条1項）。かかる原則の法定も、憲法上の原則等（前述Ⅲ参照）に基づく必然的帰結ではなかろう。給与支給対象如何を労使協議に委ねるのか、それとも法定するのか、法定するとして、給与支給対象を、職務と責任にするのか、公務員の職能または地位（身分給）、あるいはそれ以外の要素とするのか、以上についても、国会の政策判断に委ねられる任意的法律事項と考える。

---

[16]　閉鎖型任用制を採用した場合は、昇進制度の整備を法律・条例事項とすべきことにつき、第1節Ⅵ2参照。

## V おわりに

　以上の拙い私見によれば、公務員の勤務条件には、必ず法律で定めるべき事項（必要的法律事項）と、法律による規律の要否が立法裁量に委ねられる事項（任意的法律事項）とがあり、これら両法律事項以外の事項――立法者の判断で法律事項から除外された任意的法律事項を含む――については、実質的に協約で規律し得る事項――国公労法案の仕組みであれば行政立法事項（前述Ⅱ 2 参照）――として、法律による規律を排除する法制度が望ましい（法律の範囲内で協約の締結を承認する制度）。とはいえ、ⅢとⅣにおける検討によれば、法律事項はかなりの数に上る。私見の構想に基づく制度を導入しても、労使自律の程度は、民間雇用法制に比べて著しく低いものとなろう。それでも、かかる法制度は、勤務条件法定主義と労働基本権保障との両立・調和を図る手法の一つとして、憲法的基礎の差異に相応した実定法上の相違（前述Ⅱ 1 参照）を実現するものと主張したい。この立場からすれば、国家公務員制度改革関連法案と地方公務員制度改革関連法案は、少なくともその全体的方向性は十分に支持し得る。

〈補注〉

　本節原論攷の公表時またはその後に公務員の協約締結権を論じたものとして、清水敏「公務における自律的労使関係制度と議会統制」労働122号（2013）59頁、岡田俊宏「公務員の労働基本権と勤務条件法定主義との調整のあり方―国公労法案を素材として」同68頁、高橋滋「労働協約締結権付与を前提とした公務員制度のあり方(1)(2・完)―平成二三年法案の検討」自研91巻 5 号（2015）27頁・同 6 号（2015）25頁がある。なお、晴山一穂「地方公務員法の理念・原則と課題」晴山一穂＝西谷敏編『新基本法コンメンタール地方公務員法』（日本評論社・2016） 8 頁も参照されたい。

## 第4節　公務員
　　　——この特殊な労働者に及ぶべき
　　　　法的規律について

### I　はじめに

　公法学において、公務員という個人の属性に着目した場合、考察の視点としては、公務員が、特別の（公法）的規律を受ける特殊な労働者であるというものと、他の行政上の法律関係との比較において特殊な行政客体（私人）であるというものとが考えられよう。本節で扱うのは前者である。

　かかる視点に立つ場合、予め確認しておくべきことは、いわゆる公務員とされる人々の多くが——本節が主として念頭に置くのは一般職の公務員（国公法2条2項、地公法3条2項）である——、「勤労者として、自己の労務を提供することにより生活の資を得ているものである点において一般の勤労者と異なるところはな」く、それゆえ、「憲法28条の労働基本権の保障は公務員に対しても及」ばなければならないこと（全農林警職法事件・最大判昭和48・4・25刑集27-4-547）だろう。しかし、現行法上、公務員には、民間企業労働者には見られない法的規律が様々なかたちで及んでいる（特殊な労働者）。そこで本節では、公務員が特殊な労働者とされるべきことの法的論拠を踏まえ（II）、勤務条件法定主義と労働基本権保障という二つの憲法原則を両立・調和させる必要性を確認したうえで（III）、2011（平成23）年通常国会に提出された「国家公務員の労働関係に関する法律案」（以下、「国公労法案」という）の内容を部分的に概観した後（IV）、民間雇用法制と公務員法制との間に設定されるべき距離のあり方を、立法論（V）と解釈論（VI）の両面において、公務員勤務関係の法的性質という、公法学における古くからの論点に立ち返って検討したい。

## II　公務員が特殊な労働者であるべきことの法的論拠

　前述したように、公務員の多くは「勤労者」（憲法28条）である。その労働基本権を保障すべきことが憲法上の要請であることは言を俟たない。他方で憲法は、全ての公務員を「全体の奉仕者」とし（15条2項）、その選定罷免権を国民固有の権利とする（同条1項）。また、公務員の給与については、その財源が公金である以上、憲法の定める財政民主主義の要請として、国会や地方議会によるコントロールが及ばなければならない（憲法83条）。これらの憲法上の原則が民間雇用法制には見られない要素である以上、塩野宏の表現を借りれば、その限りにおいて、民間雇用法制と公務員法制とでは憲法的基礎を異にする[1]。

　かかる憲法的基礎の差異は、実定法レベルにおける公務員法制と民間雇用法制との相違に反映されなければならない。公務員が、民間企業労働者には見られない法的規律を受け、その結果として特殊な労働者であるべきことは、憲法上の必然的帰結なのである。とはいえ、公務員の労働基本権を保障すべきことも憲法から要請される。加えて、塩野が指摘するように、現実の公務員法制が民間雇用法制と無関係であることはあり得ず、また、そうあるべきでもない。すると、学界に求められているのは、立法論・解釈論の両面において、公務員は特殊な労働者たるべきとの要請と公務員の労働基本権保障という要請とを両立・調和させ、公務員法制と民間雇用法制との間における相違を、憲法的基礎における差異に比例・相応させる法理論の構築であろう[2]。塩野の指摘を借りれば、「民間との近似化」と「民間からの距離の確保」とが、公務員法をめぐる一般的課題なのである[3]。

---

1 )　塩野宏『行政法III〔第4版〕』（有斐閣・2012）260頁。第2編第2章第1節IIも参照。
2 )　櫻井敬子「労働判例にみる公法論に関する一考察」日本労働研究雑誌637号（2013）74頁は、「公務員もまた憲法上の『勤労者』に該当する以上」、「合理性なき制度格差は」問題であるとする。
3 )　塩野・前掲注1 )260頁。同259頁は、公務員法における原則として、①民主的公務員法制の原理（憲法15条1項）、②政治的中立性の原則（同条2項）、③能率性・公正性の原則（科学的人事行政）、④公務員の基本的人権の尊重を挙げる。このうち、①～③が公務員法制と民間雇用法制との距離（相違）を、④が両法制における近似性を、それぞれ要請することになろう。

なお、公務員制度は、国民にとって望ましい行政を実現するための手段でなければならない。公務員の勤務関係を規律する法は、労働者保護立法であると同時に、行政サービスの受益者である市民の利益、つまりは公益の実現に資することを目的とした、適切な行政サービス実施の蓋然性を高める内容のものであることが求められる。つまり、公務員法とは、かかる要求を実現するために、行政と公務員の双方をコントロールするための法なのであり、この点からも、民間雇用法制との距離を確保すべきとの要請が導かれよう。

## III 勤務条件法定主義
―― 民間雇用法制からの距離を構造的に設定する法制度

現行実定公務員法は、様々な点で、民間雇用法制とは異なる具体的規律を設けているが、公務員勤務関係全体に関わり、民間との距離を構造的に設定するのが勤務条件法定主義である。これは、「公務員の勤務条件は法律――およびその委任を受けた条例や法規命令（委任命令）――で定めなければならない」というテーゼであり、かかるテーゼが憲法上の要請であることは、公法学において一般的に受容されているところだろう。全体の奉仕者たる公務員の選定罷免権が国民固有の権利である以上、公務員制度のあり方につき、少なくともその基本的な部分は、主権者たる国民の代表者としての国会が法律で定めるべきこと（議会制民主主義）は当然だからである。その他、公務

---

4) この点は、行政法を「行政作用法」「行政規律法」「裁判救済法」に区分し、公務員法を含めた行政組織法を、行政国家のガバナンスを確保するための仕掛けとして、行政規律法の一環とする中川丈久「行政法の体系における行政行為・行政処分の位置付け」高木光＝交告尚史＝占部裕典＝北村喜宣＝中川丈久編『阿部泰隆先生古稀記念 行政法学の未来に向けて』（有斐閣・2012年）69頁以下と発想を共通にしよう。
5) 第2編第2章第1節IIIおよび第4節IV、第3編第2章第1節I参照。
6) 「勤務条件」の意味は必ずしも一義的ではないが、ここでは、給与や勤務時間等に限らず、「職員が地方公共団体に対し勤務を提供するについて存する諸条件で、職員が自己の勤務を提供し、又はその提供を継続するかどうかの決心をするにあたり一般的に当然考慮の対象となるべき利害関係事項」（昭和26年4月1日法務府法意一発20法制意見第1局長）の意味で理解されることになる。
7) 第1節III1および第3節II1の他、菅野和夫「国家公務員の団体協約締結権否定の合憲性問題」下井隆史＝浜田富士郎編『久保敬治教授還暦記念論文集 労働組合法の理論課題』（世界思想

員制度が国家統治システムの一環であることや、公務員労使関係における経済的利害の不一致が、国や地方公共団体の憲法上の存在理由から生じる構造的なものであることも、勤務条件法定主義が憲法上の要請であることの論拠となり得よう。

勤務条件法定主義は、労使自治による勤務条件決定を否定あるいは制約する方向に働く。すると問題は、両法制間の距離を適切に確保し、憲法的基礎における差異に比例・相応した相違を導くためには、議会制民主主義に基づく勤務条件法定主義と、憲法28条が定める労働基本権保障という、二つの憲法上の要請をいかにして両立・調和させるべきか、という点に帰着しよう。財政民主主義も問題となるが、この点が直接的に関連するのは給与制度に限られるため、以下では、より広い射程を有する勤務条件法定主義のみを扱う。

いわゆる一般職非現業公務員に関する実定法は、協約締結権を否定し（国公法108条の 5 第 2 項、地公法55条 2 項）——一部の者には団結権や団体交渉権も否定する（国公法108条の 2 第 5 項、地公法52条 5 項）——、その勤務条件を、法律・条例・委任命令により相当程度まで詳細に規律する。フランス法の表現に倣えば、これらの公務員は、「法令規律上の地位に置かれている (être dans une situation statutaire et réglementaire)」と表現し得よう。

もっとも、かかる現行法制が、憲法上の要請である勤務条件法定主義から当然に帰結される唯一の選択肢というわけではない。勤務条件法定主義と労使自治による勤務条件決定システムとは、当然に矛盾する相互排他的なものではないからである。この点は、現業等公務員について、予算上の留保付協約締結権を承認する法制度も（旧特定独立行政法人労働法16条 1 項、地方公営企業労働法10条）、憲法上の勤務条件法定主義を実現するものとされているこ

---

社・1980）134頁、同「『財政民主主義と団体交渉権』覚書」法学協会編『法学協会百周年記念論文集第 2 巻』（有斐閣・1983）316頁、藤田宙靖『行政組織法』（有斐閣・2005）266頁、宇賀克也『行政法概説Ⅲ〔第 4 版〕』（有斐閣・2015）342頁以下参照。

8） 外国籍の者の公務員昇任に関する最大判平成17年 1 月26日民集59巻 1 号128頁参照。
9） 荒木尚志＝岩村正彦＝山川隆一＝山本隆司＝渡辺章「（座談会）転機を迎える国家公務員労働関係法制」ジュリ1435号（2011）23頁〔山本発言〕、山本隆司「地方公務員と団体協約締結権」地公月583号（2012） 4 頁。
10） 第 1 章第 1 節Ⅰ 1 (3)および第 2 節Ⅳ 2 参照。

と（名古屋中郵事件・最大判昭和52・5・4刑集31-3-182参照）から明らかだろう。つまり、公務員の勤務条件決定につき、どこまでを法令で規律し、いかなる事項につきどの程度まで労使自治を認めるのか、この点は国会の広範な立法裁量に委ねられるところ、現行の非現業公務員法制も、立法者が取り得る選択肢の一つに過ぎないのである。

とはいえ、同法制が勤務条件法定主義の重視に偏していることは否み難い。その憲法適合性はさておいても、立法政策的妥当性はなお議論の対象たり得よう。私見によれば、法律・条例の範囲内で協約の締結を認めるという、いわば公法的規律と私法的規律を協働させる法制度[11]こそが、勤務条件法定主義と労働基本権の保障とを両立・調和させ、憲法的基礎の差異と実定法上の相違とを比例・相応させる、より憲法適合的な法制度として望ましい。[12]では、具体的にいかなる法制度を構想し得るか。この点の考察にあたり格好の素材を提供するのが、国家公務員制度改革関連法案の一つとして2011（平成23）年通常国会に提出された国公労法案、および、地方公務員制度改革関連法案の一つとして2012（平成24）年臨時国会に提出された「地方公務員の労働関係に関する法律案」である。

## IV　2011年国公労法案[13]

両法案は他の改革関連法案とともに廃案となったが（便宜上、以下では国公労法案にのみ言及する）、その眼目は、多くの非現業公務員に対し（国公労法案2条1号）、一定の事項に限ってではあるが、団体協約という名の協約を締結する権利を付与する点（同法案10条1項・13条）にあった。しかし、同法案とともに提出された国公法改正案は、勤務条件法定主義を明記する定め（国公法28条・63条）を維持しており、かつ、現行国公法における法律事項の

---

11)　協約締結権を否定するフランスにおいて同様の方向性を志向する見解につき、第1章第1節Ⅰ2(3)参照。
12)　第1節Ⅴおよび第3節Ⅱ1参照。
13)　国公労法案については、第1章第2節Ⅴ2および本章第3節Ⅱ2参照。第2節Ⅲも参照。国家公務員制度改革関連法案および地方公務員制度改革に関する文献については、第2節注1）参照。

範囲を変更しようとしていたわけでもない。法令の規律密度については、現行法の内容に手を加えるものではなかったのである。さらに、国公労法案における団体協約には、勤務条件を直接的に規律する効力（規範的効力）が認められておらず、その効力は、当局に対し、協約内容を実現する措置を講じることの義務付け（債務的効力の承認）に限られていた。すなわち、同法案は、当局に対し、①法律（国公労法、国公法、検察庁法および外務公務員法を除く。国公労法案13条ただし書）の改廃を要する事項（給与や勤務時間についてが典型的）については、協約内容を反映した法案の議会提出を（同法案17条1項）、②法規命令事項については、協約内容に即した当該命令の改正を（同条2項3項）、③その他の事項——行政規則による規律が予定されていたのであろう[14]——については、協約内容を反映した措置を講じることを、それぞれ義務付けるものに過ぎなかったのである[15]（同条4項5項）。

このように、国公労法案における協約締結権付与の意義は限定的だが、それでも、②と③（行政立法事項）については、債務的効力の実効性確保措置が用意されていない点に問題はあるものの[16]、協約による勤務条件決定システムの実質を備えた制度が予定されていたと評し得るのではなかろうか[17]。規範的効力が否定され、行政立法の制定が要求されたのは、勤務条件を統一的に規律する必要性が重視されたからだろう[18]。これに対し、①（法律事項）については、最終的決定権が議会に留保されるため、債務的効力さえも制限的である。しかも、議会に付議された法案が会期中に成立しなかった場合、当該協約は失効するものとされていた（国公労法案18条1項1号）。以上のことに加え、国公法改正案が、法律による規律密度の変更を予定しておらず、つまりは、①に含まれる事項が少なくなかったことを併せ考えれば、国公労法案の想定していた労使自律のレベルが、民間企業労働者の場合に比べ——さ

---

14) 第2節Ⅲ2(5)(a)および第3節Ⅱ2参照。
15) 国公労法案の内容は、菅野和夫が想定する制度のいくつかに近い。菅野和夫「公務員団体交渉の法律政策（3・完）」法協100巻1号（1984）42頁、同・前掲注7）「国家公務員の団体協約締結権否定の合憲性問題」146頁参照。
16) 第2節Ⅲ2(5)(b)参照。
17) 第3節Ⅱ2参照。
18) 第1章第2節Ⅴ2、本章第2節Ⅲ2(5)(b)および第3節Ⅱ2参照。

らには現業等公務員についてのそれよりも――著しく低いことは明白だろ
う[19]。それでも、法律の範囲内で協約の締結を認めるべきとする私見（前述Ⅲ
参照）によれば、勤務条件法定主義と労働基本権保障との両立・調和を図る
一つのあり方を示すもので、憲法的基礎における差異に比例・相応した相違
を実現する選択肢の一つとして、少なくともその基本的方向性は十分に支持
し得る[20]。かかる立場は、公務員の勤務関係を契約関係であると見ることで補
強されよう。以下、この点を論じたい。

## Ⅴ　民間雇用法制からの適切な距離を設定する法制度
　　――「勤務関係の法的性質」論からのアプローチ

　公務員勤務関係の法的性質については、特別権力関係論が否定されて以来、
労働契約関係説と公法上の勤務関係説とが対立してきた。通説たる後者の論
拠は、公務員関係が制定法によって詳細に規律されており、当事者自治の余
地がないこと、公務員任免行為が処分であること（国公法90条1項・92条の2、
地公法49条の2第1項・51条の2。任用が処分である旨を明示する定めはないが、
免職が処分である以上は任用も処分であるとする見解が一般的である）等である。
かかる論拠からすれば、フランス法の表現に倣い、「法令規律説」と称する
こともできるだろう（前述Ⅲ参照）。最高裁は、「基本的には、公法的規律に
服する公法上の関係である」として同説を採用しており、学説の大勢も、労
働契約関係説には無理があるとし、また、具体の問題解決は制定法の解釈に
よれば足りるとして、この問題を論じる実益の乏しさを指摘する[21]。

　現行法を前提にする限り、法令規律説に立ち、法的性質論の意義を否定す
るのが素直だろう。しかし、この説は、あくまで現行実定公務員法の内容を
前提としたものに過ぎない。勤務条件法定主義と労働基本権保障とを両立・
調和させる法制度のあり方如何を探求する立法論の局面では、現行実定法の

---

19)　国公労法案のような制度のもとで労使自律の程度を左右するのは国公法であることにつき、第2節Ⅳおよび第3節Ⅱ2参照。
20)　第3節Ⅱ2およびⅤ参照。
21)　例えば、藤田・前掲注7）296頁以下、塩野・前掲注1）281頁以下参照。

内容に囚われず、いわば更地状態での公務員関係を想定し、そこでの法的性質を考察すべきである。塩野は、立法論において法的性質論が機能する余地を認めつつ、いずれの見解にも割り切らない立法政策が可能であるとするが、法的性質の理解次第で、少なくとも議論の方向性は左右されよう。すなわち、労働契約関係説であれば、一定の事項は必ず法律で規律しなければならないとしても（勤務条件法定主義）、その他の事項については、本来の性質たる契約関係に即した、労使自治による勤務条件決定を実質的に実現する制度の構築が要請されるのではなかろうか。これに対し、法令規律説——立法論の局面では、法令で規律される「べき」関係とする説となろうか——であれば、協約による勤務条件決定システムの排除に支障はない。部分的に導入するとしても、それはあくまで創設的なものとなるから、対象や内容を無制限に制約することも許容されよう。

　私見は労働契約関係説に立つ。その論拠は、公務員勤務関係において任命権者に認められる権力が、対等当事者関係たる民間労働関係にも見られるものと基本的に同質であり、一般統治権に基づき国家が私人に対して有するそれとは全く質が異なること、公務員関係も両当事者間の合意を基礎として成立すること[24]等である。基本的に故室井力の主張に依拠するものだが、私見によれば、必ず法律で定めるべき事項（必要的法律事項）と、法律による規律の要否が立法裁量に委ねられる事項（任意的法律事項）とを画定し、これら両法律事項以外の事項——立法者の判断で法律事項から除外された任意的法律事項も含まれる——は協約事項——少なくとも労使自治による勤務条件決定が実質的には可能な事項——として、法律による規律を排する法制度が望ましい。かかる構想であれば、法律・条例の範囲内での協約締結権を承認することができ、勤務条件法定主義と労働基本権保障との両立・調和という観点からヨリ憲法適合的な、民間雇用法制との憲法的基礎の差異に比

---

22) この点は、中川丈久「行政訴訟としての『確認訴訟』の可能性」民商130巻6号（2004）998頁の発想に影響を受けた。
23) 塩野・前掲注1）282頁。
24) 第3編第2章第2節II 2参照。
25) 室井力『特別権力関係論』（勁草書房・1968）379頁以下。

例・相応した適切な距離を設定する公務員制度を実現し得ると考える。

　必要的法律事項と任意的法律事項の具体的内容については別に論じたので[26]、ここでは若干の指摘をするに止める。

　　（ⅰ）　必要的法律事項の画定は、公務員法における法律留保事項を、重要事項留保説に従って洗い出す営為と位置付けられよう。ただし、留保事項以外の事項のうち、法律による規律が許されるのは任意的法律事項に限られ、その他の事項については法律で規律することを禁じる点で、私見は一般の留保論と異なる。

　　（ⅱ）　私見によれば、法律で規律すべき事項はかなりの数に上る。結果的に、現行公務員法を改正する必要性は高くない。むしろ現行法には、法令による規律が不足している部分さえ存在する[27]。しかし、後述するように（Ⅵ参照）、私見によれば、現行法下においてさえも、公務員関係を「法律による規律密度が高い契約関係」と把握することは可能である。法律による規律密度が現行法並みに高い法制度でも、法律による規律の間隙事項の他、法律が任命権者の裁量を認めている場合における裁量基準が協約事項となり得る。「法律による規律密度が高い契約関係」において協約締結権を認める意義は小さくない。

　　（ⅲ）　法律事項についても、できる限り労働基本権保障との調和が図られなければならない。国公労法案のように、協約内容を反映した議案の提出義務を当局に課すという制度（前述Ⅳ参照）が導入されるべきである。

　　（ⅳ）　協約事項についても、勤務条件は統一的に規律されるべきである。国公労法案のように、協約の内容は行政立法改廃を通じて初めて有効になるという制度が望ましい。かかる仕組みであっても、協約による勤務条件決定システムの実質は失われない（前述Ⅳ参照）。

　　（ⅴ）　協約の内容を反映した行政規則については、法規に準じた効力が承認されるべきである。そうでなければ、行政規則事項に協約締結権

---

26)　第3節ⅢおよびⅣ。
27)　第3節Ⅲ、第2編第2章第1節Ⅴ3参照。

を承認したことの意義が失われかねない。
（vi）　残された課題として、地方公務員制度における法律事項と条例事項との切り分けという問題、そして、法律・条例事項の規律につき委任命令に授権し得るのはどこまでかという、法律・条例による規律密度の問題を挙げておく。

## VI　民間雇用法制からの適切な距離を設定する法解釈
―「勤務関係の法的性質」論からのアプローチ

公務員法制と民間雇用法制との間における距離は、解釈論においても設定されなければならない。かかる距離の適切さは、私見によれば、労働契約関係説を踏まえた解釈によって初めて確保し得る。

### 1　労働契約関係説を否定する通説の問題点

通説が労働契約関係説を無意味とする論拠の第1は、現行実定公務員法が、公務員の勤務条件を詳細に規律していることにある（前述V参照）。しかし、法令による規律密度の高さが、当該関係の契約性を当然に否定するわけではない[28]。そもそも、渡辺賢が指摘するように、現行法は決して勤務条件詳細法定主義ではなく、法令規律の間隙（隙間）事項はそれなりに存在する[29][30]。また、法令規律事項であっても、規律密度が決して高くない、つまりは、任命権者等の裁量が広く承認されている事項は少なくない。かかる事項の存在は、行政実務上、多くの行政規則で裁量基準が定められていること（転任や懲戒処分の基準等）、現業等公務員の場合、任用や懲戒については国公法・地公法が適用され、これらについては非現業公務員の場合と法令規律密度に差がないにもかかわらず、昇進や転任、懲戒の基準等が協約事項とされていること（行政執行法人労働法8条各号、地方公営企業労働法7条各号）から容易に看取し得よう。さらに、2011（平成23）年の国公法改正案は、現行法における法

---

28)　第3編第2章第2節II 2参照。
29)　渡辺賢『公務員労働基本権の再構築』（北海道大学出版会・2006）131頁。
30)　ただし、塩野・前掲注1）285頁は、現行法上、当事者の合意形成の余地は僅かであるとする。

令規律事項を減らさず、かつ、その規律密度を緩めるものではなかったが、それでも国公労法案は行政規則事項を予定していた（前述Ⅳ参照）。このことは、現行法上も、法令規律の間隙事項、そして、規律密度の低い法令事項があることの証左なのではあるまいか。現行の非現業公務員法制についても、法令による規律密度が高い契約関係と把握することは十分に可能である。したがって、労働契約関係説であれば、法令規律の間隙事項や裁量基準に関する個別的合意の有効性を、法令の範囲内で承認することができると主張したい。

　労働契約関係説の有用性が否定される論拠の第2は、現行法が、公務員の任免を処分としていることに求められる（前述Ⅴ参照）。確かに、（行政）処分と行政行為とは概ね同義であるから、法律で処分とされた作用は、同時に行政行為であり、ひいては契約性を否定されるべきとも考えられよう。しかし、法律による処分構成と当該作用の契約性肯定とは当然に矛盾するものではない。別に論じるように[31]、行政行為以外の作用であっても、立法者が、一定の政策判断に基づき、いわば人為的に処分と構成することは可能だが[32]、人為的処分構成から、当該作用の実体的性質が行政行為であることまでもが当然に導かれるわけではないからである[33]。つまり、行政行為とは実体法上の概念であるのに対し[34]、処分とは、あくまで行手法および行訴法上の概念に過ぎない。当該作用の実体的性質は、当該作用の根拠法令たる個別法における実体的規律の内容によって決まるものである。そうであれば、人為的処分構成の帰結は、行手法の原則的適用と、訴訟手段が原則として取消訴訟であることとに限られ、それ以上でもそれ以下でもないはずだろう[35]。公務員関係が契

---

31)　第3編第2章第2節Ⅲ1参照。
32)　小早川光郎「契約と行政行為」芦部信喜＝星野英一＝竹内昭夫＝新堂幸司＝松尾浩也＝塩野宏編『基本法学4』（岩波書店・1983）125頁。
33)　公務員の任免を処分とするか否かは立法政策に委ねられることにつき、藤田・前掲注7）280頁参照。
34)　小早川・前掲注32）125頁、阿部泰隆『行政法解釈学Ⅰ』（有斐閣・2008）138頁参照。
35)　行政行為や処分という概念の空疎さにつき、阿部・前掲注34）77頁、中川・前掲注4）77頁参照。なお、川田琢之「任期付任用公務員の更新打切りに対する救済方法」筑波ロー・ジャーナル3号（2008）146頁以下は、処分構成の意義として法定主義と形式主義を挙げるが、これらの要請は、処分構成によらなければ実現し得ないものでもなかろう。

約関係か否かという問題設定は、すぐれて実体法レベルのものであるところ、かかる問いに対し、任免行為が処分であることを根拠に契約性を否定することは、論点を行政手続レベル・訴訟手続レベルに移し替えた、別次元での回答になっているのではあるまいか。

私見によれば、現行法は、公務員勤務関係を労働契約関係と見ることを妨げない。すると、実定公務員法の解釈においては、公務員勤務関係が契約関係であることを踏まえるべきである。具体的には、法令の範囲内で、労使の個別合意に法的拘束力を承認すべきであろう。[36]

## 2 採用内定について

とはいえ、公務員関係を統一的に規律する必要性の高さを考えると、労使の個別合意に法的拘束力を承認し得る余地は狭くならざるを得ない。契約性肯定論によることで、契約性否定論に依拠した場合と異なる結論（あるいは論拠）を導く局面は決して多くなく、現段階での私見が挙げ得るのは、任期付任用公務員の再任用拒否や、採用内定取消しをめぐる紛争ぐらいである。より重要な差異を帰結し得るのは前者だが、この点は別に論じることとし、[37]以下では後者につき簡単に言及しておく。

最高裁は、地方公務員の採用内定取消しが争われた事案において（最判昭和57・5・27民集36-5-777）、内定通知は、採用発令の手続を支障なく行うための準備手続としてなされる事実上の行為に過ぎず、その相手方を採用する確定的意思表示ないしは始期付または条件付採用行為ではないとした（内定通知の処分性を否定）。他方、民間企業の場合については（最判昭和54・7・20民集33-5-582）、事案の状況次第で、採用内定により解約権留保付労働契約が成立し、かつ、内定取消し通知が、当該解約権に基づく解約申入れとなる余地を肯定する（旧公共企業体における事案につき、最判昭和55・5・30民集34-3-464が同様の判断を示す）。この点における両法制間の距離は余りに著しい。

---

36) 同様の発想に依拠するものとして、例えば、亘理格「保育所利用関係における合意の拘束力」小林武＝見上崇洋＝安本典夫編『「民」による行政』（法律文化社・2005）228頁参照。
37) 第3編第2章第2節Ⅲ。この問題に関する最近の論攷として、櫻井・前掲注2）68頁がある。

学説には、内定取消しの処分性を肯定するものや、内定の処分（行政行為）性は否定しつつ、採用処分をする旨の確約であるとして、信頼保護法理の適用を通じて採用処分発動義務を肯定しようとするものがある。かかる見解によっても上記の距離を縮めることは可能だろう。しかし、私見のように、任免行為の契約性を肯定する立場であれば、信頼保護原理という伝家の宝刀を抜くまでもなく、より直截的に、内定による解約権留保付労働契約成立の可能性を肯定でき、採用処分の発動を求める非申請型義務付け訴訟（行訴法3条6項1号）による解決を図ることが容易になる。

## 3　一方的辞職の禁止について

任免行為の契約性を肯定する解釈論を阻む最大の壁は、現行実定公務員法が、一方的辞職を排除するシステムを採用していることにあろう。

民間雇用法制の場合、労働者の発意による雇用契約消滅は、労働者の単独行為による一方的辞職と、使用者の退職承認によって退職の効果が発生する合意解約との二つに区別され、前者によって、労働者による退職の自由が保障される。他方、公務員の場合、勤務関係は処分によって発生消滅すると理解されており、かかる見解を前提にする限り、依願退職決定も処分と解さざるを得ず、その結果、任命権者の承認がなければ、退職の効果は生じ得ない。民間における合意解約に相当する退職制度のみが予定されており、専ら公務員の発意に基づく一方的辞職は想定されていないのである。その限りにおいて、任免の処分構成が実体法的帰結をもたらしているのだが、かかる法制度の趣旨は、勤務関係の明確化や、突発的な公務停廃の防止、さらには、懲戒免職の回避を目的とした退職願を承認せず、懲戒手続を進めて免職処分を下し得るようにすることに求められよう。これらの必要性は否定し難く、まさに、民間雇用法制との距離が適切に設定されていると評さざるを得ない。確かに、人規8—12第51条は、書面による辞職申出があった場合、任命権者は

---

38) 阿部泰隆『行政裁量と行政救済』（三省堂・1987）89頁以下。
39) 代表的見解として、乙部哲郎『行政上の確約の法理』（日本評論社・1988）258頁以下。
40) 下井康史「公務員の退職願の撤回」宇賀克也＝交告尚史＝山本隆司編『行政判例百選Ⅰ〔第6版〕』（有斐閣・2012）274頁およびそこで引用の文献を参照。

特段の支障がない限りこれを承認するものと定めており[41]、公務員自身の意思が基本的に尊重される法制度にはなっている。しかし、そもそも一方的辞職を一律に禁止し、勤務関係から離脱する自由を認めない法構造である点が、勤務関係の契約性を否定する方向に強く働く要素となることは間違いない。

この点、塩野は、それでも契約関係であるとするためには、公務員関係を、「『合意解約』の特約のある労働契約関係（ただし「解雇の承認」を欠く原理的には労働者に不利な片務的特約であるが）」とするしかないと指摘しつつ、しかし、「かような特別の定め（私企業では就業規則で規定されることになろう）の有効性については、労働法においても問題とされているところであり、一般職の国家公務員すべてについて、かかる特約を認めるとすると、果たしてそれまでにして労働契約的構成をとる意味が那辺にあるか」との疑問を発する[42]。確かに、民間企業の場合、合意解約の特約を、労働協約によってであればともかく、使用者が一方的に定める就業規則で用意することは、契約関係の一方当事者の自由を、他方当事者が著しく制約するものとして、問題だろう。しかし、公務員の場合、一方的辞職の禁止を、直接の使用者たる任命権者によってではなく、国民の代表たる立法者が法律で定めることは、かかる禁止の趣旨に鑑みれば、立法裁量の範囲内といえるのではあるまいか（任意的法律事項）。就業規則における合意解約特約と法律による一方的辞職禁止とを同列に論じることはできないと考える。かかる禁止により、契約としての特殊性は極めて濃厚になるが、だからといって、公務員勤務関係の契約性自体までもが否定されるわけではなかろう。なお、一方的辞職の禁止は、退職承認を処分とすることによってのみ実現されるわけではあるまい。任免を処分とはしない法制度においても、公務員の発意による退職について、その効果発生を任命権者の承認にかからしめる制度は、十分に設計可能なのでは

---

41) 地方公務員に関する同旨の行政実例として、昭和28年9月24日自行公発212号。
42) 塩野宏『行政組織法の諸問題』（有斐閣・1991）198頁。なお、同書194頁は、この論点が、退職願の撤回という問題において顕在化する旨を指摘するが、この論点について今日では、民間労働法においても、最高裁の判決は未だないものの、下級審が一致して公務員の場合と同じ枠組みを採用しており、学説も概ねこれを支持していることからすると（下井・前掲注40）275頁参照）、任免行為の契約性如何によって具体的解決のあり方が左右されるわけでもないのではあるまいか。

## VII　おわりに

　私見の骨子は、労働契約関係説の立場から、公務員関係を、法令による規律密度が高い契約関係である、あるいは、そうあるべきと考え、立法論としては、法律の範囲内で勤務条件を実質的に協約で定めることを認める法制度が望ましく、現行法の解釈論としては、法令規律の範囲内で、可能な限り労使個別合意に拘束力を持たせるべきというものである。残された検討課題は数多く、本節は、未成熟な段階での私見を単に開陳したものに過ぎない。


〈補注〉
　本節原論攷の公表後に公務員勤務関係の法的性質を論じたものとして、西谷敏「地方公務員と労働法」晴山一穂＝西谷敏編『新基本法コンメンタール地方公務員法』（日本評論社・2016）18頁がある。

---

43)　フランスの官吏法は、一方的辞職の禁止を、依願退職の決定が処分であるというかたちによってではなく、官吏身分喪失事由の一つとして「適法に承認された辞職（la démission régulièrement acceptée）」を挙げることで明らかにしている。第2編第1章III 1(4)②参照。

第 2 編

**身分保障**

# 第1章

# フランス法
―― 官職分離原則の身分保障機能

## I　はじめに

　本章は、フランス公務員法における官等（grade）と職（emploi）を区別（官職分離）する制度を概観し、その身分保障機能を明らかにしようとするものである。かかる考察を試みる趣旨を、予め簡単に述べておく。

　我が国の公務員法を考える際には、制度の根幹に関わる次の2点を忘れてはならない。第1に、実定公務員法が開放型任用制を採用しているにもかかわらず、運用の実態は閉鎖型任用制である。第2に、職階制の実施は、戦後の公務員法制における最も重要な改革の一つ[1]であったはずであるが、ついに実施されることなく、国家公務員制度については2007（平成19）年に、地方公務員制度については2014（平成26）年に、それぞれ廃止された。以上の2点は、我が国公務員法の諸局面において、様々な法的問題を生ぜしめていると予測される。

　しかし、具体的にどのような問題があるのか、詳らかにされてきたとはいえないのではないか。そもそもこの点は、日本法の制度や運用を見るだけでは、具体的な検討課題を見出すことすら困難であろう。閉鎖型を採用し、かつ職階制に基づかない公務員法制と比較することで、初めて検討課題を発見できるように思える。そこで、閉鎖型の典型といわれ、職階制を採用しないフランスの公務員法制を参照することで、我が国における問題点を発見し、解決を図るための視座を得ることとしたい。その際に着眼すべき点は、フランスにおける任官補職の制度であり、そして、同制度を支える「官等と職の

---

1)　塩野宏『行政組織法の諸問題』（有斐閣・1991）200頁。

区別（官職分離）」という原則——フランス公務員法の中核的原則とされる[2]——と考える。

以下、このような問題関心をさらに敷衍したうえで（II）、フランス法における「官等と職の区別（官職分離）」の具体的機能を概観した後（III）、この点の検討が日本法にもたらす示唆を簡単に述べることとしたい（IV）。

## II　日本公務員制度における二つの問題点

### 1　閉鎖型任用制と開放型任用制

行政学の知見によれば、公務員の任用システムは2種類に大別される。両システムの特色については、次章以降で何度か触れることとなるが、重複を厭わず簡単に概観しておく。なお、以下で示す二つは理念型としてのモデル[3]であり、各国ともいずれかを純粋なかたちで採用しているわけではない。[4]

#### (1)　閉鎖型任用制（キャリア・システム）

フランスやドイツが採用する任用システムであり、その特色は次の3点に要約される。

第1に、職員の採用は、各職種ごとに、それぞれの欠員数を採用枠として実施される。当該職種全般に通用するジェネラリストの採用という発想に基づいており、その対象は、主として新規学卒者である。採用にあたり求められるのは、特定の職を遂行する能力よりも、学歴や専門知識のような、当該職種全般への適性あるいは潜在能力である。

第2に、採用された職員は、各職種あるいは所属職員集団における最下位の地位を起点とし、配転や昇進、場合によっては公務外の職務を経験しながら、階層的に整備された公務組織上の地位を上昇していく。長期（終身）雇用を前提としたシステムであり、多くの職員は定年まで公務員として過ごす。

---

2) Aubin(E.), La fonction publique, 6ᵉ éd., Gualino, 2015, p. 102. v. Plantey(A.) et Plantey (M.-C.), La fonction publique, 3ᵉ éd., Lexis Nexis, 2012, p. 343.
3) 第2章第1節IV、第3編第1章第2節VI 2および第2章第1節III 1参照。文献については、第2章第1節注29）参照。
4) 塩野宏『行政法概念の諸相』（有斐閣・2011）493頁は、閉鎖型と開放型の原理的差異と現実的近似化に注意が必要とする。

第3に、中途採用は例外的であり、官民間の頻繁な労働力移動は想定されていない。

**(2) 開放型任用制（ノンキャリア・システム）**

アメリカを典型とするシステムであり、その特色は次の3点に要約される。

第1に、職員の任用は、特定の職に特定の人を従事させるためになされる。当該職のスペシャリストの任用という発想に基づき、任用手続は、特定の職に欠員が出るごとに実施される。その対象は、新規学卒者に限らず、社会一般に広く求められる。任用にあたり求められるのは、当該職の遂行能力であるから、一つ一つの職ごとに、職務内容の他、職員に求められる能力や資格が明確にされなければならない。そのため、職を職務の種類・複雑と責任の度合いに応じて分類整理する職階制の実施が必要不可欠となる。

第2に、第1の点の結果として、昇進は年功その他に基づく昇給が基本であり、上位職への昇進（昇格・昇任）が、原則として想定されない。任用時に証明された能力は、当該職にふさわしい能力であって、それ以上のものではないから、当該職で何年勤務しても、上位のそれに適した能力が養われたものとはみなされないのである。上位職を望む者は、公務内外の競争者と対等の条件のもと、当該職への任用に応募する。配転の範囲は、任用された職と同種同レベルのものに限定される。

第3に、長期雇用を想定しない。官民間の労働力移動が頻繁であり、公務員としての勤務が、当該個人の職業生活における一つのエポックに過ぎないような社会を前提とする。

**(3) 任用システムの違いと身分保障**

両システムの違いを端的に述べれば、閉鎖型は継続的な内部昇進を原則とするモデルであり、開放型はそうではない。いずれのタイプにも長短があり、一般的な優劣を述べることはできないが[5]、本編のテーマである身分保障につき留意すべき点は、求められる手厚さの相違であろう。もちろん、身分保障——公務員の地位をはく奪・侵害するには合理的な理由が必要——は、成

---

5) 遠藤博也『行政法II（各論）』（青林書院新社・1977）20頁は、各国における雇用慣行や賃金・社会保障の全体的な法制にも関係するもので、各国における既存社会全体の仕組みとの適合性において考えられなければならないと指摘する。

績主義という、公務員制度の普遍的基本を支えるシステムであるから、開放型・閉鎖型のいずれにおいても重要である。しかし、一般論としていえば、閉鎖型の方が、相対的により手厚い身分保障を要請しよう。内部昇進の継続が前提である以上、それだけ任命権者の施す人事措置が多種多様になり、その濫用を予防するための仕組みが必要となるからである。また、官民間の労働力移動を前提にしないことから、免職その他不利益処分が相手方に与える現実の影響力は、開放型におけるそれに比べ、相対的に大きくなることも指摘できよう[6]。

(4) **我が国公務員法における制度の建前と実態**

我が国の場合、実態が閉鎖型であることは言を俟たない[7]。フランスのある実務家は、公務員制度の国際比較をした1972年の著書において、日本を閉鎖型に分類している[8]。

ところが、我が国の法律、少なくとも、公務員制度の根本基準を定める国公法と地公法（国公法1条1項、地公法1条）が、開放型を前提としていることは疑いない。まず、制定の沿革に鑑みれば、戦前の特権的官僚制度を打破するため、アメリカをモデルとした法制度を導入したことは周知の事実である。次に、法制度上の具体的表われとしては、両法が、制定当初から長きにわたり、職階制の実施を前提としていたこと（平成19年7月法律第108号による改正前の国公法29条～32条、平成26年5月14日法律第34号改正前の地公法23条）に加え、より端的には、制定以来今日まで、欠員補充手段として採用（国公法34条1項1号、地公法15条の2第1項1号）と昇任（国公法34条1項2号、地公法15条の2第1項2号）を対等に扱っていること（国公法35条、地公法17条1項）、昇任にも条件付任用制度が用意されていること（国公法59条1項）が挙げられよう。さらに、かつての両法が、昇任についても、採用と同じく競[9]

---

6) 任用システムと身分保障の関係については、第2章第1節Ⅳ参照。
7) 人規8―18（採用試験）の別表第3は、受験資格としての年齢を、採用試験区分ごとに具体的に定めているが、概ね30歳未満に限定している。
8) Gazier(F.), La fonction publique dans le Monde, Cujas, 1972, p. 222.
9) 地公法も、かつては昇任につき条件付採用制度を定めていたが、昭和29年6月22日法律第192号による改正により、採用についてのみ条件付任用をするものとされた。立法政策的には国公法と同様の制度とすべきとする指摘として、橋本勇『新版逐条地方公務員法〔第4次改訂版〕』（学

争試験を原則としていたこと（平成19年7月法律108号による改正前の国公法37条1項、平成26年5月14日法律第34号改正前の地公法17条3項。同条4項も参照）も参照されなければならない。

このように、我が国では、開放型の法制度のもとで閉鎖型の運用がされている。かかる建前と実態の乖離、それも公務員制度の根幹に関わる乖離が、実定法令の運用に何らの影響も与えていないとは考えにくい。このことは、立法論・解釈論の両局面において強く留意すべき点であろう。本章においては、身分保障の手厚さに対する要請が、両システムにおいて異なる点に着眼しなければならない。

## 2　職階制廃止の問題
### (1)　職階制の意味・趣旨

昭和25年5月15日法律第180号によって制定され、平成19年に廃止された「国家公務員の職階制に関する法律」（以下、「旧職階法」という）2条1項は、職階制を以下のように定義していた。

「職階制は、官職を、職務の種類及び複雑と責任の度に応じ、この法律に定める原則及び方法に従つて分類整理する計画である」

そして同法は、一人の職員が従事するポストを「官職」（一人の職員に割り当てられる職務と責任。3条1号）とし、職務と責任が十分類似しているものとして人事院が決定した官職の群を「職級」（同条4号）として――さらに、職務の種類が類似していて、その複雑と責任の度合いが異なる職級の群を「職種」（同条6号）としていた――、各職級の職務内容は職級明細書（職級

---

陽書房・2016）328頁参照。
10)　制度の建前と乖離が身分保障原則に影響を及ぼし得ることについては、第2章第1節Ⅳも参照。
11)　「職階制」という名称や旧職階法上の諸概念に問題があったことの他、同法の制定経緯については、鵜養幸雄「職階法へのレクイエム」立命館法学330号（2010）1頁参照。制定過程から形骸化の過程を分析するものとして、岡田真理子「国家公務員の職階制」立教経済学研究56巻4号（2003）87頁参照。

の特質を表わす職務と責任を記述した文書。同条5号）によって明確にされるものとしていた。そのうえで、同一の職級に属する官職については、「その資格要件に適合する職員の選択に当り同一の試験を行い、同一の内容の雇用条件においては同一の俸給表をひとしく適用し、及びその他人事行政において同様に取り扱う」と定めていた（同条4号）。

要するに職階制とは、公務員が任用される「職」（国公法2条1項。一般職の場合は「官職」。同条4項）の全てを、内容と責任の度合いとに従って分類し、任用条件や勤務条件を職級単位で明らかにするシステムを意味する。

(2)　**職階制導入の趣旨**――任官補職のシステムから職への任用のシステムへ

職階制の導入が企図された理由は、前述したように（1(2)参照）、開放型任用制において必須であること、そして、現行公務員法が採用した基本原則である成績主義を支えることにある。以上に加え、勤務関係の変動単位を変

---

12)　2007（平成19）年改正前の国公法29条3項は、「職階制においては、同一の内容の雇用条件を有する同一の職級に属する官職については、同一の資格要件を必要とするとともに、且つ、当該官職に就いている者に対しては、同一の幅の俸給が支給されるように、官職の分類整理がなされなければならない」と定めていた。

13)　藤田宙靖『行政組織法』（有斐閣・2005）266頁は、「公務員の全職務を、その職務内容（例えば、行政職、教育職、研究職、医療職、等々）及び、その有する責任の度合い（例えば、一級、二級……等）という二点における共通性と相違点を基礎として分類し……、そしてこのような分類に基づき、同一の職級（例えば行政職一級、教育職二級等）に含まれることとなる職務については、その職務に就くための資格要件としてすべて同一のものを要求すると共に、また、同一の給与を支払う……、というシステム」と説明する。職階法の概要については、同273頁以下、宇賀克也『行政法概説Ⅲ〔第4版〕』（有斐閣・2015）367頁以下、森園幸男＝吉田耕三＝尾西雅博編『逐条国家公務員法〔全訂版〕』（学陽書房・2015）47頁参照。旧職階法の解説として、浅井清『国家公務員法精義』（学陽書房・1960）127頁、三宅太郎『公務員の人事と職階』（良書普及会・1949）、三宅太郎『職階制の解説』（大阪新聞社東京出版局・1949）、同「職階制」田中二郎＝原龍之助＝柳瀬良幹編『行政法講座5　地方自治・公務員』（有斐閣・1965）254頁、岡部史郎『職階法』（学陽書房・1950）、尾之内由紀夫『職階制の実務』（学陽書房・1950）、彌富賢之『職階制と新人事行政』（教育資料社・1952）がある。

14)　藤田・前掲注13）266頁は、次のように指摘する。「具体的な諸制度を貫いている基本的な理念として……国家公務員法がその1条1項において定めている『公務の民主的かつ能率的な運営』の保障、という……理念によって意味されていることは、より具体的に言うならば、"公務員法制度は、専ら個々の公務員の客観的事務能力の如何を基盤としてのみ構築されるべきであって、このような、公務員の能力・事務の能率といった客観的要素以外のものが、公務員制度の組織と運営に影響を与えるようなことが（少なくともあるべき姿としては）あってはならない"ということである、と言ってよいであろう。そして、その端的な制度的表現が、現行の全公務員法制度の骨格をなしている『職階制』の考え方である……このようなシステムの下では、従って、

更したことも含意していた。端的に述べると、戦前の官吏制度におけるそれは人であったのに対し、国公法・地公法では職とされたのである。1954（昭和29）年に公刊されたコンメンタールは以下のように説明する。[15]

> 「従来の官吏制度においては、『官』の観念と『職』の観念とが区別されていた。すなわち、或る者を官吏に任命するということは、その者に官吏という身分を与えるということと、その官吏が具体的に拝任すべき職務の内容と範囲とを明らかにするということとの2つのことがらを含むのであるが、従来においては、通常は、任命行為はただその者に官吏たる身分を与えることであり、その官吏が具体的にいかなる職務を拝任するかということを定めるのは、別の行為を必要とした。その行為を補職と称した。たとえば大蔵事務次官に任じた者を主計局長に補するというがごとし。この場合、大蔵事務官というのは『官』または『官名』であり、主計局長というのが『職』または『職名』であった。……以上のような『官』と『職』との区別は、国家の公務に従事する者のうち、官吏という特別の身分を区別したことに基づくのであって、したがって官吏以外の者〔私法関係にあった雇員と傭人――筆者注〕には任官と補職という観念は用いられなかった。……国家公務員法においては、以上のような官吏の観念を国家公務員という観念に切り換え、その結果として、『官』と『職』との右のような区別も消滅し、国家公務員はすべて何等かの『職』を割り当てられることになる。この『職』とは、すなわち国家公務員が一定の職務と責任を持って占めるべきポストまたはポジションすなわち『職位』ともいうべきものである。そしてこの『職』が職階制によって分類整理される。」

つまり、旧官吏制度は、官吏身分を付与する行為（任官）と、任官された

---

公務員として採用するにあたり、能力の実証がないのに特定の大学の出身者あるいは大臣又は高級官僚の子女等を優先するとか、また、これらの者を給与の上で特に優遇する、といったようなことは、本来許されないことになる。」
15) 佐藤功＝鶴海良一郎『公務員法』（日本評論新社・1954）66頁。

者を具体の官職に就けること（補職）とを区別していた（任官補職のシステム）[16]。このシステムの場合、公務員か否かは、公務員たる人的身分を保有しているかどうかで判定されるから、新規採用とは、公務員身分の付与を意味する。昇格とは上位に位置する身分への異動であり、退官とは公務員身分の喪失である。以上のような意味において、変動単位は「人」であり（ランク・イン・パーソン）、今日の我が国でも、裁判官（裁判所法39条・40条・47条）と検察官（検察庁法15条・16条）について採用されている。なお、このシステムの場合、「人」の階層と「職」の階層とが並存し、昇進は、「人」の階層における上昇を意味する。

これに対し、現行公務員法は、裁判官と検察官を除き、任官という行為を観念しない。公務員の任用とは、ある人をある職に任じることである（職への任用のシステム）から、新規採用とは、公務員ではない人をある職に配属することを意味する。昇任とは上位に位置する職への異動であり、退職とは公務員の職を離れることである。以上のような意味において、現行公務員法における変動単位は、「人」ではなく「職」である（ランク・イン・ポジション）。なお、このシステムの場合は、「職」の階層のみが存在し、昇進は、「職」の階層における上昇を意味する。

職階制と任官補職のシステムとは、理論的には、必ずしも相容れない関係ではなかろう。しかし、現行公務員法は、属人的身分概念を排斥して、職への任用のシステムを導入し、このシステムを支える制度として、職階制を予定していた。少なくとも我が国の旧職階法においては、公務員身分という観念は排除されなければならない。旧職階法の解説には、同法における分類単位が、「人」ではなく「職」であることを強調するものがある[17]。

**(3) 職階制未実施の問題**

ここまで見てきたように、職階制は、現行公務員制度の土台となるシステ

---

16) 旧官吏制度における任官補職のシステムについては、美濃部達吉『日本行政法（上）』（有斐閣・1936）687頁、杉村章三郎『官吏法』（日本評論社・1940）93頁、森園＝吉田＝尾西編・前掲注13）79・85・321頁、橋本・前掲注9）222頁参照。
17) 岡部・前掲注13）12頁は、「職階制は職位または官職の分類に関する計画であって、職位または官職の担任者たる職員の分類に関する計画ではない」とする。

ムのはずであった。しかし、実際には実施されることなく、その見通しさえ立つことのないまま廃止されている。[18]

　職階制に代替する職務分類方法は、給与法——旧職階法と同じく1950（昭和25）年に制定された——6条に定める職務分類であった。[19] この職務分類は、職階制に適合した給与準則制定までの暫定措置のはずであったが、長きにわたって維持され、定着するに至っている。しかし、この分類は、職階制の想定よりもはるかに大まかなものに過ぎない。[20] そして、藤田宙靖は、次のような問題点を指摘する。[21]

　「給与法の定める職務分類は、本来は、専ら給与の額を決める基準としてのみ定められているのであるが、給与の基準は、当然、職務の内容及び複雑さに応じて定められるものとなる筈であるから、その限りにおいて、職階制による分類に代替しうるものと考えられているわけである。しかし言うまでもなく、本来これは、本末転倒であって、少なくとも過渡期における短期的な措置に終わらなければならない筈のものであるが、実際には、この過渡的措置が、当然の制度のあり方であるかのように今日広く通用する結果となってしまっている。そしてこのことが、例えば、我が国の社会に広くなじんでいる年功序列制度と結びついて、何はともあれ長年勤務した者の給与を上げるためにのみ給与法上の昇給をさせて行く、いわゆる『わたり』という現象等を生ぜしめる原因ともなっているのである。」

---

18) 職階制が廃止され人事評価制度が導入されたことの意義につき、塩野・前掲注4) 491頁。
19) 2007（平成19）年改正前の給与法1条3項は、「第6条の規定による職務の分類は、給与に関しては、国家公務員の職階制に関する法律……の施行にかかわらず、国家公務員法第63条に規定する給与準則が制定実施されるまで、その効力をもつものとする」と定めていた。当時の国公法63条は、1項で「職員の給与は、法律により定められる給与準則に基いてなされ、これに基かずには、いかなる金銭又は有価物も支給せられることはできない」と定め、2項で「人事院は、必要な調査研究を行い、職階制に適した給与準則を立案し、これを国会及び内閣に提出しなければならない」と定めていた。
20) 宇賀・前掲注13) 368頁参照。
21) 藤田・前掲注13) 274頁。

他方、給与法の職務分類を、我が国の行政組織になじむものとして、肯定的に評価する立場もある。例えば、稲継裕昭は、職務区分の曖昧さにより、柔軟に職務を割り当ててスタッフを有効に利用することが可能となり、その結果、アメリカよりも生産性と効率性の高い公務員制度になっていると高く評価する。鹿児島重治は、「職務内容の伸縮性こそわが国の企業や官公庁が社会、経済の急激な変化に柔軟に対応することができた最大の理由」とし、「わが国の弾力的な雇用形態には硬直的な職階制は不向き」と断じる。1982（昭和57）年の第2次臨調「行政改革に関する第3次答申（基本答申）」も、職階制が我が国の実情にそぐわないことを指摘し、旧職階法を廃止する方向で、現実的立場から検討すべきとしていた。

 しかし、仮に、給与法上の分類が、職階制によるそれより適切としても、法律論としては、なお問題が残ろう。職階制は実施されずに廃止されたものの、国公法と地公法の諸制度、とりわけ任用制度は、職階制の実施を前提に構築されているはずだからである。両法は、その前提あるいは土台を欠いたまま施行・運用されていることになり、ここでも、制度の建前と実態の乖離を指摘し得よう。かかる乖離は、何らの法的問題も生じさせていないのだろうか。制度の土台を欠いたままでの施行・運用が、様々な法的問題を生ぜしめていることは推測に難くない。とはいえ、具体的にどのような問題があるのか、この点の法学的分析は、これまでほとんどされてこなかったのではないか。このような基本的な問題について、その検討が疎かなままであること

---

22) 稲継裕昭『日本の官僚人事システム』（東洋経済新報社・1996）19頁。
23) 鹿児島重治「公務員制度と人事管理」日本行政学会編『公務員制度の動向』（ぎょうせい・1987）22頁。
24) 2007（平成19）年改正前の国公法32条は、「一般職に属するすべての官職については、職階制によらない分類をすることはできない」とし、2014（平成26）年改正前の地公法23条8項本文は、「職階制を採用する地方公共団体においては、職員の職について、職階制によらない分類をすることができない」としていた。
25) 現行法上、任用とは、人をある（官）職に任命することであるが（国公法34条1項1号〜4号、地公法15条の2第1項1号〜4号）、官職を定義していたのは旧職階法であった——同法3条1号は、「一人の職員に割り当てられる職務と責任」と定めていた——。しかし、同法が廃止された以上、今日において、（官）職の意味を、同法における意味で理解することはできないのではないか。この点については、晴山一穂＝西谷敏編『新基本法コンメンタール地方公務員法（別冊法学セミナー241号）』（日本評論社・2016）69頁〔下井康史〕参照。

を看過すべきではなかろう。この点、塩野宏は、1972（昭和47）年の段階で、次のように指摘していた。[26]

　「〔職階制が実施されていないという公務員法における〕根本問題を裁判という機能によって解決することは、現行裁判制度によっては、まず不可能な事柄に属するであろう。……しかし……ともすれば、法学者の公務員法研究が、判例に現れる限りでの問題に限定され〔ると〕、全体としての公務員法制が内包している基本問題の解明がおろそかにされるおそれがある……。〔職階制未実施の問題は〕法解釈学の範囲をも超えたものであるといえるかもしれない。しかし、かような点の考察を欠く場合には、おそらく公務員法制全体を把握することは不可能であろう。」

### 3　フランス法を参照する意味

　以上のように、我が国の公務員制度は、法の建前が開放型であるのに実態は閉鎖型であるという点、そして、任用制度の土台であるはずの職階制が廃止されたという点で、制度の根幹に関わる重大な問題を抱えている。この2点は、制度あるいは制度運用につき、様々な不具合をもたらしていると推測できよう。しかし、具体的にどのような法的問題があるのか——とりわけ職階制未実施について前述したように（2(3)参照）——まったく解明されておらず、問題発見の手がかりさえ得られていないのではないか。

　他方、フランス官吏制度は閉鎖型の典型といわれ、職階制を採用せず、任用の仕組みは任官補職のシステムである。アユーブによれば、任官補職のシステムは、閉鎖型任用制において不可欠ではないが、運営を円滑にするための制度的工夫であるという。[27] アルベルティーニも、人の集団の分類と職の集合のそれとを区別しなければ、閉鎖型の運用は難しいと指摘する。[28] そこで、フランスにおける任官補職のシステム、さらには、このシステムを支える

---

26)　塩野・前掲注1) 200頁。
27)　Ayoub (E.), La fonction publique en vingt principes, 2$^e$ éd., Editions Frison-Roche, 1998, p. 345.
28)　Albertini (P.), Grade, emploi, fonction; séparation et correspondance, R.A., 1982, p. 144.

「官等と職の区別」（官職分離）の仕組みを参照することで、我が国公務員法が潜在的に抱えているはずの法的問題点を発見する機縁としたい。

## III　官等と職の区別（官職分離）
　　　——任官補職のシステムを支える制度

　以下では、まず、フランス国家官吏（fonctionnaire）制度の基本構造を、本章の叙述に関連する限りで概観し、その中で、官等と職についての基礎的説明を加える（1）。続いて、現行法における官等と職の関係を明らかにした後（2）、官職分離制度の歴史的経緯を踏まえたうえで（3）、現行法下における官職分離の具体的な機能（4）、および、官職分離の限界について（5）、それぞれ概観する。

　なお、官吏とは正規任用の公務員（agent public）を意味するが、官吏以外の公務員については、第3編第1章第2節II 1・III 1を参照されたい[29]。

### 1　現行国家官吏制度の基礎概念[30]

　フランス官吏制度は、1983年から1986年にかけて制定された四つの基本法律（官吏法第I部〜第IV部）で規律されている[31]。このうち、国家官吏に適用されるのは、第I部と第II部である。

#### (1)　内部構造

　(a)　**職員群**（corps）　官吏は、その職種と責任の度合いに応じ、職員群に分類される（官吏法第I部13条、同第II部29条）。職員群は、フランス公務員制度における19世紀以来の伝統的概念であり、コンセイユ・デタ構成員等の職員群は、古くから、高級官僚群（グラン・コール〔grands corps〕）と呼ばれてきた。これは、職員群の中でもとりわけプレステージが高いものの通

---

[29)] 菅原真「フランスにおける外国人の公務就任権に関する一考察(1)」法学73巻5号（2009）61頁以下も参照。
[30)] 国家官吏制度の基本構造については、第1編第1章第2節IIの他、村松岐夫編『公務員制度改革』（学陽書房・2008）221頁以下参照。地方官吏制度の基本構造については、第1編第1章第1節I 1、第3編第1章第2節II参照。
[31)] 第1編第1章第1節I 1(3)、第3編第1章第2節II 2の他、菅原・前掲注29) 60頁以下参照。

称である。

　官吏法は、職員群を人事管理の基本的単位とする。この点は、例えば、採用や昇進の条件について、職員群ごとの身分規程（statut）（個別規程〔statut particulier〕）——身分規程とは、公務員の法的地位を規律する法令を意味する——がデクレで定めるものとしていること[32]（官吏法第Ⅰ部13条）、採用は職員群単位で行い、職員群内での昇進が一定程度で保障されていること、上位職員群に移る途も用意されているが（内部昇任〔promotion interne〕）、昇進とは区別され、新規採用扱いになること等に表れる。また、多くの官吏は、採用された職員群内で定年退職を迎えるのが通常とされる[33]。

　職員群による分類は、一見すると、我が国の俸給表による分類——「行政職俸給表（一）」、「行政職俸給表（二）」、「教育職俸給表（一）」、「教育職俸給表（二）」等（給与法別表）——に似ている。しかし、俸給表が、「職」を分類するものであるのに対し、職員群は、官吏という「人」を分類する概念である。そして、分野、職種、責任の程度に従って詳細に分類されている点で大きく異なる。

　例えば、初等中等教育教員については以下の職員群がある[34]。
- 初等教育教員職員群。これについての個別規程は、1990年8月1日のデクレ90―680である。
- 中等教育普通教員職員群。個別規程は、1972年7月4日のデクレ72―581号である。
- 中等教育上級教員職員群。個別規程は、1972年7月4日のデクレ72―580号である。
- 管理職職員の職員群。個別規程は、2001年12月11日のデクレ2001―1174号である。

　　(b) **カテゴリー**（catégorie）　　各職員群は、その責任の程度や、採用に求

---

32）　官吏法第Ⅱ部8条は、個別規程を定めるデクレが、コンセイユ・デタの議を経るデクレであることを求める。
33）　Gazier, op. cit., p. 28. 第1編第1章第1節Ⅰ1(4)、第1章Ⅲ1(**1**)参照。
34）　初等中等教育職員の給与等勤務条件に関する制度と実態、そして、職員群や官等の具体例については、下井康史「フランス」諸外国教員給与研究会『諸外国の教員給与に関する調査研究報告書』（2007）187頁以下を参照。

められる学歴要件に応じ、いずれかのカテゴリーに位置付けられる（官吏法第Ⅰ部13条、同第Ⅱ部29条）。国家公務の場合、上位から ABC の三つのカテゴリーがある。かつては、CのもとにDカテゴリーの職員群もあったが、1990年2月9日に官吏組合との間で締結した議定書（protocole）で漸次的廃止が取り決められ、現在では存在していない。[35]

(c) **官等・職・職級（classe）・号俸（échelon）**　各職員群は、一または複数の官等から構成される。例えば、コンセイユ・デタ構成員の職員群には、下位から、2 等傍聴官（auditeur de 2e classe）、1 等傍聴官（auditeur de 1ère classe）、調査官（maître des requêtes）、コンセイユ・デタ評定官（conseiller d'Etat）という官等がある[36]（コンセイユ・デタ構成員の個別規程を定める1963年7月30日のデクレ63—767号）。前述した初等中等教育教員管理職職員職員群の場合、下位から、2 等管理職職員、1 等管理職職員、特等管理職職員の三つの官等がある（前掲2001年12月11日のデクレ）。

2(1)で後述するように、各官等には、当該官等官吏が配属される職が複数用意されている。職の概念は、我が国国公法における官職のそれ（34条以下）にほぼ等しい。これらの職は、各職員群の官吏が担当するものごとに、職団（cadre）としてまとめられ、この職団に含まれる職が、当該職員群の各官等に応じて垂直的に細分類される。

官等が一つしかない職員群も少なくない。そのような職員群では、同一官等内に複数の職級（classe）が設定されることもある。

各官等には複数の号俸が付せられ、これにより官吏の俸給額が決められる。[37]

**(2) 採　用**

官吏の採用[38]は職員群ごとに実施され、官吏法が定める欠格要件[39]以外の採用

---

35)　Aubin, op. cit., p. 102. 地方公務でもDカテゴリーが廃止されていることにつき、第3編第1章第2節Ⅱ3(2)参照。
36)　J. リヴェロ（兼子仁＝磯部力＝小早川光郎編訳）『フランス行政法』（東京大学出版会・1982）209頁、滝沢正『フランス法〔第4版〕』（三省堂・2010）233頁参照。
37)　具体的な給与決定システムについては、第1編第1章第1節Ⅱ参照。
38)　採用制度の概要については、下井康史「フランス公務員法制の概要」日本ILO協会編『欧米の公務員制度と日本の公務員制度』（日本ILO協会・2003）31頁以下参照。
39)　以下の者は、官吏に就任できない。①フランス国籍を保有しない者、②公民権を有しない者、

## フランス公務員制度の内部構造

要件は、各職員群の個別規程が定める。採用のための選抜手法は、競争試験（concours）が原則である（官吏法第Ⅰ部16条）。

採用が決まると、研修職員として[40]、当該職員群の最下位官等の最下位号俸に格付けされ、1年間の研修期間の後、正式に官吏となる（任官）（後述2(**1**)参照）。

---

③場合によっては、犯罪記録（casier judiciaire）に、職務遂行と相容れない事項が記載されている者、④兵役法典上、適法な地位にない者、⑤職務遂行に求められる身体上の能力条件を備えていない者（官吏法第Ⅰ部5条）。

なお、外国籍の者でもヨーロッパ共同体構成国の国民であれば、一定の範囲において官吏に就任できる（官吏法Ⅰ部第5条の2）。フランス公務員法における国籍要件については、菅原・前掲注29)、同「フランスにおける外国人の公務就任権に関する一考察(2)(3)」法学74巻1号（2010）41頁・4号（2010）40頁が詳細である。

40) 研修職員については、第3編第1章第2節Ⅲ1参照。

(3) **昇進**（avancement）

　昇進には、号俸の昇進（昇給）と官等の昇進（昇格）との二つがある[41]（官吏法第Ⅱ部56条）。職級の昇進は、昇格と同じ手続で実施されることもある（同31条）。

　職員群の一に採用された官吏は、昇給と昇格を繰り返し、他の行政組織や、場合によっては行政組織外での職務従事を経験しつつ、人の階層における地位を上昇させていく。かかる地位の上昇は、キャリアを形成する（faire de carrière）とか、キャリアの進行（déroulement de carrière）などと称される。

　昇給は勤続年数と人事評価の結果で決められるが（官吏法第Ⅱ部57条）、どんなに人事評価結果が悪くても、懲戒処分を受けない限り、一定年数の勤務により当然に昇進できる（昇給請求権の保障）。

　上位官等に異動（昇格）する資格があるのは、原則として、直近下位官等の官吏に限定される。昇格は、勤続年数とは無関係に、人事評価や試験の結果に従って決定される（官吏法第Ⅱ部58条）。

(4) **身分喪失事由**[42]

　官吏がその身分を喪失するのは、以下の場合に限定される。

　　①定年退職（官吏法第Ⅰ部24条1°、同第Ⅱ部68条）

　　　官吏の定年は、概ね60歳である[43]。

　　②適法に承認された辞職（辞任）（官吏法第Ⅰ部24条2°）

　　　我が国と同様、一方的辞任は認められない。

　　③分限免職（licenciement）（同条3°）

　　　処分事由は、職務放棄、職務不適格等の職務遂行能力不十分、心身の故障、休職期間満了時の復職拒否（後述4(5)参照）、および、立法による行政整理（後述4(6)参照）である。退職年金（pension de retraite）受給権取得官吏に心身の故障がある場合は、職権退職（mise à la

---

41) 昇進制度の概要については、下井・前掲注38) 34頁以下参照。
42) 身分保障制度については、下井康史「フランスにおける公務員の不利益処分手続(1)」北法54巻1号（2003）47頁以下参照。
43) ただし、従来から、裁判官や大学教授等には例外が認められてきており、また、2010年以降、定年制度に関する様々な改革が行われてきている。v. Aubin, op. cit., p. 321.

retraite）というかたちをとる。

④懲戒免職（révocation）（官吏法第Ⅰ部24条4°）[44]

我が国とは異なり、官吏法は懲戒事由を列挙していない。法令上の義務違反一般が懲戒事由とされている。職務放棄は懲戒事由にもなり得る。

⑤フランス国籍喪失、公民権失効、判決による公職遂行禁止等の場合は、当該事実により自動的に失職する（官吏法第Ⅰ部24条）。

## 2　官等と職の関係

### (1)　官等と職の区別

官等について、現行官吏法第Ⅰ部12条は以下のように定める。

> 「官等は、職から区別される。
> 　官等は、その保持者（titulaire）に対し、当該官等に相応する職の一に従事する適格性（vocation）を与える資格（titre）である」

この第2文は、官等が、公務の職に従事できる人的な資格であり、官吏身分を示す属人的法概念であることを示す。その結果、官等を付与する行為（任官〔titularisation〕）が官吏身分の付与であり、官等のはく奪が官吏身分の喪失を意味する[45]。任官はあくまで官吏身分の付与行為であるから、それだけでは、当該官吏が配属される職は決まらない。職の決定には、別途、特定の職への補職（affectation）が必要となる（任官補職のシステム）。

職について、官吏法に定義はないが、一般には、一人の官吏が従事すべき「勤務上のポスト（poste de travail）」と説明される[46]。我が国における（官）

---

44)　官吏法第Ⅱ部66条は、懲戒処分として、以下のものを定める。
　・第1グループ：戒告（avertissement）、けん責（blâme）
　・第2グループ：昇進資格者名簿からの削除、降給（abaissement d'échelon）、15日以下の停職（exclusion temporaire de fonctions）、職権転任（déplacement d'office）
　・第3グループ：降格（rétrogradation）、3ヶ月以上2年以下の停職
　・第4グループ：職権退職、免職
45)　非正規職員には官等が付与されないことにつき、第3編第1章第2節Ⅲ1参照。
46)　Grégoire (R.), La fonction publique, Librairie Armand Colin, 1954, p. 146, Albertini, op.

職と同義といえよう。前述したように（１(1)(c)参照）、これらの職は、職員群の官吏が担当するものごとに職団としてまとめられ、各職団の職は、当該職員群の各官等に相応するものに細分類される。これにより、どの官等の官吏がどの職の範囲内で補職されるかが決まる。官吏法第Ⅰ部12条が、官等を単に官吏資格とするだけでなく、「相応する職への適格性」を与える資格としているのは、このような文脈で理解される。

　以上を踏まえれば、次のような説明が可能だろう。ある職員群に採用された官吏は、当該職員群の最下位官等に任官され、その官等に相応する職の一に補職される。当該官等に相応する職の範囲内での配置転換もある。同一官等の上位号俸に移るのが昇給だが、この場合、職の変更が伴うとは限らない。上位官等に異動（昇格）すると、原則として、異動先の官等に相応する職の一に補職される。

(2)　官等と職の区別（官職分離）の身分保障機能

　一般的な説明によれば、官等は官吏の保有になり[47]（le grade appartient au fonctionnaire）、官吏は、自己保有の官等を根拠として、法令の定めに従い、様々な利益の請求権を保障される。具体的には、まず、官吏法第Ⅰ部12条が定めるように、自己の官等に相応する職の一への補職を求めることができる（補職請求権の保障）。次に、給与その他に関する財産上の請求権も、官等の保有により承認される。給与のうち俸給の額は、各官吏の官等に付与された号俸によって決まり（前述１(1)(c)参照）、また、諸手当の額は、俸給額をベースに決められるからである[48]。これらの権利は、官吏の官等保有により発生するとされるため、任命権者は、法律の根拠なしに官吏の諸権利を侵害することが許されない。官吏に対する不利益処分は、法律に根拠がある場合であって、かつ、法律に定める事由・手続によることで、初めて実施可能となる。

---

　　cit., p. 147, Auby (J.-M.), Auby (J.-B.), Jean-Pierre (D.) et Taillefait (A.), Droit de la fonction publique, 7ᵉ éd., Dalloz, 2012, p. 153, Aubin, op. cit., p. 103.

47)　かつては、「官吏は官等の所有権（propriété）を有する」と称されることもあった。v. Ducrocq. (M.), Cours de droit administratif, 6ᵉ éd., Ernest Thorin, 1884, p. 593, Berthelemy (H.), Traite élémentaire de droit administratif, 9ᵉ éd., 1920, p. 404, Albertini, op. cit., p. 144.

48)　諸手当の制度については、第１編第１章第１節Ⅱの他、下井康史「フランスの地方公務員の給与制度について」地公月624号（2015）57頁参照。

このような意味で、官等保持の保障は、身分保障制度として機能する。

　他方、職に関する一般的な説明によると、職は、任命権者（多くの場合は各省大臣。ただし委任は可能）の自由になるもので（l'emploi est à la disposition de l'autorité compétente）、つまり、任命権者は職についての権限（pouvoir d'emploi）を有し、原則として、同権限を自由に行使する。他方、官吏には、職に対する何らの権利も認められない。以上の旨を明らかにする法律の定めはないが、バルドゥは、その論拠を、部局の都合（役務の利益〔intérêt du service〕）という包括的な概念のうちに見出すことができるとし、したがって、職が任命権者の自由になることにつき、法律に根拠は不要であるとする。

　官等と職の関係は、具体的に次の2点に表われる。

　第1に、官吏の補職を決める際、任命権者は、当該官吏の官等に相応する複数の職の範囲内であれば、どの職に補職することも許される。当該範囲内での配置転換についても制約はない。さらに、合理的な理由があれば、当該官等に用意されている職以外のポストに補職することも可能である（後述5(1)参照）。つまり、官等保持によって官吏は、当該官等に相応する職のいずれかへの補職を原則的に保障されるが、それ以上に、ある特定の職への従事を求めることまでが認められるわけではない。ただし、裁判官や大学教授等は、例外的に、配置転換にあたって本人の同意が必要とされる（不可動〔終身的身分保障〕(inamovibilité)）。

　第2に、職の総数を決めるのは財政法律（loi de finances）である。他方、行政組織に対する議会コントロールは我が国のそれよりも緩く、省庁設置は

---

49) Auby et autres., op. cit., p. 157, Aubin, op. cit., p. 103, Berthoud(J.), Pratique du contentieux de la Fonction publique, Les éditions du Panthéon, 2015, p. 439.
50) 役務の利益については、第3編第1章第2節Ⅳ1(2)の他、下井・前掲注42）51頁参照。
51) Baldous(B.), Du "pouvoir d'emploi" comme expression discretionnaire et hiérarchique de l'Intérêt du service, A.J.F.P., 1999, n. 5, p. 37. バルドゥは、「役務の利益」を定義不可能とし、しかし、任命権者は、法律に根拠がなくても指揮命令権を有するのと同様、役務の利益を理由とする人事措置を当然に行使できるとする。v. Baldous, op. cit., p. 38.
52) 裁判官の身分保障については、山口俊夫『概説フランス法(上)』（東京大学出版会・1978）203頁、田辺江美子「フランスにおける裁判官の身分保障」上智法学論集38巻2号（1994）28頁、滝沢・前掲注36）74・93・229頁参照。

コンセイユ・デタの議を経るデクレで定められる。各省内の組織は大臣アレテ（arrêté ministériel）で定めるから、組織ごとの職の配分は、財政法律の定める総数の枠内で政府が自由に決定できることになる。実際、我が国と異なり、フランスの省庁改編は実に頻繁で、その際、官吏の所属省庁が変わったり、ある官吏によって従事されてきた職が廃止されることもある。このような行政組織改廃に対し、官吏は職に対する権利を持たないため、職の創設・変更・廃止に対抗することができない。しかし、補職されていた職が廃止されても、官等を保持している限り、他の職への補職を求める権利が保障されているから、その身分上の地位、あるいはキャリアに影響を受けることはない。そのため、政府は、官吏の利益を顧慮することなく、変動する行政需要に合わせ、自由に行政組織を改廃することができ、このようにして、官吏の身分保障と柔軟な行政という、ともすれば矛盾する二つの要請を両立させることが可能になると説明されている。

## 3　官職分離制度の歴史的経緯[57]
### (1)　士官の身分に関する1834年5月19日の法律

官職分離制度の起源は、軍隊における「階級と職の区別」とされる。これは、7月王政下で制定された「士官の身分に関する1834年5月19日の法律」

---

53)　de Forges (J.-M.), Droit de la fonction publique, 2$^e$ éd., P.U.F., 1997, p. 167, Chapus (R.), Droit administratif général, T. 2, 15$^e$ éd, Montchrestien, 2002, p. 117.
54)　Silvera (V.) et Salon (S.), La fonction publique et ses problèmes actuels, 2$^e$ éd., L'Actualité juridique, 1976, p. 422.
55)　多賀谷一照「フランスの行政改革」ジュリ1161号（1999）46頁は、職員群制度の採用により、省庁単位の縦割り型行政が制度改革の妨げにならないことを指摘する。
56)　Grégoire, op. cit., p. 131, Albertini, op. cit., p. 144, Muzellec (R.), Le statut de la fonction publique française, garant de la démocratie, L.P.A., 140, 1994, p. 19, Salah (T. B.), Droit de la fonction publique, 2$^e$ éd, Armand Colin, 2003, p. 156, Auby et autres., op. cit., p. 156.
57)　官職分離制度の歴史的経緯については、主として以下の文献に拠った。v. de Forges, op. cit., p. 59 et s., Chapus, op. cit., p. 57 et s., Silvera (V.), La distinction du grade et de l'emploi dans la fonction publique, A.J.D.A., 1959, 1, p. 108, Santolin (B.), La "distinction du grade et de l'emploi" dans le droit positif et la coutume administrative, R.A., 1962, p. 152 et s., Savy (R.), Le grade et l'emploi, D., 1968, p. 25 et s., Gaborit (P.), Droits et obligations du statut général des fonctionnaires de l'Etat et des collectivites locales, A.J.D.A, 1984, p. 180 et s.. 　第3共和制下の状況については、Gazier (F.), Commentaires du statut general de 1946, D., 1947, L. p. 177 et s..

で導入された。その 1 条は次のように定める。

「1 条　階級（grade）は国王によって付与されるもので、士官（officier）の身分（état）を構成する。士官が階級を剥奪されるのは、以下の事由の一による場合に限られる。[58]
一　国王によって承認された辞任
二　裁判判決によって申し渡されたフランス国籍喪失
三　身体刑（peine afflictive）及び名誉刑（peine infamante）を下した有罪判決
四　刑法典第 3 部第 2 編第 2 章の第 1 節及び402条、403条、405条、406条並びに407条が定める軽罪に対する軽罪刑（peine correctionnelle）の一を下した有罪判決
五　拘禁を伴う軽罪刑に加えて、有罪判決を受けた者を高等警察の監督の下に置き、公民権の行使を禁じる有罪判決
六　軍法会議（conseil de guerre）の判決によって申し渡された罷免（destitution）
②　罷免は、他の有効な法律が定める場合を除き、以下の事由によって申し渡される。
一　現役士官について、同人の隊からの 3 ヶ月以上の違法な離脱
二　現役、休職あるいは待命身分の士官について、国王の許可を得ずになされた王国外での15日以上の居住」

この定めだけでは、階級と職の区別を明確に読み取ることはできない。しかし、議会における同法提案理由に、次のような一節がある。

「階級は士官の保有になるとしても、職は国王の保有になる。政府は士官に与えた職を士官から奪うことができる」

---

58)　グレゴワールは、1834年法律 1 条の柱書を「有名な定式」とする。Grégoire, op. cit., p. 75.

デュクロックは、この制度につき、士官個人の権利と軍の紀律保持という二つの要請を調和させる巧妙な仕組みと評価していた。このシステムが最も機能を発揮した例として挙げられるのは、第2次世界大戦勃発直後、当時の元帥が、前線での戦闘に不適格と判断した士官134名を、ドイツ国境から遠いリモージュ（Limoge）に更迭し、これをもって、リモジェ（limoger）という動詞が「更迭する」という意味になったという事件である。前線からの士官の大量異動は、実質的には降格を意味しよう。しかし、当該士官らが階級を保持している以上、その身分に影響を与えない。だからこそ思い切った配置転換ができたというのである。

(2) 文官吏への官職分離制度の導入

官職分離制度が文官吏にも導入されるまでには、長い時間を要した。

一般に、今日のフランス官吏制度の基礎が構築されたのは、ナポレオン帝政下とされる。その後、めまぐるしい政権変遷の後に第3共和制が成立した。同時期における官吏制度の特色は、職種ごとに定められた膨大な個別規程の存在である。官吏一般に適用される一般規程（statut général）の制定は、幾度か試みられたものの、いずれも頓挫した。これら諸々の個別規程において、官職分離を定めた規定は存せず、そのため、官吏が従事する職と官吏の身分との混同が見られたという。また、職の廃止が、同時に官吏の免職を生じさせたため、変動しかつ多様化する行政需要に即した行政組織の改編が十分に実施できず、行政の硬直化が深刻な問題となっていたと分析されている。

第2次世界大戦終結後、職を失った官吏が大量に帰国したため、政府は、同人らを再格付けする作業に着手した。同時に、硬直化した行政組織を柔軟

---

59) Ducrocq, op. cit., p. 102.
60) Waline, note sur C. E., 27 avr. 1956, Egaze, R.D.P., 1957, p. 109.
61) フランス公務員制度史については、須貝脩一「フランスの官吏制度」鑞山政道＝柳瀬良幹＝長濱政壽＝須貝脩一＝辻清明『各国官吏制度の研究』（プレブス社・1948）115頁以下、長谷川正安「フランス公務員制」鵜飼信成＝辻清明＝長濱政壽編『比較政治叢書1』（勁草書房・1956）291頁以下の他、下井・前掲注42）28頁以下参照。フランス革命期から19世紀にかけての官吏制度、および、当時の判例学説については、晴山一穂「フランスにおける官吏関係論の検討(1)」法学論叢97巻5号（1975）82頁以下を参照。
62) 第3共和政期における状況については、菅原・前掲注39）「フランスにおける外国人の公務就任権に関する一考察(2)」41頁以下を参照。

かつ弾力的なものにする制度の構築が企図される。これに対し、官吏らは、身分保障制度の実施を強く求めた。かかる状況において、一般規程の制定を求める声が高まる。そこで政府は、まず、官吏一般規程の制定に先立ち、上級行政官（administrateur civil）の職員群を創設し、その個別規程である1945年10月9日のオルドナンスの中で、文官吏に官職分離の制度を初めて導入した。そして、1946年、フランス史上初めての本格的一般規程として、1946年10月19日の法律（以下、「1946年官吏法」という）が制定される。同法は、全官吏に官職分離を制度化したことをはじめ、様々な保障を官吏一般に広く認める制度を創り上げた。その後、1946年官吏法は1959年に改正され（以下、この改正法を「1959年官吏法」という）、さらに1983年以降、現行官吏法が制定されたが、いずれも1946年官吏法の内容を基本としており、官等と職の区別についても同様である。

　ところで、1946年と1959年の両官吏法は、現行官吏法第Ⅰ部12条第1文のような定め（前述2(1)参照）を欠いていた。それでも両法が官職分離を制度化していたとされる論拠は、官吏の定義において「官等への任官」と「職への任用」とが区別されていたこと、官等の定義として、その「受益者に対し、当該官等に相応する職の一に従事する適格性を付与する資格」と定められていたこと、職の廃止だけでは官吏を免職できない旨（後述4(6)参照）が明示されていたこと等にあった。両法は、官職分離を黙示的に定めていたと理解されている。他方、現行官吏法が制定される以前、一般規程が設けられてい

---

63) 1946年官吏法の説明として、長谷川・前掲注61）336頁、人事院『フランス官吏制度概要』（人事院事務総局管理局法制課・1956）、高辻正己「フランスの統一官吏法」人事行政4巻2号（1953）98頁参照。同法の成立過程については、菅原・前掲注39）「フランスにおける外国人の公務就任権に関する一考察(3)」56頁以下を参照。
64) 1959年官吏法下の制度説明として、野村敬造『フランス憲法・行政法概論』（有信堂・1962）218頁、兼子仁『現代フランス行政法』（有斐閣・1970）271頁、八幡和郎「フランス行政権力の構造(1)(2)」季刊通産政策研究 NO. 41（1982）31頁・NO. 5（1982）113頁。
65) 第2次世界大戦終結後から現行官吏法制定までの経緯の簡単な概観として、第1編第1章第1節Ⅰ1(3)、第3編第1章第1節Ⅲ2の他、下井・前掲注42）30頁以下を参照。
66) 1946年官吏法1条、1959官吏年法1条。現行官吏法では、官吏法第Ⅱ部2条。
67) 1946年官吏法45条、1959年官吏法28条。
68) 1946年官吏法134条、1959年官吏法51条。現行官吏法では官吏法第Ⅱ部69条。
69) Forges, op. cit., p. 161, Gaborit, op. cit., p. 86.

たのは、国の官吏のみであった。地方官吏については、市町村法典（Code des communes）477条以下がその身分を規律していたが、官職分離制度は採用されていなかった。

その後、国家官吏について、官等と職が明確に区別されていないことに起因する事件がいくつか起こり、明確化の必要性が認識される。同時に、地方官吏についても、一般規程を制定し、その中で官職分離を制度化すること等が主張された。

1981年に発足したミッテラン政権は、公務員制度改革に意欲的で、現行官吏法制定による抜本的な改革を実現させた。現行官吏法は、1946年と1959年の両官吏法における一般理念を再確認し、さらに、その後の判例法理や諸々の個別立法の内容を取り込んだものであるが、本章のテーマとの関係では、全官吏に適用される官吏法第Ⅰ部が官職分離制度を明文で確認したことにより、地方官吏にもその射程を拡張した点に大きな意義が認められる。

## 4　現行法下における官職分離の具体的機能
### (1)　配置転換（mutation）

配置転換とは、ある官吏を、当該官吏の官等に相応する他の職に移す措置である（前述2(2)参照）。官吏の希望に基づくものと、専ら職権によるものとがあるが、いずれであれ、官等と職は区別されるため、職の変更を意味する配置転換は、官吏が保持する官等に影響を与えない。配置転換前から形成してきたキャリアは、当該官等に基づき、配置転換後も継続して進行する。他方、任命権者は職についての権限を有するから、役務の利益に従い、当該官等に予定されている職の範囲内で、官吏を自由に補職できる[71]。これに対し、官吏は、職についての権利がないため、既得権等を主張して従前の職に従事することの継続を求めることができない（前述2(2)参照）。

---

70)　例えば、C. E., 27 fév. 1956, Egaze, Rec. p. 172, R.D.P., 1957, p. 108. ある省の部長（directeur）という名称が、職と官等のいずれを示すのかが争われた。コンセイユ・デタは、職を表わすものと判示した。

71)　Savy, op. cit., p. 134, Chapus, op. cit., p. 110.

## (2) 俸給（traitement）

　官吏の俸給額は、原則として、官等に付された号俸により決定される（前述 1 (1)(c)参照。例外の一つは、後述する派遣の場合である）。官等と職は区別されるから、配置転換による職の変更は、当該官吏の俸給額に影響を与えない。このことは、他の官等に相応する職に配置転換された場合でも（後述 5 (1)参照）同じである。官吏の俸給は、従事する職や職務内容とは無関係に、官等という官吏身分に応じて支給されるという仕組みである（身分給）[72]。

　以上の点は、職への任用のシステムの場合と大きく異なる。同システムにおいては、職員の身分を観念しないため、俸給額は、当該職員が従事する職の内容や責任のレベルに応じて決まるからである（職務給原則）。

## (3) 派遣（détachement）

　官吏法第Ⅰ部は、官吏が置かれる地位（position）を分類しており[73]、その一つに派遣がある。

　派遣とは、「一時的に原職員群（corps d'origine）の外に置かれる官吏の地位」であり（官吏法第Ⅱ部45条）、官吏が一時的に、自己の官等が属する職員群（原職員群）以外で勤務することを意味する。官吏の希望に基づくものと、職権で命じられるものとがあり、後者の場合、その可否は部局の長の裁量に委ねられ、派遣の決定はいつでも取り消すことができる。派遣先としては、同一公務内の他職員群、地方公務や病院公務、国際機関の他、民間法人もあり得る（1985年9月16日のデクレ85―986号14条）。

　派遣官吏は、原職員群に予定された職以外の職務に従事するが、官等と職は区別されるため、派遣期間中も、自己の官等に基づく一定の権利を保障され、従前から形成してきたキャリアを、当該官等に基づき、派遣期間中も継続して進行させることができる。

　具体的には、まず、職務内容の如何を問わず、勤続年数に基づいて昇給し、昇格を求める権能も保障される（官吏法第Ⅱ部45条）（前述 1 (3)参照）。次に、

---

[72] 官等と給与の関係については、第1編第1章第1節Ⅱ参照。
[73] 官吏法第Ⅰ部12条の2は、以下のように定める。「あらゆる官吏は、以下の地位の一に置かれる。①現役（activité）、②派遣、③休職、④育児休業（congé parental）」。官吏が通常置かれる地位は①現役である。

派遣は、退職年金請求権に影響を与えない。つまり、派遣期間も退職年金算定期間に算入される（同45条の2）。さらに、官等とは、「当該官等に相応する職の一に従事する適格性を与える資格」であるから（前述2(1)参照）、派遣期間終了時には、自己の官等を根拠として、当該官等に相応する職に補職されること（原職員群への再編入）を求める権利を保障される（同45条。前述2(2)参照）。

他方、官吏法は、派遣官吏の俸給につき、特段の定めを用意しない。その一方で、派遣官吏が、派遣先の職務を規律する諸規範に服すと定める（同条）。その結果、俸給額は、官等と無関係に、派遣先の職務内容で決まることとなる[74]。この点は、官吏の俸給を決めるのは官等であって職ではないという原則（前述(2)参照）、つまりは官職分離原則の例外と位置付けられる[75]。

派遣制度が用いられる局面の一つとして、官吏を上級職（emploi supérieur）に任用する場合がある。上級職とは、行政組織の最上位に位置し、政府の政策形成に直接的に携わる一連の職であり[76]、そこでは、任命権者による自由な採用が認められている。官吏であれ民間人であれ、欠格要件に該当しない限り（前述1(2)参照）、広く任用の対象となる。競争試験のような職務遂行能力判定手続は存在しない。解任についても、事前の人事記録閲覧（communication du dossier）手続の履践のみが義務で[77]、処分理由が問われることはない。このような仕組みによって、政府は、自己の政治方針に忠実な幹部職員を確保する（政治的任用）。フランス型スポイルズ・システムといわれる[78]

---

74) 官吏法第I部20条は、派遣等の場合を想定し、「俸給額は、職員の官等及び到達した号俸に応じて、又は、任命された職に応じて決定する」と定める。
75) 実際には、原職員群に所属するよりも高額の報酬を得ることがしばしばであるという。v. Chapus, op. cit., p. 176, Aubin, op. cit., p. 307.
76) 上級職への任用については、下井・前掲注38）32頁以下を参照。
77) 官吏法第II部19条は、官吏に対する懲戒処分その他の不利益処分につき、事前に人事記録閲覧手続の履践を義務付けるが、上級職には官吏法が適用されない（官吏法第II部3条1°）。そのため、上級職の場合は、この手続を初めて定めた1905年4月22日の財政法律65条によって履践が義務付けられる。なお、この手続が、コンセイユ・デタ判例により、告知弁明手続を当然に伴うものとされたことにつき、下井康史「フランスにおける公務員の不利益処分手続(2)」北法54巻4号（2003）1097頁以下参照。
78) 久邇良子「行政の政治化・政治の行政化」早稲田政治公法研究45号（1994）104頁参照。

この制度は、大臣官房(cabinet ministériel)の構成員や、様々な公施設法人の総裁にも導入されている。

上級職への任用は、官等の付与(任官)を意味せず、したがって、民間人が上級職に任用されても、官吏身分を得るわけではない。他方、官吏が任用された場合は事情が異なる。官吏は、任官によって既に官等を付与された者であり、そして、官等は職と区別されるから、上級職在任中も、官吏としてのキャリアを進行させることができる。とりわけ、上級職を解任され、派遣が終了した場合において、当該官等に相応する職への補職、つまりは原職員群への再編入を請求できる点が重要だろう。

派遣制度は、官吏を様々な職務に従事させることを狙いとする。かかる狙いと官吏身分保障との両立が、官職分離制度によって図られているのである。

### (4) 職団外派遣(position hors cadre)

2016年4月20日の法律2016―483号による改正前の官吏法第Ⅱ部49条以下には、職団外派遣という制度があった。これは、派遣期間満了時に、派遣官吏が派遣の延長を願い出て、それが認められた場合に当該官吏が置かれる地位である。派遣とは異なり、原職員群における昇進は認められず、職団外派遣期間は退職年金算定期間にも算入されない。俸給その他の勤務条件は、派遣先の定めに従って決まるとされていた(2016年改正前の官吏法第Ⅱ部49条)。

それでも、官等と職は区別されるから、職団外派遣官吏は、官等に基づく権利のうちの最小限の要素として、原職員群への再編入を請求することが認められていた(同50条)。

---

79) 大臣官房については、岩田伸子「キャビネの歴史と功罪」公務研究2巻2号(2000)150頁参照。
80) 派遣に類似する制度として、特別併任(出向)(mise à la disposition)がある。特別併任官吏は、原職員群外で勤務しつつ、当該官等に基づく諸権利を全面的に保障される(官吏法第Ⅱ部41条)。したがって、その地位は、「派遣」ではなく、自己の職員群で通常に勤務している者と同じく「現役」である(前掲注73)参照)。例外的な制度であるため、併任先は、国家公務における他の職員群や、地方・病院公務、さらには、公施設法人、地方公共団体、国際組織等、公益性の高いものに限定されている(同42条)。
81) 第1編第1章第2節注16)参照。
82) Santolini, op. cit., p. 155.

第1章　フランス法　　165

(5)　休職（disponibilité）

　休職も、官吏の地位の一種である[83]。官吏の希望によるものと、「病気休暇（congé de maladie）の期間満了時に官吏が職務を再開する状態にない場合」に職権で命じられるもの（官吏法第II部51条）とがある[84]。

　休職とは補職がされていない状態である。しかし、官等と職は区別されるから、休職官吏も官等を保持し続ける。もっとも、俸給や昇進を求める権利は停止され、休職期間は退職年金算定期間に算入されない。休職官吏が官等に基づいて行使できるのは、職団外派遣の場合と同様、原職員群への再編入請求権のみである。なお、休職期間満了時に復職を拒否した者は、分限免職処分（前述1(4)参照）とされる（官吏法第II部51条）。

(6)　行政整理

　2(2)で前述したように、職は任命権者の自由になる。このことは、任命権者が、現に官吏が補職されている職についても、自由に廃止できることを含意する。これに対し、官吏は職に対する権利が認められていないため、政府による職の変更・廃止に対抗することができない。

　しかし、官等と職は区別されるから、職の廃止は、官吏の官等保持に影響を与えない。その結果、補職されていた職が廃止されても、官等を保持している限り、当該官等に相応する職の一への補職を請求できる。当該補職までの間、従前から形成してきたキャリアは、当該官等に基づき継続して進行するから、当該期間は、昇給や昇格に影響せず、退職年金算定期間にも算入される。

　このような制度により、官吏の身分保障と柔軟で弾力的な行政の実現との両立・調和が図られているとされ（前述2(2)・3(1)参照）、この点が、官職分離制度の身分保障機能が最も発揮される局面であろう。

　とはいえ、フランス官吏法にも、当然のことながら、人員削減（行政整理）のための分限免職制度が存在する。官吏法第II部69条は、分限免職が可

---

83)　前掲注73)参照。
84)　休職期間は、官吏の希望によるものの場合は休職事由により様々であり、病気休暇終了時のものは1年（更新は2回まで）である（1985年9月16日のデクレ85―986号43条・46条以下）。

能な場合を、職務放棄や休職期間満了時における復職拒否（前述4(5)参照）、そして、職務遂行能力を理由とする場合（前述1(4)参照）を除き、「相手方の再格付（reclassement）又は補償（indemnisation）を定めた職団廃止法律（dispositions législatives de dégagement des cadres）に基づく場合」と定める。再格付とは官等の変更を意味するから、職団廃止法律が再格付を定めていれば、対象官吏は他の官等に任官され、かかる定めを欠く場合に、行政整理を理由とする分限免職が実施される。

職団廃止法律の制度は、1946年官吏法で導入され、1959年官吏法を介して現行法に継受された。行政整理を理由とする分限免職にあたり、立法者の介在を求めることを狙いとした制度である[85]。極めて手厚い身分保障制度だが、その過剰を指摘する見解もないわけではない[86]。ただ、職団廃止法律の制定は極めて稀であり[87]、事実、フランスの公務員数は増加の一途を辿っている[88]。

## 5　官職分離制度の限界
### (1)　官等と職の相応性についての例外

官職分離が原則であるとしても、官吏法第Ⅰ部12条は、官等を「当該官等に相応する職の一に従事する適格性を与える資格」と定義している（前述2(1)参照）。官吏の従事する職が、当該官吏の官等に相応することが求められているのであり、その意味において、官等と職は、互いを前提として緊密に関係することになる[89]。

もっとも、この関係の緊密さは、ある程度まで緩やかに理解されており、官吏が自己の官等に相応しない職に——場合によっては、下位の官等に予定されている職に——従事することも一定程度まで許容されている。この点を明らかにした1954年のコンセイユ・デタ判決（C. E., 10 janvier 1958, Porte et autres, Rec., p. 928, A.J.D.A., 1958, p. 161）を紹介しておく。

---

85)　Santolini, op. cit., p. 152, Silvera et Salon, op. cit., p. 422.
86)　Long (M.), Réflexions sur la fonction publique en 1985, R.A., 1965, p. 242.
87)　Forges, op. cit., p. 244, Auby et autres, op. cit., p. 340.
88)　公務員の人数については、第1編第1章第1節**資料1・2**参照。
89)　Santolini, op. cit., p. 55, Auby et autres, op. cit., p. 156.

**【事案】** 1951年3月8日、郵便電話電信省は、概ね以下のような通達（circulaire）を発した。「電信電話局監査官は、自己の官等に通常用意される諸々の職の一に補職される前に、下位の官等の官吏が従事する勤務上のポストに交代で従事しなければならない。これらの者がそのポストに就いた場合、その部局の責任者である官吏の命令下に置かれる」。これに基づく諸決定の取消訴訟において、原告官吏らは、同通達につき、特定の官等保持者に対し、当該官等よりも下位の官等の職員が担当する職務を遂行するよう求めるものであるから、1946年官吏法45条〔現行官吏法第Ⅰ部12条第2文（前述2(1)参照）と同旨の定め──筆者注〕に反して無効であると主張した。

**【判旨】**「1946年官吏法45条により、原則として、官等と当該官等が就任資格をその保持者に与える職とは関係があるものとされる。……しかし、同条は、大臣又は部局の長が、ある官等の官吏に、通常であれば下位の官等の職員によって遂行される職務を、役務の利益が求める範囲において付与することを妨げない。」

　この判決により、「役務の利益の求める範囲内において」という条件のもとで、当該官等よりも下位の官等に相応する職への補職を適法とする判例が確立した[90]。その結果、職の変更を伴わない昇格も適法となる。ただし、このような場合でも、官等と職は区別されるから、当該官吏の俸給その他身分上の権利は、従事している職とは無関係に、その保持する官等によって基礎付けられる（前述4(2)参照）。

　以上のように、官職関係の緊密さは、それほど厳格に考えられているわけではない。このことは、官吏法第Ⅰ部12条が、「官等に相応する職に従事する権利」とはせずに、「適格性」とした所以とされる[91]。とはいえ、官等と職の間に著しい格差があれば、そのような職への補職は違法となろう[92]。

---

90) Savy, op. cit., p. 13 et 45, de Forges, op. cit., p. 162, Chapus, op. cit., p. 110, Auby et autres, p. 156, Berthoud, op. cit., p. 439.
91) Chapus, op. cit., p. 110.
92) Santolini, op. cit., p. 155.

## (2) 補職請求権の制限

官吏法第Ⅰ部12条は、2(1)で前述した部分に続き、第3文を以下のように定める。

> 「ある官等における任用や昇任は、欠員職（emploi vacant）を補充し、かつ、その受益者に相応する職務を遂行させることを専らの目的としていなければ、全て無効である」。

この定めは、遂行すべき職務がないのに、専ら官吏に利益を供与するための補職（nomination pour ordre と称される）を禁じるもので、1926年のコンセイユ・デタ判決（C. E., 19 nov. 1926, Monzat, Rec., p. 1001, R.D.P., 1927, p. 75. concl. Cahen-Salvador）以来の判例法理に従ったものである。同判決は、昇進の利益を相手方にもたらすことを専らの目的とした、役務の必要性を充たすためになされたわけではない任用につき、まったく虚構のもので、nomination pour ordre として取り消されなければならないとしていた。かかる任用につき、同判決の論告担当官は、「職のための職員ではなく、職員のために職が創られるという状況を生み出すもので、行政の信用を落とし、我が国の行政を歪める」とし、シャピュは、明らかに情実処分であるとする。[93]

なお、上記1926年判決は、nominaton pour ordre を取り消されるべき処分としていたが、1942年のコンセイユ・デタ判決（C.E., 11 nov. 1942, Urin, Rec., p. 347.）以降、無効のものとされるようになり、この点も官吏法第Ⅰ部12条で確認されている。

## Ⅳ　おわりに——日本法への示唆の模索

以上見てきたように、フランス官吏法では、任官補職のシステムが、人事の諸局面で身分保障機能を果たしており、これを支える制度が、官等——属人的身分概念——と職——官吏が従事する勤務上のポスト——との区別

---

[93] Chapus, op. cit., p. 191.

（官職分離）である。

これに対し、II 2(2)で前述したように、我が国の現行公務員法は、職と身分の区別を観念せず、任官補職のシステムを排除する。その結果、公務員身分を有するが職に就いていないという、旧法下における待命のような状態は想定され得ない。[94]

もっとも、現行法制上、職から区別された属人的身分概念を見出せないわけではない。

### 1 「官」制度の残存

まず、我が国にも、財務事務官とか、厚生労働医官、国土交通技官といった、フランスの官等に類似する概念が存在する。その制度的根拠は、国家行政組織法附則（昭和25年5月4日法律第139号）2項である。以下のように定める。

> 「各行政機関の職員の官に関する従来の種類及び所掌事項については、なお、その例による。」

ここでいう「官」とは、旧官吏法制下のそれである。この定めにより、旧法下の属人的概念がなお利用されることとなり、今日に至っている。ただし、この附則2項につき、同3項は、職階制の実施とともに効力を失うと定めていた。国公法が想定する本来の姿が実現するまでの暫定措置というわけである。ところが、職階制廃止とともに、3項は削除されたが、2項は残された。暫定措置に永続性が与えられたことになる。他方、職階制を前提とする任用システムは維持された。二重三重にねじれた状態になっているといえよう。[95]

もっとも、今日における「官」の機能は、せいぜい、所属省名と適用俸給表の種類（給与法6条1項）とを示すことぐらいである。現行法上、「官」の[96]

---

94) 待命については、美濃部・前掲注16) 759頁、宇賀・前掲注13) 367頁参照。
95) 晴山＝西谷編・前掲注25) 70頁〔下井〕参照。
96) 森園＝吉田＝尾西編・前掲注13) 85頁は、「一般的には呼称としての意味を持つものとして存在するにすぎない」とする。

意味や機能を規律する定めは存在せず、フランス法における官等とは異なり、官に任命されたからといって、そのことから何らかの請求権が承認されるわけではない。法的には特段の意味が認められない概念である。

とはいえ、任用を発令する辞令には、いずれかの官への任命と、任じられる職の名称とが記載される。まさに任官補職のシステムの如き様相といえるだろう。地方公務員についても、例えば採用辞令の場合、一般に、その文面は、「○○県職員に任命する」としたうえで「○○（主事や係長といった職位）に補する」、あるいは、「○○を命ずる」としたうえで「○○課勤務を命ずる」といったものになっている。[97]

このように、とりわけ採用については、個々の職に人を任じる行為というよりも、公務員集団に帰属させる身分付与行為であって、具体的な職や配属先の指定はそこから区別される、つまりは任官補職のシステムが、少なくとも人事行政実務の現場感覚に適合しているのではなかろうか。[98]

## 2　現行実定公務員法における「身分」の観念

次に、現行法は、職と区別される「身分」を観念しない。これが、立法当時から今日までの一貫した説明である。[99]しかし、実定公務員法上、「身分」という文言が登場しないわけではない。

例えば、国公法80条4項は、「休職者は、職員としての身分を保有するが、職務に従事しない」とし、同法83条2項は、「停職者は、職員としての身分を保有するが、その職務に従事しない」と定める。[100]また、国と民間企業との

---

97)　晴山＝西谷編・前掲注25）70頁〔下井〕参照。
98)　佐藤英善『概説・論点・図表 地方公務員法』（敬文堂・1990）34頁参照。橋本・前掲注9）253頁は、採用について、「具体的な人に対する身分付与という実質」であることを否定しない。
99)　II2(2)で紹介したコンメンタールの解説の他、浅井・前掲注13）165頁、中村博『改訂国家公務員法〔第2版〕』（第一法規・1986）168頁、栗田久喜＝柳克樹編『国家公務員法・地方公務員法』（青林書院・1997）国家公務員法96条、森園＝吉田＝尾西編・前掲注13）79・321頁、橋本・前掲注9）253頁等参照。
100)　同様の定めとして、国家公務員の育児休業等に関する法律5条1項、国家公務員の自己啓発等休業に関する法律5条1項、国家公務員の配偶者同行休業に関する法律5条1項、国会職員の配偶者同行休業に関する法律5条1項、裁判官の配偶者同行休業に関する法律5条、国際機関等に派遣される一般職の国家公務員の処遇等に関する法律3条1項、国会職員法42条、国際機関等に派遣される防衛省の職員の処遇等に関する法律3条、法科大学院への裁判官及び検察官その他

間の人事交流に関する法律（以下、「官民交流法」という）2条3項は、交流派遣を、「期間を定めて、職員……を、その身分を保有させたまま、当該職員と民間企業との間で締結した労働契約に基づく業務に従事させること」と定義している。

　もっとも、人規11―4（職員の身分保障）4条1項によれば、休職中の職員は、「休職にされた時占めていた官職又は休職中に異動した官職を保有する」とされ、人規21―0（国と民間企業との間の人事交流）35条1項等にも同様の定めがある。法律でも、例えば地公法は、自己啓発等休業と配偶者同行休業につき、休業の職員は、「職を保有するが、職務に従事しない」としている（地公法26条の5第2項・26条の6第11項）。

　「職を保有する」とは、職務に従事していなくても（職務専念義務〔国公法101条、地公法35条〕の免除）、任用された職を失うわけではないとの意味であろう。その結果、当該職員は、休職・停職・休業の期間中も、国公法・地公法の服務規定（国家公務員倫理法等を含む）が適用され、そして、各期間の満了時には、当該職の職務に復帰する。すると、法律で「身分」という文言が用いられていても、その実質は「〔官〕職」の意味であり、いわば単なる言い換えなのかもしれない。「身分と職は一体のものとして観念されている」との解説もある。「身分」に着眼したり、「職との区別」を論じることに、さ

---

　　の一般職の国家公務員の派遣に関する法律11条5項、教育公務員特例法27条1項、平成三十二年東京オリンピック競技大会・東京パラリンピック競技大会特別措置法17条7項。その他、職員「身分」を明言する定めとして、自治法252条の17第2項、国際連合平和維持活動等に対する協力に関する法律13条4項5項。
101)　その他、人規19―0（職員の育児休業等）8条1項、同25―0（職員の自己啓発等休業）8条1項、同26―0（職員の配偶者同行休業）8条1項、同24―0（検察官その他の職員の法科大学院への派遣）8条1項。
102)　その他、地方公務員の育児休業等に関する法律4条1項、国際連合平和維持活動等に対する協力に関する法律13条3項5項、公益的法人等への一般職の地方公務員の派遣等に関する法律4条2項、外国の地方公共団体の機関等に派遣される一般職の地方公務員の処遇等に関する法律3条参照。
103)　晴山＝西谷編・前掲注25）121頁〔大澤光〕、橋本・前掲注9）546頁参照。
104)　宇賀・前掲注13）387頁、日本人事行政研究所編『逐条公務員育児休業法〔第3次改訂版〕』（公務人材開発協会・2014）112頁、地方公務員法制研究会編『実務必携地方公務員育児休業法〔第2次改訂版〕』（ぎょうせい・2003）81頁参照。官民交流法10条2項・12条4項も参照。
105)　橋本・前掲注9）222頁、日本人事行政研究所編・前掲注104）110頁、地方公務員法制研究会編・前掲注104）81頁。

したる意味はないのであろうか。

### 3　「任官補職のシステム」の実態

　他方、派遣に関する諸法律の場合、「身分」という文言は、より実質的な意味を含意しているように思える。なぜならば、派遣公務員は、自己が「保有する〔官〕職」以外の職務に従事しながらも、災害補償や共済関係については国家・地方公務員として扱われ、また、病気休職の場合における給与支給（給与法23条1項）や、退職手当支給に必要な勤務期間の算定については、派遣先の業務が公務とみなされるからである。さらに、例えば官民交流法18条1項は、「交流派遣職員が職務に復帰した場合におけるその者の職務の級及び号俸については、部内の他の職員との権衡上必要と認められる範囲内において、人事院規則の定めるところにより、必要な調整を行うことができる」と定める。これは、仮に派遣されておらず、「保有している〔官〕職」に従事し続けていれば到達していたはずの、昇進上の地位の確保を求める趣旨であろう。同旨の定めとして、例えば、国際機関等に派遣される一般職の国家公務員の処遇等に関する法律11条は、「派遣職員が職務に復帰した場合における任用、給与等に関する処遇については、部内職員との均衡を失することのないよう適切な配慮が加えられなければならない」とする。

　このような派遣関連法律が定める諸制度でも、「〔官〕職の保有」という観念と整合しないわけではない。しかし、その実態は、任官補職のシステムではないか。フランス風に説明すれば、「公務員身分と職とは区別されるため、

---

106) 各法律によって表現に微妙な違いはあるが、その他、官民交流法14条・16条・17条、国際機関等に派遣される一般職の国家公務員の処遇等に関する法律6条～9条、国会職員法43条、国際機関等に派遣される防衛省の職員の処遇等に関する法律6条～10条、法科大学院への裁判官及び検察官その他の一般職の国家公務員の派遣に関する法律8条～10条・13条の2・15条・19条、公益的法人等への一般職の地方公務員の派遣等に関する法律7条・9条・11条・12条、外国の地方公共団体の機関に派遣される一般職の地方公務員の処遇等に関する法律5条・6条、平成三十二年東京オリンピック競技大会・東京パラリンピック競技大会特別措置法20条～24条参照。
107) 法科大学院への裁判官及び検察官その他の一般職の国家公務員の派遣に関する法律20条も同様。
108) 国会職員法43条、国際機関等に派遣される防衛省の職員の処遇等に関する法律13条、外国の地方公共団体の機関等に派遣される一般職の地方公務員の処遇等に関する法律8条、平成三十二年東京オリンピック競技大会・東京パラリンピック競技大会特別措置法25条も参照。

派遣は、当該公務員の身分に影響を与えず、派遣期間中も、自己の身分に基づく一定の権利を保障され、従前から形成してきたキャリアは、当該身分に基づき、派遣期間中も継続して進行する」となろうが（前述Ⅲ4(3)参照）、この説明は、日本法のそれとしても、さして違和感はないように思える。

さらに、よりフランス風の説明に適合する法制度として、以下の二つを挙げておきたい。

第1は、国家公務員が特殊法人や独立行政法人で勤務するという、いわゆる「出向」である。この場合は、派遣と異なり、国家公務員の退職、そして、出向先法人での新規採用というかたちをとる。出向期間経過後、通例であれば、国家公務員に復職すると考えられるが、この復職も、かたちの上では採用である。つまり、出向期間中は「〔官〕職を保有」していない。[109] にもかかわらず、国家公務員退職手当法は、退職手当支給に必要な勤務期間の算定にあたり、出向期間を、「職員としての引き続いた在職期間」とみなしている（7条の2・8条）。

第2は、公益的法人等への一般職の地方公務員の派遣等に関する法律（以下、「地方公務員派遣法」という）[110]が定める特定法人[111]への派遣である。この場合、地方公共団体は、職員を退職させて派遣しなければならない（退職派遣。10条1項）。当該退職者は、派遣先法人に新規採用される。派遣終了後、通例であれば、原地方公共団体に復職すると考えられるが、この復職も、かた

---

109) 国家公務員退職手当法7条の2第1項および8条1項は、職員が任命権者の「要請」に応じて特殊法人等に使用される場合について定めるところ、この「要請」の意味につき、「国家公務員退職手当法の運用方針」（昭和60年4月30日総人第261号）は、「任命権者又はその委任を受けた者が、職員に対し」、特殊法人等に「職員として在職した後再び職員に復帰させることを前提として」、「退職出向することを慫慂する行為をいう」とする。このことを踏まえ、東京地判平成25年1月23日労働経済判例速報2177号3頁は、復職につき、「形式は採用であるが、退職出向が再び職員として復帰することが前提とされているものであることに照らし、転任の要素が含まれることは否定できない」とし、「任命権者は、新規採用と同様の広範な裁量までは有しない」とする。
110) 地方公務員派遣法の概要については、宇賀・前掲注13) 389頁参照。
111) 特定法人とは、「当該地方公共団体が出資している株式会社のうち、その業務の全部又は一部が地域の振興、住民の生活の向上その他公益の増進に寄与するとともに当該地方公共団体の事務又は事業と密接な関連を有するものであり、かつ、当該地方公共団体がその施策の推進を図るため人的援助を行うことが必要であるものとして条例で定めるもの」である（地方公務員派遣法10条1項）。

ちの上では採用である。つまり、派遣期間中は「職を保有」していない。にもかかわらず、当該地方公共団体は、「退職手当の取扱いについては、部内の職員との均衡を失することのないよう、条例で定めるところにより必要な措置を講じ、又は適切な配慮をしなければならない」(12条1項)。加えて、任命権者は、派遣されていた者を、職員として採用する義務があるから(10条1項)、派遣退職者には、採用請求権が保障されていることになる。[112]

　いずれの仕組みも、官を保有していればキャリアが進行するとか、官に基づいて補職の請求ができるという、フランス法に即した説明に適合するのではあるまいか。

### 4　制度と実態の乖離と身分保障

　派遣関連諸法律や国家公務員退職手当法の定める諸制度が、現実の必要に対応するものであることは言を俟たない[113]。しかし、このような需要の存在こそが、我が国公務員制度の実態が閉鎖型任用制であることの証左なのではなかろうか。しかも、各法制度の実質は、任官補職のシステムではないか。以上のことは、フランス法におけるような、官職分離を踏まえた任官補職のシステムが、閉鎖型任用制を円滑に運用するための鍵となる仕組みであること(前述Ⅱ3参照)を示しているように思える。また、上記の諸制度と、「身分を観念しない」という国公法・地公法の基本理念との整合性は疑わしい。人規11―4(職員の身分保障)4条2項は、休職した公務員が「保有する官職」について、「当該官職を他の職員をもつて補充することを妨げるものではない」としており[114]、身分概念を観念させないための工夫といえるが、いかにも[115]

---

112)　塩野宏『行政法Ⅲ〔第4版〕』(有斐閣・2012)293頁、宇賀・前掲注13)390頁参照。
113)　退職手当制度研究会編著『公務員の退職手当法詳解〔第6次改訂版〕』(学陽書房・2015)171頁は、出向期間を在職期間に通算しないと、「出向しなかった職員の退職手当に比較し著しく不利益となるが、これは公庫等への出向が任命権者等の要請により行われたものであること等に鑑みても人事管理上問題がある」とする。
114)　同文の定めとして、人規1―64(職員の公益財団法人東京オリンピック・パラリンピック競技大会組織委員会への派遣)7条2項、同21―0(国と民間企業との間の人事交流)35条2項、同24―0(検察官その他の職員の法科大学院への派遣)11条2項、同25―0(職員の自己啓発等休業)8条2項、同26―0(職員の配偶者同行休業)8条2項、国際機関等に派遣される防衛省の職員の処遇等に関する法律施行令3条2項。
115)　森園＝吉田＝尾西編・前掲注13)678頁は、一つの官職に、複数の国家公務員を「重ねて補

苦肉の策との印象を拭えない。

　金井利之は、各種派遣法につき、職階制の設定した開放的流動的・専門職的公務員制度の構築を目指したものと位置付けたうえで、既存の公務員集団の多数を占める閉鎖的・ジェネラリスト的人事運用とは明らかに不整合であるとし、「職階制の課題認識は、『古い』のではなく『早すぎた』」と指摘する[116]。しかし、本来は、国公法・地公法という基本法こそが、職階制を土台とした開放的な「職への任用のシステム」のはずである。他方、本章の検討によれば、各種派遣法が採用した手法の実質は、閉鎖型任用制に適合的な「任官補職のシステム」であろう。金井の指摘には、我が国公務員制度における制度と実態の乖離、それに基づく法制度上の混乱が、いわば逆説的に示されているように思える。

　このような乖離、そして混乱は、とりわけ身分保障につき、深刻な影響を及ぼす。制度の実態は、より手厚い内容を要請する閉鎖型であるのに、法の建前は、相対的に手薄な内容でも是とする開放型だからである。この点の詳細は次章第1節で論じることとし、ここでは、国と地方公共団体の間における人事交流の問題を挙げておきたい。かかる交流は活発に利用されているが、既に指摘があるように、前述の派遣関連法律が定めるような法的手当はまったく講じられていない。閉鎖型を前提とした運用であるにもかかわらず、いわば信頼関係のみに基づいて実施されており、身分保障という観点が完全に欠落している[117]。そこに潜在する問題は、決して無視し得るものではない。

　以上のような本章の考察により、今後、国公法・地公法という基本法の建前を重視して、運用の実態、そして、各種派遣法その他の関連諸法律を改めるべきであるのか、それとも、長年の実績にかんがみて、国公法・地公法に身分と職の区別を前提とした任官補職のシステムを導入すべきであるのか[118]、

---

　　充する」ものと説明する。
116)　金井利之「戦後日本の公務員制度における職階制」公共政策研究6号（2006）76頁。
117)　渡邊賢「職員の交流・派遣」高木光＝宇賀克也編『行政法の争点』（有斐閣・2014）193頁参照。山本隆司「公務員制度改革大綱の分析」ジュリ1226号（2002）63頁、宇賀・前掲注13) 390頁も参照。
118)　山本隆司「ドイツにおける公務員の任用・勤務形態の多様化に関する比較法調査」自研80巻5号（2004）56頁は、「労働力の流動性が高くなく、個人に対する組織の力がなお強い現状の社会環境を前提にすると、……〔開放型任用制のように──筆者注〕権力の分散により公務員の中

この点の検討が、我が国公務員法における重要課題の一つであることが明らかになったと主張したい。[119)]

---

　立性の理念を実現するのは困難であり、公務員が「全体の奉仕者」として職務を遂行することを安定的・恒常的に保障する……キャリアシステムの方が、憲法15条に適合しよう」と主張する。
　同・前掲注117）62頁も参照。
119）　晴山＝西谷編・前掲注25）70頁〔下井〕参照。

# 第2章

# 日本法

## 第1節　公務員法と労働法の距離
　　　──公務員身分保障のあり方

## I　はじめに

　本節では、公務員法と民間労働法の間に距離が確保されるべきことにつき、公務員身分保障に焦点を絞って論証する。以下、両法間に距離が確保されるべき理由を述べ（II）、公務員身分保障と民間の解雇権濫用法理を比較した後（III）、身分保障制度と任用昇進システムの関連の考察から、我が国における法と実態の乖離を指摘したうえで（IV）、フランス法をヒントに、あるべき身分保障制度のあり方を模索する（V）。以上においては、2001（平成13）年12月25日閣議決定「公務員制度改革大綱」（以下、「大綱」という）[1]の内容に随時触れる。なお、公務員には立法・司法府、そして地方公共団体の職員も含まれるが、本節では便宜上、国の行政府職員に検討対象を限定し[2]、条文の引用も国公法のみとする。

---

1) 「大綱」の紹介・検討として、「特集・公務員制度改革」ジュリ1226号（2002）掲載の諸鼎談・論文の他、川田琢之＝高橋滋「公務員法」宇賀克也＝大橋洋一＝高橋滋編『対話で学ぶ行政法』（有斐閣・2003）266頁以下、西谷敏＝晴山一穂編『公務員制度改革』（大月書店・2002）、川田琢之「『公務員制度改革大綱』の閣議決定」労働99号（2002）137頁。
2) 公務員法と労働法の距離を考えるにあたっては、行政事務担当者のうち、いかなる者を公務員法上の公務員とすべきかを、併せて考察しなければならない。第3編第1章第1節では、この点をフランス法との比較において論じている。

## II　距離が確保されるべき理由

　公務員法と労働法には様々な点で共通性があり、「大綱」も、能力主義・成果主義の導入等、民間企業における人事管理手法を取り入れようとしている[3]。また、公務員も憲法上の労働者である以上（全農林警職法事件・最大判昭和48・4・25刑集27-4-547）、民間労働者と同質の権利保障が必要になる。しかし、それでもなお公務員制度は、民間労働法制とは異なる特殊な法システムであることが求められる。

　なぜなら第1に、実定公務員制度は、憲法15条の宣言する民主的公務員法制という法思想を具体化する制度でなければならないからである[4]。つまり、公務員法と労働法では憲法上の基盤が異なり[5]、前者においては、民主的行政の土台という枠組みを無視することは許されない[6]。

　第2に、公務員制度は、市民への適切な行政サービス提供を可能にするための、公の事務の執行適正化担保を目的とする制度である。その結果、他の諸々の行政システムと同様、公益実現のための法制度として、民間労働法には見られない行政法の一般原理が及ぶことになる[7]。

---

3）　川田琢之「公務員制度改革大綱の分析」ジュリ1226号（2002）70頁は、「能力主義・成果主義的色彩の強いものに改めるという流れは、やや大げさにいえば、昨今のわが国雇用社会を席巻する動きである」とする。

4）　菅野和夫「公共部門労働法(1)」曹時35巻10号（1983）1861頁、藤田宙靖『行政組織法』（有斐閣・2005）265頁、晴山一穂「日本国憲法と公務員制度改革」西谷＝晴山編・前掲注1）39頁、塩野宏『行政法Ⅲ〔第4版〕』（有斐閣・2012）260頁参照。

5）　塩野・前掲注4）260頁。第1編第2章第3節Ⅱおよび第4節Ⅱも参照。

6）　西村美香「公務員制度」森田朗編『行政学の基礎』（岩波書店・1998）108頁参照。

7）　大橋洋一は、行政に関する「法の一般原則」として、信義誠実の原則、権限濫用の禁止原則、比例原則、平等原則を挙げ、さらに、現代型一般原則として、市民参加原則、説明責任原則、透明性原則、補完性原則、効率性原則を挙げる（大橋洋一『行政法①〔第3版〕』〔有斐閣・2016〕）43頁以下）。そして、いわゆる行政内部法と外部法の峻別の否定を主張しており（同書302頁）、すると、上記諸原則が行政作用法と行政組織法のいずれにも妥当すべきことになろう。もっとも、行政作用法と行政組織法とでは、やはり異なる法原理が支配しているようにも思われ、そうであれば、上記諸原則の内容も両分野においてそれぞれ変容を受けることになろう。行政法における公務員法の位置付けについては、藤田宙靖『行政法の基礎理論(下)』（有斐閣・2005）32頁以下を参照。公務員行政が特別権力関係であることは否定されても、なお他の行政法関係と区別されるべき点があることにつき、遠藤博也『実定行政法』（有斐閣・1989）23頁参照。

第２の点は、今日とりわけ意味を持つ。なぜなら、2002（平成14）年現在の我が国では、行政スタイルの変革を目指す制度の創設・改革が目白押しだからである。具体的には、1999（平成11）年の地方分権改革と2001（平成13）年の中央省庁等改革の他、1993（平成５）年の行手法、1997（平成９）年の環境影響評価法、1999（平成11）年の行政機関情報公開法、同年３月23日閣議決定による「規制の設定又は改廃に係る意見提出手続」（いわゆるパブリック・コメント）、2001（平成13）年制定の「行政機関が行う政策の評価に関する法律」、同年３月27日閣議決定が導入したいわゆるノー・アクション・レター制度等が挙げられる[8]。これら諸制度の担い手が公務員であることに鑑みれば、一連の改革の実効性は、公務員制度のあり方如何で大きく左右されることになろう。今村成和が指摘するように、公務員制度をどのように定めるかが、行政運営の適正を期するうえで重大な関係を持つ以上[9]（基盤行政としての人事行政[10]）、行訴法改革と並び、公務員制度改革が、諸改革の仕上げ、あるいは、それらの要に位置付けられるべきであろう[11]。山本隆司は、行政組織改革が公務員制度改革につながるのは必然とするが、公務員制度改革を要請するのは、行政組織改革に限られない[12]。

　塩野宏が指摘するように、「民間との近似化と民間からの距離の確保」[13]が、今日における公務員法制の課題である。では、具体的にいかなる点につきどのようなかたちで距離が確保されるべきなのか。以下、「大綱」がほとんど触れない身分保障の問題に絞って検討する。

---

8)　白藤博行「地方公務員制度改革論」西谷＝晴山編・前掲注１）154頁は、これらの改革による現代的法治主義の実質化に、「大綱」の背景にある NPM 理論が水をさす危険性があることを指摘する。
9)　今村成和（畠山武道補訂）『行政法入門〔第９版〕』（有斐閣・2012）39頁参照。
10)　辻清明『公務員制の研究』（東京大学出版会・1991）２頁参照。
11)　成田頼明「地方公務員法の回顧と行革・分権時代に向けた展望」総務省自治行政局公務員部編『地方公務員制度の展望と課題』（ぎょうせい・2001）188頁は、これら諸改革に公務員制度改革が続くことを自然な流れとする。
12)　山本隆司「公務員制度改革大綱の分析」ジュリ1226号（2002）49頁。なお、2001（平成13）年３月27日の「公務員制度改革の大枠」も同様の見方と思われることにつき、晴山・前掲注４）35頁参照。
13)　塩野・前掲注４）260頁。第１編第２章第４節Ⅱも参照。

## III 公務員身分保障と解雇権濫用法理

　国公法における身分保障とは、法定の事由によらない限り職員がその意に反して不利益な処遇を受けることはないという法制度である（33条3項・75条1項・78条・82条1項）。その狙いは、政治的情実人事を排し、公務の安定性や継続性、政治的中立性を確保することにある。これに対し、労働基準法（以下、「労基法」という）をはじめとする労働関係諸立法には、類似のシステムを定める明文規定が存在しない。いくつかの条文が一定の事由による解雇を禁止するに止まる（労基法19条等）。その基本は解雇の自由（民法627条1項）であり、公務員身分保障制度とは様相を著しく異にする。

　しかし、周知のとおり、我が国の裁判例は解雇権濫用法理を確立し（日本食塩製造事件・最判昭和50・4・25民集29-4-456）、しかもその内実は正当な事由なき解雇の禁止で、いわゆる正当事由説がとられているに等しく[14]、公務員身分保障と機能的な差異はほとんどない[15][16]。さらに2002（平成14）年段階において、解雇規制立法を定める方向での労基法改正が検討されており[17]、これ

---

14) 野田進『労働契約の変更と解雇』（信山社・1997）500頁以下、野川忍「解雇の自由とその制限」日本労働法学会編『講座 21世紀の労働法4』（有斐閣・2000）156頁参照。
15) 阿部泰隆＝中西又三＝乙部哲郎＝晴山一穂『地方公務員法入門』（有斐閣・1983）178頁〔阿部〕参照。もっとも、身分保障と解雇権濫用法理の実質的同視は、裁判という非日常の局面においてのことに過ぎない。労働法令に解雇制限規定がないため、解雇権濫用法理の利益を享受するには訴訟提起を条件とする民間労働者と、法律の明文で身分が保障されている公務員とでは、日常の状況はやはり大きく異なる。島田陽一「解雇規制をめぐる立法論の課題」労働99号（2002）75頁以下は、民間労働法につき、「解雇規制がないようである状態、あるようでない状態」と巧妙に形容する。
16) さらにいえば、判例上、次の2点で民間労働者の方が解雇が違法とされにくいという逆転現象すら指摘できる。まず、一般に裁判所は、公務員を含む公共部門労働者に対し、民間労働者よりも厳しい態度を取る傾向にある。職場外非行に対する懲戒処分につきこの点を指摘するものとして、阿部＝中西＝乙部＝晴山・前掲注15）198頁〔阿部〕、下井隆史『労働基準法〔第4版〕』（有斐閣・2007）406頁参照。次に、公務員に対する懲戒処分の選択につき、裁判所は処分権者の裁量を広く認め、民間について採用する比例原則審理方式──懲戒処分の選択や懲戒事由と処分との均衡につき、客観的妥当性・相当性を審査する──を用いない（神戸税関事件・最判昭和52・12・20民集31-7-1101頁）。この点については、阿部泰隆『行政裁量と行政救済』（三省堂・1987）202頁以下参照。浜川清「行政訴訟改革について」法時73巻7号（2001）67頁は、身分保障原則の有名無実化と批判する。
17) 例えば、島田・前掲注15）74頁以下・82頁以下参照。なお、厚生労働省は、2002（平成14）

が実現すれば、公務員身分保障との距離はさらに縮まる。彼我の違いは、未曾有の財政難でも人件費が確保されるため公務員にはリストラ（行政整理）がなく、普通昇給が定期的に実施されている（定期昇給）という──法律で保障されているわけではない──事実に支えられたイメージだけなのかもしれない。

　しかし、実際上の機能はともかく、公務員身分保障と解雇権濫用法理とでは、拠って立つ法思想が大きく異なることを忘れてはならない。

　まず、解雇権濫用法理の根拠は、一般には次のように説明される。我が国では、大企業正規社員を中心として長期雇用慣行が形成されており、かつ、労働市場が閉鎖的であるため、使用者による契約解除としての解雇は、労働者の生活に回復不能な損失を与える。その重大性は、労働者による契約解除としての辞職が使用者に与える影響とは比較にならない。このような労働契約に内在する構造的不平等に鑑みれば、使用者による解雇権は厳しく制約されるべきである、と。そこで前面に押し出されているのは、労働者保護の理念である。

　公務員身分保障にも職員保護という機能が認められ、この点を軽視することはできない。しかし、公務員身分保障の基盤となる法理念は、公務員法における別の基本原理である成績主義（メリット・システム）原則との関係で理解されなければならない。この原則は、公務員の採用・任用の基準を能力のみに求めることで、人事行政における政治的情実（猟官制〔スポイルズ・

---

　　年10月15日の労働政策審議会労働条件分科会で、解雇に正当な理由を求める労基法改正を提案している。
18) 国公法78条4号が行政整理の根拠規定である。この規定については、阿部泰隆「行政整理の法的統制(上)(下)」ジュリ447号（1970）103頁・448号（1970）91頁、藤田・前掲注7）280頁参照。行政整理としての分限免職に民間労働法の整理解雇ルールを適用する裁判例として、福岡高判昭和62・1・29労判499-64。
　　普通昇給請求権が認められないことにつき、最判昭和55・7・10判時987-30参照。批判として、室井力『現代行政法の原理』（勁草書房・1973）281頁以下、佐藤英善『概説・論点・図表 地方公務員法』（敬文堂・1990）210頁以下参照。
19) 山川隆一『雇用関係法〔第4版〕』（新世社・2008）250頁、野川・前掲注14）154頁以下等参照。
20) 第1編第2章第1節Ⅵ2、第3編第1章第1節Ⅳ2の他、阿部＝中西＝乙部＝晴山・前掲注15) 8頁〔阿部〕、塩野・前掲注4）297頁参照。

システム〕)や、いわゆるコネ採用を防ぎ、公務の中立性・能率性を実現しようとする原則であるが、採用後の人事で政治的情実が罷り通るのであれば、その意義は大幅に失われてしまう。そこで、成績主義原則をとる以上は、常に政権交代の危険を伴う政治の闘争から公務員を守るため、政治的情実による不利益処分の禁止という身分保障が必然的に要請されることになる。つまり、身分保障の目的は、成績主義原則の担保であり、この原則と一体となって公務の中立性・能率性を実現することにある。このような意味において身分保障とは、遠藤博也が指摘するように、公務員の既得権保護ではなく、あくまで、行政サービスの受益者である市民の利益を実現するためのシステムと位置付けられなければならない。近代公務員制度の魂としての、制度の根幹に関わる身分保障制度とはこのような性質のものであり、この点が民間の解雇権濫用法理と趣旨を異にする。

　すると、公務員身分保障を労働基本権制約の代償措置とみる見解(名古屋中郵事件・最大判昭和52・5・4刑集31-3-182)に賛同することはできない。身分保障にそのような側面があることは否定できないが、それは、結果的にそのような機能があるという、制度の反射的効果に過ぎない。身分保障制度の趣旨は上に見たとおりで、労働基本権の制約と直接の関係はない。したがって、この制約を解除すれば公務員の身分保障は不要になるとする見解は、

---

21) 鵜飼信成『公務員法〔新版〕』(有斐閣・1980)116頁は、成績主義の根拠を公務就任平等原理に求める。その他、川田琢之「公務員制度における非典型労働力の活用に関する法律問題(1)」法協116巻9号(1999)1410頁参照。なお、フランス官吏法において、公役務(service public)原理の一つである平等原理が成績主義の原則を導くことにつき、第3編第1章第1節Ⅳ2参照。
22) 政争で有名な鹿児島県伊仙町では、町長交代直後に全課長を降任するという、19世紀のアメリカを彷彿とさせる人事が断行されている(2001〔平成13〕年11月10日南日本新聞)。
23) 佐藤功=鶴海良一郎『公務員法』(日本評論新社・1954)200頁、川田・前掲注21)1410頁、成田・前掲注11)190頁参照。森園幸男=吉田耕三=尾西雅博編『逐条国家公務員法〔全訂版〕』(学陽書房・2015)327頁は、国公法33条が成績主義と身分保障をともに規定していることを指摘する。
24) Duguit(L.), Traité de droit constitutionnel, T. 3. 3$^e$ éd., Ancienne librairie fontemoing & Cie, 1930, p. 63, 140,110 et 162. 塩野・前掲注4)297頁参照。
25) 遠藤博也『講話行政法入門』(青林書院新社・1978)135頁。
26) 稲葉馨=高橋滋=西尾隆「〔鼎談〕公務員制度改革大綱をめぐる論点」ジュリ1226号(2002)21頁〔高橋発言〕参照。成田・前掲注11)190頁以下は、公務員の政治的中立とメリット・システム、そして身分保障は近代公務員制度の基本原則であり、これらを根本から覆すためには憲法改正が必要とする。

少なくとも法理論的には根拠がない。[27]

　ところで、「大綱」は、「真に能力本位で適材適所の人事配置」という言い回しを頻繁に用いる（大綱 II 1 ①・II 1 (2)①②イ・II 2・III 2）。これは能力主義導入の提唱で、現行国公法の原則である成績主義の徹底を志向するものであろう。[28] 他方、身分保障についてはほとんど言及していない。せいぜい、免職と降格への厳正な対処のために明確な基準と手続を定めるとするに過ぎない（大綱 II 1 (2)②エ）。成績主義の徹底をいうならば、それと一体をなす身分保障原則の徹底も同時に求めるのでなければバランスを失するのではないか。この点を善解すれば、身分保障は解雇権濫用法理と同機能の現行制度で十分だが、それに見合った能力主義が実現していないということだろうか。しかし、「大綱」には、重要な視点が欠けているように思われる。それは、身分保障のあり方が任用昇進システムによって左右されること、そして、この点で我が国公務員制度には、法の建前と実態の間に看過し難い乖離があるという点である。この問題を次のIVで検討する。

## IV　公務員の任用昇進システムと身分保障

　公務員の任用昇進システムは、比較法制度的に見た場合、キャリア・システムとノンキャリア・システムの二つがある。[29]

　まず、キャリア・システムとは、公務員が公務組織内を継続的に昇進していくことを前提とするシステムで、「大綱」が用いる用法（大綱 II 2 (1)①）——国家 I 種採用者をキャリアとし、それ以外のノンキャリアと区別して

---

27)　第1編第2章第2節IVの他、川村祐三「公務員法の基本理念と公務員制度改革」西谷＝晴山編・前掲注1）74頁、渡辺賢『公務員労働基本権の再構築』（北海道大学出版会・2006）140頁参照。渡辺は、身分保障が労働基本権の制約要因として機能することを指摘する。

28)　川田・前掲注1）139頁参照。

29)　第1章II 2、第3編第1章第2節VI 2および第2章第1節III 1の他、遠藤博也『行政法II』（青林書院新社・1977）104頁、ピーター・セルフ（片岡寛光監訳）『行政官の役割』（成文堂・1981）272頁以下、片岡寛光「キャリア・システムと職階制」早稲田政治経済学雑誌315号（1993）96頁以下、同『職業としての公務員』（早稲田大学出版部・1998）8頁以下、西尾勝『行政学〔新版〕』（有斐閣・2001）136頁以下参照。

扱うシステム——とは意味が異なる。主として仏独等の西欧諸国で採用されているこのシステムは、以下の点を特色とする。

  （ア）　職員採用は、主として新規学卒者を対象とし、職種ごとに実施される。採用者に求められるのは、特定の職を遂行する能力ではなく、学歴や専門知識のような当該職種全般への適性、あるいは潜在能力の証明である。
  （イ）　採用された職員は、各職種あるいは当該職員集団における最下位のポストを起点とし、配置転換や昇進、場合によっては公務外の職務を経験しながら、階層的に整備された公務組織上の地位を上昇していく。多くの職員は定年まで公務員として過ごす。
  （ウ）　長期（終身）雇用が前提であり、中途採用は例外的で、官民間の労働力移動を想定しない（閉鎖型任用制）。

次に、ノンキャリア・システムとは、公務員の継続的昇進を前提としないシステムである。アメリカ合衆国を典型とするこのシステムの特色は、以下のようなものである。

  （ア）　職員採用は、特定の職に特定の人を従事させるためになされる。採用対象は、新規学卒者に限らず、社会一般に広く求められる。採用者に求められるのは、当該職を遂行する能力の証明であるため、一つ一つの職ごとに、職務内容や担当職員に求められる能力や資格が明確にされなければならず、職を職務の種類・複雑と責任の度合いに応じて分類整理する職階制（position classification plan）の実施が必要不可欠となる。
  （イ）　（ア）の結果、上位職への昇進（昇格・昇任）を原則として想定しない。上位職を望む者は、公務内外の競争者と対等の条件のもと、当該職への採用に応募する。配置転換の範囲は、同一職種内における同一レベル官職への限定を基本とする。
  （ウ）　長期雇用を想定しない。官民間の頻繁な労働力移動を前提とする（開放型任用制）。

ここで示した二つは、いずれも理念型としてのモデルであり、各国ともいずれかを純粋なかたちで採用しているわけではない。いずれかを基本としつ

つ、他方を部分的に取り入れている。

　さて、我が国の公務員制度における実態がキャリア・システムであることは明らかであろう。ところが、アメリカ公務員法をモデルとする国公法が、ノンキャリア・システムの実現を目指すものであることも疑いようがない。そのことは、同法が、欠員補充手段として採用と昇任を対等に扱っていること（35条）に端的に表われる。ここに、ノンキャリア・システムを目指す制度の下でのキャリア・システムの実態という、制度の趣旨と実態の著しい乖離を指摘できる。この乖離は、現在の公務員制度が孕む様々な問題の要因になっていると思われるが、身分保障制度もその一つであろう。というのは、キャリア・システムとノンキャリア・システムでは、求められる身分保障の手厚さが異なるからである。

　一般的には、キャリア・システムのほうが、より手厚い身分保障を必要とする。長期雇用が前提であるため、不利益処分が職員に与える影響が相対的に大きく、公務員関係が密接かつ継続的であるため、政治的中立性確保の要請が強くなるからである。さらに、任命権者が実施する人事行政上の措置が多種多様になるから、それだけそれらの濫用を予防する仕組みの精緻化が必要となる。

　他方、一時的な公務就任を前提とするノンキャリア・システムでは、相対的に不利益処分の与える影響力は小さく、任命権者の行う措置も少ない。の

---

30) フランスでは、非正規職員（agent public non-titulaire）や上級職（Ⅵ参照）にノンキャリア・システムが取り入れられており（フランスにおける公務員の種類については、第1編第1章第1節Ⅰ1(1)、第3編第1章第2節Ⅱ1およびⅢ1参照）、アメリカでも、1978年のThe Civil Service Reforme Actがキャリア・システムを部分的に導入している。v. Gazier (F.) La fonction publique dans le Monde, Paris, Cujas, 1972, p. 30, de Forges (J.-M.), Droit de la fonction publique, 2ᵉ éd., P.U.F., 1997, p. 49. 同法については、大河内繁男「アメリカにおける公務員制度改革の紹介」ジュリ588号（1979）93頁、加藤栄一「米国における人事院・人事委員会の廃止」自研55巻2号（1979）49頁、木村澄「日米公務員制度の沿革」秋田法学14号（1989）106頁以下、今里滋『アメリカ行政の理論と実際』（九州大学出版会・2000）182頁以下参照。

31) フランスの実務家ガズィエは、その著書『世界の公務員制度』の中で、我が国をキャリア・システムの国として紹介する。v. Gazier, op. cit., p. 31.

32) 職階制との関係について、塩野宏『行政組織法の諸問題』（有斐閣・1991）200頁、川田・前掲注21）1411頁以下参照。

33) Forges, op. cit., p. 50, Salon (S.) et Savignac (J.-Ch.), Fonctions publiques et fonctionnaires, Armand Colin, 1997, p. 6.

みならず、このシステムと身分保障制度は、片岡寛光の言葉を借りれば、「矛盾するとまでは言わないまでも、微妙な緊張関係を孕」んでいる。優秀な公務員はすぐに民間に移動するが、そうでない者は公務に執着しがちになるからである。さらに、職階制による職務配分は行政機関の権限配分と密接に関係するが、このシステムにおける公務員の身分保障とは、結局、公務員が従事する職の保障であるため、その強い保障は、行政機関の権限配分の固定化をもたらしやすくなるのではないだろうか。その結果、我が国がまさにそうであるように、組織の改編が困難となり、変動する行政需要に柔軟に対応できない等、行政の硬直化が生じやすくなるように思われる。

　我が国がモデルとするアメリカの公務員制度は、ノンキャリア・システムの典型であり、また、今日でも猟官制の伝統を色濃く残す。そこでの身分保障制度は、比較法的に見れば相対的に弱いものであろう。そもそも、同国における身分保障制度の起源は、成績主義を初めてもたらした1883年公務員法（Civil Service Act）（ペンドルトン法）であるが、同法による身分保障は、政治的行為の要請を拒否した職員の不利益取扱禁止だけであった。その後、1912年のロイド・ラフォレット法が、告知弁明と理由付記の手続を定めるとともに、処分事由を「公務の能率を促進する正当事由」に限定するが、その対象は免職のみで、全公務員に適用されたわけでもない。そもそも両法の目的は、猟官制という「アメリカン・デモクラシーの行き過ぎ」の緩和に過ぎず、その放逐ではない。キャリア・システムの国から見れば、極めて弱い身分保障制度であるが、それでも、それまで完全自由任免だった当時のアメリカでは、強力な身分保障システムだったのである。これをモデルとする我が国の公務員制度は、一般にイメージされているところとは異なり、キャリ

---

34)　片岡・前掲注29)「キャリアシステムと職階制」115頁。
35)　塩野・前掲注4) 297頁参照。
36)　川崎信文「比較行政学（先進国）」西尾勝＝村松岐夫編『講座行政学1』（有斐閣・1994）132頁、西尾・前掲注29) 25頁参照。
37)　佐伯祐二「アメリカ公務員法における不利益処分(1)」姫路法学11号（1992) 8頁参照。なお、ペンドルトン法については、例えば、辻・前掲注10) 88頁以下、今里・前掲注30) 170頁以下参照。
38)　西尾・前掲注29) 25頁参照。

ア・システムには不相応な、身分保障機能が弱いものということができる。

ところで、川田琢之が指摘するように、「大綱」は長期雇用の実態を崩そうとはしていない。キャリア・システム維持という、国公法の建前に逆行するこの点は、能力主義につき国公法の原則の徹底を求める部分と対照的である。キャリア・システムを維持するならば、国公法の全面改正を要求しなければならないはずだが、そのような指摘もない。そもそも「大綱」は職階制未実施の問題に言及しておらず、前述した制度と実態の乖離を認識しているのか、疑問である。この乖離を直視したうえで、キャリア・システムにふさわしい身分保障制度の構築を提言すべきであった。

## V キャリア・システムにふさわしい身分保障システム

私見によれば、キャリア・システムを維持しつつ能力主義徹底を求めるのであれば、現行システムに別の制度的工夫を加えて身分保障機能を強化・補強し、キャリア・システムにふさわしい内容に改めるべきである。この補強部分が、労働法と公務員法との距離を形成しよう。では、具体的にはどのような制度的工夫が考えられるのか。以下、キャリア・システムのモデルとされるフランス法の、我が国には見られない三つの身分保障システムを紹介する。

### 1 身分と職の区別

フランスで我が国の一般職正規職員に相当するのは、官吏（fonctionnaire）と呼ばれる一群の公務員（agent public）である。その身分保障の中核は、官吏身分を表わす官等（grade）と、官吏が従事する（官）職（emploi）との区別を基盤とした任官補職のシステムである（1983年7月13日の法律〔以下、

---

39) 川田・前掲注3）68頁以下、同・前掲注1）140頁。また、川田＝高橋・前掲注1）266頁〔川田発言〕参照。山本・前掲注12）62頁は、公務員制度には長期雇用が維持されるべきとする。
40) 晴山・前掲注4）37頁は、現行制度の問題点の分析や検討が「大綱」では不足していることを指摘する。
41) Salon et Savignac, op. cit., p. 6.

「官吏法第Ⅰ部」という〕12条）[42][43]。これはドイツや戦前の我が国、そして、現在は裁判官や検察官（裁判所法47条、検察庁法16条）に用いられている手法であるが、フランスにおける官吏任命行為は、官吏身分（官等）の付与（任官）[44](titularisation) と、当該官等に用意された具体的職の一への補職（affectation）との二段階構成をとる。官等の喪失・剥奪が官吏身分終了を意味するが、官等と職が別個に観念されるため（官職分離）、我が国の制度とは異なり、職の廃止だけで官等の喪失・はく奪が生じることはあり得ない[45]。この点が最大の身分保障機能であり、かつ、官吏の身分に影響を与えずに行政組織を改編することを可能にする。なお、行政整理のために官吏身分をはく奪するためには、個別立法措置が要求される（1984年１月11日の法律〔以下、「官吏法第Ⅱ部」という〕69条）。この官職分離システムの起源は、士官（officier）身分に関する1834年５月19日の法律であり、文官吏には1946年に導入された。官吏の身分保障と行政組織の柔軟性を両立可能にする巧妙な仕組みといわれ、キャリア・システムに不可欠というわけではないが、このシス[46]テムの運営を円滑にする仕組みと評価されている[47]。

「大綱」の提言する能力等級制度は、職員を格付けするものである（大綱[48]Ⅱ１(1)①）。職ではなく、人を格付けるという点で、一見すると、身分と職

---

42) 官吏法第Ⅰ部12条は、以下のように定める。「官等は、職から区別される。官等は、その保持者に対し、当該官等に相応する職の一に従事する適格性を与える資格である。ある官等における任用や昇任は、欠員職（emploi vacant）を補充し、かつ、その受益者に相応する職務を遂行させることを専らの目的としていなければ、全て無効である。職が廃止された場合、当該官吏は、その者が属する公務を規律する身分規程（statut）の規定が定める条件に従い、新しい職に配属される。」官等と職の区別については、第１章Ⅲ２参照。なお、現行フランス官吏法が４部構成であることについては、第１編第１章第１節１１(3)、第３編第１章第２節Ⅱ２参照。
43) v. Silvera (V.), La distinction du grade et de l'emploi dans la fonction publique, A.J.D.A., 1958, 3, p. 35, Savy (R.), Le grade et l'emploi, D., 1968, p. 131, Albertini (P.), Grade, emploi, fonction; séparation et correspondance, R.A., 1982, p. 143.
44) 第１章Ⅲ２参照。ドイツの制度については、川田琢之「公務員制度における非典型労働力の活用に関する法律問題(3)」法協116巻11号（1999）1771頁、山本・前掲注12）52頁参照。
45) 前掲注18）参照。フランス法については、第１章Ⅲ４(6)参照。
46) 第１章Ⅲ２(2)参照。
47) 第１章Ⅱ３参照。
48) 川田・前掲注３）70頁、春田謙「公務員制度改革大綱の解説」ジュリ1226号（2002）77頁、川村・前掲注27）75頁以下参照。

を区別するフランス風のシステムのようにも見える。しかし、現行法の職階制が人の身分と職の区別を排斥していることにつき、「大綱」に言及があるわけではない。山本隆司が指摘するように、公務員身分と職を論理的に区別する制度に移り切れてはおらず、独仏との違いはなお著しい。ノンキャリア・システムの基盤をなす職階制が未実施という我が国の現況に鑑みれば、独仏風の制度への移行もなお検討の価値があろう。

## 2 昇進制度の整備

継続的な内部昇進を前提とするキャリア・システムでは、昇進システムを整備して、公務員に昇進の見通しを与えることが重要になる。リヴェロは、キャリア——官吏生活において継続的に登場する諸段階——実現の可能性保障こそが、官吏の身分保障機能を果たすとしている。

フランスでは、同一官等における一定年数以上の勤務を条件として——勤務成績次第で必要年数は変動する——、官吏に定期昇給権が保障されており（官吏法第II部57条）、この点が我が国の制度と異なる。上位官等への昇格は、人事評価（notation）に基づき決定される年度別昇進資格者名簿（tableau annuel d'avancement）登載者からの選抜や、競争試験等によって行われるが（同58条）、昇格決定は処分権者の裁量に委ねられ、昇格を求める権利や昇進資格者名簿登載請求権が官吏に認められるわけではない。この点は我が国と大差ないが、注目すべき点が二つある。まず、名簿登載適格を有する官吏、あるいは、当該昇格によって不利益を受け得る全ての官吏は、名簿作成行為自体、および、当該名簿に基づいてなされた昇格決定等につき、その取消しを求める越権訴訟（recours pour excès de pouvoir）を提起できる。次

---

49) 第1章II 2(2)の他、佐藤＝鶴海・前掲注23) 68頁、岡部史郎『職階法』（学陽書房・1950) 45頁、尾之内由紀夫『職階制の実務』（学陽書房・1950) 10頁、足立忠夫『近代官僚制と職階制』（学陽書房・1952) 33頁以下参照。
50) 山本・前掲注12) 52頁。
51) Rivero (J.), Droit Administratif, Dalloz, 1960, p. 358. v. Albertini, op. cit., p. 144, Salon et Savignac, op. cit., p. 6, Chapus (R.), Droit administratif général, T. 2, 14$^e$ éd, Montchrestien, 2000, p. 138.
52) 前掲注18) 参照。フランス法については、第1章III 1(3)参照。
53) Chapus, op. cit., p. 208 et s., Forges, op. cit., p. 245 et s. Auby (J.-M.), Auby (J.-B.), Jean-

に、それらの取消しが認められれば、任命権者は、名簿に基づく昇格のみならず、それに続いてなされた諸々の任用行為の全てを、原則としてやりなおさなければならない[54]。このように、訴訟制度を通じて官吏のキャリアが保障されている点が注目される。

### 3 不利益処分手続の整備

フランス官吏法は、懲戒処分や分限免職といった不利益処分の類型は限定列挙するが（官吏法第Ⅰ部24条、同第Ⅱ部66条）、処分事由は限定していない。不利益処分の局面における身分保障機能は、専ら事前手続の充実に求められている[55]。具体的には、人事記録閲覧（communication du dossier）——告知弁明を含む——と、労使同数構成諮問機関である懲戒審議会（conseil disciplinaire）での聴聞が、その柱である（同第Ⅰ部19条）。この両手続は訴訟手続に範を得た対審的な（contradictoire）ものとされ、「裁判手続化（juridictionnalisation）」による身分保障といわれる[56]。

他方、我が国の不利益処分手続は、法制度上も判例上も未整備な状況にある。

まず、行政手続の一般法である行手法は、公務員に対する諸措置を適用除外とする（3条1項9号）。その理由は、公務員関係が特別な規律に服することに求められている[57]。しかし、行手法によって、公務員関係における手続整

---

　Pierre(D.) et Taillefait(A.), Droit de la fonction publique, 4ᵉ éd., Dalloz, 2002, p. 217.
54) 伊藤洋一『フランス行政訴訟の研究』（東京大学出版会・1993）305頁参照。
55) Salon(S.), Délinquances et repressions disciplinaires dans la fonction publique, L.G.D.J., 1969, p. 7.
56) この点を紹介する文献として、兼子仁『現代フランス行政法』（有斐閣・1970）291頁、皆川治廣「フランスにおける行政の手続的統制(1)」自研59巻11号（1983）136頁、中村紘一「フランスの公務員懲戒法制度」早稲田法学60巻3号（1985）40頁、田辺江美子「フランス公務員法における懲戒制度」フランス行政法研究会編『現代行政の統制』（成文堂・1990）108頁、下井康史「フランスにおける公務員の不利益処分手続(1)」北法54巻1号（2003）6頁参照。
57) IAM＝行政管理研究センター編『逐条解説行政手続法〔改正行審法対応版〕』（ぎょうせい・2016）58・70頁、仲正『行政手続法のすべて』（良書普及会・1995）79頁、宇賀克也『行政手続三法の解説〔第2次改訂版〕』（学陽書房・2016）68頁、佐藤英善編著『行政手続法』（三省堂・1994）16頁〔田村達久〕、塩野宏＝高木光『条解行政手続法』（弘文堂・2000）3条(34)、南博方＝髙橋滋編著『注釈行政手続法』（第一法規・2000）103頁〔寺田友子〕参照。

備の必要性が否定されたと見るべきではない。同法は、公務員関係の特殊性に応じた独自の手続整備を、国公法や人規に委ねたというべきである[58]。だが、国公法や人規は、未だ意見陳述等の手続を導入していない[59][60]。

次に、1992（平成4）年の成田新法最高裁判決は、行政手続にも憲法31条が及び得ることを認めている（最大判平成4・7・1民集46-5-437）。したがって、憲法上の要請として、公務員不利益処分の事前手続が要求されることも考えられる。しかし、学説の強い要求[61]にもかかわらず、判例は一定しない[62]。

事前手続の充実は、キャリア・システムにふさわしい身分保障システムとして、今後の重要な立法課題であろう。民間労働法でも古くから解雇手続規制が主張されてきたことに鑑みれば[63]、より手厚い保障が必要なキャリア・システム公務員制度には、立法による制度整備の必要性が一層強調される。具体的には、行手法の不利益処分手続（12条以下）に匹敵する内容が望ましく、とりわけ、公務員関係の密接性と継続性を特色とするキャリア・システムでは日頃の上司による評価が重きをなすため、勤務評定書等を含めた諸文書の閲覧手続（18条参照）が重要であろう。この点で、フランスの人事記録閲覧手続が参考になる。

---

58) 第4節V2の他、芝池義一「『行政手続法』の検討」公研56号（1994）160頁、松井茂記「憲法と行政手続」同195・197頁参照。

59) 志村昌俊「行政運営の公正の確保と透明性の向上を目指して」立法と調査175号（1993）45頁、阿部泰隆「行政手続条例の枠組み」都市問題85巻10号（1994）38頁、小早川光郎編『行政手続法逐条研究』（有斐閣・1996）331頁以下〔室井力・仲正・塩野宏・浜川清各発言〕、南＝高橋編著・前掲注57）100頁〔寺田〕参照。

60) 地方公共団体の条例には、事前の告知弁明手続を義務付けるものがある。札幌市職員の分限及び懲戒に関する条例7条、福岡市職員の懲戒に関する条例5条等。

61) 塩野・前掲注4）310頁は、事後手続の不十分性と処分の重大性から、事前の聴聞が憲法の要請とする。その他、原野翹「懲戒処分と行政手続」田中舘照橘監修『地方公務員法重要判例解説100選』（公務員職員研修協会・1982）139頁、島田陽一「公務員の懲戒免職処分と公正手続」労判437号（1984）12頁、塩野＝高木・前掲注57）3条(124)参照。

62) 判例については、阿部・前掲注16）220頁以下等参照。最近の否定例として、東京地判平成11・4・22判タ1047-177。肯定例として、東京高判平成13・5・30判時1778-34。

63) 有泉亨『労働基準法』（有斐閣・1963）224頁以下参照。その他、鈴木隆「企業の懲戒・制裁」日本労働法学会編『講座 21世紀の労働法6』（有斐閣・2000）157頁、李鋌「解雇の手続的規制」日本労働法学会編・前掲注14）189頁以下、本久洋一「解雇制限の規範的根拠」労働99号（2002）24頁以下、島田・前掲注15）86頁以下参照。

## VI　おわりに

最後にいくつか簡単に付言する。

まず、Ⅲで前述したように、公務員身分保障制度の目的は、成績主義原則と一体となって公務の中立性と能率性を実現し、市民への適切な行政サービス提供を確保することにある。すると、能力を欠いたり非違行為を犯した職員の積極的追放は、一般的にイメージされるところとは逆に、他ならぬこの身分保障原則から要請されるのではあるまいか。同原則がこのような機能を果たすためには、勤務評定の適切な実施に加え、人事オンブズマン・システムのような制度の構築も考えられてよい。

次に、身分保障原則の射程、つまり、身分保障を受ける公務員と、そうではない公務員との仕分けが、別途論じられるべきであろう。つまり、一定レベル以上の公務員には、身分保障なき政治的任用が導入されるべきである。[64]この点でも、成績主義を基本としつつ一部の上級職（emploi supérieur）に政治的任用を導入するフランスのシステム[65]が参考になる。

最後に、能力主義の徹底や身分保障制度の適切な運用には、勤務評定システムが重要な関わりを持つ。「大綱」も、評価の公正性・納得性を確保するシステムの導入を提言し、適切な苦情処理制度を整備すべきとする（大綱Ⅱ1(4)②ウ）。この点は、1972（昭和47）年の長野勤務評定事件最高裁判決が、勤務評定に関わる自己評価記述義務の不存在確認訴訟を不適法としたことに鑑みれば（最判昭和47・11・30民集26-9-1746）、行訴法改革と関連付けて考えられなければならない。[66]他方、「大綱」は勤務評定制度の趣旨・内容の周

---

64) 政治的任用については、神代和欣＝森田朗＝山口浩一郎「〔鼎談〕公務員制度改革の今後の課題」ジュリ1226号（2002）45頁、山本・前掲注12）57頁以下参照。
65) フランスの政治的任用については、第1章Ⅲ4(3)の他、岩田伸子「キャビネの歴史と功罪」公務研究2巻2号（2000）150頁、下井康史「フランス公務員法制の概要」日本ILO協会編『欧米の公務員制度と日本の公務員制度』（日本ILO協会・2003）38頁以下参照。
66) 山本・前掲注12）55頁は、フランスやドイツの制度を紹介し、訴訟手続の整備を説く。なお、同「法定外抗告訴訟」法教263号（2002）48頁参照。ただ、フランスでは人事評価の取消しを求める越権訴訟が1962年の判決以降認められるようになったが（C.E., 23 nov. 1962, Camara, Rec., p. 627, A.J.D.A., 1962, p. 666, crhon. Gentot et Fourré, J.C.P., 1963, 2,n. 13111, note Gandoifi)、

知徹底をいうが、ここには勤務評定基準の公開も含まれるべきである。労働法学では、個々の人事考課内容が考課権者の広範な裁量に委ねられざるを得ないとされているが、この点は公務員についても同様で、裁判所による実体審査には限界があろう。しかし、公務員の勤務評定は成績主義と身分保障の基盤であり、民間企業よりも高い公正さが求められる。そこで、裁判所による裁量統制のあり方を工夫することが求められよう。評定基準の公開により、原子炉設置許可処分について見られる判断過程審査方式（伊方原発訴訟・最判平成4・10・29民集46-7-1174）を可能にすべきである。さらに、「大綱」は触れないが、評価結果情報の本人開示も検討が必要であろう。この点でも、本人通知を認めるフランス法が参考になる（官吏法第Ⅰ部17条）。

以上のように、公務員法と労働法との距離は、争訟制度や事前手続、情報開示制度といった他の行政法システムをも視野に入れて考えなければならない。

〈補注1〉
1999（平成11）年3月23日の閣議決定による「規制の設定又は改廃にかかる意見提出手続」は、2005（平成17年）の行手法改正で意見公募手続（第6章）が定

---

　人事評価に基づく処分の取消訴訟で人事評価の瑕疵の主張が許されなくなったことにも留意すべきである。v. Forges, op. cit., p. 243, Salah(T.-B.), Droit de la fonction publique, Masson, 1992, p. 136.
67)　第4節V 2の他、清水敏「公務員の給与と勤務時間」日本労働法学会編『講座 21世紀の労働法5』（有斐閣・2000）321頁参照。
68)　菅野和夫『労働法〔第11版〕』（弘文堂・2016）415頁、山川・前掲注19) 69頁参照。
69)　清水・前掲注67) 321頁参照。
70)　行政庁の策定する基準を手がかりとする裁量統制については、例えば、高木光『技術基準と行政手続』（弘文堂・1995）2頁以下参照。なお、判断過程審査方式を採用する近時の注目すべき判決として、東京地判平成13・10・3判時1764-3。なお、民間労働法における人事考課の手続的側面を重視すべき見解として、石井保雄「人事考課・評価制度と賃金処遇」日本労働法学会編・前掲注67) 131頁以下参照。
71)　第4節V 3参照。本人開示の必要性を説く見解として、例えば、大河内繁男『現代官僚制と人事行政』（有斐閣・2000）236頁、清水・前掲注67) 321頁以下。開示反対論として、鹿児島重治＝森園幸男＝北村勇編『逐条国家公務員法』（学陽書房・1988）549頁、橋本勇『逐条地方公務員法〔新版〕』（学陽書房・2002）691頁。個人情報保護条例に基づく勤務評定結果開示請求を認めない判決として、大阪高判平成13・10・12判自229-34。なお、民間労働法において人事考課の本人開示を説くものとして、石井・前掲注70) 129頁等。

められたことにより、2006（平成18）年4月1日に廃止されている。
〈補注2〉
　2007（平成19）年の国公法改正は、職階制を廃止し（地方公務員制度については、2014〔平成26〕年の地公法改正で廃止された）、また、従来の勤務評定制度に替えて人事評価制度を導入した（70条の2以下。地公法改正による導入を含めて本章第4節参照）。これに伴い、人事評価の結果は、被評価者に開示されることとなっている（人事評価の基準、方法等に関する政令10条・14条・18条）。
〈補注3〉
　2007（平成19）年制定の労働契約法は、その16条で、「解雇は、客観的に合理的な理由を欠き、社会通念上相当であると認められない場合は、その権利を濫用したものとして、無効とする」と定める。
〈補注4〉
　本節原論攷の公表後に不利益処分手続の問題を論じたものとして、晴山一穂「公務員の不利益処分手続をめぐる法的問題点」専修法学研究所紀要34号（2009）117頁がある。
〈補注5〉
　我が国の国家公務員採用試験は、かつてのⅠ種・Ⅱ種・Ⅲ種という区別が廃止され、2012（平成24）年以降、総合職・一般職・専門職・経験者採用の4種類で実施されている（2011〔平成23〕年制定の人規8－18（採用試験）第3条、2014〔平成26〕年改正国公法45条の2第2項。なお、2008〔平成20〕年制定の国家公務員制度改革基本法6条1項参照）。

## 第 2 節　公務員の守秘義務

### I　守秘義務が課される人の範囲

#### 1　現行法制

　一般職の公務員（非常勤や任期付任用の者も含む。国公法 2 条 2 項、地公法 3 条 2 項）に対し、国公法・地公法は、「職務上知ることのできた（知り得た）秘密」の漏洩を禁じる。この義務は退職後にも及ぶ（国公法100条 1 項、地公法34条 1 項）。違反行為は、 1 年以下の懲役または50万円以下の罰金の対象となり[1]（国公法109条12号、地公法60条 2 号）、在職者であれば懲戒処分も課され得る（国公法82条 1 項、地公法29条 1 項）。以上に加え、いくつかの個別法が、特別な種類の事務や一定範疇の秘密を取り扱う事務に従事する一般職公務員（従事していた者を含む。以下、一般職公務員の場合に限らず同様）につき、特別の守秘義務制度を用意する。その多くは法定刑を加重するが、中には存在意義が疑わしいものもある[2][3]。

　特別職の公務員の場合、国公法・地公法が適用されないため（国公法 2 条 3 項 5 号、地公法 3 条 3 項・ 4 条 2 項）、秘密保持に関する規律は、様々な個別法の定めによる。現行法の内容は、守秘義務規定がないもの（国会議員、地方公共団体の長）[4]、同規定はあっても違反行為に対する罰則がないもの[5]、罰

---

1 )　2007（平成19）年改正前の国公法および2014（平成26）年改正前の地公法は、守秘義務違反行為に対する法定刑を、「 1 年以下の懲役又は 3 万円以下の罰金」と定めていた。
2 )　統計法41条 1 号 2 号 5 号・57条 1 項 2 号、私的独占の禁止及び公正取引の確保に関する法律（独占禁止法）39条・93条、住民基本台帳法30条の26・30条の30・42条、行政手続における特定の個人を識別するための番号の利用等に関する法律（番号法）25条・53条等。
3 )　特許法200条、意匠法73条、労働基準法100条 3 項・105条・120条 1 号参照。
4 )　特別職公務員の守秘義務に関する個別法の内容については、宇賀克也『行政法概説III〔第 4 版〕』（有斐閣・2015）478頁参照。
5 )　国会職員法19条、内閣法15条 4 項・16条 3 項・17条 5 項・18条 3 項・19条 3 項、国公法 6 条

則があるものでも、法定刑が一般職公務員についてよりも重いもの[6]、同内容のもの[7]、軽いものがあるなど[8]、統一性の欠如が著しい。

公務員以外の行政事務担当者でも、刑事罰で担保された守秘義務を課される者は少なくない。行政執行法人（独通法2条4項・51条）以外の独立行政法人[9]や国立大学法人[10]、日本司法支援センター[11]、特殊法人[12]、指定法人[13]、認可法人[14]の各職員の他、国や地方公共団体等から業務を委託された者等[15]である。

行政機関個人情報保護法は、「行政機関の職員」だけでなく、「受託業務に従事している者」（受託者）にも守秘義務を課す（7条・44条の16・53条・54条。独立行政法人等の保有する個人情報の保護に関する法律8条・44条の16・50条・51条も参照）。前者には一般職のみならず特別職の公務員も含まれるが、行政機関の業務に従事する派遣労働者は除かれる（労働者派遣事業の適正な運

---

2項（鹿児島重治＝森園幸男＝北村勇編『逐条国家公務員法』（学陽書房・1988）134頁は、罰則規定も併せて準用されるべきとするが、森園幸男＝吉田耕三＝尾西雅博編『逐条国家公務員法〔全訂版〕』（学陽書房・2015）160頁は、明文で準用がない限り、罰則規定は準用されないとする）、自治法185条の2（選挙管理委員会委員）・198条の3第2項（監査委員）・250条の9第13項（国地方係争処理委員会委員）、警察法42条1項（都道府県公安委員会委員）等。戦前の制度が適用されるものとして、内閣総理大臣や国務大臣、裁判官（国公法の規定が適用せられるまでの官吏の任免等に関する法律1項参照）、副知事や副市町村長（地方自治施行規程10条・15条）等。

6) 個人情報の保護に関する法律72条・82条（個人情報保護委員会委員）、独占禁止法39条・93条（公正取引委員会委員）。
7) 裁判所職員臨時措置法1号、会計検査院法19条の3第8項・19条の5、国公法106条の12第1項・109条12号（再就職監視委員会委員）、独通法53条1項・69条の2（行政執行法人の役員）、地公法9条の2第12項・60条2号（人事委員会・公平委員会の委員）、地独行法50条1項・128条（特定地方独立行政法人の役員）、行政不服審査法69条8項・87条（行政不服審査会委員）、情報公開・個人情報保護審査会設置法4条8項・18条（情報公開・個人情報保護審査会委員）等。
8) 外務公務員法4条1項・27条、労働組合法23条・29条。
9) 独立行政法人労働政策研究・研修機構法10条・17条、国立研究開発法人理化学研究所法14条・23条等。
10) 国立大学法人法18条・26条・38条。
11) 総合法律支援法27条・52条。
12) 株式会社国際協力銀行法9条・44条、日本年金機構法25条・31条2項・57条等。
13) 住民基本台帳法30条の26第3項・42条（地方公共団体情報システム機構）、建築基準法77条の25第1項・99条1項12号（指定確認検査機関）等。
14) 日本銀行法29条・63条、民間資金等の活用による公共施設等の整備等の促進に関する法律44条・91条（株式会社民間資金等活用事業推進機構）等。
15) 競争の導入による公共サービスの改革に関する法律25条1項・54条、住民基本台帳法30条の26第4項・30条の30第3項・42条等、統計法41条4号6号・57条1項、自治法252条の31第3項4項（外部監査法人）等。

営の確保及び派遣労働者の保護等に関する法律2条1号)[16]。後者については、派遣労働者を含めた業務従事者全員が規律対象となるが、再受託者についての制度は存在しない。他方、守秘義務が課される対象を、様々な「事務」や「業務」に「従事する者」等と定める法律もある[17]。そこでは、公務員か否か、一般職か特別職か、受託者か再受託者か、派遣労働者か否かを問わず、従事者全員に対し、同一の制度が一律に適用されているのである[18]。

## 2　法制度上の課題

　行政活動には、膨大かつ多様な情報の収集と蓄積が必要である。かかる情報には、行政上の公的秘密(行政秘密)のみならず、個人や企業等の私的秘密(第三者情報)も含まれる。これら秘密の漏洩は、行政に対する信頼を失わせ、不正を容易にする等、行政事務の適切な遂行を妨げる結果をもたらしかねない。公務員に守秘義務が課せられる所以だが[19]、以上の理は、一般職公務員に限らず、行政事務担当者の全てについて、多かれ少なかれ同様に妥当しよう。現行守秘義務法制の統一性欠如に照らせば、条例上の制度をも視野に入れた法制度の整備が検討されるべきではないか[20]。その際には、近時における情報法制の多層化に加え、行政事務の担い手に関する法制度の多彩化、公務員法制の改正内容——とりわけ、2007(平成19)年国公法改正と2014(平成26)年地公法改正による罰金刑上限の大幅引き上げ[21]——、さらには、民間における雇用形態の多様化が踏まえられなければならない。

---

16)　宇賀克也『個人情報保護法の逐条解説〔第5版〕』(有斐閣・2016)439頁参照。派遣労働者に対する規律を定める条例につき、同書440頁、同・前掲注4)335頁参照。
17)　番号法25条、特定秘密の保護に関する法律23条(2項は、提供された特定秘密を知得した者も対象とする)、日米相互防衛援助協定等に伴う秘密保護法3条1項3号、国税通則法126条、地方税法22条、住民基本台帳法35条・44条、統計法41条4号6号・57条1項2号等。
18)　宇賀克也『番号法の逐条解説』(有斐閣・2014)110・224頁以下参照。
19)　宇賀・前掲注4)474頁、橋本勇『新版 逐条地方公務員法〔第4次改訂版〕』(学陽書房・2016)680頁参照。守秘義務法制の保護法益につき、晴山一穂=西谷敏編『新基本法コンメンタール地方公務員法(別冊法学セミナー241号)』(日本評論社・2016)160頁〔大田直史〕参照。
20)　特別職公務員についての指摘として宇賀・前掲注4)476頁参照。
21)　かつての自衛隊法118条1項1号は、2007(平成19)年改正前の国公法と同様に、守秘義務(自衛隊法59条)違反に対する罰則を、1年以下の懲役または3万円以下の罰金と定めていたが、2014(平成26)年に、現行国公法109条12号と同内容の定めに改正された(平成26年4月18日号外法律22号)。

## II　守秘義務が課される「秘密」

### 1　「秘密」の意味

　国公法・地公法は、①「職務上知ることのできた（知り得た）秘密」（国公法100条1項、地公法34条1項）と②「職務上の秘密」とを区別し、②については、法令による証人や鑑定人等としての発表につき、所轄庁の長や任命権者の許可を要求する[22]（国公法100条2項、地公法34条2項）。①が②を包摂する関係であることに異論は見られないが、ある見解は、②を公的な行政秘密に限定し、私的な第三者情報につき、①ではあるが②ではないとする[23]。しかし、公私による秘密の分類は難しく、そのような区別を導く実定法上の根拠は見当たらない。今日の支配的見解は、①と②の違いを、公私という秘密の種類にではなく、職務との関係の直接性に求める[24]。条文の文理に則した解釈だろう。例えば、税務職員が滞納者原簿で知った特定個人の滞納額は②であり、税務調査中に知った家庭の秘密は、①ではあるが②ではない[25]。

　「秘密」の意味については、行政機関が秘密指定をしたものとする形式秘説、実質的に秘密として保護されるべきものとする実質秘説、両秘密をともに含める総括説、実質的秘密のうち行政機関が秘密指定をしたものに限定する複合説等の見解がある。実質秘説が今日の通説であり、1996（平成8）年の行政改革委員会・行政情報公開部会「情報公開法要綱案の考え方」も同説を採用する[26]。

---

22) 民事訴訟法191条1項、刑事訴訟法144条、議院における証人の宣誓及び証言等に関する法律5条1項も参照。
23) 阿部泰隆＝中西又三＝乙部哲郎＝晴山一穂『地方公務員法入門』（有斐閣・1983）156頁〔乙部〕、石村善治「公務員と秘密保持義務」雄川一郎＝塩野宏＝園部逸夫編『現代行政法大系9　公務員・公物』（有斐閣・1984）200頁。
24) 塩野宏『行政法Ⅲ〔第4版〕』（有斐閣・2012）326頁、宇賀・前掲注4）475頁。
25) 橋本・前掲注19）684頁参照。
26) 情報公開制度に基づく開示と守秘義務の関係については、下井康史「公務員の守秘義務」芝池義一＝小早川光郎＝宇賀克也編『行政法の争点〔第3版〕』（有斐閣・2004）189頁、高橋滋＝斎藤誠＝藤井昭夫編著『条解行政情報関連三法』（弘文堂・2011）247頁〔下井康史〕、右崎正博＝多賀谷一照＝田島泰彦＝三宅弘編『新基本法コンメンタール情報公開法・個人情報保護法・公文書管理法：情報関連7法』（日本評論社・2013）36頁〔右崎〕、宇賀・前掲注4）481頁、宇賀克也『新・情報公開法の逐条解説〔第7版〕』（有斐閣・2016）69頁等を参照。

他方、最決昭和52・12・19刑集31-7-1053は、(ｱ)「形式的に秘扱の指定をしただけでは足り」ず、(ｲ)「非公知の事項であって、実質的にもそれを秘密として保護するに価すると認められるものをいう」としていた。これを複合説と理解し、その採用を支持する見解がある。[27]しかし、(ｱ)は、秘密指定の存在のみでは守秘義務違反を問えない旨の確認に過ぎないのではないか。[28]意識的な判示ではないとの指摘もある。[29]その後、最決昭和53・5・31刑集32-3-457は、(ｱ)に言及せず、(ｲ)だけを明示した。最高裁は、秘密指定の存在を、秘密該当の要件とはしていないと見るべきだろう。[30]

複合説の難点は、秘密指定を受けていない実質秘を漏らした者の責任が不問にされかねないこと、文書化されていない情報を守秘の対象とすべき場合もあり得るところ、かかる情報につき秘密指定を要件とするのは非現実的であること[31]等である。以上の理は、とりわけ第三者情報につき説得的だが、行政秘密についても、程度の差こそあれ妥当しよう。

## 2　秘密指定の意義

実質秘説においても、秘密指定が無意味というわけではない。2点指摘しておく。[32]

第1に、行政秘密の場合、裁判所が実質秘性を判断するのは、行政機関が秘密指定をした情報（形式秘）の漏洩事件においてであるのが通例だろう。[33]かかる事件においては、実質秘性を主張する行政機関が、当該情報を証拠として提出しないことがあり得る。この場合、裁判官は、インカメラ審理によらない限り、当該情報を見分することなく、その実質秘性を、他の証拠から判断しなければならない。そのため、秘密指定理由の合理性が重要な争点と

---

27)　松井茂記『情報公開法〔第2版〕』（有斐閣・2003）45頁。石村善治「判批」塩野宏＝菅野和夫＝田中舘照橘編『公務員判例百選』（有斐閣・1986）139頁も参照。
28)　鵜飼信成『公務員法〔新版〕』（有斐閣・1980）247頁等参照。
29)　佐伯仁志「判批」宇賀克也＝交告尚史＝山本隆司編『行政判例百選Ⅰ〔第6版〕』（有斐閣・2012）97頁。
30)　京都地判平成4・9・8判タ811-233は、秘密指定の存在が不要である旨を明言する。
31)　佐伯・前掲注29）97頁参照。
32)　晴山＝西谷編・前掲注19）161頁〔大田〕も参照。
33)　塩野・前掲注24）327頁、宇賀・前掲注4）480頁参照。

ならざるを得ず、その限りで秘密指定が意味を持つ[34]。また、反証のない限り実質秘性を推定するのであれば、形式秘説との機能的差異は小さくなろう[35]。裁判所の審査は、秘密指定手続の審査に限定されざるを得ないとの指摘もある[36]。

　第2に、上級機関による秘密指定は、下級機関に対する職務命令として機能するから、形式秘漏洩行為は、守秘義務違反としてではなく、職務命令遵守義務（国公法98条1項、地公法32条）違反として懲戒事由となり得よう[37]。すると、秘密指定された非実質秘の漏洩を理由とする懲戒処分の適法性は、当該秘密指定が違法とされた場合であれば[38]、違法な秘密指定命令に対する服従義務の存否に左右されることになる。

---

34) 塩野・前掲注24）327頁参照。
35) 中山研一「国家公務員法100条1項にいう『秘密』の意義」判タ361号（1978）114頁、佐藤英善『概説・論点・図表 地方公務員法』（敬文堂・1990）285頁参照。玉國文敏「職務上の秘密」成田頼明編『行政法の争点〔新版〕』（有斐閣・1990）135頁も参照。ただし、佐伯・前掲注29）97頁は、秘密指定による実質秘の推定を最高裁は認めていないとする。
36) 阿部＝中西＝乙部＝晴山・前掲注23）161頁〔乙部〕。司法審査の範囲に関する諸見解については、玉國・前掲注35）135頁参照。
37) 塩野・前掲注24）328頁、宇賀・前掲注4）480頁、西鳥羽和明『情報公開の構造と理論』（敬文堂・2001）153頁参照。異論として、晴山一穂「公務員と守秘義務」田島泰彦＝清水勉編『秘密保全法批判』（日本評論社・2013）104頁。
38) 佐伯・前掲注29）97頁は、形式秘説でも非公知性が求められるとする。

# 第3節　行政法における公務員倫理法の位置付け

## I　はじめに

　公務員も憲法上の勤労者であるから（全農林警職法事件・最大判昭和48・4・25刑集27-4-547）、その勤務条件に関する基準は、法律で定めなければならない（憲法27条2項）。この場合の法律が、労働基準法や労働組合法等、一連の実定労働諸立法であっても、憲法上の要請は満たされよう。事実、非公務員型の独立行政法人や国立大学法人、その他特殊法人の一部も、担当業務が公の事務である以上、その職員は憲法上の「公務員」（憲法15条）に含まれるが、国公法ではなく、民間労働法が全面的に適用されている。これに対し、国や地方公共団体、そして、独立行政法人のうち行政執行法人（独通法2条4項）の職員は、国公法や地公法という特別な勤務関係規制立法の対象であり（同法51条）、民間労働法の適用は限定されている。このように、一定の公務員には特別の法律を用意するという選択は、諸外国においても、対象範囲の広狭や特殊性の強弱に違いはあれ、大きく異なるものではない。つまり、国や各種公共団体が実施する行政事務の中には、その公共性の高さから公正中立な実施が強く求められるものがあり、それらについては、人事システムも公正中立な事務実施に寄与する特別なものでなければならず、したがって、民間労働法とは異なる特別の勤務関係法制が必要であると、各国の立法者は考えているのである。

　換言すれば、公務員制度は、国民にとって望ましい行政を実現するための

---

1) 憲法学の通説である。中西又三「公務員の観念、種類、範囲」雄川一郎＝塩野宏＝園部逸夫編『現代行政法大系9　公務員・公物』（有斐閣・1984）38頁参照。
2) 第1章第1節I、第3編第1章第1節I参照。

手段であり、公務員の勤務関係を規律する法も、適切な行政サービス実施の蓋然性を高める内容のものであることが求められる。この点で、公務員法には、行政をコントロールするための法（行政法）という、民間労働法とは異質の側面を指摘できよう。公務員法とは、労働者保護立法であると同時に、適正な公務の実現可能性を高めるための法であり、行政の最低品質保証の法システムなのである。このような視角から公務員倫理法制の位置付けを試みる、これが本節の主題である。

公務員倫理を正面から規律する法律は、1999（平成11）年8月制定の国家公務員倫理法（以下、「国公倫理法」という）である。制定の理由は、いうまでもなく、たび重なる公務員不祥事であった。しかし、同法制定以前から、汚職等の不祥事を防止するルールがなかったわけではない。収賄行為は刑事罰の対象であるし（刑法197条1項）、信用失墜行為として（国公法99条）、懲戒処分の対象にもなる（同法82条1項）。その他、訓告や厳重注意、さらにはいわゆる更迭等、各省庁の内規や慣例による事実上のサンクションも存在する。このようなルールを官僚達が知らないはずはない。にもかかわらず、不祥事は続発した。そこで、1996（平成8）年12月19日の事務次官会議が、「行政及び公務員に対する国民の信頼を回復するための新たな取組について」を申し合わせ、各省庁は訓令で倫理規程を定めることになった。それでも1998（平成10）年に、金融機関による過剰接待事件が発覚したため、ついに法律で国家公務員倫理を規律するに至ったのである。

---

3) 辻清明『公務員制の研究』（東京大学出版会・1991）2頁は、人事行政を「基盤行政」とし、今村成和（畠山武道補訂）『行政法入門〔第9版〕』（有斐閣・2012）39頁は、「公務員制度をどう定めるかは、行政運営の適正を期する上に重大な関係をもつ」とする。
4) 第1編第2章第4節II、第2章第1節I、第3編第1章第1節I参照。
5) 第4節VIの他、金井利之＝榊原秀訓＝下井康史＝宮脇淳＝人見剛「（座談会）日本におけるNPMと行政法学の課題」法時78巻9号（2006）7頁〔下井発言〕参照。
6) 国公倫理法成立当時における同法の解説として、齋藤憲司「国家公務員倫理法」ジュリ1166号（1999）59頁、石田榮仁郎「国家公務員倫理法」法教230号（1999）2頁、仁田山義明「公務員倫理が明確に」時の法令1614号（2000）20頁、同「国家公務員倫理法」法令解説資料総覧215号（1999）18頁、同「国家公務員倫理法」法律のひろば52巻11号（1999）11頁。石田榮仁郎「国家公務員倫理法・倫理規程」近畿大学法学50巻1号（2002）83頁も参照。その他、倫理法の概要については、宇賀克也『行政法概説III〔第4版〕』（有斐閣・2015）468頁以下を参照。

以下、国公倫理法の内容を概観した後、若干のコメントを加える。

## II　国家公務員倫理法の目的と対象

　国公倫理法の目的は、「国家公務員の職務に係る倫理の保持に資するため必要な措置を講ずること」により、「職務の執行の公正さに対する国民の疑惑や不信を招くような行為の防止を図り、もって公務に対する国民の信頼を確保すること」にある（1条）。

　実定公務員法律に「倫理」という文言が登場したのは、国公倫理法が初めてである[7]。同法にその定義はないが、そこで保持されるべき倫理は、あくまで「職務に係る」ものに限られるから、公務員の純粋に私的な領域にまで倫理的規律を及ぼす趣旨ではない[8]。ただし、職務執行の「公正さ」[9]への疑惑や不信の発生防止が趣旨である以上、職務に関連する限りで、私生活にも一定程度の規律が及ぶことになる。

　国公倫理法の適用対象は、行政執行法人や日本郵政公社[10]の職員を含めた一般職国家公務員（国公法2条2項）である（国公倫理法2条1項）[11][12]。いわゆる官民交流法に基づき民間企業に派遣される国家公務員も適用対象であり（国と

---

7) 「倫理」が法律に初めて登場したのは、おそらく、1992（平成4）年制定の「政治倫理の確立のための国会議員の資産等の公開等に関する法律」においてであろう。その後、自衛隊員倫理法と裁判所職員臨時措置法（後掲注12）参照）の他、2001（平成13）年制定の司法制度改革推進法、2002（平成14）年制定の「法科大学院の教育と司法試験等との連携等に関する法律」に登場する。

8) 塩野宏『行政法III〔第4版〕』（有斐閣・2012）332頁参照。

9) 目的に「公正さ」の確保が挙げられたことは、「実体としての公正を含め外見をも整えねばならないことを意味する」とされている（齋藤・前掲注6）61頁）。

10) 2007（平成19）年10月1日の郵政公社解散（郵政民営化法5条1項）と日本郵政株式会社への事務承継に伴い、その職員は一般職公務員の地位を失い（同法167条）、同日をもって、郵政公社職員を適用対象とする国公倫理法の条文は削除された（郵政民営化法等の施行に伴う関係法律の整備等に関する法律112条、附則1条）。

11) 特別職職員（国公法3条3項）のうち、裁判所職員（同項13号）については裁判所職員臨時措置法9号が国公倫理法を準用し、自衛隊員（国公法2条3項16号）については自衛隊員倫理法が1999（平成11）年に制定されている。国会職員（国公法2条3項13号）については、議院運営委員会の協議に委ねられ（齋藤・前掲注6）61頁、行政法制研究会「国家公務員倫理法」判時1717号〔2000〕17頁）、国立国会図書館職員については国立国会図書館職員規程で、衆参議院議員については各議院議長決定で、いずれも2000（平成12）年に倫理規程が定められている。

12) 一部の非常勤一般職の者は除外される（国公倫理法2条1項、人規22—0）。

民間企業との間の人事交流に関する法律12条5項）、国に採用された民間企業職員にも準用される（同法21条3項）。

　行政主体に勤務する者でも、一般職国家公務員ではない者には、国公倫理法の適用がない。ただし、特殊法人や非公務員型独立行政法人（行政執行法人以外の独立行政法人）、認可法人等の一部には、倫理保持に必要な施策を講じる義務があり、所管省庁の長が必要な監督を行う（国公倫理法42条）。地方公共団体と地方独立行政法人も、国公倫理法に準じた施策を講じる努力義務がある（同法43条）。地方公共団体の中には、既に倫理条例を制定するところもあるが、多くは訓令や要綱で定めるに過ぎない（2007〔平成19〕年時点）。

## III　行動基準

　国公倫理法は、職員が遵守すべき三つの倫理原則を明示する。不当な差別的取扱いの禁止と公正な職務執行、職務・地位を私的利益のために利用することの禁止、国民の疑惑・不信を招くような行為の禁止である（3条）。内閣は、この三原則を踏まえた具体的行動基準（国家公務員倫理規程。以下、「倫理規程」という）を政令で定めなければならない[14]（5条1項）。さらに具体的な定めを、各省庁の長は訓令で、行政執行法人の長は規則で、国家公務員倫理審査会（以下、「審査会」という）――公務員倫理一般に関する業務を行う国の機関として人事院に置かれる（10条）――の同意を得て（5条3項4項）、それぞれ定めることができる。

　倫理規程は2000（平成12）年3月28日政令101号で制定され、同年4月1

---

13)　役員・職員が「法令により公務に従事するもの」（みなし公務員）とされ、かつ、政府の出資を受けているものに限られる（国公倫理法42条1項、国家公務員倫理法第四十二条第一項の法人を定める政令）。
14)　国公倫理法5条1項による政令委任事項は、「職員の職務に係る倫理の保持を図るために必要な事項」と包括的なものになっており、委任の概括性が法律による行政の原理に反しないか、問題となり得よう。かかる委任でも問題がないとすれば、その論拠は、他の行政法関係とは異なる公務員行政関係の特殊性に求めざるを得ない（塩野宏『行政法I〔第6版〕』（有斐閣・2015）107頁参照。宇賀克也『行政法概説I〔第5版〕』（有斐閣・2013）271頁も参照）。

日に施行された。2005（平成17）年には、審査会の意見申出を受け、一部が改正されている[15]（同年4月1日施行）。2007（平成19）年時点の倫理規程は、一般的な倫理行動基準（倫理規程1条）の他、概ね以下の事項を定める。

## 1 利害関係者との間で行うことを禁止される行為

### (1) 「利害関係者」の意味（倫理規程2条）

国公倫理法5条1項の「利害関係を有する者」（利害関係者）とは、職員の職務と一定の関係を有する事業者や特定個人とされる。具体的には、許認可業務担当職員にとっての当該許認可取得事業者・個人等、立入検査・監査・監察担当職員にとっての当該立入検査・監査・監察の相手方事業者・個人等である[16]（倫理規程2条1項各号）。これらに該当する者でも、利害関係が潜在的であるか、職員の裁量の余地が少ない職務に関する者として各省庁の長が訓令等で定める者等は、「利害関係者」から除外される[17]（同2条1項ただし書）。

### (2) 禁止行為（倫理規程3条）

例えば、以下のような行為を利害関係者から受けることが禁止される。

①金銭・物品・不動産の贈与。これには、餞別や祝儀、香典も含まれる（倫理規程3条1項1号）。ただし、広く一般に配布される宣伝用物品や記念品、多数の者が出席する立食パーティーで贈与される記念品は除外される[18]（同条2項1号2号）。

---

15) 改正の概要については、「国家公務員倫理規程の一部改正及び地方公務員の職務に係る倫理の保持に係る施策に関する調査結果の概要について」季刊地方公務員研究82号（2005）2頁。意見申出の内容は、人事院『平成16年度年次報告書』272頁以下参照。

16) 制定当時の倫理規程は、審議官級以上の職員につき、所属省庁の他の職員が携わっている事務の利害関係者であっても、自己の利害関係者とみなすと定めていたが、この定めは2005（平成17）年の倫理規程改正で廃止された。

17) 一般に訓令は、法律の委任なしに定められることから、講学上の行政規則としてその法規性が否定されるが、倫理規程2条1項による訓令への委任は、法律による授権の再委任と見る余地がある。そうであれば、訓令という名の法規命令として、法規性ひいては裁判規範性が肯定されることになる。

18) 国家公務員倫理審査会事務局編『国家公務員倫理規程解説と質疑応答集〔改訂版〕』（国立印刷局・2006）27頁は、「多数」とは20人程度以上であるとしている。同書の内容は、国家公務員倫理審査会のホームページで読むことができる。

②無償での物品または不動産の貸付（同1項3号）。ただし、職務として利害関係者を訪問した際に、その利害関係者が提供する物品の使用は認められる（同条2項3号）。

③無償でのサービス提供（同条1項4号）。ただし、職務として利害関係者を訪問した際に、周辺交通事情等から見て問題がない範囲で、その利害関係者が提供する自動車を利用することは許される（同条2項4号）。

④利害関係者から未公開株式を譲り受けること（同条1項5号）。

⑤酒食等の供応接待（同条1項6号）。ただし、職務として出席した会議等において茶菓や簡素な飲食物の提供を受けたり、多数の者が出席する立食パーティーで飲食物の提供を受けることは認められる（同条2項5号〜7号）。供応接待とは、職員負担ではない酒食のことである。自己の飲食費用を自ら負担して利害関係者と飲食する場合（いわゆる「割り勘」）で、自己負担分が1万円を超える場合は、倫理監督官——職員の倫理保持につき指導・助言を行うため各行政機関に置かれる（国公倫理法39条）——への届出が求められる。ただし、多数の者が出席する立食パーティーや、私的な関係がある利害関係者と飲食する場合は除かれる（倫理規程8条）。

その他、利害関係者とともに旅行やゴルフ等の遊技をすること、利害関係者との間で禁止されている行為を、自分以外の誰かにするよう利害関係者に要求することも禁止されている（同規程3条1項7号〜9号）。

### (3) 禁止行為の例外（倫理規程4条）

以上の禁止行為に該当する場合でも、私的な関係にもある利害関係者との間でのもので、かつ、職務の公正な執行に対する国民の疑惑や不信を招くおそれがないものであれば、例外的に許される。

---

19) 国家公務員倫理審査会事務局編・前掲注18) 28頁は、文房具等の事務用物品、電話やヘルメットの借用等を挙げる。
20) かつての倫理規程は、利害関係者との飲食自体を原則として禁止し、割り勘であれば例外的に認めるが、夜間における簡素ではない飲食の場合は倫理監督官の許可を要するとしていた。この点が改正されたのは、夜間における割り勘での飲食は、職務遂行に必要な情報収集や意見交換のために必要なこともあるため等とされている（国家公務員倫理審査会事務局編・前掲注18) 44頁）。

## 2 利害関係者以外の者との間における禁止行為

利害関係者以外の者からのものでも、社会通念上相当と認められる程度を超える供応接待や財産上の利益供与を受けることは許されない（倫理規程5条1項）。供応接待の繰り返し等がその例である。物品等の購入や借受け等の対価を、その場に居合わせなかった者に負担させること（つけ回し）も、その相手方が利害関係者か否かを問わず禁止される（同条2項）。

## 3 その他の規制

国の経費や補助金等で作成される書籍や、国が過半数を購入する書籍を、職員が監修や編纂をした場合、それに対する報酬を受けてはならない（倫理規程6条）。この禁止は、2005（平成17）年の倫理規程改正で追加された。

倫理の保持を阻害する行為――禁止行為によって得た利益であることを知りながらこれを受領・享受すること、違反行為の疑いを持たせる事実について虚偽申述したり隠蔽すること、部下職員が違反行為をしたと疑わせるに足りる事実を管理者が黙認すること――も禁止される（倫理規程7条）。これも上記改正で追加された禁止事項である。

利害関係者からの依頼に応じて行う講演やラジオ・テレビ番組出演により報酬を受ける場合、職員は、事前に倫理監督官の承認を受けなければならない（同9条）。

## IV 贈与等の報告義務

本省課長補佐級以上の職員（国公倫理法2条2項）は、事業者等から金銭・物品等の供与や供応接待（贈与等）を受けた場合、および、職員が提供した人的役務に対する報酬として倫理規程が定めるものの支払で、1件につき5,000円を超えるものを受領した場合、四半期ごとに、贈与等報告書を各省庁の長等に提出しなければならない[21]。報告事項は、報酬額、報酬支払の年

---

21) 行政執行法人の職員は、当該法人の長又はその委任を受けた者に提出する。この点は、本文で後述する審議官級以上の職員の株取引等・所得等報告についても同様である（国公倫理法6条1項）。

月日およびその基因事実、支払事業者の名称と住所等である（同法6条1項各号、倫理規程11条2項各号）。このうち、指定職以上の職員（国公倫理法2条3項）からの報告書は、その一部の写しが審査会に送付される（同法6条2項）。ここ数年の報告書提出数は、年間合計2,300〜2,400件で推移している[22]。2006（平成18）年度第3四半期分（10月〜12月）は合計630件であった[23]。いずれも、国公倫理法等違反はなかったとされている。

　本省審議官級以上の職員（国公倫理法2条4項）は、前年における株取引については株取引等報告書を、所得については所得等報告書を、それぞれ、毎年3月1日から1ヶ月の間に、各省庁の長等に提出しなければならない（同法7条1項・8条1項）。提出を受けた長等は、報告書の写しを審査会に送付する（同法7条2項・8条3項）。2005（平成17）年度における株取引等報告書の提出者は63名で提出件数は合計608件、所得等報告書の提出件数は1,192件で、国公倫理法等違反はなかったとされている[24]。

　贈与等報告書と株取引・所得等報告書の提出を受けた長等には、5年間の保存義務がある（国公倫理法9条1項）。報告書のうち、報酬価額が1件2万円を超えるものは、一定の場合を除き、誰でも閲覧することができる。1件2万円を下回るものについては、別途、行政機関情報公開法や独立行政法人等の保有する情報の公開に関する法律に基づく開示請求が可能である[25]。

## V　国家公務員倫理法違反に対する措置

　国公倫理法や倫理規程に違反する行為は、国公法に基づく懲戒処分の対象となる（82条1項1号）。懲戒処分の基準は、人規22―1が定める。守秘義務違反や政治活動禁止違反とは異なり、それだけで刑事罰の対象となるわけではない。

　任命権者は、国公倫理法令違反を理由に懲戒処分をする場合、事前に審査

---

22)　人事院『平成18年度年次報告書』201・203頁。
23)　http://www.jinji.go.jp/rinri/zouyo/houkokusyo1803.html
24)　人事院・前掲注22）202頁以下。
25)　情報公開審査会（現情報公開・個人情報保護審査会）答申平成14年度（行情）答申240号参照。

会の承認を得なければならない（国公倫理法26条）。審査会は、独自の調査を経たうえで（同法28条）、任命権者に勧告するか（同法29条）、必要があれば懲戒手続に付すことができる（同法30条）。懲戒処分の概要は公表されることがある（同法27条・32条）。

　2006（平成18）年度において、国公倫理法令等違反を理由とする懲戒処分は21件（26人）で、うち9人が免職である[26]。訓告や厳重注意といった矯正措置は9件（28人）であった[27]。2000（平成12）年度から2006（平成18）年度まで、国公倫理法違反を理由とする懲戒処分は合計110件（401人）、矯正措置は合計49件（211人）である[28]。

## VI　おわりに——若干のコメント

### 1　行政基盤的制度としての公務員倫理法

　Ⅲで見たように、国公倫理法と倫理規程の規律は相当に具体的だが、これに加えて、審査会事務局作成の「国家公務員倫理規程事例集」[29]は、いかなる行為が禁止され、あるいは許されるのか、実に多様な例を想定し、一つ一つ検討する。公務員を子供扱いするかのごとき詳細な規律の存在は、国家公務員には倫理感や市民感覚が、ひいては社会常識が欠落していたのだと、少なくとも国会や内閣、審査会が判断したことを示している。さらに、報告義務や報告書閲覧制度が創設されたのは、既存のサンクションである懲戒処分制度のみでは、規律の実効性を十分に確保できないと考えられたからであり、このことからも、国家公務員倫理に対する批判の強さが窺われよう。閲覧制度の存在は、情報公開制度、さらには、2004（平成16）年制定の公益通報者保護法による通報者保護制度と相俟って、倫理保持への強い圧力となることが期待される。

　それでも、Ⅴで見たように、これまでに401人もの国家公務員が国公倫理

---

[26]　人事院・前掲注22）214頁以下参照。
[27]　人事院・前掲注22）194頁参照。同214頁以下で、その詳細が紹介されている。
[28]　人事院・前掲注22）194頁参照。
[29]　国家公務員倫理審査会のホームページで読むことができる。

法令違反で懲戒処分を受けている。国公倫理法の実効性を疑わせる事実だが、そもそも同法は、不祥事発生を予防するために、公務員個人の行為を規律するものであって、不祥事発生の要因自体を除去することまで視野に入れているわけではない。行政の公正さを疑わしめる不祥事の発生可能性を可能な限り低減するには、不祥事を生ぜしめる土壌そのものの改革が必要である[30]。いかなる処方箋があり得るだろうか。

　最も有効なのは、官僚達から権限をはく奪してしまうことだろう。権限のない公務員に、接待や贈賄をする物好きがいるとは思えない。具体的には、民営化や民間委託の推進による権限簒奪——ただし、委託先に対する規制・監督という新たな権限が生まれることには留意すべきである——、規制緩和や分権化による権限縮小が考えられる。とはいえ、不祥事の原因が、権限とともに官から民に移るだけかもしれない。そもそも、行政権限の全面否定には現実味がない。加えて、一般的に、積極的な行政権限行使への社会的期待は、依然として根強いように思える。その傍証として、ストーカー殺人犯に対する警察捜査の不十分さを違法とした東京高判平成17・1・26判時1891-3、大和都市管財の巨額詐欺について大蔵省（当時）の管理に手落ちがあったことを認めた大阪地判平成19・6・6判時1974-3、隣人を猟銃で殺傷した者に銃所持を許可した県警の責任を肯定する宇都宮地判平成19・5・24判時1973-109、および、それらに対する肯定的報道を挙げておく。

　すると、公務員に権限や裁量があること自体は前提として、その濫用を防止する制度の充実こそが肝要だろう。国公倫理法はそのような制度と考えられるべきで、つまり、同法は、行政過程の透明化を図る行政手続制度、行政の説明責任の確保を目指す情報公開制度、政策評価制度や個人情報保護制度等と同様、行政スタイルの変革を通じて公正な行政の実現を目指す行政基盤的制度[31]の一環と位置付けられなければならない[32]。類似の見解として、例えば、大橋洋一は、行政法の基本原則たる法治主義（法律による行政の原理）は、市民と行政との間に透明な空間・距離が設定されることを要請するとし、こ

---

30)　大森彌『官のシステム』（東京大学出版会・2006）244・246頁。
31)　塩野・前掲注14）392頁参照。
32)　西尾隆「公務員制とプロフェッショナリズム」公務研究1巻1号（1999）52頁参照。

の距離が、官民癒着等の防止、結果として市民の自由の保障、そして公正な行政運営に貢献するとしたうえで、距離保障の手段として、行政機関情報公開法と国公倫理法を挙げる[33]。また、原田久は、公務員倫理法のあり方が、NPM改革によって見なおしを迫られると指摘するが[34]、この見解も、公務員倫理法が行政基盤的制度であることを前提とするものだろう。

## 2 公務員倫理規制制度の射程

　倫理法を行政基盤的制度と位置付けるのであれば、同法の対象が、一般職公務員に限定されるのは問題である。冒頭でも触れたように、行政の担い手は、国や地方公共団体という伝統的な官僚組織に限られない[35]。特殊法人や独立行政法人（特別行政主体）、さらには、認可法人や指定法人といった民法上の法人にも、行政事務の担当主体が存在する（私人による行政）。これらの団体が行政事務を実施するものである以上、その職員も憲法上の「公務員」（前述Ⅰ参照）であるから、一定程度の倫理規制が必要なのではないか[36]。

　確かに、Ⅱで見たように、国公倫理法は、これら法人の一部につき、同法に準じた施策を講ずる義務を課している。しかし、これで十分だろうか。情報公開や個人情報保護については、法律による直接的規制のあることが想起されるべきであろう（独立行政法人等の保有する情報の公開に関する法律、独立行政法人等の保有する個人情報の保護に関する法律）。2006（平成18）年制定の市場化テスト法（競争の導入による公共サービスの改革に関する法律）の施行により、行政事務の担い手はさらに多様化するが、このことは、問題の射程がそれだけ広がることを意味している。

## 3 勤務条件法定主義と地方公務員倫理規制

　我が国の実定公務員法は、公務就任平等・機会均等、成績主義、身分保障、

---

33) 大橋洋一『行政法①〔第3版〕』（有斐閣・2016）26頁。
34) 原田久『NPM時代の組織と人事』（信山社・2005）174頁以下。
35) 第2節Ⅱ1、第3編第1章第1節および第2章第1節Ⅳ1参照。遠藤博也『行政法Ⅱ（各論）』（青林書院新社・1977）79頁以下の指摘がなお新鮮さを失わない。
36) 指定法人に対する職員人事規制の必要性を指摘するものとして、米丸恒治『私人による行政』（日本評論社・1999）358・388頁以下、原田・前掲注34）178頁。

そして勤務条件法定主義を基本とする[37]。いずれも、一定程度の普遍性を有する公務員制度の基本原則と考えるが、倫理法制は最後の原則に関係しよう[38]。この原則は、勤務条件の決定を、労使自治に委ねるのではなく、少なくとも重要部分は法律や条例で整備するというものである。その趣旨は、国民・住民の代表たる議会が、法律または条例で勤務条件を整備することにより、人事権力の濫用から労働者たる公務員を保護すること、使用者たる行政と公務員が、自分たちだけに都合のよい人事システムを勝手に作り上げないようにすること、以上の2点に求められる。法律・条例という形式を取ることで、勤務条件の内容が、本来の雇い主たる国民・住民に可視化されるという効果もあるから、人事に関する国や自治体の説明責任（行政機関情報公開法1条参照）を確保する法原則と位置付けることもできる。すると、倫理規制を要綱や通達レベルで定めるに過ぎない地方公共団体には、公務員倫理に対する認識が不足しているとの指摘が可能だろう。

　＊衆議院職員と参議院職員の倫理規程については、人事院の尾西雅博氏（当時）から資料をご提供頂いた。衷心よりの謝意を表したい。

〈補注〉
　本節原論攷の公表後に倫理法・倫理条例を論じたものとして、吉藤正道「公務員倫理法・倫理規程についての一考察」慶應法学11号（2008）243頁、佐々木季裕「徳島県の公務員倫理に関する条例」自治体法務研究9号（2007）23頁等がある。

---

37) これらの原則が憲法上の要請であることにつき、第1編第2章第1節Ⅲ1・Ⅳ2および第3節Ⅱ1・Ⅲ、第3編第2章第1節および第4節Ⅲ参照。
38) 本書序参照。

## 第 4 節　人事評価システムにおける制度的工夫

### I　はじめに

　2007（平成19）年5月29日、地公法の改正案が国会に提出された。同法案は継続審議に付され、未だ成立していないが（2008〔平成20〕年7月末現在）、その内容は、2007（平成19）年に成立した改正国公法と同じく、能力・実績[1]主義の人事管理と再就職規制とを二本柱とし、[2]前者においては、新しい人事評価システムの構築を義務付ける。他方、2008（平成20）年6月6日、国家公務員制度改革基本法（以下、「国公改革基本法」という）が成立した[3]（同13日公布）。新聞報道等では、内閣人事局の設置や、国会議員と職員との接触に関するルールが取り沙汰されているが、人事評価の適切な実施と、その結果を職員の処遇に反映させることも求められている。

　このように、国の政府においても、地方公共団体においても、人事評価システムの見なおしが喫緊の課題となっている。[4]そこで本節では、新たな人事

---

1) 改正国公法については、政木広行「能力及び実績に基づく人事管理の徹底と退職管理の適正化」立法と調査271号（2007）9頁、晴山一穂「国家公務員法改正法の意味と問題点」国公労調査時報536号（2007）16頁、中井亨「国家公務員法等の一部を改正する法律について（平成十九年法律第百八号）」季刊行政管理研究119号（2007）51頁、同「公務員の能力・実績主義の人事管理の徹底と退職管理の適正化を図る」時の法令1812号（2008）31頁、同「国家公務員法等の一部を改正する法律（平成19年法律第108号）について」ジュリ1355号（2008）24頁参照。
2) 改正地公法案の内容については、小池治「分権時代における人材管理のあり方と人事評価」地公月533号（2007）3頁以下参照。
3) 同法のベースとなった報告書については、川田琢之「『公務員制度の総合的な改革に関する懇談会報告書』の検討」ジュリ1355号（2008）46頁参照。
4) 人事評価の適切な実施と、その結果を活用すべきことは、V3で後述する公務員制度調査会答申や地方公務員制度調査研究会報告で、さらには、2000（平成12）年12月の閣議決定「行政改革大綱」や2001（平成13）年12月の閣議決定「公務員制度改革大綱」、2004（平成16）年12月の閣議決定「今後の行政改革の方針」等においても、繰り返し言及されてきた。

評価システムの構築にあたり、いかなる工夫が考えられるのか、この点を行政法学の視点から探りたい。以下、改正地公法案と国公改革基本法のうち、能力・実績主義に係る部分を概観した後（II）、公務員の人事評価制度改革が求められる理由（III）と人事評価制度自体の重要性（IV）とを確認したうえで、評価権の濫用予防という観点から、若干の提言を試みる（V）。

## II　改正地公法案と国公改革基本法

### 1　改正地公法案の内容

　改正地公法案のうち、能力・実績主義の人事管理に係る部分は、以下のように整理される。これは、総務省による整理に筆者が若干の付加変更を施したもので、引用条文は、改正された場合の条数を示す。なお、改正国公法についても、内閣の行政改革推進本部が、概ね同様の整理をしている。

　（ア）　能力本位の任用制度の確立
　　①任用（採用、昇任、降任および転任）の定義を明確化する（15条の2第1項）。
　　②職員の任用は、職員の人事評価その他の能力の実証に基づいて行う（15条）。
　　③任命権者は、職制上の段階の標準的な職、および、その職の職務を遂行する上で発揮することが求められる能力としての標準職務遂行能力を定める（15条の2第1項5号・2項）。
　　④職階制は廃止。現行法8条7号は削除する。
　（イ）　新たな人事評価制度の構築
　　①職員の人事評価
　　　人事評価を、「任用、給与、分限その他の人事管理の基礎とするために、職員がその職務を遂行するに当たり発揮した能力及び挙げた業績を把握した上で行われる勤務成績の評価」と定義する（6条1項括弧書き）。
　　②職員の人事評価は公正に行われなければならず（23条1項）、任命権者は、人事評価を、任用、給与、分限その他の人事管理の基礎と

して活用する（同条2項）。
③任命権者は、人事評価の基準および方法に関する事項等を定める（23条の2第2項）。
④任命権者は、人事評価の結果に応じた措置を講じる（23条の3）。
（ウ）分限制度
分限事由の一つである「勤務実績が良くない場合」を、「人事評価又は勤務の状況を示す事実に照らして、勤務実績がよくない場合」に改め、その趣旨を明確化する（28条1項1号）。

## 2 国公改革基本法の内容

国公改革基本法は、改革の基本理念を7項目にわたり列挙する（2条）。その中で、国民全体の奉仕者としての職業倫理を確立するとともに、能力および実績に基づく適正な評価を行うこと（同条5号）、そして、能力および実績に応じた処遇を徹底するとともに、仕事と生活の調和を図ることができる環境を整備し、男女共同参画社会の形成に資すること（同条6号）を挙げる。さらに、能力・実績に基づく人事管理について、以下のような改革基本方針を定める。

（ア）職員の倫理の確立および信賞必罰の徹底
政府は、職員の倫理の確立および信賞必罰の徹底のため、次の措置を講じる（9条）。
①人事評価は、次に定めるところにより行う（同条1号）。
　イ　国民の立場に立ち職務を遂行する態度その他の職業倫理を人事評価の基準として定める。
　ロ　業績評価に係る目標の設定は、所属する組織の目標を踏まえて行う。
　ハ　評価結果の開示その他の職員の職務に対する主体的な取り組みを促すための措置を講じる。
②守秘義務違反等に対する懲戒処分の適正かつ厳格な実施の徹底を図る措置を講じる（同条2号）。
③国家賠償法に基づく求償権（1条2項・2条2項）について、適正

かつ厳格な行使の徹底を図るための措置を講じる（国公改革基本法9条3号）。
　（イ）　能力および実績に応じた処遇の徹底等
　　政府は、職員が意欲と誇りを持って働くことを可能とするため、次の措置を講じる（同法10条）。
　①各部局において業務の簡素化のための計画を策定するとともに、職員の超過勤務の状況を管理者の人事評価に反映させるための措置を講じる（同条1号）。
　②優秀な人材の確保を図るため、初任給の引上げ、職員の能力および実績に応じた処遇の徹底を目的とした給与および退職手当の見直しその他の措置を講じる（同条2号）。
　ところで、以上のように、能力・実績主義に基づく人事管理、そして、新たな人事評価制度の構築や、その適切な実施が求められるのは、いかなる理由からなのだろうか。

## III　なぜ人事評価「制度」改革が必要なのか

　公務員制度が能力・実績主義の人事管理を基本とするからである。現行地公法（2008〔平成20〕年7月現在施行のもの。以下、同様）も——以下、主として地公法に即して論を進めるが、国公法についても事情は異ならない——、人事評価の実施を、「勤務成績の評定」（勤務評定）というかたちで任命権者の義務とする（40条1項）。このことは、1950（昭和25）年の地公法成立時から変わっていない。すると、既に稲継裕昭が指摘するところだが、人事評価の活用は、「制度」を改革するまでもなく、現行法の「運用」改革で十分に実現できるはずだろう。事実、既に多くの地方公共団体が人事評価システム

---

5）　稲継裕昭「公務員制度改革と自治体のとるべき対応」地公月516号（2006）7頁、同『自治体の人事システム改革』（ぎょうせい・2006）4頁、同「地方分権と地方公務員制度」都市問題研究60巻6号（2008）69頁。
6）　国公改革基本法は、守秘義務違反や職務懈怠に対する懲戒処分の発動について、および、国家賠償法に基づく求償権の行使について、いずれも適正かつ厳格な行使の徹底を求めるが（II 2(ｱ)②③）、これらも「制度」改革ではなく、制度本来の趣旨に忠実な「運用」を求めるものである。

改革に着手しており、中には極めて斬新な手法を構築した団体もあると指摘されている[7]。このことは、地公法を改正するまでもなく、現行法のもとでも、各地方公共団体の創意工夫次第で、つまり、地公法という「制度」の改革ではなく、現行法の「運用」改革により、能力・実績主義の人事管理が実現できることの証左だろう。

とはいえ、勤務評定未実施団体は少なくない。かつ、実施団体でも、評定結果を給与や昇任等に反映させたり、ましてや、分限処分にも活用する団体は、極めて少数に止まると指摘されている[8]。全体的に見れば、地公法の制度趣旨に忠実な運用がなされているとは言い難い[9]。このような状況での「運用」改善要求では、改革としての印象が弱くなる、このことが、あえて法改正による「制度」改革が選択された理由だろう[10]。そうすると、改正地公法案が求めるのは、従来の地公法にはなかった新しい仕組みの導入ではない。地公法の基本に立ち返った運用の促進こそが実現を迫られているのである。改正地公法が成立すると、あらゆる地方公共団体が、新しい人事評価システムを構築し——既に改革済みの団体も再検討を要するかもしれない——、かつ、評価結果を人事管理の基礎として活用するためのシステムを整備しなければならないが、その際に各団体が重視すべき基本理念は、地公法本来のそれなのである。

では、そもそも地公法が人事評価の実施を義務付けるのは、いかなる理由からなのか。

## IV なぜ人事評価が重要なのか

地公法が、能力・実績に基づく人事管理を基本とするからである（成績主

---

7) 稲継・前掲注5)「地方分権と地方公務員制度」63頁参照。
8) 小池・前掲注2) 6頁参照。
9) 小池・前掲注2) 7頁参照。
10) 稲継・前掲注5)「地方分権と地方公務員制度」70頁は、法改正という「大きなイベント」がなければ運用改革に踏み切れない省庁や自治体も多いとしたうえで、法改正には運用改革のための「シンボリックな役割」が期待されているとし、「制度改革に躊躇している自治体や、何らかの制約がかかっている自治体の後押しをするという意味合いが強い」とする。

義原則)。この原則は、採用・昇任その他の任用につき、明文で確認されている。すなわち、任用は、受験成績、「勤務成績」その他の能力の実証によらなければならない (15条)。採用と昇任における能力実証手段は、競争試験や選考である[11] (17条 3 項 4 項)。昇任の選考は、筆記試験、口頭試問、勤務実績等によるのが一般的とされるが[12]——多くの場合は勤務実績によっているのではなかろうか——、このうち勤務実績の判定は、人事評価に基づくしかない。したがって、人事評価が適切になされなければ、成績主義に基づく昇任という地公法の趣旨は骨抜きになってしまう。その他、改正地公法案は、降任——後述の分限処分として下される——や転任についても、人事評価その他の能力の実証に基づくことを定めている (21条の 5)。

　能力実証に基づく人事の要求は、他の局面にも登場する。例えば、国家公務員の場合、号俸の上昇である昇給は、勤務成績に応じて決められる (給与法〔2008 (平成20) 年 7 月現在施行のもの。以下、同様〕8 条 5 項)[13]。勤勉手当も勤務成績に応じるものとされ (同法19条の 7 第 1 項)、期末特別手当は、勤務成績が良好でなければ減額される (同法19条の 8 第 2 項)。以上と大きく異なる制度を、各地方公共団体の給与条例が採用しているわけではないだろう。さらに、「勤務実績がよくない場合」には、分限処分が可能である (地公法28条 1 項 1 号)。いずれも、成績主義を基本とした制度であり、勤務成績・勤務実績の判定手段たる人事評価が適切に実施されなければ、制度の趣旨は活かされない[14]。

　成績主義原則は、地公法のみならず国公法においても (国公法33条)、さら

---

11) 競争試験による昇任 (昇任試験) (地公法19条 3 項) を実施する団体が増加傾向にあることにつき、坂本勝「自治体における人事制度改革と人材育成の視点」都市問題研究60巻 6 号 (2008) 7 頁参照。
12) 橋本勇『逐条地方公務員法〔第 1 次改訂版〕』(学陽書房・2006) 274頁参照。
13) 給与法 8 条は、2005 (平成17) 年に大きく改正された。従前は、1 年間を良好な成績で勤務した場合の普通昇給と、勤務成績が特に良好な場合の特別昇給という、2 種類の昇給制度があったが、同改正により、勤務成績に基づく昇給 (査定昇給) に一本化された。同改正の趣旨が成績主義の推進にあることにつき、森園幸男=大村厚至『公務員給与法精義〔第 4 次全訂版〕』(学陽書房・2008) 158頁参照。
14) 橋本・前掲注12) 713頁は、勤務評定結果につき任命権者がどのような措置をとるべきかは、法文上必ずしも明らかではないとしつつ、昇給、昇格、勤勉手当の査定、および、分限処分の資料として用いることが、最低限の義務であるとする。

には各国の公務員制度においても、重要な基本原則の一つである。政治的任用や自由任用も活用されているが、それらはあくまで例外であり――我が国では特別職の一部で制度化されている（国公法2条3項、地公法3条3項）――、能力実証に基づく人事管理が基本であることは疑いない。

では、なぜ、成績主義が公務員制度における万国共通の基本原則なのだろうか。有能な人材を確保するため、そして何よりも、政治的情実人事（猟官制）や縁故人事を防ぐためである。行政の担い手たる公務員の人事において、政治的信条や金銭授受等に由来する個人的つながり――大分県教育委員会の教員採用をめぐる不祥事を想起されたい――が重視されると、能率的で公正な行政サービスの提供は実現を期し難い。以上が公務員制度における基本哲学の一つであることは、ここであらためて強調するまでもない。

次のようにまとめられよう。人事評価は、公務員制度の基本原則である成績主義を体現するための手段であり、そして、能力・実績主義人事を意味する成績主義は、能率的で公正な行政サービスの提供を目指した原則であるから、公正で客観的な人事評価制度を構築し、かつ、その制度を適切に運用することは、行政サービスの質を高めるために必要とされる。したがって、人事評価制度と運用のあり方如何は、行政サービスの質を左右しかねず、だからこそ人事評価は重要であり、公正に実施されなければならない、と。

以上のことは、今や関係者間の共通認識だろう。問題の焦点は、制度・運用の具体的あり方如何に移っている。この点、既に様々な提言がなされているが、以下では、地方公共団体が新しいシステムを設計するにあたり、いかなる制度的工夫が考えられるのかについて、評価権の濫用防止という視点から、行手法に発想を得た若干の提言を試みる。

---

15) 各国の公務員制度については、村松岐夫編著『公務員制度改革』（学陽書房・2008）等を参照。
16) 分限・懲戒制度は身分保障制度の一環だが、身分保障とは、成績主義原理を担保するためのシステムであり、同原理と一体となって、能率的で公正な行政サービスを実現するための制度であるから、一般的なイメージとは異なるかもしれないが、分限処分の積極的活用は、成績主義原則の趣旨に、かつ、身分保障原則にも忠実な運用だということになる。この点につき、第1節Ⅳ参照。稲継・前掲注5）「公務員制度改革と自治体のとるべき対応」8頁以下も同旨。

## V 人事評価権の濫用を予防するには、どのような制度的工夫が考えられるか

### 1 裁量権濫用予防の仕組みの必要性

　勤務の実績や成績は、数値に従って機械的に判定し得るものではない。人事評価の内容は、評価者の広範な裁量に委ねられることになるが、それだけ濫用の危険は高くなる。そこで、裁量権濫用の危険を可能な限り低減するための工夫を、人事評価システムに組み込むことが必要になろう。行政法学では、様々なかたちで、裁量権濫用予防の仕組みが論じられるが、その一つに行政手続の整備がある。

　行政手続に関する一般法は、行手法、そして、各地方公共団体の行政手続条例である。そこでは、各種の手続制度が用意されているが、このうち、処分基準の設定・公開、理由付記、告知・聴聞、文書閲覧の四つが、各国共通の普遍的な適正手続とされる（適正手続四原則）[17]。これらの手続を人事評価に応用するならば、前二者は、評価手続の一環として——評価基準の設定・公表、評価結果開示時における理由付記——、後二者は、評価結果に対する苦情処理手続や、評価結果に基づく不利益処分の手続において、それぞれ活用されることになろう[18]。以下、評価手続に的を絞って検討する。

### 2 評価基準の設定・公表

　行手法は、申請に対する処分につき、審査基準（2条8号ロ）を設定し（5条1項）、かつ、それを「公に」すること（公開）を義務付け（5条3項）、そして、職権に基づく不利益処分につき、処分基準（2条8号ハ）の設定・公開を努力義務とする（12条）。基準の設定は判断の統一を促進し、その公開は、当事者に予測可能性を与え、行政決定の恣意・独断を防ぐなど、判断

---

[17]　塩野宏『行政法Ⅰ〔第6版〕』（有斐閣・2015）295頁参照。
[18]　行手法は、公務員に対する諸措置について、同法の適用を除外するが（3条1項9号）、このことによって、公務員不利益処分等における事前手続整備の必要性が否定されるわけではないことにつき、第1節Ⅴ3の他、塩野宏『行政法Ⅲ〔第4版〕』（有斐閣・2012）310・336頁、下井康史「フランスにおける公務員の不利益処分手続(1)」北法54巻1号（2003）4頁参照。

過程の透明性向上に資するだけでなく、基準作成や処分決定を慎重ならしめ、かつ、後述の理由付記と相俟って不服申立ての便宜にもなるだろう[19]。評価基準の設定・公開にも、同様の効果が期待できるのではあるまいか[20]。

　ただ、改正地公法案は、人事評価の基準等を任命権者が定めるとするが(23条の2第2項)、公開については定めていない。基準を首長規則等で定めるのなら公表しなければならないが、通達のような行政規則によるのなら、公開が当然に求められるわけではない[21]。しかし、行手法・行政手続条例は、やはり行政規則たる審査基準につき、その公開を求めることで透明性を確保しようとしている。人事評価基準を行政規則で定めるにしても、人事評価条例等の定めによって公表を義務付けることが望ましい。

　ところで、行手法は、審査基準を「公にしておかなければならない」と定める(5条3項)。「公に」するとは、秘密扱いをしないという意味であり、積極的な周知・公表までをも求めるものではない[22]。しかし、評価基準については、人事評価が定期的に必ず実施されるものである以上(改正地公法案23条の2第1項)、少なくとも対象となる職員には、積極的に周知・「公表」すべきであろう。

　評価基準の公表は、事後救済手続との関係でも重要である。なぜなら、人事評価の結果が、何らかのかたちで司法判断の対象となった場合[23]、人事評価における裁量の広さと質を考えると、裁判所が実体判断代置審査──裁判所が行政庁と同一の立場に立ってする審査──を施すことは難しいが、評価基準が公表されていれば、手続的審査──基準自体の合理性や、当該基

---

19) 宇賀克也『行政手続三法の解説〔第2次改訂版〕』(学陽書房・2016) 91頁。
20) Ⅴ3で後述する地方行政運営研究会第18次公務能率研究部会の報告書は、評価基準や評価実施方法の公表が、人事評価の納得性・透明性の確保に極めて重要としていた。その他、坂本・前掲注11) 10頁等参照。
21) 人事評価制度の内容の、少なくとも基本的部分については、法律・条例事項とすべきとする私見につき、第1編第2章第1節Ⅵ2および第3節Ⅲ参照。
22) 宇賀・前掲注19) 92頁。なお、行手法は、複数の者を対象とする行政指導指針については、原則として「公表」するものとしている (36条)。
23) なお、人事評価結果の妥当性を問題にする行政上の救済手段として、勤務条件措置要求(地公法46条)の活用も考えられる。岐阜地判平成20・2・27公務員関係判決速報375-9は、勤務評定自体は職員の経済的地位向上に関連しないとし、措置要求の対象たる勤務条件に含まれないとするが、疑問である。

準の適用過程を審査——が可能になり、裁量権濫用に対する司法の統制が、ある程度まで密になることを期待できるからである。

なお、行手法は、審査基準の設定にあたり、原則として事前に意見公募手続を経るものとする（39条）。人事評価システムを構築する際に、職員代表や労働組合の参加を求めるべきとの提言もあるが、職員一般を対象とした意見公募という参加システムも考慮に値しよう。

### 3 評価結果開示時の理由付記

行手法は、申請拒否処分や、職権に基づく不利益処分の際、原則として、同時に、その理由を提示することを求める（8条1項・14条1項）。書面による処分であれば、理由も書面で示されなければならない（理由付記）（8条2項・14条3項）。その趣旨につき、最高裁は、同法制定以前の事案においてではあるが、処分庁の判断の慎重と公正妥当を担保してその恣意を抑制すること、および、理由を知らせることで不服申立てに便宜を与えることに求める。そのうえで、いかなる事実関係に基づきいかなる法規を適用して当該処分をしたのか、以上の点を明らかにしなければならないとする。行手法適用の処分であれば、審査基準や処分基準上の根拠も、明示されるべきだろう。

この手続を人事評価に応用するならば、評価結果通知の際、同時に、当該結果に至った理由を付記するという仕組みが考えられる。対象は、一定以下の低評価に限定されようか。

ただ、理由付記を義務付けるためには、評価結果を本人に開示、あるいは、通知することが前提となる。開示・通知の是非につき見解は分かれており、

---

24) 手続的審査を採用した最高裁判決として、例えば、原子炉設置許可処分に関する伊方原発訴訟・最判平成4・10・29民集46-7-1174。これに加え、考慮すべき事項を十分に考慮したか、考慮すべきではない事項を考慮（他事考慮）していないか、といった点の審査（判断過程審査）も有用だろう。判断過程審査を採用した近時の最高裁判決として、例えば、海岸占用不許可に関する最判平成19・12・7民集61-9-3290。
25) 坂本・前掲注11）11頁参照。
26) 旅券発給拒否についての最判昭和60・1・22民集39-1-1。
27) 開示に積極的な説として、例えば、大河内繁男『現代官僚制と人事行政』（有斐閣・2000）236頁。消極的な説として、例えば、橋本・前掲注12）715頁。なお、勤務成績の評定の手続及び記録に関する内閣府令9条2項は、勤務評定の記録である勤務評定記録書を非公開とする。

1999（平成11）年4月27日の地方公務員制度調査研究会報告「地方自治・新時代の地方公務員制度」は、「メリット・デメリットを慎重に勘案しつつ、その是非も含め検討すべきである」としていた。同年3月16日の公務員制度調査会「公務員制度改革の基本方向に関する答申」も同様である。

しかし、2004（平成16）年3月の総務省地方行政運営研究会第18次公務能率研究部会報告「地方公共団体における人事評価システムのあり方に関する調査研究」は、一定の留意事項を示しつつ、評価結果の開示が望ましいとした。そして、先般の国公改革基本法が、評価結果の開示を義務付けるに至っている（前述Ⅱ2（ア）①ハ参照）。今後は、政府のみならず、地方公共団体も、開示あるいは通知を実施する方向で——人事評価の形骸化対策と併せて——、システムを構築せざるを得ないだろう。

## Ⅵ　おわりに

　人事行政は「基盤行政」であり[28]、「公務員制度をどう定めるかは、行政運営の適正を期する上に重大な関係をもつ[29]」。公務員人事行政とは、行政サービスの実現手段として、行政サービスの受益者である市民の利益、つまりは公益の実現に資するものでなければならない[30]。成績主義原則を実現する手段の一つたる人事評価も、能力・実績主義の人事を通じて、能率的で公正な行政サービスが提供される蓋然性を高めることを目指した、いわば行政サービスの品質保証システムといえるだろう[31]。もちろん、制度を整備しただけで事が足りるわけではない。制度が適切に運用されなければ、いかに立派な制度を構築しても画餅に帰す。制度の整備は、いわば最低限度の品質保証に過ぎない。そこで、制度の適切な運用を促すための工夫を組み込むことで、保証の最低ラインを高めることが必要となる。本節は、このような観点から、公正な人事評価のための制度的工夫を模索した試論である。

---

28)　辻清明『公務員制の研究』（東京大学出版会・1991）2頁参照。
29)　今村成和（畠山武道補訂）『行政法入門〔第9版〕』（有斐閣・2012）39頁参照。
30)　第1編第2章第4節Ⅱ、本章第1節Ⅲ、第3編第2章第1節Ⅰおよび第2節Ⅱ2参照。
31)　第3節Ⅰ参照。

〈補注 1 〉

 2007（平成19）年地公法改正案の内容は、2014（平成26）年改正地公法に反映された。Ⅱ 1 で紹介した改正地公法案の各条文番号は、改正地公法においても同じである。同改正が導入した人事評価制度については、以下の文献がある。

- 小岩正貴「地方公務員法及び地方独立行政法人法の一部を改正する法律（平成26年法律第34号）―地方公務員に係る人事評価制度の導入等＝能力及び実績に基づく人事管理の徹底及び退職管理の適正の確保」時の法令1969号（2014）19頁
- 阿部浩二「人事評価制度の導入」自治実務セミナー633号（2015）24頁
- 和泉秀樹「人事評価制度の運用と参考例について」地公月616号（2014）79頁
- 菅野孝志「『人事評価』本格始動へ」地公月612号（2014）17頁
- 上野淳「地方公務員法及び地方独立行政法人法の一部を改正する法律について　第 2 回人事評価その一」地公月613号（2014）55頁、「同　第 3 回人事評価その二」地公月614号（2014）51頁
- 総務省自治行政局公務員部給与能率推進室「『地方公共団体における人事評価制度の導入にかかるシンポジウム』の概要」地公月630号（2016）79頁
- 田中聖也「人事評価制度は何のために導入するか？」地公月630号（2016）27頁
- 榊原秀訓「『改正』地方公務員法と人事評価制度」『地方自治の危機と法―ポピュリズム・行政民間化・地方分権改革の脅威』（自治体研究社・2016）131頁

 国家公務員の人事評価については、新人事制度研究会編著『国家公務員の新たな人事制度―人事評価を活用した任免・給与等の実務』（PM出版・2010）がある。

〈補注 2 〉

 行手法下の最高裁判決として、一級建築士免許取消しについての最判平成23・6・7民集65-4-2081は、同法14条 1 項が定める理由提示に関し、その制度趣旨については従前の判例に従っているが（Ⅴ 3 参照）、提示（付記）すべき理由の内容と程度については、同制度の「趣旨に照らし、当該処分の根拠法令の規定内容、当該処分に係る処分基準の存否及び内容並びに公表の有無、当該処分の性質及び内容、当該処分の原因となる事実関係の内容等を総合考慮してこれを決定すべき」としたうえで、当該事案については、処分基準の適用関係をも示すことが必要であるとしている。

〈補注 3 〉

 Ⅳで言及した給与法は、2005（平成17）年改正（注13）参照）の後、2012（平成24）年にも大きく改正され、人事評価（2007〔平成 9 〕年改正国公法18条の 2 第 1 項括弧書き・70条の 2 以下）の結果を、2005（平成17）年改正が導入した査定昇給に反映させる仕組みを採用している。これによれば、多くの一般職職員は、直近

1年間の勤務成績に従い（給与法8条6項）、勤務成績が良好なものからA～Eのいずれかの昇給区分に属すことが決定されるところ（人規9―8第37条1項）、Aとされた職員の昇給号俸数は8以上、Bのそれは6、Cは4（標準的な昇給号俸数とされる。給与法8条7項）、Dは2、Eは0である（人規9―8別表7の4。ただし、55歳以上の職員の場合、Aは2以上、Bは1、C～Eは0である。給与法8条8項1号、人規9―8別表7の4イ）。また、勤勉手当は、「基準日以前における直近の人事評価の結果及び基準日以前六箇月以内の期間における勤務の状況に応じて」支給される（給与法19条の7第1項）。具体的には、業績評価の評価結果が「特に優秀」「優秀」「良好」（以上が「上位の段階」）「下位の段階」の各区分に応じて勤勉手当の成績率が決められる（人規9―40第13条）。他方、期末特別手当は、2009（平成21）年の給与法改正で廃止されている。

〈補注4〉

評価基準の設定・公表（V2）や、評価結果開示（V3）について、本節原論攷の公表後の動きは以下の通りである。

まず、国家公務員について、2009（平成21）年に制定された「人事評価の基準、方法等に関する政令」が、人事評価のうち、能力評価（職員がその職務を遂行するに当たり発揮した能力を把握したうえで行われる勤務成績の評価。4条1項括弧書き）は、人事評価実施規程（所轄庁の長が定める。1条1項）の定める評価項目ごとに行うものとし、同年3月6日の「人事評価の基準、方法等について」（平21年3月6日総人恩総―218号）第2の1が、人事評価実施規程を制定または変更した場合、職員への周知・徹底に努めるよう求める。他方、評価結果について、上記政令は、被評価者に開示することを義務付けた（10条・14条・18条）。

次に、地方公務員について、2014（平成26）年8月15日の「地方公務員法及び地方独立行政法人法の一部を改正する法律の運用について（通知）」（総行公67号、総行経41号）は、各地方公共団体の任命権者に対し、評価の基準および方法などの人事評価制度に関する規程等の整備を行うこと、人事評価制度に関する規程等においては、評価基準等の明示や評価結果の開示等について、必要な規定等を設けておくこと、そして、原則として、評価結果を開示して、被評価者に対して指導・助言を行うための期末面談などを行うこと等が適当であるとしている。[32]

---

32) 橋本・前掲注12）の改訂版である橋本勇『逐条地方公務員法〔第4次改訂版〕』（学陽書房・2016）359頁は、橋本・前掲注27）の見解を変更し、「原則として評価結果を開示して、被評価者に対して指導・助言を行うための期末面談などを行うことが適当」とする。

# 第 3 編

# 多様な公務員と公務員制度の射程

# 第1章

# フランス法

## 第1節　公務員制度の射程
### ――公役務理論と官吏概念

### I　はじめに

　2001（平成23）年施行の独通法による特定独立行政法人の創設（2条2項）は、公務員制度の原則に大きな変容を迫るものと受け止められた[1]。なぜなら、以下、国の公務員制度に限定して話を進めるが、それまでの通説的見解は、国家公務員が国という行政主体に勤務する者に限定されることを当然の前提としてきたからである[2]。それゆえ、国とは別法人であるにもかかわらず、職員を国家公務員とする特定独立行政法人の創設は、明らかに異例であるとか、独立行政法人制度を創設するにあたり余儀なくされた政治的妥協の結果であり、所管省・職員団体の双方にとって相対的に被害の少ない選択で、独立行政法人への円滑な移行を可能とするための便法に過ぎず、理論的に確固たる根拠が存在したわけではない等と批判されている[3]。特定独立行政法人の創設

---

1)　その後、2014（平成26）年の独通法改正により、役職員が国家公務員である独立行政法人は行政執行法人とされた。
2)　田中二郎『新版行政法㊥〔全訂第2版〕』（弘文堂・1976）196頁、塩野宏『行政組織法の諸問題』（有斐閣・1991）14頁、中西又三「公務員の観念、種類、範囲」雄川一郎＝塩野宏＝園部逸夫編『現代行政法大系9　公務員・公物』（有斐閣・1984）46頁参照。なお、地方公務員につき、阿部泰隆＝中西又三＝乙部哲郎＝晴山一穂『地方公務員法入門』（有斐閣・1983）10頁参照。
3)　藤田宙靖『行政法の基礎理論㊦』（有斐閣・2005）262頁、磯部力＝稲葉馨＝今村都南雄＝小早川光郎＝三辺夏雄＝藤田宙靖＝森田朗「（座談会）中央省庁等改革関連法律の理論的検討(4・完)」

が政治的選択であったことはそのとおりであろう。しかし、国以外の行政主体に勤務する者を公務員とすることは、本当に理論的に不自然なことなのだろうか。

諸外国では、一部の特別行政主体の職員を国家公務員とすることは決して珍しくない。[4] フランスの場合、我が国の正規の一般職公務員に相当する官吏(fonctionnaire) と、官吏ではないが公法上の勤務関係にある非正規職員(agents non titulaires) とが、公法の適用される公務員 (agent public) として、公務員制度 (fonction publique) を形成するが、[5] これら公務員が勤務するのは、国と地方公共団体に限られず、その他、諸々の公施設法人 (établissement public) にも及んでいる。[6] かつ、普通労働法の適用を受ける私法上の職員（私法契約職員〔agent contractuel du droit privé〕）は、国・地方公共団体、公施設法人のいずれにも存在する。つまり、公務員制度の射程を画す基準が、国や地方公共団体という本来的行政主体への所属如何ではなく、別の理論によっているのである。そして、我が国でも、食糧配給公団の職員が国家公務員とされていたことがあった。[7] すると、国家公務員を国という行政主体に勤務する職員に限定することは、確立された当然の普遍的ルールというわけではなさそうである。塩野宏が指摘するように、我が国のこれまでの国家公務員制度が、国という行政主体の職員に国公法上の公務員を限定してきたのは、いわば制度を単純化するための割り切りであったに過ぎなかったといえるのかもしれない。[8]

公の事務を担当する者のうち、いかなる範囲の者を国公法上の公務員とす

---

自研76巻12号（2000）35頁以下、小高章「国家公務員の量的把握と質的把握」自研76巻8号（2000）33頁参照。

4） ドイツにつき、塩野宏『行政法III〔第4版〕』（有斐閣・2012）97頁、塩野・前掲注2）14・256頁、アメリカにつき、宇賀克也「アメリカの政府関係法人」碓井光明＝小早川光郎＝水野忠恒＝中里実編『金子宏先生古稀祝賀 公法学の法と政策(下)』（有斐閣・2000）212頁参照。

5） 公務員の種類については、第1編第1章第1節Ⅰ1(1)および本章第2節Ⅱ1・Ⅲ1参照。

6） 公施設法人については、神谷昭『フランス行政法の研究』（有斐閣・1965）281頁以下、山口俊夫『概説フランス法(上)』（東京大学出版会・1978）237頁以下、滝沢正『フランス法〔第4版〕』（三省堂・2010）159頁以下参照。

7） 佐藤功＝鶴海良一郎『公務員法』（日本評論新社・1954）49頁以下、森園幸男＝吉田耕三＝尾西雅博編『逐条国家公務員法〔全訂版〕』（学陽書房・2015）66頁参照。

8） 塩野・前掲注4）269頁。第2章第1節Ⅵも参照。

べきかは、広範な立法裁量に委ねられよう。そこに、一定の政治的配慮が加わることも排斥すべきではない。とはいえ、公の事務を担当する一定の者を公務員制度の対象とすることは、それらの者が担当する事務の公正さや、その遂行の能率性を、勤務法制の面から確保しようとすることにある。そうであれば、公務員制度の対象とすることで公正さ・能率性が確保されるべき公の事務の範囲を画定するにあたり、何らかの理論的指針が必要ではないだろうか。また、公務員となれば、国民全体の奉仕者として特別の法規整を受ける——とりわけ、労働基本権や政治活動の自由といった、憲法上の基本的人権さえ制約される——ことになるのであるから、公務員制度の射程画定にあたり、立法府の裁量権行使にまったく制約がないとも考えにくいのではないか。では、どのような理論により、公務員制度の射程が画されるべきなのか。さらに、公務員には、様々な点で民間労働法とは異なる法制度が適用されるが、どのような内容の法制度が、なぜ公務員に適用されるのか、この点も、公務員制度の射程を画す理論から演繹されるべきではないだろうか。折しも2002（平成14）年現在、公務員制度の改革が議論されている。国公法上の公務員の範囲が不明確である点には早くから批判があったことを考えれば、この機に、公務員制度の射程を画す基準如何といった、制度の基礎理論に立ち返った議論も必要であろう。

　本節は、以上のような問題関心から、フランス法における公務員法制の対象範囲とその内容を定位する基礎原理を探り、日本法における同様の問題に比較法上の示唆を得ることを目的とする。なお、本節で検討するのは、官吏の概念である。非正規の公務員と私法契約職員とを区別する基準の検討も必要だが、この点は他日を期したい。

---

9）　塩野・前掲注2）15頁は、以下のように述べる。「営造物法人に関する勤務者の法的地位を法技術的にどのように規律するかは、論理上定まってくるものではなく、そこには、立法者の選択の余地が残されている。本来、営造物法人は、狭義の組織法上の概念であって、その構成要素である人的手段が、法技術的に国、地方公共団体に勤務する者と同一の法的地位を有すべきである、ということにはならないと思われる」。

10）　田中・前掲注2）241頁以下、藤田宙靖『行政組織法』（有斐閣・2005）269頁参照。なお、塩野宏『法治主義の諸相』（有斐閣・2001）484頁は、公務員の範囲確定を法律事項とし、小高・前掲注3）36頁は、公務員概念の再整理が必要とする。

## II　現行官吏法における官吏の概念その他

　ここでは、まず、現行官吏法における官吏の定義を見た後（1）、その後の議論に必要な知識を仕入れておくため、フランス官吏法上の基礎概念にいくつか言及する（2）。

### 1　現行官吏法における官吏概念

　官吏法制は、法令による諸々の身分規程（statuts）——公務員の法的地位に関する規範群——から構成される。官吏全般に関する一般規程（statut général）のうち、国家官吏に適用されるのは、「官吏の権利および義務に関する1983年7月13日の法律」（以下、「官吏法第Ⅰ部」という）、「国家公務の身分規程に関する1984年1月11日の法律」（以下、「官吏法第Ⅱ部」という）であり、これらをまとめて官吏法と称する。これら現行官吏法の内容は、フランスで初めての本格的一般規程を定めた1946年10月19日の法律（以下、「1946年官吏法」という）、および、同法の後継法である1959年2月4日のオルドナンス（以下、「1959年官吏法」という）を継受している。1959年官吏法の制定は、

---

11)　晴山一穂「立法紹介」日仏法学14号（1986）120頁参照。statut は、官吏の身分そのものを意味することもある。

12)　他の一般規程としては、「地方公務の身分規程に関する1984年1月26日の法律」（以下、「官吏法第Ⅲ部」という）、「病院公務の身分規程に関する1986年1月9日の法律」（以下、「官吏法第Ⅳ部」という）がある。現行官吏制度が四つの基本法律（官吏法第Ⅰ部～第Ⅳ部）で規律されていることについては、第1編第1章第1節、本編第1章第1節および第2節も参照。

　　現行法の紹介として、晴山・前掲注11) 120頁、岩田伸子「フランスにおける国および地方公共団体の官公吏一般規程（1984年）の制定について」人月405号（1984）29頁。また、現行法下の公務員制度紹介として、小原清信「フランスの公務員法」九大法学52号（1986）123頁、植野妙実子「フランスの公職における男女平等（Ⅰ）（Ⅱ）」比較法雑誌20巻3号（1986）16頁・4号（1987）1頁、同「フランスにおける公務員制度」比較法研究52巻（1990）137頁。

13)　初めての一般規程は、厳密には、ヴィシー政権下での1941年9月14日の法律である。しかし、同法適用のための細則は定められず、ほとんど適用されないまま、1944年8月9日のオルドナンスによって廃止された。

14)　1946年官吏法と1959年官吏法の適用対象は国家官吏のみで、市町村（commune）官吏については1952年4月28日の法律がそれぞれの身分規程を定め（市町村法典第4編）、県（département）官吏の身分は各県議会（conseil général）が定めていた。現行官吏法は、国と地方官吏について制度を統一した点に意義が見出されている。

1958年の第5共和国憲法による立法事項と命令事項の配分に対応するもので、1946年官吏法と内容に大きな違いがあったわけでない。[15]

　現行官吏法上の官吏とは、官等（grade）を保有する者である。官等は官吏身分を示す属人的な法的概念で、官等付与が官吏の任命（任官〔titularisation〕）を、官等喪失・剝奪が退官を、それぞれ意味する。[16] 官等はあくまで官吏身分を示す属人的な資格であるから、任官が意味するのは、官吏身分の承認までであって、官吏が担当する具体的な職（emploi）の決定（補職）（affectation）は、別個に観念される。つまり、官吏任命の仕組みは、ある官等への任官と、職の一への任用（nomination）の二段階からなる、任官補職のシステムである。[17] 官吏法が適用されるのは、官等の一に任官され、かつ、官職の一に実際に従事している者に限られ（官吏法第Ⅰ部12条2項、同第Ⅱ部32条1号、33条1項）、他方で、恒常的に必要とされる職は官吏が従事するのを原則とするから（同第Ⅰ部3条）、官吏法適用の官吏とは、国や地方公共団体、および、それらの公施設法人の官等に任官され、かつ、恒常的に必要とされる職の一に任用された者、ということになり（同第Ⅱ部2条）、通常は、これをもって官吏の定義とする。[18]

　以上のような官吏の定義、あるいは、官吏法適用官吏の範囲確定は、1946年官吏法以来のものである。同法制定以前は一般規程がなく、職種ごとに命令で定められた個別規程（statut particulier）と、特定の問題につき官吏全般に適用される種々の法律とが官吏法を構成していた。[19] 官吏を統一的に定義

---

15)　1946年官吏法と1959年官吏法については、下井康史「フランスにおける公務員の不利益処分手続(1)」北法54巻1号（2003）30頁以下参照。その他、第2編第1章Ⅲ3(2)も参照。
16)　官等や任官の意味、退官事由については、第2編第1章Ⅲ1(1)(c)および(2)・(4)参照。
17)　任官補職のシステムについては、第2編第1章Ⅲ2(1)参照。その他、片岡寛光『職業としての公務員』（早稲田大学出版部・1998）8頁、同「キャリア・システムと職階制」早稲田政治経済学雑誌315号（1993）96頁参照。
18)　官吏法第Ⅱ部2条は、「この法律は、官吏法第Ⅰ部の適用を受け、フルタイムの恒常的に必要とされる職に任用され、国の本省（des administrations centrales）やそれに属する地方支分部局（des services extérieurs）、国の公施設法人の、階層上の官等の一に任官された人々に適用される」と定める。
19)　例えば、懲戒手続としての人事記録閲覧に関する1905年4月22日の財政法律65条（これについては、下井康史「フランスにおける公務員の不利益処分手続(2)―人事記録閲覧手続から防御権の法理へ」北法54巻4号（2003）1097頁参照）、恩給に関する1853年6月9日の法律、選択昇進に関する1912年2月27日の法律、派遣に関する1913年12月30日の法律13条、既婚官吏の同居を容

する法令はなく、このような状況において官吏概念を構築していったのは、コンセイユ・デタの判例であり、学説であった。1946年官吏法は、それまでの判例・学説による官吏の定義を、新たな制度に結実させたものである。その結果、今日における官吏概念の淵源は、第2次世界大戦前の判例・学説に求められることになる。そこで後述Ⅲ1において、今世紀前半の判例・学説を検討することとしたい。

## 2 官吏法における基礎概念[20]

まず、官等は、職種と責任の程度に応じて、職員群（corps）にまとめられる。例えば、財務監察官（inspecteurs des finance）職員群は、上位から、上席監察官（inspecteur général）、監察官（inspecteur）、監察官補（inspecteur adjoint）という三つの官等から構成される[21]。官吏採用は職員群ごとに行われ、昇進は原則として一職員群内を限度とし、当該職員群の最高官等で官吏生活を終了するのが通常である（閉鎖型任用制）。

次に、各官等には、当該官等官吏を配属するための職が通常は複数用意され、官吏の配置転換は、原則として、当該官等に用意されている職の範囲内で行われる。官等や職員群は官吏の分類単位であり、それらの集合は官吏という人間の集合であるが、これとは別個に、職の集合も観念される。各官等に当該官等官吏を配属するための職が用意されているのと同様、各職員群官吏による従事を予定された職の一群が、職団（cadre）にまとめられる。このように、官吏という人の集団と職の集合とを別個に制度化するシステムも、1946年官吏法以来のものである[22]。同法以前の文官吏制度では、少なくとも制

---

易にするための1921年12月30日の法律（「ルースタン法（Loi Roustan）」）、兼業禁止に関する1936年10月29日のデクレ・ロワ等がある。
20) 第2編第1章Ⅲ1の他、第1編第1章第1節Ⅰ1(4)、第2編第1章Ⅲ1、本章第2節Ⅱ3も参照。
21) 監察部局の内部構成一般については、滝沢正「フランスにおける行政監察」フランス行政法研究会編『現代行政の統制』（成文堂・1990）50頁参照。
22) ドイツ官吏法でも同様のシステムが採られていることにつき、川田琢之「公務員制度における非典型労働力の活用に関する法律問題(3)」法協116巻11号（1999）1771頁。我が国の現行公務員制度において、公務員が従事する職とは別個に、公務員の身分を観念し得ないことにつき、第2編第1章Ⅲ4(6)参照。

度上、職員群や官等のような、従事する職とは別個に人的身分を観念する概念はなく[23]、職と職団のみが存在していた。

他方、フランスの行政には、19世紀以来、臨時的例外的、あるいは、緊急の業務のために、または、官吏の代行として、任期付で採用される非正規の職員が存在してきた。これらの勤務法制は官吏のそれと大きく異なっていたため、戦前の学説・判例は、その勤務関係を私法上の雇用契約とみなし、普通労働法が適用されるものとしていた[24]。つまり、戦前は、官吏のみが公法上の関係にあり、その他の勤務者は全て私法契約職員とされていたのである。戦後になって、官吏以外の職員の一部が、公法上の職員（公務員）とされるようになるが、これ以上は触れない。

## III 官吏概念をめぐる判例・学説と実定法

20世紀初頭以来、主として裁判管轄決定のため、公法の適用を受ける官吏と、普通法の適用対象である私法契約職員を峻別する必要があり、そのための指標の構築を、判例や学説が試みてきた。1946年官吏法の官吏概念は、それまでの判例・学説をベースにしている[25]。そこで、以下では、官吏概念に関する20世紀前半の判例・学説を概観し（1）、判例・学説が確立した理論の1946年官吏法による定式化を確認する（2）。なお、前述したように（II 2

---

23) ただし、武官については、第2編第1章III 3(1)参照。
24) Jèze(G.), Les principes généraux du droit administratif, T. 2. 3$^e$ éd., Marcel Giard, 1930, p. 391, Bonnard(R.), Précis de droit administratif, 3$^e$ éd., L.G.D.J., 1940, p. 442, Duguit(L.), Traité de droit constitutionnel, T. 3. 3$^e$ éd., Ancienne librairie fontemoing & Cie, 1930〔以下、「Duguit, III」という〕, p. 15. v. Grégoire(R.), La fonction publique, Librairie Armand Colin, 1954, p. 78, Ruzié(D.), Les agents des personnes publiques et les salariés en droit français, L. G.D.J., 1960, p. 39, Ayoub(E.), La fonction publique en vingt principes, Editions Frison-Roch, 2$^e$ éd, 1998, p. 28, Lamarque(J.), La situation du personnel non-fonctionnaire de l'Etat, Dr. Soc., 1963, p. 414.
25) Rolland(L.), Précis de Droit Administratif, Dalloz, 1953, p. 88, Chapus(R.), Droit administratif general, T. 2, 14$^e$ éd, Montchrestien, 2000〔以下、「Chapus, DAG II」という〕, p. 44, de Forges(J.-M.), Droit de la fonction publique, 2$^e$ éd., P.U.F., 1997, p. 87, Salon(S.) et Savignac (J.-C.), Fonctions publiques et fonctionnaires, Armand Colin, 1997〔以下、「Salon et Savignac, FPF」という〕, p. 27.

参照)、当時は職員群や官等といった概念がなく、職団と職のみが観念されていた。職団は、概ね、「同一条件の下で採用された官吏が、通常の昇進によって継続的に任用されることが予定されている職の一群」の意味で用いられ、職団中の職に従事する者は、職団に所属するとか、職団に組み込まれているといわれていた。[26][27]

## 1 判例・学説

1907年のムリエ氏判決(C. E., 15 fév. 1907, Moulié, Rec., p. 160)は、官吏性判断にあたり、任用の恒久性に着目する。コンセイユ・デタは、セーヌ県知事アレテでブール象嵌家具学校校長(directeur de l'école d'ameublement Boulle)に任命されたムリエ氏からの恩給請求につき、以下のように述べ、同氏が恩給受給資格を持つ官吏であることを否定する。

>「〔上記県知事〕アレテは、原告が研修職員の資格でその職務を遂行するものであり、かつ、同人に支給される6,000フランの年俸が、法定控除(retenues légales)を受けないことを、明示的に定めていた。このような制限の定めは、ムリエ氏を臨時的にしか当該職務に従事させないという、知事機関の意思を証明する。かくして、原告は、その正式な任命以前の段階では、公行政の恒常的な職団に属していなかったのであり、恩給請求権を獲得したものとみなすことはできない。」

次に、1936年のショスミーシュ氏判決(C. E., 19 juin 1936, Chaussemiche, Rec., p. 670)は、任用の恒久性を理由に官吏性を肯定する。[28]

>「1908年3月22日のデクレ、及び、1912年3月27日の法律の諸規定の全

---

26) Grégoire, op. cit., p. 127 et s..
27) Duguit, III, p. 4.
28) 同じく任用の恒久性を理由に官吏性を肯定するものとして、C. E., 3 mars 1937, Corin, Rec., p. 268, C. E., 24 janv. 1941, Pontremidi et Patouillard-Demoriane, D., 1941, J. p. 135, concl. Renoudin.

体からすると、大臣アレテで任命され、特定の施設に配属された市民建造物・記念建築物建築技師主任（architecte en chef des Bâtiments civils et des Palais nationaux）は、国家建造物の維持管理や保全、建築という公役務の遂行に恒久的に協力していた。その給与は同人らが提供する任務の利用者に負っており、かつ、同人らが公務外でも私的に顧客を有しているとしても、同人らは、そのようなものとして、官吏の職団を構成する。」

　他方、任用が恒久的であっても、官吏性が否定されることもある。1921年のムルグ氏判決（C. E., 6 mai 1921, Mourgues, Rec., p. 451）は、ボルドーの市民施療院（hospice civil）に錠前・電気労務者（ouvrier serrurier-électricien）として雇用されていたムルグ氏の解雇措置取消請求につき、以下のように述べる。

「ムルグ氏は、終始一貫、日給で雇用されていたのであるから、これまでに施療院行政職員の恒久的職団に組み込まれたことはなく、かつ、ボルドー労働審判所には労務者代表として参加していたのであるから、官吏の地位においてではなく、民法典1780条の期限の定めのない労働契約によって行政と結びつけられた労務者の地位で、施療院行政組織で行政と対峙していたことになる。」

　この判決は、恒久的に任用された職員につき、原告の給与が日給であったことを根拠に、その職務が恒常的に必要とされていたわけではないとして、官吏性を否定する。他方、職務の恒常的必要性を官吏性肯定の要件とする判決として、1908年のエリゴン氏他判決（C. E., 13 mars 1908, Héligon et autres, Rec., p. 267）がある。事案は、公教育・美術省（ministère de l'instruction publique et des Beaux-Arts）の文書官（rédacteurs）であった原告らが、同省の官房アタッシェ（attaché au cabinet）であったスタインイレール氏を司書官（bibliothécaire）に任用した1906年3月12日の同省大臣アレテにつき、同氏が同ポストに任用されるための要件として同省の組織に関するデクレが定

める競争試験に合格していなかったことを理由に、その取消しを求めて出訴したというものである。コンセイユ・デタは、以下のように述べ、請求を認容した[29]。

　「公教育・美術省の本省組織に関する法律特別施行令（règlement d'administration publique）である1897年11月26日のデクレは、図書館についても司書官の職務についても触れるところはないが、この役務は、その恒常性ゆえに、同デクレに特別の条項が欠けていてもなお、本省の一般的な役務に帰属せしめられなければならないものであり、それゆえ、同本省の正規の職団に所属し、そのような職団に割り当てられた予算に基づいて給与が支払われ、かつ、官房に所属していない官吏によって遂行されなければならない。」

　以上の判例から、当時のコンセイユ・デタが官吏としていたのは、公役務において恒常的に必要とされる職に恒久的に任用された者、ということができる[30]。20世紀前半の支配的学説も、以下に見るように、同様の見解である。
　まず、デュギィは次のように述べる。「公役務の運用に恒久的かつ通常のかたちで（d'une manière permanente et normale）参画し、かつ、役務の職団に確定的（à titre définitif）に所属しているのであれば、その地位は、役務の恒常的職団に所属していなかったり、役務に一時的かつ偶発的に参加するに過ぎない職員のそれとはまったく異なるはずであり、そのことは合理的である。」[31] デュギィのいう「通常のかたちでの」という表現の意味は判然としないが、他の論者は、この意味を恒久的任用と同義で用いている[32]。「恒久的

---

29)　その他、職の非恒常性を理由に官吏性を否定する例として、C. E., 24 mars 1899, Lébert, Rec., p. 785, C. E., 9 mars 1823, Hardouin de la Forge, Rec., p. 239. この点につき、野村敬造『フランス憲法・行政法概論』（有信堂・1961）220頁参照。
30)　Forges, op. cit., p. 87, Salon et Savignac, FPF, p. 27, Salon (S.) et Savignac (J.-Ch), Le statut général des fonctionnaires de l'Etat, A.J.D.A., 1984, p. 192.
31)　Duguit, III, p. 4.
32)　ラトゥルヌリ論告担当官は、官吏とは、公役務に「通常のかたちで、つまり、原則として継続的に」任用された者であるとし（Latournerie, concl. Sous C. E., 25 fév. 1938, Jaquet, Wicher

かつ通常のかたちで」は、任期の定めのない恒久的任用を意味する同義反復であろう。

オーリゥは、「公の機関の任命行為によって、国またはその他の行政法人が運営する公役務の恒常的に必要な職団における職の一に従事する者の全て」とし、このような者は、「行政体制（制度）(régime administratif) に組み込まれ、公法の適用を受けることになる」とする。他方、例外的あるいは臨時的に行政活動に携わる者は、「その臨時性ゆえに恒常的職団には属さず、その結果、公法の適用はない」とする。

ボナールは、「自己の意思により、公役務において組織されている職団に用意された恒常的に必要な職に結び付けられた者」が官吏であり、臨時的に公役務に参画する者は、「一時的に任用されたものである以上、たとえ、従事する職が恒常的なものであっても、官吏ではない」とする。

以上の三者は、当時の判例理論と同様、公役務における恒常的な職への従事、または、恒常的な職団への所属に加え、恒久的任用を官吏性の要件とする。ややニュアンスが異なるのがジェーズで、彼が官吏とするのは、「公役務の運用のために用意された恒常的かつ通常の職を、たとえ一時的にではあっても、付与された職員」である。そこでは、職の恒常性のみがメルクマールで、任用の恒久性は要求されていない。もっとも、ジェーズ自身、官吏性の重要な要素として通常性と恒久性を挙げ、臨時的任用職員の官吏性を否定した判例を、自説に沿うものとして引用している。右三者の見解との異同は判然とせず、戦後の学説は、ジェーズの見解もデュギィやボナールのそれと同旨のものとして引用する。

---

et autres R.D.P., 1938, p. 807)、ワリーヌは「通常のかたちで、つまり、臨時に (par intérim) ではなく」公役務に参加する人々としている (Waline(M.), Traité élémentaire de droit administratif, 6ᵉ éd., Sirey, 1952, p. 324)。

33) Hauriou(M.), Précis de droit administratif et droit public, 12ᵉ éd., revue et mise au courant par A. Hauriou, Sirey, 1933, p. 729 et s..

34) Bonnard, op. cit., p. 441.

35) Jèze, op. cit., p. 241 et s..

36) Ruzié, op. cit., p. 30, Salon et Savignac, FPF, p. 27, Kaftani(C.), La formation du concept de fonction publique en france, L.G.D.J., 1998, p. 142.

## 2　1946年官吏法による定式化

　戦前において職団とは、前述したように（II 2 参照）、職種と責任のレベルに応じて分類された職の集合を意味していたが、職団を構成する職は、恒常的に必要とされるもののみを意味していたようである。そして、恒常的な職・職団は、恒久的に任用された職員によって遂行されることが原則とされており、その結果、職団への組み込みは、恒常的に必要とされる職への恒久的任用、つまり、官吏としての正式任用を意味していたことになる。

　1946年官吏法は、新たに官等という属人的身分概念を創設し、職団の一に属するためには官等が付与（任官）されなければならず、この任官をもって官吏の正式任命とした（1条）。同時に、官等の喪失・はく奪（退官）事由とはく奪手続を法定化し（身分保障）、恒常的に必要とされる職は官吏が従事しなければならないという原則を樹立する（3条）。このような仕組みにより1946年官吏法は、官等の付与による官吏の任命（任官）というかたちで、従前の判例・学説がいうところの「恒常的職への恒久的任用」を定式化したのである。

　なお、1946年官吏法では、職員群の概念は登場していない。現行法における職員群の機能は、全て職団が果していた。職員群の語は、従前から曖昧なかたちで用いられてきたが、上級行政官（administrateur civil）の身分に関する1945年10月9日のオルドナンスで初めて正式に制度化された。ただ、1946年官吏法には登場しないものの、実際には職員群の語が、現行法と同義で多用される傾向にあり、当時からこちらが人事管理の基本単位であったようである。そして、1959年官吏法が、職団に換えて職員群概念を全面的に採用し、現行官吏法に引き継がれる。

---

37)　Latournerie, op. cit., p. 807.
38)　Latournerie, op. cit., p. 808 et 810, 813.
39)　古くから、高級官吏の一群がグラン・コール（grands corps）と称されてきたが、この「コール」が現行法上の職員群を意味する。
40)　上級行政官とは、国立行政学院（Ecole Nationale d'Administration〔E.N.A.〕）卒業者から省際的に採用され、各省の課長や係長のポストに従事する官吏の官等名である。
41)　シャピュは、1946年官吏法の職団と、1959年官吏法の職員群との間に、機能面での違いはないとする。v. Chapus, DAG II ,p. 121.

## IV 公役務理論と官吏法制

　以上のように、フランスでは、公役務中の恒常的に必要とされる職に恒久的に任用される者が、官吏という正式の公務員とされる。では、特別な法規整の対象となる官吏を、このような要件で画定する論拠はどのようなものであろうか。カフターニは、戦前の学説が、官吏概念と公役務概念を密接に結び付けて考えていたことを指摘する[42]。そこで以下では、公役務理論が官吏概念に与える影響を見たうえで（1）、官吏法制の普通法外性——民間労働法制との違い——の論拠が公役務理論にあることを検討する（2）。

### 1 公役務理論と官吏概念

　デュギィは、公役務を、統治者が達成を確保し、規律し、コントロールすることを義務付けられる全ての行為とし、それは社会連帯の実現と発展に不可欠のものであるから、一瞬たりとも中断されてはならないとしたうえで[43]、以下のように述べる。公役務の運営の継続性は、国家の存在理由そのものであり、その中断は、たとえ極めて短期間であっても、国家の存在そのものと矛盾する[44]。継続性は公役務の本質的な要素であり、公役務の継続的運用は統治者の義務である[45]。以上のことからすれば、公役務の運用に恒久的かつ通常のかたちで協力する諸個人全てに特別な地位を付与し、公役務の運用を可能な限り良好な条件のもとで間断なく確保させるような諸々の特別な規範——例えば争議行為の禁止等——に服せしめることが必要である[46]。他方、公役務の運用に一時的にのみ参画する者は、公役務の運営に必要不可欠な人々とはいえず、法的に特別な地位を与える必要はない[47]、と。

---

42) Kaftani, op. cit., p. 143.
43) Duguit(L.), Traité de droit constitutionnel, T., 2. 3ᵉ éd., Ancienne librairie fontemoing & Cie, 1928, p. 61.
44) Duguit, Ⅲ, p. 175 et s..
45) Duguit, Traité de droit constitutionnel, T., 2, op. cit., p. 61.
46) Duguit, Ⅲ, p. 7.
47) Duguit, Ⅲ, p. 15.

ボナールも同様に、公役務は間断なく確保されなければならないから、継続性は公役務の本質的かつ基本的な原則であり、そうであれば、公役務の運営に携わる人々には民間企業とは異なる特別の規範が適用されなければならない、とする。[48]

　このように、公役務の継続性原理を論拠に、公役務に勤務する一定の人々に特別の勤務法制が必要になることを説くのは、今日の学説も同様である。これらの理論によれば、公役務において恒常的に必要な職・職団に恒久的に任用される者が、普通労働法とは異なる特別の勤務法制に服する官吏とされる論拠は、以下のようなものであろう。すなわち、①公役務は中断されてはならず、その継続的運用はいかなる事情によっても妨げられてはならない[49]。それゆえ、公役務は様々な局面において特別な法――すなわち、行政法――の対象になるのであるが、このことは勤務法制においても同様である。②継続性確保のためには、公役務に恒久的に参画することを職務上の責任とする職員が必要であり、かつ、職務遂行の中断を予防するための特別な法規整が必要である。③恒常的には必要とされない職務に従事する者や、臨時的に公役務に参画する者は、たとえ公役務に従事する者であっても、マージナルな存在であるから特別の法規整は不要であり、普通労働法で十分対処可能である。④上記①～③から、公役務の恒常的に必要とされる職に恒久的に任用される職員は、官吏として、特別の勤務法制の対象とすべきである。

　以上のように、公役務理論と官吏概念を密接に結び付け、公役務の継続性原理を官吏概念画定の論拠とするのが、フランス法の古くからの特色である。そこでは、国や地方公共団体という行政主体に勤務する者か、それらとは別法人である公施設法人に属する者かは、議論の要素となっていない。もっとも、所属法人が公法人であることが議論の前提とされているのだが、このこ[50]

---

[48]　Bonnard, op. cit., p. 442.
[49]　公役務の継続性原理について、コンセイユ・デタ判例は法の一般原理の価値を有することを承認し（C. E., 13 juin 1980, Mme Bonjeau, Rec., p. 274）、憲法院は憲法の価値を有する原理であることを認めている（C. C., 25 juil. 1979, R.D.P., 1979, p. 1705 et 1732, note Favoreu, D., 1980, J. p. 101, note Paillet, A.J.D.A., 1980, p. 191, D., 1979, 9, p. 46, note Legrand）。同憲法院判決については、滝沢正「公役務の継続性の原理」判タ504号（1983）78頁参照。
[50]　非正規職員についての議論の中で、公務員性肯定のためには、公法人勤務が前提であること

とを前提としたうえで、公役務に従事するか否かが主たる焦点となっている。他方、国や地方公共団体で勤務する者の中にも、その任用の臨時性や従事する職務の非恒常性を理由に官吏であることが否定され、普通労働法の規整対象になる者がいる点が、我が国の考え方とは異なる。

## 2　公役務理論と官吏法制の普通法外性

公役務理論、および、公役務理論の基本原理——継続性、情勢適応性 (adaptation)、平等性 (égalité) ——は、官吏法制の諸局面において、その普通法外性を説明する論拠となる。[51]

まず、継続性原理は、争議行為の制限と、官吏の一方的な辞任の禁止を導く。

前者につき、戦前の判例・学説は官吏の争議行為を全て違法としており、[52]このことは公役務継続性原理の当然の帰結としていた。その後、1946年憲法前文7項が法律の範囲内で争議権行使を認めたため（現行官吏法第Ⅰ部10条参照）、[53]状況は一変する。今日では、一部の官吏に争議行為が禁止される他は、1963年7月31日の法律が、あらゆる公役務の職員につき、波状スト[54]

---

を述べるものとして、Meric (J.), Litiges avec le personnel et compétence administrative dans la jurisprudence récente du Conseil d'Etat, E.D.C.E., 1953, p. 36, Forges, op. cit., p. 80, Auby (J.-M.) et Auby (J.-B.), Droit de la fonction publique, 3e éd., Dalloz, 1997, p. 35, Chapus, DAG II, p. 19 et 22, Moniolle (C.), Les agents non titulaires de la fonction publique de l'Etat, L. G.D.J., 1999, p. 29 et 36. なお、滝沢正「フランス法における行政契約(2)」法協95巻5号（1978）899頁以下参照。この前提が近時崩れてきていることにつきⅥ参照。

51)　その他、中立性 (neutralité) が挙げられることもあるが（Carbajo (J.), Droit des sevices publics, 2e éd., Dalloz, 1995, p. 53. 山口俊夫『フランス法辞典』〔東京大学出版会・2002〕549頁参照）、この原理は、他の三原理、とりわけ平等性原理のコロラリーと考えられるため（Debbasch (Ch.), Driot administratif, 6e éd., Economica, 2002, p. 426）、取り上げない。なお、神谷・前掲注6）258頁以下参照。

52)　C. E., 7 août 1909, Winkell, Rec., p. 826 et 1296, concl. Tardieu, S., 1909, 3, p. 145, concl. Tardieu, note Hauriou, D., 1911, 3, p. 17, concl. Tardieu, R.D.P., 1909, p. 494, note Jèze.

53)　前掲注52）のコンセイユ・デタ判決におけるタルデュー論告は、継続性を公役務の本質とする。なお、深山喜一郎「官公労働者の争議権」野田良之編『フランス判例百選』（有斐閣・1969）250頁、山口俊夫「フランスの公共部門における労働法制及び労使関係の実態」公企労センター調査研究資料30号（1975）23頁参照。

54)　争議が禁止される公務員の一覧として、外国公務員制度研究会編『欧米国家公務員制度の概要』（生産性労働情報センター・1997）341頁以下参照。その他公共部門における争議行為制限については、山口・前掲注53）参照。

(grève tournante) を禁止し（労働法典 L521―4）、5日前までの争議予告を義務付ける（同 L521―3）。この点は、Vで後述する商工的公役務（service public industriel et commercial）や商工的公施設法人（établissement public industriel et commercial）の私法契約職員についても同様である。さらに、違法な争議を行った官吏に対する懲戒処分には、通常の懲戒手続の省略を許すのが古くからの判例である。[55]

　官吏による辞任（辞職）の意思表示は、任命権者による承認があって初めてその効力を生じる――つまり、民間でいうところの合意解約のみが存在し、一方的辞任が禁止される[56]――というのが、19世紀以来の判例であった。[57] 承認以前の職務放棄（abandon de poste）が懲戒免職事由になるのは当然で、その際、通常の懲戒手続履践は不要とするのが古くからの判例である。[58] 以上の理につき、1946年官吏法は、辞任の意思表示の効果が任命権者の承認にかからしめられることだけは明文化したが（131条）、1959年官吏法と現行官吏法は、この点について沈黙する。[59] 今日では、「官吏の身分についての特別法制と退官の形態に関する1985年9月16日のデクレ」が若干の定めを置くに過ぎない。[60] 以上のことは、辞任手続が、1958年憲法で立法事項とされた「文官吏の基本的保障」（第5共和国憲法34条2項）に含まれないこと、および、一方的辞任の禁止と、職務放棄に対する懲戒処分の際の手続不要の理論が、特に法令で明らかにするまでもない、公役務継続性原理の当然の帰結であることを示す。[61]

---

55)　v. Long(M.), Weil(P.), Braibant(G.), Delvolvé(P.) et Genevois(B.), Les grands arrêts de la jurisprudence administrative, 12ᵉ éd., Dalloz, 1999, p. 127 et s..
56)　フランスの民間企業における辞職と合意解約の区別につき、野田進『労働契約の変更と解雇』（信山社・1997）208頁参照。我が国においても、公務員の一方的辞任が禁止されていることにつき、下井康史「公務員の退職願の撤回」宇賀克也＝交告尚史＝山本隆司編『行政判例百選Ⅱ〔第6版〕』（有斐閣・2012）274頁参照。
57)　v. Jèze(G.), Cours de droit public, Marcel GIARD, 1928, p. 192.
58)　v. Ayoub, op. cit., p. 221 et s., Chapus, DAG Ⅱ, p. 228, Auby et Auby, op. cit., p. 232.
59)　官吏法第Ⅲ部26条と官吏法第Ⅳ部87条は、この点を明文で確認している。
60)　同デクレ58条は、辞任の意思表示が書面によるものでなければならないこと、任命権者による承認日以降に効力を生じること、当局は辞任の申出から4ヶ月以内に何らかの決定を下すべきこと、等を定める。
61)　Forges, op. cit., p. 58, Salon et Savignac, FPF, p. 143.

次に、情勢適応原理につき、例えばリヴェロは次のように述べる。一般利益（intérêt général）は時代とともに変化するから、公役務の体制もそれに応じて柔軟に変化しなければならず、したがって官吏は、採用時に認められていた権利や利益を既得権として主張し得ない、と。この理念は、官吏の勤務関係が契約関係ではなく、法令規律関係（situation statutaire et réglementaire）——我が国でいうところの勤務条件法定主義——であることを帰結する。つまり、官吏関係は法令で規律されるから、そこに個別的・集団的合意が入り込む余地がなく、かつ、官吏の身分は、一般利益の需要の変化に応じ、法令改正で一方的に変更でき、その際、官吏が既得権で対抗することは許されない。以上の法理は、戦前以来の判例が述べるところであったが、現行官吏法は、その第Ⅰ部4条で、官吏関係が法令規律関係であることを明示的に確認している。

最後に、平等原理は、公職就任にあたって能力以外の差別を禁止する1789年「人及び市民の権利宣言」6条のコロラリーでもある（成績主義）。この原理を最もよく体現するのは、競争試験による採用の原則であろう（官吏法第Ⅰ部16条、同第Ⅱ部19条）。その他、退官処分・事由の法定（同第Ⅰ部24条等）や、不利益処分手続履践による身分保障システム（同19条、官吏法第Ⅱ部67条・70条）も、平等原理の表われといわなければならない。これらのシステムは、採用時における成績主義、あるいは、公職就任平等原理を担保する

---

62) Rivero (J.) et Waline (J.), Droit administratif, Dalloz, 18ᵉ éd., 2000, p. 448. その他、情勢適応原理と官吏法制の特殊性との関係につき、v. Albertini (P.), Grade, emploi, fonction; séparation et correspondance, R. A., 1982, p. 143, Debbasch, op. cit., p. 426, Moniolle, op. cit., p. 103, Carbajo, op. cit., p. 45.
63) リーディング・ケースとして、C. E., Sect. 22 oct. 1937, Delle Minaire et autres, Rec., p. 84, concl. Lagrange, S., 1940, 3. p. 13, concl. Lagrange, D., 1938, 3, p. 349, concl. Lagrange, note Eisenmann, R.D.P., 1938, p. 121, concl. Lagrange, note Jèze. 法令規律関係については、第1編第1章第1節Ⅰ1(3)および第2節Ⅳ2参照。
64) 一方的辞任の禁止は、法令規律関係からも導くことができよう。勤務関係の一方当事者に、勤務関係からの離脱の自由を認めない法制は、その関係が契約関係であることを否定する方向に働くと思われるからである。塩野・前掲注2）194頁、第1編第2章第4節Ⅳ3参照。
65) 任用における男女平等につき、植野・前掲注12）「フランスの公職における男女平等（Ⅱ）」7頁、同「フランスの公職における男女平等（Ⅲ）」比較法雑誌21巻2号（1987）1頁参照。
66) フランスでは前世紀初頭から競争試験が導入されてきたことにつき、片岡寛光「公務員制度の形成と発達」早稲田政治経済学雑誌320号（1994）114頁参照。

制度だからである。[67]

　以上のように、フランスでは、行政組織における勤務者のうち一定の者を官吏として特別な法制の対象とするのは、公役務という特別の事務事業を担当していることを主たる根拠とする。このような、公役務理論をもって、官吏制度の射程を画し、かつ、官吏法制の内容の根拠とする説明は、一見すると一貫したもののように見える。

## V　商工的公役務理論と官吏概念

　ところが、公役務理論を論拠とする官吏概念や官吏法制の普通法外性の説明は、早くからその一貫性を失っていた。というのは、判例が公役務を二分し、民間企業と同一の条件で運営されているものには私法を適用し、それをめぐる紛争の裁判管轄を司法裁判所としたからである。この点を初めて明らかにしたのが、1921年の西アフリカ商事会社（エロカ傭船）判決であることはよく知られている。[68] 同判決の理論は公役務学派からの厳しい批判を浴びつつ、[69] 判例上確固たる地位を築き、今日に至っている。

　判例によれば、公役務は、本来的公役務（行政的公役務〔service public administratif〕）と商工的公役務に二分され、公法が適用され行政裁判所の管轄に属する分野は、前者に限定される。この理論を公役務職員の勤務関係に適用すれば、商工的公役務に勤務する者は、全て私法契約職員ということになろう。しかし、コンセイユ・デタは、原則として、商工的公役務の職員を私法契約職員としつつ、1923年のド・ロベール・ラフルジェール氏判決[70]（C. E., 26 janv. 1923, de Robert Lafreygère, Rec., p. 67, R.D.P., 1923, p. 237, concl.

---

67)　身分保障と公務就任の平等原則との関係については、鵜飼信成『公務員法〔新版〕』（有斐閣・1980）116頁以下（とりわけ117頁以下にあるフランスの議論の紹介参照）、身分保障と成績主義との関連については、第1編第2章第1節IV 2、第2編第2章第1節IIIの他、阿部＝中西＝乙部＝晴山・前掲注2）178頁、塩野・前掲注4）297頁参照。
68)　同判決については、神谷・前掲注6）181頁以下、滝沢正「フランス法における行政契約(3)」法協95巻6号（1978）957・960頁以下、近藤昭三『フランス行政法研究』（信山社・1993）88頁以下参照。
69)　商工的公役務概念に対する諸学説につき、神谷・前掲注6）208頁以下参照。
70)　同判決については、神谷・前掲注6）185頁以下、滝沢・前掲注68）962頁以下参照。

Rivet) で、一部の者を公法上の職員とする判決を下す。

　事案は、マダガスカル植民地が経営する鉄道役務から解雇されたド・ロベール・ラフルジェール氏が、当地の行政争訟審議会 (conseil du contentieux administratif) が決定した解雇手当額を不服とし、損害賠償を求めたというもので、本案審理の前提として、コンセイユ・デタの管轄権が問題となった。リヴェ論告担当官は、鉄道役務が産業的公役務 (service public industriel) であり、そこでの経営者と被用者との関係における紛争は、司法裁判所の裁判管轄に属するという判例を確認し、これを前提として、以下のように述べる。

　　「〔国が独占的に行う公役務は原則として行政裁判所の管轄に属する分野だが〕、1905年の立法者は、『国の鉄道行政とその雇員との間で締結された労働契約をめぐる紛争』を例外的に行政裁判所の管轄から切り離したものの、このような例外を、補助的な職員、少なくとも、鉄道行政との関係が、真の役務貸借契約による職員に関する紛争に限定したのであって、役務を設置する組織規範で身分規程が定められ、かつ、国から直接的に権限を委任された——これは真の公務委任 (véritable mandat de fonction publique) である——ような、指揮管理にあたるメンバーについては除外することを意図していた。」

　デュフォーの言葉を借りれば、リヴェの意図は、権限庁の行政行為 (acte administratif) で任命された者を公法上の職員とすることにあった[71]。しかし、コンセイユ・デタは、ややニュアンスを変えて、職務の重要性や内容を重視する判決を下す。

　　「ド・ロベール・ラフルジェール氏がマダガスカルの植民地総督 (Gouverneur général) アレテで与えられていた管理的な職務の性質を考慮すれば、植民地と原告の間で発生した紛争で、原告と植民地を結びつける契約から原告にもたらされる諸権利に関するものは、行政裁判所が

---

71) Dufau(J.), Remarques sur la notion d'entreprise publique, A.J.D.A., 1956, p. 34.

審理する紛争である。」

　本節の主題との関連で確認すべきことは、以下の点である。ド・ロベール・ラフルジェール氏判決以来の判例は、商工的公役務あるいは商工的公施設法人に勤務する職員を原則として私法契約職員とし[72]、管理職にある者——判例はそこに会計責任者（agent comptable）も含める——のみを官吏とする。1946年と1959年の官吏法各１条は、商工的公役務と商工的公施設法人の職員を明示的に適用対象外としていたが、その後も判例は、ド・ロベール・ラフルジェール氏判決の枠組みを維持し、管理職と公会計責任者には官吏法を適用する。そして現行官吏法第Ｉ部は、「本法は、商工的公役務及び商工的公施設法人においては、官吏の資格を有する職員にのみ適用される」とする（２条）。これは、判例法理を取り入れ、商工的公役務・公施設法人にも官吏資格を有する者が存在することを、法律で正面から認めた初めての明文規定である[73]。

　商工的公役務も公役務である以上、先に紹介した公役務三原理の実現が——行政的公役務においてほどには強くはないとしても——要請されるはずである[74]。ところが、戦前の判例は、商工的公役務概念を登場させ、当該役務を公役務としつつも私法の領域とした。勤務関係についても、原則として普通労働法の対象としたため、公法人が管理運営する公役務にも、公法が適用されない私法契約職員が存在することになった。その結果、公役務概念から官吏概念を導き出す理論、あるいは、公役務三原理から官吏法制の普通法

---

72）　判例の詳細については、v. Moniolle, op. cit., p. 49 et s..

73）　商工的公役務・公施設法人については、管理職の範囲が問題になる。この点につき、かつての判例は、各役務・公施設法人で指揮監督権を与えられた数人を管理職としていたが、1957年の判決以来、各部局・公施設法人の頂点に位置する最高職のみを管理職とする。v. C.E., Sect., 8 mars 1957, Jalenques de Labeau, Rec., p. 157, A.J.D.A., 1957, 2, p. 184, chron. Fournier et Braibant, D., 1957, p. 387, concl. Mosset, note de Laubadere, J.C.P., 1957, n. 9987, note, Dufau, S., 1957, p. 276, concl., S., 1957, p. 43, Chron, Matihot. 判例の詳細につき、v. Moniolle, op. cit., p. 48 et s.. 判例による基準は厳格に過ぎるとする批判として、Chapus, DAG II, p. 36 et s., Chapus, note sur T. C., 1979, 28 mai, Chambre de commerce de l'industrie d'Angers, D., 1980, p. 391.

74）　Rivero et Waline, op. cit., p. 447, Carbajo, op. cit., p. 37.

外性を演繹する説明は一貫性を失うことになった。商工的公役務の勤務法制において、公役務概念から導かれる特殊性は、Ⅳ2で前述した争議行為の制限ぐらいであろう[75]。

　商工的公役務は、通常は私人が行う活動を行政が引き受けるに至ったものである[76]。そこに原則として私法が適用されるのは、民間企業と同様の条件のもとで行う私的事業である以上、私法制度のもとでこそ活性化するという考え方に基づく[77]。とはいえ公役務である以上、公役務三原理が貫かれるはずであるから、公役務三原理を官吏法制の論拠とする理論に齟齬が生じることになる。以上のことは、フランス行政法において中心的な役割を担ってきた公役務概念が、行政法の範囲確定や行政裁判所管轄事項の決定にあたり、必ずしも十分な機能を果たしていないことを、官吏法制において例証するものであろう。

## Ⅵ　おわりに

　フランスにおいて、官吏として特別の勤務法制に服する者とは、行政的公役務において恒常的に必要な職に恒久的に任用された者である。行政組織に勤務する一定の者が、官吏として特別の法制に服するのは、それらの者と公役務との関係の深さによって、理論的根拠が与えられるわけである。Ⅰで前述したように、そもそも公の事務を担当する一定の者を特別の勤務法制の対象とする意味は、それらの者が担当する事務の公正さや、その遂行の能率性を、勤務法制の面から確保しようとすることを意味する。例えば、ボナールは、官吏法制の特殊性は、公役務の運営には民間企業に見られない特別の要請があるからとし[78]、オービイは、官吏に民間労働者よりも重い義務が課せられ、その身分が保障されるのは、公役務のよき運営のためであるとする[79]。同

---

75)　神谷・前掲注6) 259頁。
76)　滝沢・前掲注68) 958頁。
77)　de Laubadère(A.) et Gaudemet(Y.), Traité de droit administratif, T. 5, 11ᵉ éd., L.G.D.J., 1998, p. 26.
78)　Bonnard, op. cit., p. 442.
79)　Auby et Auby, op. cit., p. 33.

時に、官吏法制の特殊性が正当化されるのは、公役務の要請に応えるものである限りということにもなろう。とすれば、公務員制度の射程を画す基準は、国か独立の法人かを問うことなく、その担当事務の特殊性に求められるべきとも考えられる。公役務理論を梃子として公務員制度の射程を画し、かつ、公役務における諸原理——その普遍性は肯定できよう——から、公務員法制の内容を演繹するフランスの理論は、それなりの説得力を持ち、我が国の今後の議論に参考になろう。仮に、フランスの理論を我が国にそのまま当てはめれば、特定独立行政法人の創設にも、十分な理論的根拠が与えられることになる。また、独立行政法人のみならず、特殊法人についても、そのいくつかにつき、特定独立行政法人への移行も視野に入れつつ、職員を国公法の適用対象とすることが検討されるべきではないか。他方、国に勤務する者でも、フランスの商工的公役務担当者に相当する現業職員は、民間企業と類似の条件のもとで運営される事業に携わる者として、公務員法制の対象から外れることになる。

　もっとも、フランスの理論も一貫していないことに留意すべきである。

　まず、公役務であっても商工的公役務の場合、そこに勤務する職員は原則として官吏性が否定され、この点で、公役務概念に基づく官吏制度の射程画定理論は、早くから破綻していた。のみならず、この理論は立法を拘束していない。今日の立法には、商工的公施設法人の職員を官吏とするものが、とりわけ、行政的公役務・公施設法人から商工的公施設法人に移行した場合に見られる。例えば、国立森林庁（Office national des forêts）に関する1964年12月23日の法律（森林法典 L122—3）や、農業食糧庁（Offices agricoles et alimentaires）に関する1982年10月6日の法律、郵便（La Poste）とフランス・テレコム（France Télécom）の職員に官吏の身分を承認した1990年7月2日の法律29条等がある。逆に、疾病保険全国金庫（Caisse nationale de l'

---

80)　Mathier (B.), L'employeur public à l'approche du nouveau siécle; présentation et problématique, A.J.F.P., 2000, 6, p. 16.
81)　阿部＝中西＝乙部＝晴山・前掲注２）８・15頁、菅野和夫「公務員の労働基本権」雄川＝塩野＝園部編・前掲注２）64頁、栗田久喜＝柳克樹編『国家公務員法・地方公務員法』（青林書院・1997）国家公務員法283頁参照。
82)　1990年法律は、郵便とフランス・テレコムを公社（exploitant public）としていたが、学説

assurance maladie) の医療審査相談医（praticiens-conseils du service du contrôle médical）についての社会保障法典 L224―7 のように、行政的公役務・公施設法人の職員を私法契約職員とするものもある。

　次に、行政的公役務に限っても、公役務理論のみで官吏制度の射程を全て説明できるわけではない。前述したように（Ⅳ1参照）、官吏性が肯定されるためには、国や地方公共団体、公施設法人という公法人への所属が所与の前提で、そこでは、たとえ公役務を遂行する者であっても、私法人の職員が官吏とされることはない。つまり、担当事務事業の性質だけで官吏制度の射程が画されるわけではないのである。

　近時では、公法人所属という前提も、立法を拘束していない。というのは、民営化によって私法人になったものに官吏身分の維持を認める立法が登場しているからである。国立印刷局（Imprimerie national）に関する1993年12月31日の法律や、郵便とフランス・テレコムに関する1996年7月26日の法律659号と660号等である[83]。このような立法措置は、民営化を容易にするための手段であり[84]、このことが肯定的に評価されることもあるが[85]、古くからの公役務理論・公務員理論に多大な変容を迫るものであろう。

　このように、公役務理論に基づく官吏制度の射程画定理論は、原則的には説得力を持ちつつも、古くから一貫性を欠いており、今日では、さらに混迷の度を深めているということができる。以上のことは、既に公務員制度がそれなりの歴史を積み重ねてきた今日、担当事務の性質だけから公務員制度の射程を画すことに、多大な困難が伴うであろうことを示しているのかもしれない[86]。

---

　　は、公社と商工的公施設法人を同視する。v. Richer(L.), Le statut des agents de France Telecom, A.J.D.A., 1994, p. 463.
83) 　これらの法律につき、v. Salon(S.) et Savignac(J.-C.), Modifications du droit de la fonction publique, A.J.D.A., 1997, p. 501 et s.. これらの法律に関するコンセイユ・デタの意見として、v. C. E., avis du 18 nov. 1993, A.J.D.A., 1994, p. 463, note, Richer.
84) 　Chapus, DAG II, p. 22.
85) 　Richer, op. cit., p. 463.
86) 　塩野・前掲注2 ）256頁は、ドイツの法制を、行政事務の性格から公務員の範囲を区分することの難しさの反映と見ることが可能とする。

## 第2節　任用・勤務形態の多様化
――地方公務を中心に

## I　はじめに――我が国の状況

　2004（平成16）年6月3日成立の「地方公務員法及び地方公共団体の一般職の任期付職員の採用に関する法律の一部を改正する法律」（平成16年法律第85号）は、地方公務員の任用や勤務形態の多様化を目的の一つとする[1]。以下、この点に係る部分を概観したうえで、本節の趣旨を述べておく。

### 1　任期付任用の範囲拡大
　地方公務員の任期付任用に関する法律の定めは、従来、臨時的任用に係るもの（地公法22条2項）と、定年退職者再任用に関するもの（同法28条の4以下）の他は、「高度の専門的な知識経験又は優れた識見を有する者」に関する「地方公共団体の一般職の任期付職員の採用に関する法律」（以下、「地方公務員任期法」という）3条以下と、「地方公共団体の一般職の任期付研究員の採用等に関する法律」3条以下があるに過ぎなかった[2]。しかし、これ以外にも、全国の地方公共団体は、地公法17条等を根拠に、多数の非常勤職員等を任期付で任用してきたのが現実であり、最高裁も、特に法律の根拠がなくても、一定の限度において任期付任用が許されるとしている（後述VI参照）。

---

[1]　同法律については、佐藤友永「地方公務員法及び地方公共団体の一般職の任期付職員の採用に関する法律の一部を改正する法律について」季刊地方公務員研究78号（2004）2頁、江口哲郎「地方公務員法及び地方公共団体の一般職の任期付職員の採用に関する法律の一部を改正する法律について」地公月492号（2004）48頁参照。その他、清水敏「公務員法における能力・成果主義人事と人材育成」季刊労働法207号（2004）91頁参照。

[2]　地方公務員任期法による任用と任期付研究員の採用状況とに関する報告として、藤巻豊隆「地方公共団体における任期付採用制度の運用状況に関する調査結果について」地公月493号（2004）83頁参照。

とはいえ、同最高裁判決も明らかにするように、公務員の任用は無任期というのが国公法・地公法の原則である。にもかかわらず、例外的に許される任期付任用の範囲が明確とはいえなかったところ、2004（平成16）年の地方公務員任期法改正は、任期付任用が可能な業務を明示し、その範囲を明確にすることを狙いとする。2種類のものが新設された。

まず、地方公務員任期法4条は、以下の業務について任期付任用を可能とする。

①一定期間内の終了が予測される業務（4条1項1号）
②一定期間内に限り業務量の増加が予測される業務（同2号）
③上記①②の業務に職員を無任期で任用した場合における、無任期の職員を充てるべき業務（4条2項）。

次に、地方公務員任期法5条は、次の場合に、短時間勤務職員の任期付任用を可能とする。[3]

①同法4条が定める①と②の業務（5条1項）
②住民に対して直接に提供されるサービスの提供時間延長や提供体制充実のため（同条2項）
③地公法改正で新設された修学部分休業や高齢者部分休業（後述2①）の承認を受けた公務員の代行として（同条3項1号）
④条例に基づく介護休業の承認を受けた公務員の代行として（同項2号）
⑤地方公務員の育児休業等に関する法律（以下、「地方公務員育休法」という）9条1項による部分休業の承認を受けた公務員の代行として（地方公務員任期法5条3項3号）

いずれも、詳細は条例で定めることとされている（同法4条1項・5条各項）。任期は、地方公務員任期法4条・5条が定めるいずれについても3年、場合によっては5年を限度として、任命権者が定める（6条2項。更新については7条2項）。

---

3）　清水・前掲注1）93頁は、これらの職員にも職務給の原則が適用される点で、従来の非常勤職員と給与処遇面で大きな違いがある点を指摘する。

## 2 部分休業制度の拡大

従来の部分休業は、条例に基づく介護休暇（育児休業、介護休業等育児又は家族介護を行う労働者の福祉に関する法律61条6項）と、地方公務員育休法による部分休業に限られていたところ、今般の地公法改正で、次の二つが追加された。

①修学部分休業（地公法26条の2）　職員の申請に基づき、公務運営に支障がなく、かつ、当該職員の公務能力向上に資すると認められれば[4]、承認される。期限は条例で定める期間であり（同条1項。2014〔平成26〕年改正前は2年が上限とされていた）、給与は減額して支給される（同条3項）。詳細は条例の定めるところによる（同条1項3項4項）。

②高齢者部分休業（地公法26条の3）　いわゆる漸次的現役離職を可能にするための制度として導入された[5]。条例で定める年齢に達した職員の申請に基づき、承認される（同条1項。2014〔平成26〕年改正前は、定年退職日前の5年未満の間が申請期間とされていた）。詳細は条例の定めるところによるが（同条2項で準用される26条の2第1項3項4項）、承認の条件が、公務運営に支障がないと認められることに限られる点が、①の修学部分休業と異なる。

## 3　本節の趣旨

これらの法改正は、2003（平成15）年12月25日の地方公務員制度調査研究会（塩野宏会長）報告書「分権新時代の地方公務員制度―任用・勤務形態の多様化」（以下、「2003年報告」という）[6]の提言を受けてなされたものである[7]。

---

4) 清水・前掲注1) 92頁は、「明らかに『公務能率の向上』と無関係と認められる場合を除いては、この要件に合致するものと解さざるを得ないのではあるまいか」と指摘する。
5) 佐藤・前掲注1) 6頁、江口・前掲注1) 57頁参照。その他、2003年報告（3参照）9頁参照。
6) 2003年報告については、総務省自治行政局公務員課「地方公務員制度調査研究会報告『分権新時代の地方公務員制度―任用・勤務形態の多様化』について」地公月486号（2004）26頁参照。
7) 同報告までの経緯については、塩野宏『行政法概念の諸相』（有斐閣・2011）468頁、総務省自治行政局公務員課・前掲注6) 26頁、佐藤・前掲注1) 2頁、江口・前掲注1) 48頁、西村美香「地方公務員制度における任用の多様化・弾力化の限界」都市問題95巻12号（2004）20頁以下参照。

同研究会は、報告書策定にあたり、諸外国の法制調査を行っており、フランスについては筆者が担当した。本節は、その成果をもとに、フランス公務員法における任期付任用と短時間勤務の制度を、主として地方公務について紹介するものである。予めフランスの制度を大雑把に述べておけば、任期付任用は、正規の公務員である官吏（fonctionnaire）には導入されておらず、非正規職員（agent non-titulaire）──これも公務員（agent public）の一種である──に対象が限定されている。部分休業は、官吏・非正規職員ともに、承認に基づく部分時間勤務（travail à temps partiel）制度として整備されている。短時間勤務は、非正規職員には国・地方・病院公務のいずれにおいても広く取り入れられているのに対し、官吏については、地方公共団体に限り、一定の場合に短時間勤務職（emploi à temps non complet）を設けることが認められている。

以下、フランス公務員法制の概要を説明したうえで（II）、任期付任用（III）、部分時間勤務（IV）および短時間勤務（V）に関する法制度を紹介し（いずれの内容も2005〔平成17〕年時点での法制を対象としている）、最後に、任期付任用に的を絞って、日本法との比較検討を簡単に行う（VI）。なお、地方公務員制度調査会の依頼を受けた外国法制調査の成果としては、山本隆司「ドイツにおける公務員の任用・勤務形態の多様化に関する比較法調査」自研80巻5号（2004）20頁がある。同論文は、現地調査を踏まえた綿密なものであるが、筆者は現地調査を行っていないため、本節における紹介は、あくまで法制度のそれに止まる。

## II 公務員法制の概要

### 1 公務員の定義と種類

公務員とは、公法人に勤務する者のうち、民間労働法が適用されずに公法上の規制を受け、その地位をめぐる紛争が行政裁判所の管轄となる人々を指す。ここでいう公法人には、国や地方公共団体の他、諸々の公施設法人（établissements publics）が含まれる。なお、公務員とは講学上の用語で、判

---

8）　公施設法人については、神谷昭『フランス行政法の研究』（有斐閣・1965）281頁以下、山口

例においては、公法上の職員とか、公法人と「行政上の関係 (lien administratif) にある」、あるいは、「公法上の関係にある」者等と称される。

公務員は、官吏と非正規職員に区別され、この2者が公務員制度 (fonction publique) を形成する。前者が概ね我が国の一般職正規職員に相当する。他方、国や地方公共団体の商工的公役務 (services publics industriels et commerciaux)、あるいは、商工的公施設法人 (établissements publics industriels et commerciaux) の職員は、原則として、普通労働契約で雇用される労働者（私法契約職員）である。[9] その結果、国や地方公共団体等に勤務する者は、公務員たる官吏と非正規職員、そして、私法契約職員の3種類に区別されることになる。

公務員の数は、フランスの公務員・行政改革・国土整備省 (Ministère de la fonction publique, de la réforme de l'Etat et de l'aménagement du territoire) の統計によると、2011年時点で、国家・地方・病院施設公務合わせて約475万人である（表参照）。このうち389万人が官吏であり、中でも国家官吏が211万人と多数を占める。[10] 郵便局 (La Poste) とフランス・テレコム (France Télécom) は、1991年に国の直属部局から商工的公施設法人に形態が変わった後も、職員の官吏身分が継続して承認されているのだが、[11] これらの人数は右統計に含まれていない。2002年時点におけるこれらの人数（40万人）[12] を、そのまま右統計に加えると、国家官吏は約251万人、国家公務員は約289万人、全公務員数は約515万人となる。フランスの人口は約6,000万人であるから、その1割弱が公務員ということになる。

---

俊夫『概説フランス法(上)』（東京大学出版会・1978）237頁以下、滝沢正『フランス法〔第4版〕』（三省堂・2010）159頁以下参照。

9) 商工的役務の私法契約職員と公法上の非正規職員との区別が問題になることがある。この点に関する判例については、第1節I参照。

10) 国家公務員の約半数は国民教育省に所属する。フランスでは私立学校が少なく、教育担当者のほとんどが国家公務員である。以上については、下井康史「フランス」諸外国教員給与研究会『諸外国の教員給与に関する調査研究報告書』（2007）179頁参照。

11) 1990年7月2日の法律29条。なお、第1節IV参照。

12) Chapus(R.), Droit administratif général, T. 2, 15$^e$ éd., Montchrestien, 2002, p. 8.

国・地方・病院公務別の公務員数[13]（2001年12月31日現在）

| | 官吏（武官を含む） | 非正規職員 | 医師 | 計 |
|---|---|---|---|---|
| 国およびその公施設法人 | 211万人 | 38万人 | | 249万人 |
| 地方およびその公施設法人 | 106万人 | 34万人 | | 140万人 |
| 病院公務 | 72万人 | 5万人 | 9万人 | 86万人 |
| 計 | 389万人 | 77万人 | 9万人 | 475万人 |

注）　フランス公務員・行政改革・国土整備省のサイトで閲覧できる Les chiffres-clés de la fonction publique, 2003, Ministère de la fonction publique, de la réforme de l'Etat et de l'aménagement du territoire 掲載の情報を基にして筆者が作成した。

## 2　官吏概念と官吏法制

　公務員法制は、公務員の法的地位に関する諸法令（身分規程〔statuts〕）から構成される。このうち、官吏一般に適用される官吏法（一般規程〔statut général〕）は、以下の4部からなる。第Ⅰ部；官吏の権利と義務に関する1983年7月13日の法律83―634号（Loi n. 83-634 du 13 juill. 1983 portant droits et obligations des fonctionnaires)、第Ⅱ部；国家公務の身分条項に関する1984年1月11日の法律84―16号（Loi n. 84-16 du 11 janv. 1984 portant disopositions statutaires relatives à la fonction publique de l'Etat)、第Ⅲ部；地方公務の身分条項に関する1984年1月26日の法律84―53号（Loi n. 84-53 du 26 janv. 1984 portant dispositions statutaires relatives à la fonction publique territoriale)、第Ⅳ部；病院公務の身分条項に関する1986年1月9日の法律[14]86―33号（Loi n. 86-33 du 9 janv. 1986 portant dispositions statutaires relatives à la fonction publique hospitalière)（以下では、原則として第Ⅰ部と第Ⅲ部の条文を引用し、第Ⅱ部の引用は必要な限りに止める）。これら官吏法は、非正規職員には適用されない。[15]

　現行官吏法は、フランスで初めて一般官吏法を定めた1946年10月19日の法

---

13)　公務員数については、第1編第1章第1節**資料1**も参照されたい。
14)　病院公務とは、公衆衛生法典（Code de la Santé publique）L711―6条、713―5条および792条が列挙する病院公施設法人その他の公務を指す（官吏法第Ⅳ部2条）。
15)　これら諸官吏法が適用されるのは、行政府の文官吏だけである。武官や国会官吏、司法裁判所司法官には、それぞれ独自の身分規程がある。下井康史「フランスにおける公務員の不利益処分手続(1)」北法54巻1号（2003）41頁注（126）参照。

律（Loi du 19 oct. 1946 relative au statut général des fonctionnaires, n°46-2294）の内容を基礎とする。ただ、同法の適用対象は国家官吏だけで、市町村官吏については1952年4月28日の法律が（市町村法典第4編）、県官吏については各県議会が、それぞれの身分規程を定めていた。ミッテラン政権下で制定された現行官吏法は、1946年以来の国家官吏法制の内容を、地方公務や病院公務にも及ぼし、官吏法制を統一化したところに意義が見出されている。これら官吏法を基本として、膨大な数の法令が、官吏の勤務関係を細部にわたって規律しており、官吏の勤務関係は契約ではなく、法令規律関係（situation statutaire et réglementaire）——我が国でいうところの勤務条件法定主義——とされる（官吏法第Ⅰ部4条）。

　官吏とは、端的に言えば、官等（grade）の一を保持する者をいう。官等とは、官吏身分を表わす属人的法概念で、官等付与が官吏任命（任官〔titularisation〕）を意味する。任官はあくまで官吏身分付与行為であって、当該官吏が配属される職（emploi）の決定には、別途、補職（affectation）が必要となる（任官補職のシステム）。以上のことと、恒常的に必要とされる職は官吏が従事するとされていることから（官吏法第Ⅰ部3条）、一般に、官吏とは、国や地方公共団体等において、官等の一を付与され、かつ、恒常的に必要とされる職に任用（nomination）されている者と定義される。このような官吏の定義は、第2次世界大戦以前の判例や学説の理論をベースにする。当時の判例・学説は、概ね、恒常的に必要とされる職へ恒久的に——つまり、

---

16) 1946年の官吏法は、1959年2月4日のオルドナンス（Ordonnance du 4 fev. 1959 relative au statut général des fonctionnaires, n°59-244）で改正されるが、これは第5共和国憲法による立法・命令事項の配分に対応する改正であり、実体面における法制度の内容に大きな変更があったわけでない。1946年法と1959年法については、本編第1章第1節Ⅲ3(2)の他、下井・前掲注15）30頁以下参照。

17) Bourdon (J.), Le statut général des fonctionnaires des collectivités territoriales, A.J.D.A., 1984, p. 102 et s..

18) 法令規律関係については第1編第1章第1節Ⅰ1(3)および第2章第2節Ⅳ2参照。この理論と公役務理論との関係については第1節Ⅳ2参照。

19) 我が国の現行公務員法制が、戦前の法制と異なり、職への任用と職員身分付与とを区別する建前を取っていないことについては第2編第1章Ⅱ2(2)参照。任官補職のシステムについては同章Ⅲ2(1)参照。

20) 官吏概念については第2編第1章第1節Ⅱ1の他、下井・前掲注15）38頁参照。官吏概念と公役務理論との関係については第1節Ⅲ～Ⅴ参照。

任期を付すことなく──任用されていることを、官吏たることの要件としていた。この恒久的任用を、戦後の実定官吏法が、任官という仕組みで表わすに至ったのである。したがって、官吏身分の付与を意味する任官に、任期が付せられることはない。官等の喪失・はく奪は、官吏身分の終了、すなわち退職（cessation définitive de fonctions）を意味するが、退職事由は、定年到達、欠格要件発生、辞職（辞任）、分限免職、そして懲戒免職に限定され、任期満了による離職は想定されていない。

ところで、官吏法第Ⅱ部2条は、その適用対象を、「国の本省（administrations centrales）又は地方支分部局（services extérieurs）若しくは公施設法人の階層上の官等の一に任官され、かつ、恒常的に必要とされるフルタイムの職（emploi permanent à temps complet）に任用された者」とするのに対し、官吏法第Ⅲ部2条は、「市町村あるいは県、州、若しくはそれらに属する公施設法人の階層上の官等の一に任官され、かつ、恒常的に必要とされる職の一に任命された者のうち、公営質屋（crédit municipal）会計課の会計官（agents comptables）を除いた者」とする。国家官吏にはフルタイム勤務だけが予定されているのに対し、地方官吏にはそのような限定がない。その理由は、地方公共団体には古くから短時間勤務職員が多数存在していたこと、とりわけ小規模の市町村では、フルタイム職のみに官吏任用を限定する理由に乏しいこと等に求められている。具体的な勤務時間は、各職ごとに、地方公共団体あるいはその公施設法人の議決機関が決定する。

### 3　官吏法の基礎概念

ここでは、以後の叙述を理解するために必要な範囲で、フランス官吏法特有の諸概念を説明する。

#### (1)　職員群（corps）・職群（cadres d'emplois）

官吏をその職種と責任の度合いに応じ、職員群に分類するのがフランスの

---

21)　戦前の判例・学説については、第1節参照。
22)　病院公務について、官吏法第Ⅳ部2条は、「フルタイムか少なくとも労働時間がその半分である恒久的な職」としている。
23)　Salah(T. B.), Droit de la fonction publique, 2$^e$ éd., Armand Colin, 2003, p. 43.
24)　Les agents des collectivités locales, édition 2001, p. 180.

伝統である。コンセイユ・デタや会計院の構成員、財務監察官、県知事（préfet）等の職員群は、とりわけ地位の高いものとして、グラン・コール（高級官僚群〔grands corps〕）と通称されてきた。1946年以来の官吏法は、この職員群という概念を正式に法制度化し、人事管理の基本的単位としている。例えば、各職員群ごとに、官吏法の範囲内で個別の身分規程（個別規程〔statut particulier〕）をデクレで定めるとしていること（官吏法第Ⅰ部13条）、職員群ごとに労使同数の人事管理協議会（commission administrative paritaire; CAP）を設置し、採用や配置転換、昇進等の個別人事につき、事前に答申を発するものとしていること（同第Ⅲ部28条以下）、採用は職員群単位で行い、職員群内での昇進が一定程度で保障されていること（昇進については、後述Ⅳ 1 (5)参照）、上位職員群に移る途も用意されているが（内部昇任〔promotion interne〕）、昇進とは区別され、変更前の職員群における昇進等の実績は、変更後の職員群で考慮されないこと[25]等である。[26]

　職員群は「職の集合」ではなく、官吏という「人の集合」である。一見すると、ドイツ官吏法のラウフバーン（キャリア経路〔Laufbahn〕）に類似しているが、ラウフバーンは、「同等の予備知識ないし職業教育、あるいはこれと同視しうる能力を必要とする専門性を有する官職を統合する官職群」であり、職の集合である点で職員群とは異なる。[27][28]フランスでは、各職員群に対応するかたちで、当該官吏集団が従事する「職の集合」としての職団（cadre）が観念され、こちらがラウフバーンに類似する。

　地方公務について、1984年制定当時の官吏法第Ⅲ部は、国と同じ職員群制度を採用していたが（4条）、1987年の改正で、職群という新しい制度を追加した。職群も、職種と責任の程度に応じた官吏の集合を意味するが、職員

---

25) 多くの場合、官吏は一職員群内でその職業生活を終了する。第1編第1章第1節Ⅰ1(4)、第2編第1章Ⅲ1(1)参照。
26) 下井康史「フランス公務員法制の概要」日本ILO協会編『欧米の公務員制度と日本の公務員制度』（日本ILO協会・2003）35頁参照。
27) 川田琢之「公務員制度における非典型労働力の活用に関する法律問題(3)」法協116巻11号（1999）1771頁。
28) Salon (S.) et Savignac (J.-Ch.), Fonctions publiques et fonctionnaires, Armand Colin, 1997, p. 14.

群は、地方公務のものでも全国画一の規制を受けるのに対し、職群は地方公共団体による独自の規制が可能で、柔軟な人事が可能となる点で異なる。[29]

(2) **カテゴリー（catégorie）**

各職員群・職群は、その責任の程度や、採用要件としての学歴に応じ、カテゴリーにまとめられる。国家公務の場合、上位からABCDの四つである（官吏法第Ⅱ部29条）。地方の場合、1984年の官吏法第Ⅲ部制定時は国家公務と同じであったが、1987年の改正でDカテゴリーが廃止された。国家公務でも、Dカテゴリー職員群所属の官吏は、全体の約5％に過ぎない。[30]

(3) **官等・職**

各職員群・職群は、一または複数の官等から構成される。例えば、国の財務監察官（inspecteurs des finance）職員群には、上位から、上席監察官（inspecteur général）、監察官（inspecteur）、監察官補（inspecteur adjoint）という三つの官等がある。[31] つまり、官等は、官吏身分を表わす法概念であると同時に、当該職員群・職群における階層上の地位を示す機能も有する。

各官等には、当該官等官吏が配属される職が複数用意される。上位官等への異動は一定要件のもとで認められるが（昇格）、昇格資格を有するのは、原則として、直近下位官等の官吏に限定される。継続的内部昇進が前提であり（閉鎖型任用制）、ある特定の職への公務員任用にあたって、民間からの志望者と下位職公務員とを特に区別しない開放型任用制と一線を画す。フランスは、ドイツとともに閉鎖型任用制の代表で、開放型任用制の例は、アメリカと我が国である。ただし、我が国の公務員制度の実態は、法の建前から著しく乖離している（Ⅵ参照）。[32]

---

29) Auby (J.-M.), Auby (J.-B.), Jean-Pierre (D.) et Taillefait (A.), Droit de la fonction publique, 4ᵉ éd., Dalloz, 2002, p. 68, Aubin (E.), La fonction publique, 2ᵉ éd., Gualino, 2004, p. 45.
30) Salah, op. cit., p. 90. その後、国家公務でもカテゴリーDが廃止されたことにつき、第2編第1章Ⅲ1(1)(b)参照。
31) 監察部局の内部構成一般については、滝沢正「フランスにおける行政監察」フランス行政法研究会編『現代行政の統制』（成文堂・1990）50頁参照。
32) 閉鎖型任用制と開放型任用制について、および、我が国における法の建前と実態の乖離、そして、この乖離がもたらし得る諸問題については、第2編第1章Ⅱ1(3)および第2章第1節Ⅳ、本編第2章第1節Ⅳ参照。なお、上田紘士「地方公務員制度あるいは人事行政の現状と近未来」自研80巻9号（2004）64頁参照。

### (4) 号　俸

　各官等には、複数の号俸（échelon）が付せられ、これにより官吏の俸給が決まる。

## III　任期付任用非正規職員

### 1　非正規職員

　II 2 で前述したように、官吏の任期付任用を認める法令はない。繰り返しになるが、戦前の判例・学説は、官吏を定義する法令がない状況において、恒久的任用を官吏性肯定の決定的要素としており、この点が、戦後の実定官吏法では官等付与（任官）の仕組みで具体化された。任期のない任用が、官吏たることの大前提となっているのである。

　他方、フランスでは、19世紀以来、官吏の他に、臨時的・一時的・緊急の業務について、あるいは、不在官吏の代行を務めさせるために、数多くの非正規職員が雇用されてきた。その多くは任期付任用で、当時の判例・学説は、その関係を私法上のものとしていた。しかし、第2次世界大戦後、官吏法令類似の身分規程を定めるデクレ等が制定されるようになり、1946年4月19日のデクレによって、これらの者も公法上の地位を獲得したというのが、一般的理解である。

　非正規職員としては、一般に、研修職員（stagiaire）、補助職員（agent auxiliaire）、臨時職員（agent temporaire）、契約職員（agent contractuel）等が挙げられる。官吏との違いは、法形式的には官等を保持しないことで示される。なお、研修職員は、正式任官前の研修期間中の者で、我が国における条件付採用職員に相当し、官等未付与を除けば、官吏との違いは大きくない。官吏と区別して論じられるべきは、その他の非正規職員である。現行官吏法はこれらを契約職員として一括するので、以下では、研修職員以外をまとめて契約職員と称して紹介する。今日では、国の契約職員については1986年1月17日のデクレ86―83号（以下、「1986年デクレ」という）が、地方については1988年2月15日のデクレ88―145号（以下、「1988年デクレ」という）が、それぞれ契約職員一般の勤務条件を定める。

## 2 地方契約職員の任用が可能な場合

地方公務について、官吏法第Ⅲ部は、契約職員の任用を以下の場合に限定する。

①恒常的に必要とされる職に補職された官吏が、休暇や部分時間勤務を承認された場合に、その一時的代行を務める場合。任期は最長1年（3条1項）。

②恒常的に必要とされる職に欠員が生じた場合で、即時に官吏を補充できない場合。任期は最長1年（同項）。

③恒常的に必要とされる職につき、当該職務の遂行を予定された官吏職員群が存在しない場合。任期は最長3年までで、1回の更新が可能（官吏法第Ⅲ部3条3項）。[33]

④カテゴリーAの職で恒常的に必要とされるものにつき、職務の性質や勤務の状況から必要とされる場合。任期は最長3年までで、1回の更新が可能（同条2項）。

⑤就職指導・転職斡旋専門委員会（Commission technique d'orientation et de reclassement professionnel）が障害労働者と認定した者を、恒常的に必要とされる職に従事させる場合。任期1年で1回の更新が可能（官吏法第Ⅲ部38条2項）。

⑥部局長以上の自由任用職。具体的には、県および州の総局長（directeur général）と総局長補佐（directeur général adjoint）、人口8万人以上の市町村の総局長、人口15万人以上の市町村の総局長補佐、コンセイユ・デタの議を経るデクレで定める公施設法人の総裁（directeur général）である（同47条1項）。これらの職は、官吏からでも、官吏以外の民間人からでも任用できるが、民間から任用する場合には任官を伴わないとの定めがあり（同条2項）、その結果、これらの者は契約職員となる。任期についての定めはないが、自由任用職員であるため、いつでもいかなる理由においても解任が可能である。[34]

---

33) ③について、官吏法第Ⅲ部3条3項は、国の契約職員と同じ要件、かつ、同じ条件で契約職員を任用できると定めるのみで、本文で紹介した内容は官吏法第Ⅱ部4条による。
34) 国家公務の上級職（emploi supérieur）に類似する。上級職については、第2編第1章Ⅲ4

⑦地方公共団体の首長の官房（cabinet）構成員（官吏法第Ⅲ部110条）。⑥と同様に自由任用である。

⑧人口1,000人未満の市町村、および、市町村連合体（groupements des communes）で各市町村の平均人口が1,000人未満のものにおいて、恒常的に必要だが、勤務時間がフルタイム勤務公務員のそれの半分を超えない時間での部分時間勤務で足りる職に、任期付任用で従事させる場合（同3条4項）。

⑨季節的に必要とされる職務に従事させる場合。任期6ヶ月で、延べ任用期間が1年になるまで更新可能（同条2項）。

⑩一時的に必要とされる職務に従事させる場合。任期は3ヶ月で、更新は1回まで可能（同項）。

上記①～⑧は、恒常的に必要とされる職への任用であるのに対し、⑨と⑩は臨時的職務への任用である。

## 3 官吏法制との相違点

契約職員の身分規程を定める諸デクレ（前述1参照）は、これら職員の権利や義務等を定める。その内容は官吏法制にかなり近いが、任用に期限が付されることの他、以下の点が異なる。

①官吏の採用は競争試験によるのが原則であるのに対し、契約職員については同原則の明示はない。[35]

②官吏には原則としてフランス国籍保持が要件とされるのに対し、契約職員には要求されない。

③官吏制度は、継続的内部昇進を原則とするのに対し（閉鎖型任用制）、契約職員は、特定の職への従事を前提として任用されるため、上位職への昇進が予定されていない。制度としては、開放型任用制に近い（前述Ⅱ3(3)参照）。

契約職員の勤務関係は、その名称にもかかわらず、官吏と同じく法令規律

---

　(3)の他、下井・前掲注15) 31頁、同・前掲注26) 32頁以下参照。
35) 下井・前掲注26) 31頁以下参照。

関係（前述Ⅱ2参照）であるというのが古くからの判例である。契約更新拒否は、免職と同様に、越権訴訟（recours pour excès de pouvoir）で取消しの訴えが提起でき、この点が、我が国の任期付任用職員の場合と大きく異なる。ただし、官吏や契約職員に対する不利益処分の際に義務とされる事前の人事記録閲覧手続（communication du dossier）――告知・弁明を含む――（官吏法第Ⅰ部19条。非正規職員には、1905年4月22日の財政法律65条で義務付けられる）は、更新拒否に要求されない。

### 4 非正規職員任官政策

非正規職員は、官吏に比べて不安定な地位に置かれているため、その官吏化が古くからの政策課題とされてきた。1946年以来の官吏法は、一定の要件と手続のもと、非正規職員の要求に基づく官吏任官制度を用意してきた。最近では、1996年12月16日の法律によって、全公務で約5万5,000人の非正規職員が官吏に任官されている。その後、2001年1月3日の法律が新たな要件・手続を定めており、我が国の臨時・非常勤職員の置かれている状況と比較した場合、極めて興味深い制度であるが、ここでは以上に止める。

## Ⅳ 部分時間勤務

官吏法は、2種類の部分時間勤務制度を用意する。いずれも、官吏からの申請に基づき、部局の長が承認して認められるものだが、一方は、部局の人

---

36) C. E., 8 déc., 1948, Delle Pasteau, S. 1949, Ⅲ, p. 43.
37) 我が国の任期付任用公務員について、身分保障原則の潜脱というべき状況があることにつき、第2章第1節Ⅱ参照。なお、同節の原論及は、2004（平成16）年6月に行訴法が改正される以前に執筆したものである。そこでは、同法3条の処分概念を拡張して、任期付任用公務員の更新拒否・雇止めをその対象に含めるべきことを主張しつつ、行訴法改正をめぐる当時の議論からは、その実現が期待できないことを指摘していた。実際に成立した改正行訴法において、3条の処分概念に変化はない。そこで、あらためて、国公法・地公法において、更新拒否・雇止めの処分性を、一定条件のもとで肯定する条文を定めるべきと主張しておきたい。
38) 人事記録閲覧制度については、下井康史「フランスにおける公務員の不利益処分手続(2)」北法54巻4号（2003）1102頁参照。
39) 1905年法律については、下井・前掲注38) 1100頁以下参照。
40) Auby et autres, op. cit., p. 548.

員状況次第では認められないのに対し（通常の部分時間勤務）、他方は、一定の事実要件さえ満たせば必ず承認される（特別の部分時間勤務）。その他、官吏法以外の法令によるものとして、漸次的現役離職（cessation progressive d'activité）のための部分時間勤務がある。各制度を紹介する前に、フルタイム官吏の勤務時間を確認しておく。国家官吏については、原則として、週35時間・年1,600時間が上限で（2000年8月25日のデクレ2000―815号1条1項2項）、地方官吏については、国家官吏の法定時間を上回らない範囲で、地方公共団体あるいはその公施設法人が決定する（官吏法第Ⅲ部7―1条1項）。

## 1　通常の部分時間勤務
### (1)　制度化の経緯

このタイプの部分時間勤務は、市町村官吏に古くから認められてきた。国家官吏に導入されたのは、1970年6月19日の法律によってである。それ以前の国家官吏には勤務時間短縮の手段がなく、例えば、勤務よりも育児に時間を割くことを望む者は、休職（disponibilité）するしか方法がなかった。しかし、休職期間は勤務年数に算入されないため、昇進や退職年金（pension de retraite）との関係で不利になることから、利用しにくい制度として批判があったところである。上記1970年法は、このような状況を解決することを狙いとして制定された。今日では、国家官吏については官吏法第Ⅱ部37条が、地方官吏については同Ⅲ部60条が、それぞれ部分時間勤務につき定める。詳細は、コンセイユ・デタの議を経るデクレに委ねられているところ（官吏法第Ⅱ部37条1項、同第Ⅲ部60条12項。国家官吏；1982年7月20日のデクレ82―624号〔以下、「82―624号デクレ」という〕、地方官吏；2004年7月29日のデクレ2004―777号〔以下、「2004―777号デクレ」という〕）、国家官吏については、このデクレで、一部の官吏を適用対象外にできるが（官吏法第Ⅱ部37条1項）、地方官

---

41)　通常の部分時間勤務については、既に、総務省自治行政局公務員課「フランスにおける短時間公務員制度について」地公月362号（1993）28頁以下が紹介している。なお、同論文は、「軽時間勤務」という訳語を用いる。

42)　同法は、当時の官吏法である1959年の官吏法34条を修正する法律である。

43)　Silvera(V.) et Salon(S.), La fonction publique et ses problèmes actuels, 2ᵉ éd., L'Actualité juridique, 1976, p. 294.

吏にはこのような除外が予定されていない。地方については、地方公共団体や公施設法人の議決機関による規則制定も認められている（官吏法第Ⅲ部60条2項）。

以下、官吏についての制度を紹介するが、非正規職員についても、フルタイム勤務が1年以上継続した者には、ほぼ同じ制度が用意されている（国の非正規職員については1986年デクレ34条、地方のそれについては2004―777号デクレ10条以下）。また、地方の場合、前述のように、法令ではなく議決機関の定める規則による部分が多いため、法令からは制度の内容が不明な点も少なくない。そこで、以下では、必要に応じ、国家官吏についての制度も併せて紹介する。

(2) 要件・手続

この部分時間勤務が認められるための要件として、官吏法が求めるのは、「部局の継続性や運用の必要性」から問題がないこと、「勤務形態調整の可能性」があることである（官吏法第Ⅱ部37条1項、同第Ⅲ部60条1項）。つまり、申請の審査にあたり考慮されるのは、部局の都合（役務の利益〔intérêt de service〕）のみで、官吏はいかなる理由によっても部分時間勤務を希望することができ、申請の際、官吏は申請理由を示す必要がない。以上の点は、我が国の地公法が、修学的部分休業の承認を、「公務の運営に支障がなく、かつ、当該職員の公務に関する能力の向上に資すると認めるとき」に限っている（26条の2第1項）のと対照的である。

申請拒否は、事前の面談を経て、処分理由を付して下される（官吏法第Ⅲ部60条3項）。理由付記は、行政処分の理由付記に関する一般法たる1979年7月11日の法律79―58号の定めるところによる。申請拒否に不服のある官吏は、労使同数人事管理協議会（CAP）に不服申立てができ（官吏法第Ⅲ部60条4項）、さらに、その取消しを求める訴え（越権訴訟）を提起できる。コン

---

44) 役務の利益については、第2編第1章Ⅲ2(2)の他、下井・前掲注15) 51頁参照。
45) Auby et autres, op. cit., p. 203.
46) 同法については、久保茂樹「フランスにおける行政行為の理由附記(1)(2・完)」民商87巻5号（1983）51頁・6号（1983）43頁参照。
47) 官吏法第Ⅱ部には、同第Ⅲ部60条4項に相当する定めがないが、労使同数人事管理協議会への不服申立ては妨げられないと理解されている。Auby et autres, op. cit., p. 203. なお、非正規

セイユ・デタによる審査は、最小限の審査（contrôle minimum）に加え、「評価の明白な過誤（erreur manifeste d'appréciation）」に及ぶ。他方、我が国で導入された修学部分休業と高齢者部分休業も、希望者の申請に基づき、任命権者の承認があれば認められるが、承認拒否が不利益処分として不服申立てや取消訴訟の対象となり得るのか（地公法49条の2以下）、地公法の条文からは明らかではない。地方公務員育休法における育児休業の不承認は、不利益処分に当たらないと解されているが、問題であろう。

なお、部分時間勤務申請が認められた場合、当該官吏の事務遂行を部分的に代行する職員を用意しなければならない。フランスでは、国の場合、代行職員も必ず官吏であることが要求されている（官吏法第II部37条3項）のに対し、地方にこのような制限はなく、非正規職員の任用が認められる場合の一つとして、部分時間勤務が認められた官吏の一時的代行が予定されている（同第III部3条1項。2①参照）。

(3) **期間・復帰**

部分時間勤務が認められる期間は、国家官吏の場合、6ヶ月から1年である。更新が可能で、通算3年を経過するまでは黙示的に更新される。3年経過後は、再度の部分時間勤務申請と承認の手続が必要になる（82—624号デクレ2条1項）。なお、育児休業（congé parental）期間中は、部分時間勤務期間の進行は停止する（2004—777号デクレ9条3項）。最後の点を除き、地方官

---

職員について労使同数人事管理協議会が存在しない場合は、通常の行政不服申立てとしての審査請求（階層的申立て〔recours hiérarchique〕）ができる。Pelletier(P.) et Thual(R.), Les agents non titulaires des trois fonctions publiques, 2ᵉ éd., Berger-Levrault, 1998, p. 51.

48) 裁判統制の範囲については、C. E., 1er juil. 1983, Min. de l'Education nationale c/Mme Caudron, Rec., T. p. 767, C. E., 8 fév. 1985, Mme Craighero, Rec., p. 29, Gaz., Pal. 6 juil. 1985, p. 9, note Auby(J.-B.), A.J.D.A., 1985, p. 267, concl. Pauti.

49) 地方公務員法制研究会編『実務必携地方公務員育児休業法〔第2次改訂〕』（ぎょうせい・2003）69頁、日本人事行政研究所編『逐条公務員育児休業法〔第3次改訂版〕』（PM出版・2014）90頁参照。

50) 塩野・前掲注7）476頁は、「勤務条件法定主義を採用する現行地方公務員法制の下においては、休業制度も法定勤務条件の重要な一要素であるところからすると、承認行為は、当該職員との関係において、休業という効果を発生させる法行為であると見るべき」とし、「承認という行為は受益処分として、承認拒否は申請拒否処分として理解することになる」とする。この理解を前提にすれば、承認拒否も地公法上の不利益処分に該当すべきことになろう。

吏の部分時間勤務期間に関し、法令に定めがない。勤務時間と同様、地方公共団体および公施設法人の議決機関が定める。

部分時間勤務期間終了後、当該官吏は、従前に従事していた職にフルタイムで勤務することが当然に認められる。期間終了時に当該職が存在していなければ、当該官吏が保有する官等に用意された職の一に配属される（官吏法第Ⅱ部38条1項、同第Ⅲ部60条5項）。

(4) **勤務時間・給与**

勤務時間について、官吏法は半日（mi-temps）以上としている（官吏法第Ⅱ部37条1項、同第Ⅲ部60条1項）。国家官吏については、82―624号デクレ2条が、同一職務に従事するフルタイム官吏の勤務時間の5割、6割、7割、8割、そして9割の部分時間勤務を用意する。地方官吏については、具体的な勤務時間割合を定める法令が存在しない。各地方公共団体および公施設法人の議決機関が定めることになる。

給与について、家族扶養付加手当[51]（supplément familial de traitement）は全額支給されるが（官吏法第Ⅲ部60条10項）、その他の諸手当や俸給[52]（traitement）は、勤務時間割合に応じて支給される。ただし、例外として、8割勤務には7分の6、9割勤務には35分の32が支給される（同60条9項）。なお、住居変更を伴う配置転換の際には、移動旅費手当（indemnités pour frais de déplacement）が支給される（同条10項）。

(5) **昇進・退職年金への影響**

官吏法その他の法令は、部分時間勤務が当該官吏の処遇に影響を与えないよう配慮している。これは、前述した1970年法以来の措置で（1(1)参照）、部分時間勤務を選択しやすくすることを目的とする。ここでは、昇進や退職年金との関係を説明する。

まず、昇進には、官等の昇進（昇格）と号俸の昇進（昇給）がある（官吏法第Ⅲ部77条）。前者に勤続年数は影響しないが、後者の要件は、職務遂行能

---

51) 扶養子女を有する職員のための手当で、俸給に比例する部分と定額部分で構成される。外国公務員制度研究会編『欧米国家公務員制度の概要』（生産性労働情報センター・1997）315頁参照。
52) 手当の種類や内容については、第1編第1章第1節Ⅱ1・2(2)の他、下井康史「フランスの地方公務員の給与制度について」地公月624号（2015）55頁以下参照。

力の証明と一定年数の勤務である（同78条2項）。職務遂行能力は人事評価 (notation) によって明らかにされるが、いかに人事評価の結果が悪くても、同一号俸において、個別規程の定める年数を超えて勤務した官吏は、当然に昇給する（昇給請求権の保障）。休職期間がこの勤続年数に算入されないのに対し（同72条1項）、官吏法は、昇進との関係で、部分時間勤務期間とフルタイム勤務期間が同視されることを明記する（同60条6項）。なお、官等の昇進（昇格）は、①人事評価結果に基づいて作成された年度別昇進資格者名簿 (tableau annuel d'avancement) に記載された官吏からの選抜、②職務適性選考 (examen professionnel) の結果に基づき作成された年度別昇進資格者名簿に記載された官吏からの選抜、③競争試験 (concours) による選抜のいずれか、あるいは、いずれかの併用によって行われるのが原則である（同79条2項）。前述したように、昇格対象官吏の選択にあたり、勤続年数は関係ないが、伝統的な昇格手続手法である①につき、人事評価が形式的なものとなっているために、①の手続による昇格も年功的であるのが現実との指摘がある。そうであれば、部分時間勤務期間とフルタイム勤務期間との同視は、実際には、昇格にも影響を与えているものと推測される。

次に、退職年金は、文官または武官としての実勤務期間が15年に達し（国家官吏；文武官吏退職年金法典〔Code des pensions civiles et militaires de retraite〕L4条1号、地方官吏；1965年9月9日デクレ65—773号6条1号）、かつ、その間、税込み俸給額の7.85%に相当する掛金 (retenue) を負担してきた官吏に支給される（上記法典L61条、1947年9月19日のデクレ47—1846号2条Ⅰ）。この実勤務期間には、部分時間勤務期間も含められる（上記法典L5条1項1号、上記1965年デクレ8条①）。

**(6) 休暇 (congé)**

部分時間勤務官吏には、フルタイム勤務官吏と同様の休暇が認められる

---

53) de Forges (J.-M.), Droit de la fonction publique, 2ᵉ éd., P. U.F., 1997, p. 244. なお、昇進については、第2編第1章Ⅲ1(3)の他、下井・前掲注26）34頁以下参照。
54) Auby et autres, op. cit., p. 210.
55) 1947年9月19日のデクレ47—1846号2条Ⅰは、掛金の具体的比率はデクレで定めるとしており、1991年以降、少なくとも2001年までは7.85%に設定されている。v. Les agents des collectivités locales, op. cit., p. 250.

(2004—777号デクレ9条1項)。官吏法第Ⅰ部21条は、官吏に認められる休暇として、年次休暇（congés annuels）や病気休暇（congés de maladie）等を列挙し、これらに官吏法第Ⅱ部と同第Ⅲ部は、社会人教育休暇（congé pour participer aux activités des organisations de jeunesse et d'éducation populaire）を追加する（官吏法第Ⅱ部34条1項8号、同第Ⅲ部57条1項8号）。このうち、病気休暇には、通常の病気休暇の他、長期病気休暇（congé de longue maladie）と長期休暇（congé de longue durée）があり、いずれも、当初は俸給が全額支給されるが、途中から半額支給に変わる（官吏法第Ⅱ部34条1項2号〜4号、同第Ⅲ部57条1項2号〜4号）。部分時間勤務官吏の場合は、勤務時間割合に応じた支給となる（82—624号デクレ4条、2004—777号デクレ9条2項)。

(7) **兼業規制**

官吏法第Ⅰ部25条1項は、国・地方官吏の全てにつき、「職業活動の全てを自己に委ねられた任務に捧げる」としたうえで（職務専念義務)、「私的営利活動を職業として行うことは、その性質の如何を問わず、許されない」とする。ただし、同項は、コンセイユ・デタの議を経るデクレが、例外を定めるものとしている。このデクレは未制定で、「退職年金や報酬の併給、及び、兼職に関する1936年10月29日のデクレ・ロワ（Décret-Loi du 29 octobre 1936 relatif aux cumuls de retraites, de rémunérations et de fonctions）」という戦前の法律が用いられている。同デクレ・ロワは、国や地方公共団体の官吏や非正規職員のみならず、商工的公施設法人や公企業の職員――民間労働法規が適用される私法契約職員である――にも適用され、その3条で、これら職員に許される3種類の兼業を列挙する。第1は、科学的、文学的あるいは芸術的作品の制作で、これは無条件に認められる（3条1項)。第2は、鑑定や助言といった業務で、行政機関や司法機関から要求があった場合、もしくは、大臣等による許可があった場合に認められる（同条2項)。第3は、教育施

---

56) その他、出産休暇（congés de maternité）および養育責任関連休暇（congés liés aux charges parentales)、職業研修休暇（congés de formation professionnelle)、組合研修休暇（congés pour formation syndicale）がある。各休暇については、外国公務員制度研究会編・前掲注51）321頁以下参照。

設法人や美術学校（beaux-arts）の教育・技術・研究員の場合について、その「職務の性質に起因する自由業（professions libérales）」が許される（同条3項）。大学の法学部教授が弁護人を引き受ける場合などが典型であるが[57]、兼業が認められるのは、職務行使が当該行政の利益になる場合に限定され（同条4項）、例えば、国を被告とする訴訟の原告代理人になることは禁じられる[58]。

部分時間勤務官吏について、官吏法第Ⅲ部60条7項は、1936年デクレ・ロワが認める三つの兼業のうち、一つ目だけを認める[59]。通常勤務の官吏についてよりも規制が厳しいのは、部分時間勤務が官吏の希望に基づき、かつ、その理由を問わないものであることから、真の動機が営利事業従事になることを防止するためとされる[60]。我が国の法制度は、部分休業が承認される公務員について、特に厳しい兼業規制を用意するわけではない。フランスとは異なり、部分休業事由がごく限定されている以上、この点が問題になることはないとの趣旨であろう。

## 2　特別の部分時間勤務

フランスでは、最近になって、特別の部分時間勤務が制度化された。通常の部分時間勤務と同様、官吏の申請に基づくものだが、役務運営に影響のないこと等が承認要件となっていない。通常の部分時間勤務と異なり、申請が一定の要件を満たす限り、当然に承認される。国・地方ともに2種類のものがあるが、以下では、地方の制度を中心に紹介する。

第1は、1994年に導入されたもので、病気治療を理由とするものである（官吏法第Ⅲ部60条）。具体的には、長期病気休暇あるいは長期休暇の期間満

---

57)　Bertrand(Ch.), Agetns publics, J.C.A., F. 182-4, 1993, 2, p. 6.
58)　兼業禁止違反は懲戒処分の対象となるが、同処分の取消しを求める訴訟において、コンセイユ・デタは、「職務の性質に起因する自由業」の範囲を厳格に解しているとの指摘がある。v. Forges, op. cit., p. 283.
59)　その他、公衆衛生法典L6154―1以下は、病院公務の部分時間勤務医師が医業を行うことを禁止している。
60)　Carius(M.), Cumuls et pantouflage dans les trois fonctions publiques, Berger-Levrault, 2001, p. 43.

了時に、これら休暇請求の要因となった疾患の治療を理由とする場合、治療ではなくても、半日勤務の繰り返しが健康状態改善のために好適であると認められる場合、および、健康状態に適合する職を見出すために職業再教育や再訓練の対象とすべき場合のいずれかであれば、申請が承認される。いずれも半日勤務である。

　手続や期間は、休暇請求の理由によって異なる。公務災害による疾患の治療の場合は、適性判定委員（commission de réforme）の意見を経て、期間は最長6ヶ月、更新1回まで承認される。それ以外の理由によって休暇を取得していた場合は、医療委員会（comité médical）の答申を経て、期間は3ヶ月、1年の範囲内で更新できる。

　この類型の部分時間勤務の場合、俸給が全額支給される点に特色がある。なお、非正規職員には、この部分時間勤務制度が用意されていない。

　第2は、家族に係る理由によるものである（官吏法第III部60条の2）。これには、育児を理由とするものと、介護を理由とするものがある。1994年に導入された前者は、実子が3歳になるまで、あるいは、養子縁組が3年を経過するまで認められ、2001年に制度化された後者は、配偶者や被扶養子、直系尊属を介護する場合に認められる。

　勤務時間は、1994年の制度導入時には半日勤務だけが予定されていたが、2003年の改正で、5割、6割、7割、8割の各部分時間勤務が認められることになった（官吏法第III部60条の2）。

　第2類型の場合、部分時間勤務期間終了後の処遇や、給与、昇進や退職年金との関係、および、兼業規制に関しては、通常の部分時間勤務と同じ条文が適用される。休暇についてや、育児休業期間中の部分時間勤務期間進行停止は、通常の部分時間勤務の場合と同じ内容の条文が用意されている（2004―777号デクレ9条3項）。部分時間勤務が許される期間は、地方の場合、議決機関が役務の利益の範囲内で定める（2004―777号デクレ5条2項）。国の場合、通常の部分時間勤務に関する制度が準用される（1995年2月7日のデクレ2条）。

　この制度は、非正規職員にも同じ内容のものがある（1988年デクレ22条）。通常の部分時間勤務と異なり、フルタイムでの1年勤務は承認条件とならな

い（前述1(1)参照）。

## 3 漸次的現役離職制度としての部分時間勤務
### (1) 漸次的現役離職制度と退職年金制度

　三つ目の部分時間勤務は、漸次的現役離職制度の一環である[61]。漸次的現役離職制度には、退職前に有給休暇を認めるかたちのものと、退職前の部分時間勤務によるものとがあり、いずれも退職年金制度と密接に関わる。前述したように、退職年金は、文官または武官としての実勤務期間が15年に達し、かつ、その間、税込み俸給額の7.85％に相当する掛金を負担してきた官吏に支給される（1(5)参照）。支給開始は、定年時に退職した者は退職時、定年前退職者は、定年が65歳の官吏は60歳に、定年が60歳の者は55歳に[62]、それぞれ達した時点で支給される[63]（文武官吏退職年金法典L24条Ⅰ①1項、1965年デクレ21条1項1号）。このような、定年到達以前に退職年金支給を開始させる仕組みによって、官吏の早期退職が促進されている。

　休暇による漸次的現役離職制度は、退職年金受給権既取得官吏のみを対象としており、2種類のものがある。第1は、自由任用職（前述Ⅲ2⑥⑦参照）にある官吏の特別休暇（congé spécial）で、給与は全額支給され、期間は5年までである（官吏法第Ⅲ部99条1項）。休暇期間終了時に職権退職（mise à la retraite d'office）となるのが原則だが（同条3項）、その前に退職年金受給年齢に達した場合は、当該月の最終日に職権退職となる（同条4項）。第2

---

61）　民間企業労働者や商工業自営業者の漸次的引退制度（préretraite progressive）は、官吏についてよりも遅く、1988年1月5日の法律88−16号で導入された。休暇を利用しての制度ではなく、退職前の部分時間勤務によるもののみが用意されている。部分時間勤務の間は、賃金等と退職年金の併給が認められるなど、公務員のそれとは大きく異なる。民間の制度については、加藤智章「年金制度」藤井良治＝塩野谷祐一編『先進諸国の社会保障6　フランス』（東京大学出版会・1999）136頁参照。

62）　定年は、各職員群ごとに個別規程が定めるが、原則として、55歳、60歳、65歳のいずれかである。v. Auby et autres, op. cit., p. 276, Chapus, op. cit., p. 230. 国家官吏については、外国公務員制度研究会・前掲書注51）330頁参照。

63）　ただし、定年前の退職であっても、廃疾（invalidité）を理由に退職した者、および、勤務年数が15年以上の女性官吏で障害率80％以上の子供を有する者等については、即時に支給される（文武官吏退職年金法典L24条Ⅰ2号3号、1965年デクレ4項2号3号）。外国公務員制度研究会編・前掲書注51）348頁参照。

は、その他の官吏についての現役終了休暇（congé de fin d'activité）で、給与は75％が支給される（官吏法第Ⅲ部24条）。期間は、退職年金受給年齢に達するまでの3年間を上限とする（1996年12月16日の法律96—1093号22条）。この休暇申請は、部局の都合（役務の利益）で拒否され得る（同条）。

**(2) 漸次的現役離職としての部分時間勤務**

官吏については1982年3月31日の二つのオルドナンスで（国；オルドナンス82—297号、地方；オルドナンス82—298号。以下、後者のみを「1982年オルドナンス」として引用する）、非正規職員には、1994年7月25日の法律94—628号（以下、「1994年法律」という）による1982年オルドナンス3—1条改正で、それぞれ導入された。非正規職員の部分時間勤務は、半日勤務のみが予定されている（1994年法律1条1項・3条1項）。

(a) **利用資格**　利用資格は、退職年金受給権未取得の職員と、既に取得した者とで区別される。

①退職年金受給権未取得職員　フルタイムの職に従事する55歳以上の者で、文武官職での実勤務期間が25年以上の者（官吏；1982年オルドナンス1条1項、非正規職員；同3—1条1項）。退職年金受給のための実勤務年数要件はクリアしているにもかかわらず、受給権を得られていない者を対象とする。

②退職年金受給権既取得官吏　フルタイムの職に従事する55歳以上の者で、文武官職での実勤務期間が25年以上の者のうち、①3人以上の子供（戦争により死亡した子供を含む）のいる母親、あるいは、②障害率が80％以上の1歳を超える子供の母親である官吏（1982年オルドナンス1条2項）。この制度は、非正規職員には用意されていない。

①②のいずれについても、要求される実勤務年数は、育児休業や家族の介護のための休職の経験がある者、障害者で永続的労働不能が認定されている者につき、6年の範囲で短縮される（1982年オルドナンス1条3項・3—1条2項）。また、1994年法律による改正で、非正規職員としての勤務期間も実勤務期間に含められることになった（1982年オルドナンス1条1項2号）。

(b) **要件・手続・終了**　通常の部分時間勤務と同様、希望者の請求に基づき、役務の利益、とりわけ人員状況に問題がないとされれば、半日勤務が

許可される（1982年オルドナンス1条1項2項）。不許可は、労使同数人事管理協議会（CAP）への不服申立て（同1条1項が引用する1982年3月31日のオルドナンス82―296号10条）や、越権訴訟による取消しの訴えの対象となる。

半時間勤務の開始は、①②のいずれについても、55歳の誕生月の翌月1日からで（1982年オルドナンス3条1項・3―3条）、終了は、①の場合は退職年金即時受給要件を獲得した月の最終日（同3条1項・3―3条2項）、②の場合は60歳の誕生月の最終日である。いずれの場合も、官吏は職権退職処分によって（同3条2項）、非正規職員は契約解除により（同3―3条2項）、それぞれ身分を失う。

なお、半日勤務を認められた者が、フルタイム勤務に戻ることは許されない（同1条5項・3―1条3項）。

(c) **給与・兼業規制**　半日勤務を認められた職員には、俸給その他の通常の給与が、通常の部分時間勤務職員と同じ条件で支給され、さらに、フルタイム勤務における俸給額の3割に相当する例外手当も支給される（1982年オルドナンス2条1項・3―2条1項）。つまり、フルタイム勤務時の俸給の8割が保障される[64]。この例外手当は休暇中も支給され（同2条1項・3―2条1項）、漸次的現役離職のための部分時間勤務促進のための制度と推測されるところ、我が国の高齢者部分休業の場合には、条例で給与が減額される点で対照的である（地公法26条の3第2項で準用される26条の2第3項）。

兼業規制については、通常の部分時間勤務職員と同様の厳しい規制を受ける（1982年オルドナンス1条1項が引用する1982年3月31日のオルドナンス82―296号13条。前述1(2)(c)参照）。

(3) **我が国との比較**

フランスでは、定年に達する以前に退職年金支給を開始する制度で、早期退職が促進されている。漸次的現役離職のための部分時間勤務のうち、①は、早期退職の利益を享受できない官吏に対する救済としての性質が強く、②は、早期退職が可能だが、不利な家族状況のもとで、それでも勤務を希望する官

---

64) Les agents des collectivités locales, op. cit., p. 253. なお、非正規職員の場合は、俸給を含めた給与全体の3割相当額が支給されることもある（1982年オルドナンス3―2条1項）。

吏に勤務機会を提供するための制度といえる。以上の点で、我が国で、今般の改革で導入された高齢者部分休業制度とは、著しく趣旨を異にする。

### 4　取得状況

国家官吏についてであるが、行政・公務員総局（direction générale de la fonction publique）の統計によると、2001年12月31日時点で、部分時間勤務利用者は17万人弱であり、国家の文官吏の約1割に達する。そのうち、約2万6,000人が漸次的現役離職制度の利用者である。8割勤務が最も多く約9万人、続いて5割勤務が4万人、9割勤務が2万人弱、6割および7割勤務が約1万人となっている。女性官吏は官吏全体の約3分の1であるが[65]、部分時間勤務利用者のうち、15万5,000人以上が女性官吏である[66]。漸次的現役離職制度利用者のうち、女性官吏は1万7,500人以上を占める。

地方については、内務省の地方公共団体総局によると、短時間勤務職との区別が難しいという理由で、両者を分けた数字は示されていない[67]。この点は、短時間勤務職従事職員の数と併せて、後述する（Ⅴ参照）。ただし、漸次的現役離職のための部分時間勤務利用については、1997年時点で9,754人、その後は漸減し、2000年1月1日時点で5,785人であり、このうち3,476人が女性官吏である[68]。

## Ⅴ　短時間勤務職への任用

Ⅰ3で前述したように、地方公共団体の短時間勤務制度には、短時間勤務職に官吏が従事する場合と、非正規職員による短時間勤務とがある。短時間勤務職に従事する官吏の人数は、1998年1月1日時点で18万7,255人で、当時における地方官吏全体の約32％に達する。短時間勤務の非正規職員は26万9,238人で、当時における地方非正規職員全体の約61％以上を占める[69]。

---

65)　Direction générale de la fonction publique, Les collectivités locales en chiffres 2004, p. 2.
66)　Direction générale de la fonction publique, op. cit., p. 13.
67)　Les agents des collectivités locales, op. cit., p. 180.
68)　Les agents des collectivités locales, op. cit., p. 253.
69)　Les agents des collectivités locales, op. cit., p. 181.

## 1　短時間勤務職の官吏

　官吏法第Ⅲ部は、恒常的に必要な短時間勤務職に任用された官吏にも、原則として、官吏法の規定が適用されるとしたうえで（104条1項）[70]——したがって、その採用は競争試験が原則となる——、短時間勤務職に官吏を任用できる地方公共団体を、デクレで定めるとする（同条2項）。この定めを受けて、1991年3月20日のデクレ91―298号（以下、「1991年デクレ」という）が、2種類に分けて列挙する。

　まず、1991年デクレ4条は、以下の団体を列挙する。

　　①人口が5,000人を超えない市町村およびその公施設法人。ちなみに、2003年時点での市町村数は、本国だけで3万6,564である。1999年にはこれより一つ多い3万6,565であったが、そのうち人口5,000人未満の市町村は3万4,716を数え、全市町村の95％を占める。[71]

　　②社会福祉活動市町村センター（centres communaux d'action sociale）および市町村連合センター（centres intercommunaux d'action sociale）、市町村組合（syndicats intercommunaux）、地域圏（市町村連合区）（districts）、人口総計が5,000人を超えない市町村を集めた新都市組合（syndicats d'agglomérations nouvelles）および都市共同体（communautés d'agglomérations）。

　　③適正家賃住宅公社（offices publics d'habitations à loyer modéré）で住宅数が800を超えないもの

　これらの団体においても、官吏任用短時間勤務職を設けることができるのは、1991年デクレ5条1項が列挙する職群に限定される。ただ、その内容は、一般地方事務官（agents administratifs territoriaux）や一般地方技官（agents techniques territoriaux）を含むなど、かなり広範にわたっている。なお、一つの官等に用意された職のうち、短時間勤務職が五を超えてはならない（1991年デクレ5条2項）。

---

70)　退職年金も、フルタイム職官吏と同じ制度の対象となる（前掲注55）のデクレ1条②）。
71)　Direction générale des collectivité locales, Les collectivités locales en chiffres 2004, 〈http://www.collectivites-locales.gouv.fr/collectivites-locales-chiffres-2004〉(2005年当時)．なお、フランスの地方公共団体をめぐる状況については、滝沢・前掲注8）154頁以下参照。

次に、人口に関わりなく、市町村、県、市町村協同組合、地域圏、新都市組合および新都市共同体、市町村共同体（communauté de communes）および都市共同体（communautés de villes）は、特定の職群において、官吏任用短時間勤務職を設けることができる（1991年デクレ5－1条1項）。芸術教育教員、芸術教育特別助手、芸術教育助手、財産管理特別職員（agents qualifiés du patrimoine）、財産管理職員（agents du patrimoine）である。同一職群内にフルタイム職が5以上ある場合、短時間勤務職の数がそれを超えてはならない。フルタイム職が5未満の場合、短時間勤務職の数は5が上限とされている（同条3項）。

短時間勤務職官吏の俸給や諸手当は、週当たりの勤務時間に応じて支給される（官吏法第Ⅲ部105条1項）。短時間勤務職官吏は、その勤務時間がフルタイム官吏の半分以上であり、かつ、地方公共団体職員退職年金全国金庫（Caisse nationale de retraite des agents des collctivités locales）の議決によって定められた最低勤務時間に達する場合、同金庫に加入しなければならない（同107条1項）。同金庫に加入しない者は、社会保障法典 L921－1条以下の定める補足的退職年金制度に加入する（官吏法第Ⅲ部107条2項）。

フルタイム職に任用された官吏を、短時間勤務職に異動させることは禁止されている（1991年3月20日のデクレ91－298号9条）。

## 2　短時間勤務の非正規職員

非正規職員の勤務条件は、契約で定める。[72] 国の非正規職員については、前述した2000－815号デクレが適用されることから（Ⅳ参照）、その法定勤務時間を下回れば短時間勤務となる。地方では、同デクレ2条2項の定める年間の勤務時間上限の範囲内において、各団体の議決機関が上限を定めるとされているため（2001年7月12日のデクレ2001－623号2条）、その範囲内で短時間勤務が可能になる。ただし、以下のように、短時間勤務での任用のみが予定されている場合がある。

国の場合、官吏法第Ⅱ部は、「恒常的な必要性に応えるものではあるが、

---

72) Pelletier et Thual, op. cit., p. 48.

フルタイム勤務の7割を超えない時間での短時間勤務を必要とする職務」について、契約職員を任用できると定めており、この場合は、当然に短時間勤務での勤務となる（6条1項）。なお、1986年デクレ6条は、この類型について、無任期の任用を可能としている。地方の場合、人口1,000人未満の市町村、および、市町村連合体で参加市町村の平均人口が1,000人を超えないものにおいては、恒常的に必要な職に短時間勤務の契約職員を任用することができる。この場合の勤務時間は、フルタイム職員の半分以下とされ、かつ、任期付での任用のみが許される（官吏法第III部3条4項）。なお、人口1,000人以下の市町村は、1999年時点で2万7,794団体であり、全市町村の76%を占めている。[73]

なお、国およびその行政的公施設法人についてのみであるが、行政との関係における市民の権利に関する2000年4月12日の法律2000—321号は、その34条Ⅰで、短時間勤務が可能な職務を列挙する。具体的には、行政部局での施設維持管理や管理人の職務でカテゴリーCのもの、州や県の政府代表機関（représentation du Gouvernement）における食堂や宿泊業務や、国防担当省の司令部における宿泊や補給の業務で、カテゴリーCのものである。これらについては、無任期での任用が許される。[74] このタイプの短時間勤務非正規職員には、兼業規制について特別の制度がある。2001年1月3日の法律2001—2号で追加された官吏法第Ⅰ部25条2項は、勤務時間がフルタイム勤務公務員に関する法定時間の半分以下である場合、コンセイユ・デタの議を経るデクレの定める条件のもとで、私的営利活動を職業として遂行することが許される。[75] なお、前述した2000年4月12日の法律34条Ⅱは、そこで列挙された職務に従事する非正規職員について、一定期間内に希望を出せば、私法契約職員になり、民間労働法令が適用されるようになることを認めている。この手続によって私法契約職員になった者にも、官吏法第Ⅰ部25条2項による兼業

---

73) Direction générale des collectivité locales, op. cit..
74) 地方については、2000年法律35条Ⅰが、施設維持管理や管理人の職務、さらには食堂業務でカテゴリーCのものに従事する非正規職員について、無期限の任用を可能とするが、短時間での勤務を認める旨は定められていない。
75) 2003年1月16日のデクレ2003—22号が兼業の条件を定める。

## VI　おわりに——日本法との比較

### 1　地方公務員任期法改正による任用システム改革の位置付け

　2004（平成16）年の地方公務員任期法改正は、任期付任用の可能性を拡大かつ明確化するもので、我が国の公務員制度に、新しい要素を導くものであろう[76]。とはいえ、任期付任用が許されるケースは、なお限定されており（地方公務員任期法4条・5条）、任用システムの抜本的改革とまではいえず、部分的修正に止まるものである。

　任期付任用限定の理由は、政策的には、「公務の中立性の確保や職員の長期育成を基礎とする公務の能率性の追求等の観点から、任期の定めのない常勤職員を中心とする公務の運営という現行地方公務員制度の原則は維持されるべき」という基本スタンス[77]（2003年報告）から説明される。法的には、地方公務員制度の基本法たる地公法が、無任期での任用を原則としていることが挙げられよう。この原則は最高裁でも確認されている。最高裁は、「職員の任用を無期限のものとするのが法の建前」とし、この建前が、「職員の身分を保障し、職員をして安んじて自己の職務に専念させる趣旨に出たもの」であるとしたうえで、しかし、任期付任用も、「それを必要とする特段の事由が存し、且つ、それが右の趣旨に反しない場合においては、特に法律にこれを認める旨の明文がなくても、許される」としている（山形県人事委員会事件・最判昭和38・4・2民集17-3-435）。塩野宏が指摘するように、この最判は、地公法が予定する公務員制度を、無任期の終身任用という意味での身分を保障された職員——定年制までは否定されない——で構成されるシステムと見たのであり[78]、このことは、2003年報告の政策的判断と軌を一にする。同最判は、特段の事情があれば、法律に根拠のない任期付任用も可能とする

---

76)　塩野・前掲注7）471頁。
77)　2003年報告6頁。同報告については、西村・前掲注7）24頁。報告書のスタンスが憲法15条と適合的とする指摘として、山本隆司「ドイツにおける公務員の任用・勤務形態の多様化に関する比較法調査」自研80巻5号（2004）20・56頁。
78)　塩野・前掲注7）472頁。

が、いかに法律によるものであれ、地公法の原則を空洞化せしめるような制度を新設することは、望ましくないと考えられたのであろう。任期付任用が可能な業務が限定されたのは、以上の理由によるものと推測される。

　現行制度の枠内における部分的修正であることは、任期付任用職員にも現行地公法が適用される点にも表われる。フランスでは、公務員を官吏と非正規職員に分け、適用法令も原則として区別し、任期付任用を後者に限定するが、このような公務員の身分的区別が導入されたわけではないからである。現場の感覚とは異なるかもしれないが、我が国の制度は、国家と地方の区別を除けば、一部の業務を特別職として適用対象から除外し、さらに一部の職員に特別の法律を用意するが（地方公営企業労働関係法、教育公務員特例法等）、基本的には、一つの公務員法が全ての一般職に──任期の有無や勤務形態の異同にかかわらず──一律に適用される一元的公務員制度である。この点は、公法上の職員である官吏（Beamte）と私法上の職員たる雇員（職員・事務員）（Angestellte）・労務者（現業労働者）（Arbeiter）とを区別するドイツの二元的法制──我が国の戦前の制度は、公法上の官吏と私法上の雇員・傭人とを区別していたが、そのモデルはドイツの制度である──、あるいは、官吏と非正規公務員に適用される法制度を区別し、さらには、民間労働法が全面的に適用される勤務者（私法契約職員）の存在をも認めるフランスの三元的法制と比較した場合、明らかになる。

　ところで、地公法が無任期任用を原則とし、最高裁が無任期任用を身分保障の一環とする以上、現行地公法の枠内において、任期付任用の機会をさらに拡大することは、法理論的な障害が大きいように思える。しかしながら、最高裁も、無任期任用の原則を、公務員が全体の奉仕者であることを定める

---

79)　塩野・前掲注7）472頁。
80)　塩野・前掲注7）472頁。
81)　塩野宏『行政法Ⅲ〔第4版〕』（有斐閣・2012）260頁以下。その他、塩野・前掲注7）474・482頁、第2章第1節Ⅲ3参照。
82)　山本・前掲注77）22頁参照。
83)　塩野・前掲注81）268頁、同『行政組織法の諸問題』（有斐閣・1991）206頁等参照。
84)　ただし、塩野・前掲注7）472頁は、「最高裁判所の判決は、当時の雇用情勢、言い換えれば、立法事実を前提としているので、その変化による例外事情の許容限度の拡大の可能性も考慮に入れる必要がある」と指摘する。

憲法15条2項から導き出すわけではない。また、無任期任用が、身分保障原理から当然に帰結されるわけでもない。なぜなら、身分保障原理は、公務員任用を能力実証に基づくことを求める成績主義原理から帰結されるのであって、その趣旨は、不合理な理由——言い換えれば、能力主義と矛盾する理由——で公務員に不利益を与えることの禁止に過ぎず（地公法27条）、半永久的に公務員の地位や既得権を保護することまで含意するものではないからである。筆者は、憲法15条の趣旨から公務就任平等・機会均等の原理が帰結されるところ、この原理を最もよく体現する成績主義原理、さらには、成績主義原理と表裏一体の身分保障原理も憲法上の要請ととらえるが、憲法の要請する身分保障原理は、憲法の要請する成績主義原理を裏打ちする以上の意味を持つものではないと考える。つまり、任用に任期が付されていることだけでは、身分保障原則と矛盾するとまではいえず、無任期任用をもって身分保障とする現在の実定法制度は、あくまで実定法レベルにおける立法政策の結果であり、憲法原理の体現・確認ではないという見解である。

## 2 地方公務員任期法改正による任用システム改革から見える現行公務員法の問題点

現行地公法の枠内で任期付任用を拡大することには問題があるとしても、新たな立法によって、現行地公法がまったく適用されない一般職公務員を制度化し、その対象職員を全面的に任期付任用の対象としても、その政策的妥当性はともかくとして、憲法の原則に違背することになるわけではない。任期付任用のさらなる活用を目指すのであれば、現行地公法の枠内で考えるのではなく、独仏風の多元的公務員システムの制度化を視野に入れた検討が必要になるものと考える。

さらに、現行地公法の枠内において任期付任用の拡大が可能であること自

---

85) 塩野・前掲注7) 473頁参照。ドイツでは、無任期任用が憲法上の要請と位置付けられることにつき、山本・前掲注77) 23頁。フランス官吏法における無任期任用原則は、憲法の要請ではなく、第2次世界大戦前の判例・学説に淵源を有する実定法上の原則であることにつき、第1節III参照。

86) 視点はやや異なるが、第2章第1節IV 2参照。

体、我が国の公務員法制が抱える、より深刻な問題の存在を証明する。というのは、任期付任用は、ある特定の職に職員を従事させることが前提であり、基本的には、上位職への昇進を想定しないはずである。したがって、任期付任用職員については、同一職への従事期間内における年功的昇給を除き、昇進制度や昇進機会を保障するシステムを整備する必要に乏しい。今般の改革で、任期付任用制度の拡大が既存法制の枠内で可能であったということは、実定公務員法制が、無任期任用公務員について昇進制度を整備していないからこそ可能だったと思われる。

　もっとも、無任期任用だからといって、必ず昇進制度を整備すべきことになるわけではない。この点は、公務員任用政策に係る制度の基本に関連する。Ⅱ3(3)で前述したように、フランスやドイツの官吏制度は、新規学卒者を主たる対象として官吏を採用し、その後、官吏が定年まで継続して勤務することを前提に、外部からの中途採用をあまり念頭に置かない閉鎖型任用制を基本とする。このシステムにおける重要課題の一つが、昇進の機会確保といった昇進システムの整備であり、号俸の昇進や官等の昇進等が、フランスにおける昇進システムである（前述Ⅳ1(5)参照）。これに対し、アメリカにおける公務員の任用は、特定の職への従事を前提とし、原則として、上位職への異動を予定しない。上位の職を希望する公務員は、民間からの応募者と同じ立場で、採用募集に応じる。このような開放型任用制においては、昇進システムの整備が問題となりにくい。我が国の公務員制度の実態が閉鎖型であることは明らかだが、法の建前はアメリカ風の開放型で、このことは、欠員補充手段として採用と昇任が対等であること（国公法35条、地公法17条1項）等に典型的に表われる。今般の任期付任用制度の拡大が、既存のシステムと同一枠内で実現可能であったことも、間接的にではあるが、地公法の基本が、昇進システムを整備する必要に乏しい開放型であることを示すものであろう。

　すると、本書で何度か強調しているように、我が国の公務員制度には、法

---

87) リヴェロは、キャリア（carrière）――採用から離職までに官吏が置かれる一連の人事行政上の諸地位――実現の可能性を保障する制度こそが、官吏の身分保障機能を果たすとする。Rrivero(J.), Droit administratif, Dalloz, 1960, p. 358.
88) 第2編第1章Ⅱ1(3)および第2章第1節Ⅳ、第2章第1節Ⅳ参照。

の建前と実態の間に看過し難い乖離が存在するところ、実はこの乖離があったからこそ、今回の改革が容易になし得たと指摘できるのではないだろうか。任期付任用の拡大は、公務員制度改革の一環と位置付けられるが、その実、昇進を前提としない新設のシステムこそが現行実定公務員法制に適合的で、むしろ、現在の実態にそぐわない既存の公務員法制の方が、法改正の対象となるべきなのかもしれない。

# 第2章

# 日本法

## 第1節　公務員の勤務形態多様化政策と公法理論

### I　はじめに

　森戸英幸報告で触れられたように[1]、近時、公務員の勤務形態多様化を指向する法制度が、様々なかたちで導入されてきている。この方向性がさらに推進されれば、常勤・終身雇用という公務員の一般的イメージが薄らぎ、官民間の労働力移動が従来よりも活発になることが予測され、その結果、今後の雇用政策法において、公務部門が重要な検討素材になっていくと考えられる。しかし、このことは同時に、雇用政策法の対象に、異質のファクターが混入してくることも意味する。なぜなら、公務員法は、公務労働者保護立法であると同時に、適切な行政サービスの提供を確保するための行政法システムであるため[2]、立法論・解釈論の両局面において、公務の民主的かつ能率的な運営の保障という（国公法1条1項、地公法1条）、民間労働法にはない発想が不可欠だからである。さらに、憲法原理や、諸々の行政法一般原理——法律による行政の原理の他、塩野宏は、信義誠実の原則、比例原則、行政の公

---

1)　森戸英幸「雇用政策法」労働103号（2004）3頁。
2)　今村成和（畠山武道補訂）『行政法入門〔第9版〕』（有斐閣・2012）39頁は、公務員制度をどう定めるかは、行政運営の適正を期するうえで重大な関係を持つとする。

正・透明性の原則、説明責任の原則を、大橋洋一はさらに、現代型一般原則として、市民参加原則、補完性原則（行政関与の正当化要請）、効率性原則を挙げる——との関係でも、民間労働法とは異なる視点からの考察が求められる。そこで本節では、公務員の勤務形態多様化政策の法制度化にあたり、留意すべきと思われるポイントをいくつか取り上げ、公務員法・行政法理論、さらには憲法との関係を検討する。そのうえで、このような考察が、公務員とは何か、公務とは何かといった、基本概念にまで立ち返った議論の必要性を示唆し得ることを指摘してみたい。以下では、公務員の勤務形態多様化をめぐる諸法制等を確認し（II）、我が国公務員法制度における根本的な問題と勤務形態多様化政策との関係を指摘したうえで（III）、論点を任用（IV）と身分保障（V）に絞って具体的な検討を行い、最後に、公務員・公務といった概念を再検討すべきことを指摘する（VI）。

## II 公務員の勤務形態多様化をめぐる諸法制

公務員の勤務形態多様化を可能にする制度として、国公法・地公法制定以来のものに、常勤職員を任期付で任用する臨時的任用職員（国公法60条、地公法22条）と、非常勤職員の制度がある。後者の任用に任期を付し得ることにつき、明文の規定はないが、通常は任期付任用である。これに加え、ここ二十年来——2003（平成15）年時点での指摘である——、公務員の勤務形態多様化や官民間の労働力移動促進を指向する法制度が数多く登場している。1981（昭和56）年の国公法・地公法改正による「定年退職者の任期付き再任用制度」（国公法81条の4、地公法28条の4）の他、1998（平成10）年の人規1—

---

3） 塩野宏『行政法I〔第6版〕』（有斐閣・2015）93頁以下参照。
4） 大橋洋一『行政法①〔第3版〕』（有斐閣・2016）43頁以下参照。その他、宇賀克也『行政法概説I〔第5版〕』（有斐閣・2013）43頁以下は、「条理に基づく一般的な法原則」として、信義則、権利濫用禁止の原則、比例原則、平等原則、透明性とアカウンタビリティの原則、必要性・有効性・効率性の原則等を挙げる。
5） 山形県人事委員会事件・最判昭和38・4・2民集17-3-435は、公務員の任用を原則として無期限としつつ、期限付任用を必要とする特段の事由が存し、かつ、「職員の身分を保障し、職員をして安んじて自己の職務に専念させる」という無期限任用の趣旨に反しない場合であれば、特に法律に期限付任用を認める旨の明文がなくても可能とする。

24（公務の活性化のために民間の人材を採用する場合の特例）、1999（平成11）年の「国と民間企業との間の人事交流に関する法律」（官民交流法）、2002（平成14）年の「地方公共団体の一般職の任期付職員の採用に関する法律」等である。また、2003（平成15）年改正の構造改革特別区域法24条は、地公法の臨時的任用につき、更新期限を３年まで延長できるものとした。

さらに、近時の様々な制度改革提言には、公務員の勤務形態多様化に関連するものがいくつか見られる。1998（平成10）年の地方分権推進計画は、短時間職員や任期制職員等の活用を図る方向での地方公務員制度の見直しを求め、1999（平成11）年の総務省地方公務員制度調査研究会報告「地方自治・新時代の地方公務員制度」は、新たな任期付任用制度や一般的な短時間勤務職員制度の検討が必要とする。2001（平成13）年の公務員制度改革大綱は、民間からの人材確保を推進すべきことを指摘する。

とりわけ注目すべきものに、2002（平成14）年９月の分権型社会における地方公務員の任用制度のあり方等に関する検討会報告「分権型社会にふさわしい地方公務員の多様な任用制度の実現へ向けて」（以下、「2002年報告」という）がある。これは、任期付任用の常勤および非常勤職員を、従来よりも幅広く活用すべきことを提言するもので、以下のように述べる。「地方分権の進展に伴い地方公共団体の役割が増大するなかで、地方公共団体は、住民ニーズに適切に対応するため、多様な事務・事業を行っている。他方で厳しい財政状況の中で行政改革の要請は一層強まっており、地方公共団体は簡素で効率的な組織を維持しつつ、その時々の行政課題に即応するため、既に様々な事務・事業の不断の見直しを行っているところである。このような取組を促進し、組織の活性化と行政の質の向上を実現するためには、地方公共団体の人材活用面における自主性を最大限尊重する必要があり、恒久的（恒常的）かつ本格的な業務であっても必ずしもフルタイムの勤務を要しないものについては、非常勤職員を幅広く活用することができるようにすることが

---

6) その他、川田琢之「公務員制度における非典型労働力の活用に関する法律問題(1)」法協116巻９号（1999）1416頁参照。
7) 同報告については、加松正利「分権型社会にふさわしい地方公務員の多様な任用制度の実現へ向けて」季刊地方公務員研究71号（2002）２頁参照。

必要である。また、フルタイムの勤務を要する恒久的（恒常的）な業務についても、任期の定めのない常勤職員（長期継続雇用職員）のほか、地方公共団体の判断と責任により、任期付の常勤職員を採用しこれに（ママ）活用することを認める必要がある」。2004（平成16）年通常国会では、同報告の方向での法改正が予定されており、本節でも重要な素材として取り上げる。

ところで、公務員の任期付任用を論じる場合、その法制度のみならず、臨時的任用・非常勤職員が置かれている現状に目を向けておかなければならない。既に指摘があるように、任期付職員の多くは、任期更新を繰り返して長期間勤務しているが、正規職員に比べて給与・昇進面での待遇が十分ではない。かつ、いかに長期間勤務しても、任期満了を理由とする雇止めにより、簡単に地位がはく奪される。長期間勤務してきた任期付職員の場合、雇止めは実質的に免職処分として機能するが、雇止めを規制する実体的・手続的ルールは無に等しい。判例は、取消訴訟において雇止めが行政処分（行訴法3条1項）であることを認めず訴えを却下し、地位確認請求訴訟でも実体判断を拒んでいる。結局、損害賠償請求訴訟を除き、司法救済の機会はなく、身分保障原則の潜脱というべき状況が見られる。

## III 公務員制度における根本的問題と勤務形態多様化政策

### 1 閉鎖型任用制と開放型任用制

我が国の公務員制度につき論じる場合、忘れてはならないのは、法の建前と実態の間に看過し得ない乖離が存在することである。この点は、公務員任用に関する国際比較により明らかになる。本書でも既に指摘したように、一

---

8) 2004（平成16）年6月3日に「地方公務員法及び地方公共団体の一般職の任期付職員の採用に関する法律の一部を改正する法律」（平成16年法律第85号）が成立した。同法については、第2節I 1参照。
9) 例えば、清水敏「非正規公務員の労働基本権」蓼沼謙一＝横井芳弘＝角田邦重編『労働法の争点〔新版〕』（有斐閣・1990）18頁、川田・前掲注6）1434頁以下等参照。実態については、早川征一郎『国・地方自治体の非常勤職員』（自治体研究社・1994）が詳しい。
10) 判例については、下井康史「期限付任用公務員の再任用拒否」北法41巻3号（1991）1185頁以下、川田・前掲注6）1440頁以下参照。
11) 第2編第1章II 1および第2章第1節IV、本編第1章第2節IV 2参照。文献については、第2編第2章第1節注29）参照。

般に、公務員の任用システムには、閉鎖型任用制と開放型任用制の二つがある。

閉鎖型任用制は、新規採用の対象を主として学卒者に絞り、公務員が行政組織内部を継続的に昇進、定年まで勤務することを前提とする。独仏を典型とするこの法制度は、官民間の労働力移動を、あまり想定しないものである。

これに対し、開放型任用制での職員採用は、特定人の特定ポストにおける職務従事のためになされる。そこでは、継続的な内部昇進や終身雇用が想定されていない。アメリカ合衆国を典型とするこのシステムは、官民間の労働力移動が頻繁で、公務員としての勤務が当該個人の職業生活における一つのエポックに過ぎないような社会を前提としている。その結果、アメリカのように労働基本権や政治活動の自由を厳しく制限しても、個人に対する実質的影響力は、閉鎖型におけるよりも小さくなると推測される。

以上二つの任用システムは、いずれも理念型としてのモデルである。各国ともいずれかを純粋なかたちで採用するわけではない。制度の建前どおりに労働力が移動しているか否かも別問題である。ただ、いずれのモデルを基本とする公務員法制であるか否かは、民間雇用政策にも少なからぬ影響を与えるものと思われる。

我が国の国公法・地公法が、アメリカ型の開放型任用制を建前とすることは、その内容から見て明らかである。具体的には、欠員補充手段として採用と昇任が対等であること（国公法35条、地公法17条1項）、昇任の方法が採用と同じく競争試験を原則とすること（国公法37条1項、地公法17条3項——いずれも2003〔平成15〕年当時）、昇任にも条件付任用制度が用意されていること（国公法59条1項——2003〔平成〕15年当時）等に表われる。このように、法の建前は、民間労働市場との接合性が高い任用システムなのだが[12]、我が国の実態が閉鎖型であることは説明するまでもない。その結果、制度の建前と実態の間に著しい乖離があることを指摘できる。このような乖離は、国公法・地公法の運営に様々な問題を及ぼしていると推測されるが[13]、以下では、

---

12) 川田・前掲注6) 1411頁参照。
13) とりわけ身分保障や昇進との関係につき、第2編第2章第1節Ⅳの他、下井康史「フランス公務員法制の概要」日本ILO協会編『欧米の公務員制度と日本の公務員制度』（日本ILO協会・2003）30頁以下参照。

勤務形態多様化を目指す法制度の立案にあたり、指摘できることを述べておく。

## 2 我が国における制度と実態の乖離と勤務形態多様化政策

2002年報告は、そこで導入を提言する任期付任用職員につき、昇進を予定していない。一定程度の官民間労働力移動を前提に、開放型に近い制度を考えているものと推測される。他方、中核的な公務については、現状どおり任期のない常勤職員に担当させるべきとしている。念頭に置かれているのは閉鎖型であろう。すると、同報告がイメージする制度像は、中核的な公務は閉鎖型でその他は開放型という、両システムの併用と考えられる。

このような方向性自体には賛同できても、法の建前と実態の乖離を意識しない点は問題である。同報告は、閉鎖型の中核公務は現状維持だから法改正不要で、新たに開放型を導入する部分について制度改革が必要であるというのだろうが、実は、導入を目指す開放型は現行法制に親和的で、現状維持の中核的公務にこそ法改正が必要なのである。そもそも制度改革とは、あるべき制度像を措定したうえで、そのような制度像と現行制度との距離を埋めるべく提案されなければならないが、両者の関係が逆転しているのではないだろうか。この点を認識しない限り、制度と現実の乖離がもたらす諸々の弊害は解消すべくもない。

## 3 公務員法は一つでなければならないか

ところで、現行公務員法は、国家・地方公務を区別し、それぞれにおける全一般職職員に、基本法たる国公法・地公法を一律適用する。いくつかの職種・任用形態に即した特別の制度が個別法で用意されてはいるが、基本は画一的制度である。このようなシステムは、戦前における官吏・雇員・傭人という身分上の区別を打破するには有意味であった。しかし、2002年報告のように、閉鎖型と開放型という基本的に異なる任用システムを併用するのであれば、それぞれで異なる基本法を用意する二元的公務員法制も検討の視野に入れるべきだろう。任用システムの違いは、昇進や身分保障、官職分類方法等、公務員法制の重要な部分に様々な影響を与えるはずだからである。

もっとも、二元的公務員法制においても、一定の法システムは、公務員法・行政法の一般原理、さらには憲法上の様々な原理から、両者に共通して制度化されなければならない。以下、そのような法システムとして、任用における成績主義原理と公務就任平等・機会均等原理、そして身分保障原理を取り上げる。

## IV 任用における成績主義原理と公務就任平等・機会均等原理

### 1 成績主義と任期付・非常勤公務員

　成績主義とは、公務員の任用を能力の実証に基づいて行うことを要請する法理念である（国公法33条、地公法15条）。その趣旨は、行政サービスが適切に提供されるよう、有能な人材を確保する必要があること、公正で民主的な公務実現のため、政治的情実人事やコネ採用を防ぐべきことの２点にある。ところが現在、臨時的任用の場合、明文の根拠はないが、一般に、成績主義の例外が許されると理解されている[14]。国の任期付任用非常勤職員については、人規8—14が明示的に成績主義を排除している。地方の詳細は不明だが、裁判例等を見る限り、成績主義任用が一般的とはいえない。結局、研究職や大学教員、専門知識経験を要する職を除き、任期付・非常勤公務員について、成績主義は除外されているのが現状である。

　任期付・非常勤職員が、あくまで例外的存在に止まるならば、それらの存在が公務運営に与える影響は大きくない。成績主義原理の趣旨に照らしても、成績主義除外がもたらす問題をさほど重大視する必要はないのかもしれない。しかし、2002年報告のように、今後これらの職員を活用し、その数を増やすのであれば、少なくとも一定の能力を必要とする職務には、成績主義による任用が求められることになろう。2002年報告も、任期付任用の常勤・非常勤職員が一般職公務員である以上、能力実証が必要であるとし、選考（国公法

---

14) 阿部泰隆＝中西又三＝乙部哲郎＝晴山一穂『地方公務員法入門』（有斐閣・1983）42頁、森園幸男＝吉田耕三＝尾西雅博編『逐条国家公務員法〔全訂版〕』（学陽書房・2015）433頁、橋本勇『新版逐条地方公務員法〔第４次改訂版〕』（学陽書房・2016）335頁参照。

36条1項ただし書、地公法18条——いずれも2003〔平成15〕年当時）による採用を求める。ただ、比較的機械的な業務に係る職については、採用コスト軽減の観点から「当該職に必要な能力を適宜の方法で判定すれば足りる」とする。この「適宜の方法」が、成績主義原理に則ったものなのか、明らかではない。今後、この採用手段の内容が検討されなければならない。

## 2 憲法上の要請としての公務就任平等・機会均等

　成績主義には、公務就任の平等・機会均等の原理を最もよく体現する手法という側面もある。この原理は、周知のとおり、1789年人権宣言以来の近代公法における根本原理であり、明治憲法19条も確認していた。現行憲法は明示しないが、国民主権原理や、国民固有の権利としての公務員選定罷免権の保障（15条）に含意されよう。民主的で公正な公務員制度、ひいては行政サービスの公正実現のため、成績主義によらないものも含め、あらゆる採用に求められる憲法上の、そして、市民参加原理にも即す要請として、公務員採用において最も重視されるべきファクターと考えられる。具体的には、一般公募による採用を原則とすべきで、採用試験の公開平等を定める国公法46条と地公法18条の2は、このような趣旨で理解される。他方、もう一つの採用手段である選考については、法律も人規も公開平等を明示していない。しかし、公務就任平等・機会均等確保という憲法上の要請は、あらゆる公務員の採用全てに及ぶべきであるから、選考については当然に、さらには2002年報告がいうところの「適宜の方法」にも、等しく及ぶべきである。国公法46条と地公法18条の2は、憲法上の要請を、特に競争試験につき確認したに過ぎず、他の採用手法における必要性が否定されていると理解すべきではない。

　公開平等性を担保するための制度的仕組みも必要である。具体的には、任用決定過程の透明化を図るため、任用基準の事前公表——行手法5条3項にヒントを得ている——、採用結果の公表、行政機関個人情報保護法に基づく選考結果の本人開示などが考えられる。採用過程の透明化は、行政法の一般原理たる透明性原理からも導かれる。

---

15)　栗田久喜＝柳克樹編『国家公務員法・地方公務員法』（青林書院・1997）地方公務員法75頁参照。

## V 公務員の勤務形態多様化政策と身分保障原理

### 1 身分保障原理の趣旨

　身分保障とは、公務員に不利益を与えたり、その地位をはく奪するためには、法令の定める能力不足その他合理的な理由がなければならないという法理念である（国公法75条、地公法27条）。その機能は、解雇権濫用法理（2007〔平成19〕年制定の労働契約法16条参照）と、大きく異なるものではない。ただ、既に第2編第2章第1節Ⅳ2等で述べたことであるが、身分保障原理が成績主義原理を担保するシステムであることを、再確認しておきたい。すなわち、成績主義原理とは、前述のように（Ⅳ1参照）、公務の中立性・能率性を実現するため、政治的な情実任用やコネ採用といった恣意的人事を防ごうとするシステムであるところ、採用後の人事で情実が罷り通るのであれば、その意義は大幅に失われてしまう。公務の中立性を保つために恣意的採用を予防するのであれば、公務員に対して恣意的に不利益を与えることも、同時に禁止されなければならない。つまり、身分保障は、成績主義任用の必然的帰結としての要請と位置付けられる。したがって、身分保障を労働基本権制約の代償と理解したり[16]――身分保障が結果的に労働基本権制約の代償として機能し得ることは否定しない――、この制約をなくせば身分保障は不要になる旨の議論には賛同できない。

　このように、身分保障が成績主義原理の当然の帰結であることに加え、成績主義が公務就任平等・機会均等の確保という憲法の要請を最もよく体現する法システムであること（前述Ⅳ2参照）を併せ考えれば、身分保障原理の淵源も憲法に求めることができよう。以上のように、身分保障原理は、その機能が解雇権濫用法理と同様であるとしても、その拠って立つ法理念は大きく異なる。

---

16）　名古屋中郵事件・最大判昭和52・5・4刑集31-3-182。

## 2　任期付任用職員の身分保障

　Ⅳ1で前述したように、任期付任用の常勤・非常勤職員について、少なくとも一定の能力を必要とする職務には成績主義による採用が必要であるならば、その結果として、身分保障が当然に要請されることになる。この点、任期を付して公務員を任用すること自体、身分保障原理と矛盾する旨の反論が予測される。しかし、身分保障とは、不合理な理由で職員の身分をはく奪したり、不利益を及ぼしたりすることの禁止を趣旨とするのであり、半永久的にその地位や既得権を保護する、あるいは、雇用を保障しようとするものではない。任用時に明示した任期の満了は、身分はく奪の合理的な理由であり、任期を付すこと自体、あるいは、任期があることの一事をもって、身分保障原理に矛盾するとは考えられない。

　もっとも、先述した身分保障原理の潜脱ともいうべき実態に鑑みれば、そのような事態を予防するための制度的工夫が必要になる。

## 3　2002年報告の立場

　身分保障潜脱の予防につき、2002年報告は、「職員の任期を一定期間に制限し、かつ、それを採用時に職員に明示すれば、職員にとっても予見可能性は確保されるのであり、直ちに不安定雇用の増大につながるとは言えない」としたうえで、任期更新を禁止あるいは制限すべきとする。しかし、これだけでは不十分だろう。なぜなら、任期付職員の勤務長期化は、必ずしも更新の繰り返しだけが原因ではないからである。つまり、とりわけ、任期を1日とする日々雇用職員[17]につき多く見られる現象だが、任期満了後、1日だけ間をおいて、同じ人を形式的には新規採用するという脱法的手法が用いられているのである。かかる現実の背景事情の一つとして、任用する側に、同じ人を継続して任用したいという意向があると推測される。

　以上のような実状がある以上、2002年報告のように、更新の禁止・制限だけで身分保障潜脱が予防できるか、疑問である。では、どうすればよいか。

---

17)　国の日々雇用非常勤職員制度は、2010（平成22）年の人規8—12改正で廃止されている。宇賀克也『行政法概説Ⅲ〔第4版〕』（有斐閣・2015）383頁参照。

### 4 どのような制度が望ましいか

　私見では、空白の1日も含めた任期更新、その結果としての勤務長期化が、実際には多々あり得ることを前提としたうえで、身分保障原理の潜脱を予防するための現実的なシステムを構築すべきことを強調したい。最低限、雇止めに対する司法救済の機会を確保すべきである。この点については、二つの方向が考えられる。

　第1は、行訴法3条の処分概念を拡張するという方向である。公務員法に限らず、一般的に処分を狭く理解する判例のもと、裁判所は雇止めの処分性を否定するが[18]、この点の解釈を変更し、取消訴訟の対象とするのである。だが、行政訴訟における裁判所の先例遵守主義に鑑みれば[19]、判例による解釈変更は期待し難い。現実的な解決は、行訴法改正による処分概念拡張であろう。2003（平成15）年11月現在、司法制度改革審議会の行政訴訟検討会が行訴法改正を検討しているが、概念拡張の方向で検討が進められており、期待を持たせる。もっとも、そこでの拡張論は、行政立法や行政計画、行政指導といった、これまで行政訴訟の直接的対象ではなかった行為形式への対象拡張論である。雇止めが行政処分から除外されているのは、それが任期満了による自動的身分喪失であり、行政庁の意思表示によるわけではないことがその理由である。そのようなものまでをも行政訴訟の対象に含める方向での拡張論ではない[20]。

　第2の方向は、国公法・地公法で雇止めを不利益処分と明示する改革である。手っ取り早く実効的な改革であろう。具体的には、雇止めが、人事院や人事・公平委員会への不服申立ての対象になることを明示すればよい。この点への反論として、雇止めは、実態はともかく、形式的には任期満了による自動的身分喪失であり、公務員の地位に直接具体的な変動を与えるわけではないから、いくら立法によっても不利益処分とすることは無理である旨のロジックが予想される。しかし、実定公務員法は、戒告を懲戒処分の一つとし

---

18) 判例については、例えば下井・前掲注10）1189頁参照。
19) 例えば、阿部泰隆『行政訴訟改革論』（有斐閣・1993）15頁以下参照。
20) 行訴法は2004（平成16）年に大きく改正されたが、取消訴訟の対象を定める同法3条2項は改正されていない。

ており（国公法82条1項、地公法29条1項）、それに対する取消訴訟は当然に認められるが（国公法90条1項・92条の2、地公法49条1項・51条の2）、同処分は公務員の地位に直接具体的な変動を与えるものではない。同処分が取消訴訟の対象たる処分であることを肯定されるのは、その内容・性質によるのではなく、実定公務員法がそのことを認めているからである。雇止めについても、同様に考えることが可能だろう。もっとも、あらゆる雇止めに処分性を認めるべきかは、議論の余地がある。

なお、雇止めを行政処分とすれば、事前手続の履践を要求しやすくなる。行政手続の一般法たる行手法は、公務員に対する処分を適用外とするが（3条1項9号）、だからといって、公務員法における適正手続の要請が否定されるわけではない。既に多くの論者が主張するように、[21] 行政の公正・透明性の原則という一般原理や憲法のデュー・プロセスの理念から、公務員不利益処分にも事前手続の適正が求められるべきである。手続の具体的内容としては、告知弁明の履践が最低限の要請で、私見では、これに人事記録閲覧を加えるべきと考える。[22]

## VI　おわりに──公務・公務員概念再検討の必要性

ここまで、任期付任用公務員が公務員法上の公務員であることを前提に論じてきた。しかし、この前提は所与のものだろうか。これらの職員を、民間労働法適用職員とする余地はないのだろうか。そもそも公務・公務員とは、いかなるものなのか。そこで最後に、公務・公務員概念と憲法との関係で論じたうえで、公務員制度の射程を再検討すべきことを指摘したい。[23]

### 1　公務員とは国・地方公共団体の職員に限られるべきか

公務就任平等・機会均等の要請は、それが憲法上のものである以上、憲法

---

21)　学説判例の状況については、下井康史「フランスにおける公務員の不利益処分手続(1)」北法54巻1号（2003）3頁以下参照。
22)　下井康史「フランスにおける公務員の不利益処分手続(2)」北法54巻4号（2003）1127頁参照。
23)　第1章第1節では、フランス法を素材として公務員制度の射程を論じている。

上の「公務員」全てに及ぶべきであろう。憲法上の公務員とは、公務員法上の公務員に限られず、何らかの公の事務・公役務の担い手全てというのが、今日の有力説である。すると、特殊法人等特別行政主体の職員の他、民間委託先の労働者にも、憲法上の公務員となり得るものが存在し、何らかのかたちで、就任平等・機会均等を確保するための公的規制が必要になろう。現在でも、特別行政主体の職員には、守秘義務やみなし公務員規定など、一定の公的規制が用意されているが、各法律間で制度にばらつきがあるとか、内容的にも不十分であると指摘されているが、さらに、就任平等・機会均等という憲法上の要請を確保するための法システムを整備すべきと主張したい。

ただ、特別行政主体の職員全てを憲法上の公務員とし、就任平等・機会均等を確保する公的規制が必要だとは思えない。結局、担当する業務・職務の内容次第ということになろう。いかなる事務を担当する職員であれば憲法上の公務員であり、そうではないのか、各法人ごとに公共性の程度等を斟酌し、分類すべきことになる（公務従事者の多様化に即した新たな規制方法模索の必要性）。

そして、特別行政主体の職員でも、とりわけ公共性の高い職に従事するものについては、公務員法上の公務員とすべきである。公務員法上の公務員を国・地方公共団体の職員に限定することは、従来あたかも当然の前提のごとく理解されてきたが、今後は、このようなドグマが再検討されなければならない。事実、特定独立行政法人の設立により、このドグマは実定法上既に崩れている（独通法2条2項——いずれも2003〔平成15〕年当時）。もっとも、この点については、制度改革を容易にするために取られた政治的解決で、理論的根拠はないとの指摘がある。この処理が政治的解決であることは否定し難

---

24) 憲法上の公務員概念については、塩野宏『行政法Ⅲ〔第4版〕』（有斐閣・2012）264頁以下、宇賀・前掲注17) 330頁、第2編第2章第3節Ⅳ2等を参照。
25) 米丸恒治『私人による行政』（日本評論社・1999）388頁参照。守秘義務については、第2編第2章第2節参照。
26) 清水敏「『公務』従事者の多様化と『公務』労働の規制」法時75巻5号（2003）24頁参照。
27) 第1章第1節Ⅰ参照。
28) 2014（平成26）年の独通法改正により、公務員型の独立行政法人は、特定独立行政法人ではなく、行政執行法人とされた。
29) 第1章第1節注3) 掲記の文献参照。

いとしても、国・地方公共団体以外の法人に、公務員法上の公務員が存在し得ることは、理論的にはむしろ自然である。冒頭で述べたように、公務員制度とは、適切な行政サービスの提供を確保するための行政法システムであるが、その人的対象範囲が、国・地方公共団体が直接執行する業務の範囲と、当然に一致するとは限らない。一部の特別行政主体における公務員法上の公務員の存在は、諸外国では一般的であり、我が国でも、かつての食糧供給公団に例がある[32]。塩野宏が指摘するように、これまでの実定公務員法が国・地方公共団体の職員にその対象を限定してきたのは、一定の割り切りに過ぎなかったというべきであろう[33]。

以上のように、公務員制度の射程画定は、所属団体が国・地方公共団体か否かという形式的基準によるのではなく、いかなる公的事務を担当する者であるかという、実体的基準によるべきなのではなかろうか[34]。

## 2　国・地方公共団体の職員は当然に公務員か

国・地方公共団体以外の団体にも、公務員法上の公務員が存在し得るのであれば、国・地方公共団体の職員であっても、担当職務の内容次第では、公務員法上の公務員とすべきではない者も存在し得るのではなかろうか。これまで、国・地方公共団体に勤務する者は、その職務内容や勤務形態を問わず、全て公務員であることが当然の前提とされてきたが、このようなドグマも再検討に値する。重要なことは、担当職務の内容、つまり、公務員制度で規制すべき公務としての業務・職務であるか否かである。国・地方公共団体による民間労働法適用労働者採用の承認は、諸外国ではごく普通に見られるところであり、かつ、2002年報告等が目指すところの、各自治体が多様な人材を有効に活用できるシステムの実現にも適うのではないだろうか[35]。

---

30)　塩野・前掲注24) 89頁は、行政サービスの提供主体を何人にするかについては、立法者の幅広い選択の余地があるとする。
31)　塩野宏『行政組織法の諸問題』（有斐閣・1991）15頁参照。
32)　塩野・前掲注24) 266頁参照。諸外国の概要については、同書97頁注(2)引用の文献参照。フランスについては、第1章第1節参照。
33)　塩野・前掲注24) 269頁。
34)　第1章第1節Ⅳ参照。
35)　フランスの例につき、第1章第1節Ⅰおよび第2節Ⅱ1参照。

もっとも、国や地方公共団体の職員を担当職務内容ごとに整理分類することにつき、かなりの困難が伴うことは容易に想像がつく。ある程度は、形式的基準で割り切らざるを得ないだろう。例えば、任期付任用職員が担当すべき職務かどうか、非常勤で可能な職務か、といった基準が一考に値する。
　以上、公務員の勤務形態多様化をめぐる法的検討は、公務員とは何か、公務とは何かといった、公務員法の基礎理論に立ち返った考察の必要性を導く。このような議論は、雇用政策法理論にも一定の考察素材を提供するものと考える。

## 第 2 節　任期付任用公務員の更新拒否をめぐる行政法上の理論的問題点
——合理的意思解釈による更新前提性判断の可能性

### I　はじめに

　民間企業における有期雇用契約労働者の更新拒否について、判例は、㋐当該事案の状況から、「ある程度の継続が期待されていた[1]」雇用関係と認定できれば、㋑解雇権濫用法理等を類推適用し、当該更新拒否の可否を判断する。任期付任用公務員の場合も、㋐当該任期が更新を前提としていたと認められれば、㋑更新拒否の違法性判断に進むことが可能だろう。いかなる場合に㋐が肯定されるのか。任用の根拠法令や当該任用の辞令に、更新を前提とする旨の明示があれば問題はない。では、明示のない場合でも、法令や辞令の内容以外の事情を考慮して、当該任用の更新前提性を判断することは可能だろうか。この点は、民間労働者に関する判例が、両当事者の合理的意思解釈から「雇用継続への合理的期待」の有無を判定するのと同様に、任期付任用公務員についても、当該任用の性質を合理的意思解釈により決定できるかという問題である。この点、勝亦啓文報告が詳細に触れたように[2]、判例の大勢は消極的で、㋐を肯定する余地自体を否定するが、筆者は、合理的意思解釈に基づく㋐の判断が可能と考える。本節では、判例が合理的意思解釈の余地を否定する理由のうち、公務員関係が公法関係であること（II）、任用行為は行政処分であること（III）、以上の 2 点を検討する。

---

1 ）　日立メディコ事件・最判昭和61・12・4 判時1221-134。
2 ）　勝亦啓文「非常勤職員をめぐる裁判例の検討」労働110号（2007）118頁。

## II　勤務条件法定主義に基づく公法関係論は
## 　　合理的意思解釈の妨げになるか

### 1　公法概念の無意味性

　勝亦報告でも触れられたように、相当数の判決群は、解雇権濫用法理の類推適用を否定する論拠として、公務員関係が公法関係であることを挙げている。例えば、大阪大学付属図書館事件控訴審判決（大阪高判平成4・2・19労判610-54）は、次のように述べる。

　　「国家公務員の任用は、私法上の雇用契約とは異なる公法的規制に服する法律関係であり、その任用方法、服務規律、定員等につき国公法、一般職の職員の給与等に関する法律、行政機関の職員の定員に関する法律、人規8―12、同15―12（ただし、昭和56年当時は人規15―4）等により厳格に規制されており……公法的規制を受ける国家公務員の任用関係の性質からすると、日々雇用の一般職国家公務員の地位は、任用期間の満了により当然に消滅する……再度採用するかどうかは任命権者の自由裁量に属し、解雇に関する法理を類推適用すべき余地はない」。

　この説示は、公務員関係が公法関係であることから、任期付任用公務員の地位は期間満了により当然に消滅するとして、再任用の可否が任命権者の自由裁量に委ねられるとするのであるから、当該任用の性質決定にあたり、根拠法令や辞令の内容以外の事情を考慮する可能性、つまりは合理的意思解釈の余地を否定するものである。このように、公法関係との性質決定から、民間企業有期雇用労働者の場合と著しく異なる帰結を導く理解の前提には、田中二郎の公法私法二元論があると推測される。田中は、私法関係と公法関係を対置し、後者を権力（支配）関係と管理関係に分け、公務員関係をはじめとする前者は、公権力の主体たる国または公共団体が、私人に対し、法律の定めるところに従って命令・強制する関係であるから、明文規定の有無にかかわらず、特殊の公法的規律または公法的原理が妥当し、私法的規律が親し

まず、意思表示に関する私法規定を適用する余地はほとんどないとするからである。[3]

しかし、周知のように、今日の支配的見解は公法私法二元論を否定する。2004（平成16）年の行訴法改正を契機として、公法概念の再構成を主張する見解も登場しているが、それとて公法私法二元論の復活を企図するものではない。[4]

最高裁も、「公法関係」との性質決定に、さほどの意味を持たせてはいない。確かに、清水敏報告[5]で紹介された信越郵便局事件（最判昭和49・7・19民集28-5-897）は、現業職員の懲戒停職が処分であるという、具体的論点の解を導くにあたり、公務員関係が公法関係であることを論拠の一としている。公法概念に解釈論上の有用性を認めているように読めなくもない。しかし、最高裁は、処分性肯定にあたり、国公法が争訟手段として行政不服審査法に基づく不服申立てを指定していることを指摘している。かつ、同最判の直前に下された最判昭和49・2・28民集28-1-66は、公務員法上の公務員ではない国鉄職員につき、その基本関係は公法上のものとしつつ、派生的行為が私法上のものであることはあり得るとしたうえで、懲戒解雇を処分とみなす実定法上の手がかりがないことから、その処分性を否定した。塩野宏が指摘するように[6]、両最判を併せ読めば、最高裁が、具体の解釈論における判断の決め手としたのは、あくまで実定法規の内容であって、基本的関係が公法関係か否かではない。

以上のように、公法概念にさしたる意味を認めないのが今日の趨勢である。公法関係であるとの一事をもって、公務員関係における合理的意思解釈の余地を否定する理解は、今日の最高裁判例や学説と整合しない。

とはいえ、信越郵便局事件最判や大阪大学付属図書館事件控訴審判決が、公務員関係を公法関係とするのは、民間労働関係とは異なり、法令による勤

---

3） 田中二郎『新版行政法(上)〔全訂第2版〕』（弘文堂・1974）79頁以下・84頁以下。同書89頁以下は、公務員関係を、特別「権力」関係あるいは特別「支配」関係とする。ただし、後掲注12)参照。
4） 例えば、櫻井敬子＝橋本博之『行政法〔第5版〕』（弘文堂・2016）8頁参照。
5） 清水敏「非常勤職員の勤務関係」労働110号（2007）108頁。
6） 塩野宏『法治主義の諸相』（有斐閣・2001）77頁。

務関係の規律が広範だからである（勤務条件法定主義）。すると、公法関係という抽象的性質決定の無意味性を指摘するだけでは足りない。勤務条件法定主義という我が国実定公務員法の基本原則が合理的意思解釈を妨げる理由となるのか、この点が検討されなければならない。

## 2　勤務条件法定主義と公務員関係の法的性質

　確かに、法令規律事項について、当事者自治が機能することは許されない。勤務条件法定主義により、公務員関係における合理的意思解釈の余地は否定されるべきようにも思える。しかし、渡辺賢が指摘するように[7]、勤務条件法定主義といっても、それは決して詳細法定主義ではない。法令規律の隙間事項は、少なからず存在する。とりわけ、法令に基づかない任期付任用の場合[8]、その範囲は相当に広範だろう。対象となる職の選択や任期の具体的期間の他、更新前提性の有無等がそこに含まれるのではないか。

　では、隙間事項の決定は、当事者自治に委ねられるのか。この点は公務員関係の法的性質をどのように理解するかで左右されよう。公務員関係を契約関係と見るならば、隙間事項の決定は、当事者間の交渉に委ねられる。法令に根拠のない任期付任用の場合、当該任用の成立自体に限らず、具体的な任用期間や更新前提性も、任命権者と被任命者の合意によって決められるから、当該任用の更新前提性を両当事者の合理的意思解釈により決定することが可能だろう。これに対し、契約関係ではないと見るならば、隙間事項の決定は、すべて任命権者の自由裁量に委ねられる。法令に根拠のない当該任期付任用の内容を、合理的意思解釈によって決することは認められない[9]。

---

7）　渡辺賢『公務員労働基本権の再構築』（北海道大学出版会・2006）131頁。
8）　任期付任用の可否に関するリーディングケースである山形県人事委員会事件・最判昭和38・4・2民集17-3-435は、一定の条件が整えば、法令に根拠がなくても任期付任用が可能とする。
9）　公務員関係の法的性質については、かつて、特別権力関係説と労働契約関係説を初めとする諸説の対立があった（学説の状況については、例えば、田村浩一「公務員の勤務関係」雄川一郎＝塩野宏＝園部逸夫編『現代行政法大系9　公務員・公物』〔有斐閣・1984〕84頁以下参照）。今日の支配的見解は、具体の事案の解決は実定法の解釈によれば十分であるから、契約性を肯定しようと否定しようと結論に影響はないとして、議論の実益を否定する（例えば、藤田宙靖『行政組織法』〔有斐閣・2005〕296頁以下、塩野宏『行政法Ⅲ〔第4版〕』〔有斐閣・2012〕281頁以下）。しかし、隙間事項の決定における当事者自治の可否という問題の解決にあたり、なお議論の意味があると考える。遠藤博也『行政法Ⅱ（各論）』（青林書院新社・1977）101頁は、公務員関係の

いずれの見解によるべきか。この点は、行政法学において古くから論じられてきた論点だが、以下、筆者の見解を簡単に示しておく。

公務員関係では、職員に対する関係で任命権者に権力が認められるが、このことは、公務員関係の契約性否定の論拠とならない。なぜなら、既に多くの論者が指摘するように、そこで見られる権力は、国家が私人に対して有する一般統治権に基づく権力（一般権力）とはまったく性格を異にし、かつ、対等当事者関係たる民間労働関係にも見られる権力と基本的に同質だからである。このことに加え、公務員関係も両当事者の合意を基礎に成立することを踏まえれば、その基本は契約関係と見るべきだろう。[10]

確かに実定公務員法は、勤務条件法定主義のもと、勤務関係を広く規律している。しかし、そのことは、契約関係たることと矛盾しない。法令による規律密度の高い契約関係と解することが可能だからである。同じく両当事者の合意を基礎として法律関係が成立する給付行政の領域では、水道法に基づく給水契約の他、法令が高密度の規律を及ぼす契約関係は少なくない。

もちろん、公務員制度が公益実現を目的とする以上、公務員任用関係には、[11]不文明文を問わず、民事関係に見られない特殊な法的規律が及ぶべきだろう。そのような規律を——かつての公法私法二元論の説く意味においてではなく、新たな視角から捉えなおされた意味での[12]——「公法」的規律と形容す

---

　法的性質如何が、隙間事項における合意の法的効力を左右するとし、この問題が顕在化する局面として、任期付任用の可否を挙げている。

10)　契約説の代表的著作として、室井力『特別権力関係論』（勁草書房・1968）379頁以下。私見については、第1編第2章第4節Ⅴ参照。

11)　公務員法とは、労働者保護立法であると同時に、適正な行政サービスの提供を確保するための行政法システムである。第1編第2章第4節Ⅱ、第2編第2章第1節Ⅲおよび第4節Ⅳ、本章第1節Ⅰ参照。

12)　櫻井＝橋本・前掲注4）8頁以下参照。なお、田中は、前掲注3）80頁以下で、「本来の性質においては、対等の私人相互間の関係と異なら」ず、ただ、「国又は公共団体が、公共の福祉のために財産を管理し事業を経営する」関係を管理関係と位置付け、同関係では、「その目的に照らして必要な限度において、実定法上、特殊の法的規律」が認められているに過ぎず、それゆえ、「特別の定めが無く、法全体の構造からみて特別の取扱いをすべき趣旨が明らかにされえない限り」、「私法的規律を適用又は類推適用すべき」とし、他方、同『新版行政法㈥〔全訂第2版〕』（弘文堂・1976）244頁では、現行実定法のもとで特別権力関係が機能する余地を否定し、しかし、「公務員の行う職務の公共性に応じ、法規制のうえで特殊性が認められている」として、公務員関係を「公の勤務関係」ともしており、この点に、民間労働関係との類似性という視点を加味すれば、公務員関係を管理関係と位置付けることが可能であったと思われる。

るにしても、そのことから直ちに、法令規律の隙間事項を合理的意思解釈から決定し得ることが否定されるわけではなかろう。

## III 公務員の任用が行政処分であることは、合理的意思解釈の妨げになるか

### 1 公務員任用「処分」の公権力性

勝亦報告で紹介があったように、いくつかの判決は、公務員任用行為が、取消訴訟の対象たる「処分その他公権力の行使」(行訴法3条2項。以下、「〔行政〕処分」という)であることを理由に、合理的意思解釈の余地を否定する。[13] 行政処分の属性は、「法的効果性」と「公権力性」の2点であるところ、[14] 「公権力性」とは、行政庁たる任命権者が、任用行為の内容を一方的に決定できることを意味する以上、処分の内容を合理的意思解釈から決することは許されない、これが判例の理解だろう。しかし、公務員任用行為は、いかなる意味で「公権力」的なのか。

一般に、「公権力性」は、行政庁が、法律に基づき、相手方国民の権利義務関係を一方的に決定できることをもって語られる。しかし、単なる一方性だけで、処分の属性たる「公権力性」が認められるわけではない。処分とは、私人間には見られない行政活動特有の法的行為であることが所与の前提であるところ、相手方の同意を要しない一方的な法律関係の変動は、私人間の契約関係においても見られるからである。処分の属性たる「公権力性」が承認されるには、単なる一方性に加え、「行政活動特有の何か」が備わっていなければならない。

この点、規制行政における命令行為——典型的な処分とされる——の場合は明確である。一方的規律に加え、その内容を相手方に強制する、あるいは、規律内容の実効性を確保するための特別な法的仕組み——強制執行や間接強制の制度——が、当該処分の根拠法律や、行政代執行法のような通則的法律に用意されているからである。そこでの「行政活動特有の何か」は、

---

13) 例えば、垂水市事件・鹿児島地判昭和63・12・19判タ704-213。
14) 最高裁による処分の定義として、最判昭和39・10・29民集18-8-1809。

担保力を伴った一方性に求められよう。許認可のような授益的行為の場合も、法律が、無許可の行為を刑事罰等の対象とし、認可を欠く行為を無効とする仕組みを用意するから、担保力を伴う点で侵害的行為と異ならない[15]。これらについては、担保力を伴った一方性という行為実体面から「公権力性」が帰結される以上、合理的意思解釈から当該行為の内容を決することは許されない。

公務員任用行為の場合、規制行政における命令行為と同様の「公権力性」を見出すことはできない。にもかかわらず、任用が処分とされるのは、勤務関係消滅行為たる免職が処分である以上、成立行為たる採用も処分と見るのが素直だからである[16]。

では、免職行為が処分とされるのはなぜか。確かに免職は一方的な行為だが、そのような一方性は、私人間の契約関係にも見られる。それだけで「行政活動特有の何か」があるとはいえない。特別権力関係論を採らない限り、公務員免職が処分である必然性はないだろう。それでも免職が処分とされるのは、実定公務員法が、争訟手段として行政不服審査法の不服申立てを指定し[17]（国公法90条、地公法49条の2）、かつ、不服申立ての対象たる処分と抗告訴訟の対象たる処分が同義だからである[18]。社会保障行政をはじめとする給付行政上の諸決定も、同様の論拠から処分とされることが多い[19]。

このように、公務員任免や給付行政上の諸決定は、その実体的性質から処分とされるわけではない。立法者が、何らかの目的から――その趣旨は当該法関係の早期安定にあろう――いわば人為的に、争訟手段として取消訴訟（および行政不服申立て）を指定したから処分とされるに過ぎない[20]。公務員関

---

15) 塩野宏『行政法Ⅱ〔第5版補訂版〕』（有斐閣・2013）103頁。
16) 塩野・前掲注9）286頁。
17) Ⅱ1で見た信越郵便局事件最判参照。
18) 不服申立て前置を義務付ける国公法92条の2と地公法51条の2は、不服申立ての対象と抗告訴訟の対象が同義であることを前提としている。
19) 塩野・前掲注15）105頁。なお、最判平成15・9・4判時1841-89は、労災就学援護費不支給決定につき、不服申立て規定がないにもかかわらず処分性を肯定するが、労災補償保険法上の保険給付決定の処分性が、不服申立て規定の存在から肯定されることを、不支給決定の処分性を肯定する論拠の一つとするものと思われる。
20) 藤田・前掲注9）280頁は、任免が処分か否かは、「実定法の定め如何によって、どちらにも解決し得る問題」とする。

係は、法令による規律密度の高い契約関係と見るべきであるから（前述Ⅱ2)、仮に実定法が、争訟手段として取消訴訟（および行政不服申立て）を指定していなければ、任免は契約上の行為として、公権力性欠如を理由に処分性が否定されるはずである。その場合、任免をめぐる訴訟形式は実質的当事者訴訟となる（行訴法4条後段)。周知のとおり、この訴訟と民事訴訟との違いは小さく、むしろ、契約関係たる公務員関係に即した訴訟形式といえよう。[21]

では、これらの行為における「公権力性」、言い換えれば、「行政活動特有の何か」は、いかなる点に見出されるのか。塩野の表現を借りれば、処分性を認めた結果としての公定力と不可争力[22]、つまり、取消訴訟という制約の多い訴訟の利用が強制される（取消訴訟の排他的管轄）という意味での公定力と、出訴期間を徒過すると処分の違法を争う手段がないという意味での不可争力（行訴法14条)、この2点に尽きよう。つまり、そこでの「行政活動特有の何か」は、あくまで争訟手続における制約に限定される。そもそも、公務員任免が処分とされるのは、その実体的性質によるのではなく、専ら、争訟手続としての取消訴訟（または行政不服申立て）の指定によるのだから、処分とすることからもたらされる帰結も、争訟手続の局面に限って認められるべきではなかろうか。

一口に処分と言っても、規制行政における命令行為と、公務員任免や給付行政上の諸決定とでは、処分とされる論拠が異なる。その違いに応じて、「公権力性」の内容も別異に解すべきであろう。そして、あらゆる処分の、少なくとも実定法から導かれる共通点は、争訟手段が原則として不服申立ておよび取消訴訟に限られるとの1点であり、それ以上でもそれ以下でもない。[23]そうであれば、公務員任免がたまたま人為的に処分とされたからといって、

---

21) 実質的当事者訴訟が、行政法関係一般における原則的訴訟形態であるとの主張として、中川丈久「行政訴訟としての『確認訴訟』の可能性」民商130巻6号（2004）963頁。
22) 塩野・前掲注15）106頁。
23) 行手法第2・3章の適用も処分性肯定の帰結である。ただし、医療法30条の11に基づく病院開設中止勧告に関する最判平成17・7・15民集59-6-1661および最判平成17・10・25判時1920-33は、行訴法上の処分と行手法上の処分概念が、必ずしも同義ではないことを前提とする。両最判に関する私見については、下井康史「病院開設中止勧告・病床削減勧告の処分性」平成17年度重要判例解説49頁参照。

そのことから、典型的な処分である規制行政における命令行為と同種の実体的「公権力性」を備えるに至ったと見るべきではない。その実体的性質は、処分であることとは無関係に、根拠法令の仕組みから解明すべきことである。

繰り返しになるが、公務員関係は法令による規律密度の高い契約関係と見るべきである。任免行為が契約上の行為であることは、それらが行政処分であること、そして争訟手段が取消訴訟（および行政不服申立て）であることと、何ら矛盾するものではない。任免行為が処分であるとの一事をもって合理的意思解釈の余地を否定する判例は、この点を見誤っている。以上の点を、より構造的に把握するため、以下では、行政行為と行政処分の異同という視点を提示したい。

## 2　行政行為と行政処分

　講学上の概念たる行政行為について、伝統的学説は、「行政庁が、法に基づき、優越的な意思の発動又は公権力の行使として、人民に対し、具体的事実に関し法的規制をする行為」[24]と定義する。公権力性と法的効果性がその属性で、いずれかを欠く行為は、他の行為形式——行政立法、行政計画、行政指導、行政契約等——に分類される。

　行政処分の属性も公権力性と法的効果性だが（前述Ⅲ1参照）、行政行為と行政処分の範囲は一致しない。行政行為は全て行政処分であるが、後者は前者よりも広い概念である。例えば、権力的事実行為——直接強制や即時強制、代執行、強制徴収等——は、その法的効果性欠如のため行政行為とはされないが、（2014〔平成26〕年改正前の）行政不服審査法2条1項が不服申立ての対象であることを明示するため、処分であることが疑われていない（表1）。しかし、その他に、いかなるものが「行政行為ではない行政処分」であるのか、この点はこれまで十分に検討されてこなかった。そこで以下では、公務員任用行為の性質を明らかにするため、行政行為と行政契約、および、両者と行政処分の関係を、「公権力性」の意味のズレという視点から検討してみたい。

---

24）　田中・前掲注3）104頁。

(表1)

| 行政行為 | | 事実行為 |
|---|---|---|
| 規制行政における命令行為 | 権力的事実行為[25]<br><br>＊最高裁で処分性が肯定されたもの<br>・輸入禁制品通知[26]<br>・納税告知[28]<br>・食品衛生法違反通知[30]<br>・登録免許税還付通知拒否通知[32]<br>・病院開設中止勧告[34] | 行政指導<br><br>＊最高裁で処分性が否定されたもの<br>・公共工事[27]<br>・海難審判庁原因解明裁決[29]<br>・保険医に対する戒告[31]<br>・交通反則金納付通告[33]<br>・公務員採用内定取消し[35]<br>・公共施設管理者同意拒否[36] |

行政処分

　行政契約は、両当事者の合意により成立することから、一方性・公権力性を欠くことを理由に、行政行為と区別される。そこでの一方性は、行政行為

---

25) 最判平成17・4・26判時1898-54は、農業災害補償法に基づく滞納処分としての差押えにつき、処分であることを前提としている。
26) 関税定率法21条3項に基づく税関長通知に関する最判昭和54・12・25民集33-7-753および最大判昭和59・12・12民集38-12-1308。
27) ごみ焼却場設置行為に関する前掲注14）の最高裁判決。
28) 国税通則法36条に基づく納税告知に関する最判昭和45・12・24民集24-13-2243。
29) 海難審判法4条に基づく海難審判庁の原因解明裁決に関する最大判昭和36・3・15民集15-3-467。
30) 食品衛生法16条に基づく食品等輸入届出に対する食品衛生法違反通知に関する最判平成16・4・26民集58-4-989。
31) 社会保険医療担当者監査要綱に基づき都道府県知事が保険医に対してなした戒告に関する最判昭和38・6・4民集17-5-670。
32) 登録免許税法31条1項に基づく通知請求に対してなされた拒否通知に関する最判平成17・4・14民集59-3-491。
33) 道路交通法127条1項・129条2項に基づく交通反則金納付通告に関する最判昭和57・7・15民集36-6-1169。
34) 前掲注23）の最高裁判決。
35) 地方公務員採用内定通知取消しに関する最判昭和57・5・27民集36-5-777。
36) 都市計画法32条に基づく公共施設管理者の同意拒否に関する最判平成7・3・23民集49-3-1006。

と行政契約を分ける指標であるから、あくまで契約関係には見出せないような意味での一方性でなければならない。すると、行政行為の特質としての「公権力性」は、実体的意味での「公権力性」であり、行政行為か否かという区別（行政の行為形式論）は、専ら当該行為の実体面に着目した分類論ということになる。かつ、実体的意味での「公権力性」は、前述した「担保力を伴った一方性」に見出さざるを得ない（前述Ⅲ1参照）。すると、行政行為に該当するのは、「担保力を伴った一方性」が認められる行為、すなわち、規制行政における命令行為に限られるのではなかろうか。

　これに対し、行政処分か否かは、必ずしも行為の実体面から決まるわけではない（前述Ⅲ1参照）。給付行政における諸決定や公務員任免行為のように、行為の実体面とは無関係に、専ら争訟手続に関する実定法の定めから処分とされるものも存在する。それらの「公権力性」も争訟手続における制約に限られるべきであるから（前述1参照）、その内容は、行政行為固有の属性としての実体的「公権力性」とは性質を異にしよう。すると、給付行政における諸決定や公務員任免行為は、従来、処分であることから当然に行政行為であるとされてきたが、実体的「公権力性」が認められない以上、たとえ処分ではあっても、行政行為ではなく行政契約に分類されるべきである（表2）。

　一般に、実体的「公権力性」が承認される行為は、行政行為であり行政処分といえるだろう。しかし、争訟手続面における制約に限って公権力性が認められる行為は、契約上の行為に限らず、事実行為等も含め、「行政行為ではない行政処分」と――それを「形式的行政処分」と称するかどうかはともかく――整理すべきである。

　従来の議論は、行政行為と行政処分における「公権力性」の意味のズレを、十分に意識してこなかったように思える。その典型が、公務員の任用は行政行為か契約かという実体法レベルで問題を設定しつつ、その解を、取消訴訟の対象たる行政処分とすることに問題はないという、争訟手続レベルで導き出す見解だろう[37]。このような議論の存在が、処分であることの一事をもって合理的意思解釈の余地を否定する判例理論の背景となっているのではあるま

---

37）藤田・前掲注9）278頁、塩野・前掲注9）286頁参照。

いか。

(表2)

| 行政行為 | | 行政契約(上の行為) |
|---|---|---|
| 規制行政における命令行為 | 公務員任免行為<br>給付行政上の諸決定<br><br>＊最高裁で処分性が肯定されたもの<br>・供託金取戻請求の却下[38]<br>・労災就学援護支給拒否決定[39] | 水道法に基づく給水契約その他 |

　　　　　　　　　行政処分

　公務員任免行為が行政行為とされてきたのは、特別権力関係論のもと、「行政活動特有の何か」が当然に備わっているとされていたためだろう[40]。しかし、特別権力関係論が完全に否定された今日、あらためて実定公務員法の内容に即した性質決定が求められる。公務員任免行為は、取消訴訟の対象たる処分ではあるとしても、実体的意味での「公権力性」は認められないのだから、行政行為ではなく契約上の行為とするのが、実定公務員法の素直な解釈であろう。その結果、契約関係である以上、法令規律の隙間事項の決定は当事者自治に委ねられ、当該事項の内容は、法令規律の範囲内での合理的意思解釈により決することが可能と考える。

　このような私見は、従来の行政法学説から、さほど大きく乖離するものではない。例えば、小早川光郎は、契約と行政行為が相互排他的ではないとするが、私見は、契約と行政行為は相互排他的だが、契約と行政処分は排他的

---

38) 供託規則に基づく供託金取戻請求却下に関する最大判昭和45・7・15民集24-7-771。
39) 前掲注19)の最高裁判決。
40) もっとも、美濃部達吉『日本行政法(上)』(有斐閣・1936) 242頁が、官吏関係を特別権力関係としつつ公法上の契約であるとしていたことからすれば、当時においても、任免行為が当然に行政行為であるとはいえなかったのかもしれない。

ではないというもので、基本的な発想は小早川の見解と異ならない。以下で引用する小早川の説示における「行政行為」を、「行政処分」あるいは「行政行為以外の行政処分」と置換すれば、そのまま私見となる。

> 「実定法は、法律関係の規律を目的とする行政庁のいかなる行為についても、争訟手続き上の通用力を認めることによってこれに行政行為たる性質を与えることができるはずである。このような選択可能性のもとでいずれかを選択するかは、したがって、その行為が実体において統治権発動であるかどうかというような、事物の本性によってではなく、その行為を行政行為とすることの利害得失を考慮しつつ立法又は解釈によって人為的に決定されるべき問題であることになろう。……当該法律関係を変動・消滅させる行為や、当該法律関係にもとづく命令・懲戒等の行為については、行政庁のなすそれらの行為が、法により、行政行為に特有の通用力を与えられ、取消手続によらなければその効力を否認し得ないものとされる場合にも、基本たる法律関係がそれによって当然に契約関係たる性質を失うものではない。」[41]

## IV　おわりに——私見と最高裁判決の関係

私見は、次のようにまとめられる。公務員関係は法令による規律密度の高い契約関係であり、法令規律の範囲内において当事者自治が機能する。任用行為が行政処分であるとしても、そのことからもたらされる帰結は、任用行為に対する争訟手段が原則として取消訴訟（および行政不服申立て）に限定されるという、争訟手続上の制約に限定される。処分たることをもって、契約上の行為という、任用の実体的性質までもが変容するわけではない。勤務条件法定主義に基づく公法関係との性質決定や、任用が行政処分であることは、いずれも任用の更新前提性を合理的意思解釈から判定することの障害と

---

[41]　小早川光郎「契約と行政行為」芦部信喜＝星野英一＝竹内昭夫＝新堂幸司＝松尾浩也＝塩野宏編『基本法学 4』（岩波書店・1983）125頁。その他、雄川一郎『行政の法理』（有斐閣・1986）211頁以下、芝池義一『行政法総論講義〔第 4 版補訂版〕』（有斐閣・2006）47頁参照。

はならない。したがって、民間企業の有期雇用契約労働者の場合に「ある程度の継続が期待されていた」との認定が可能な程度の状況が認められれば、「更新を前提とした任期付任用」であったとの性質決定が可能であり、更新拒否行為は、「更新を前提とした任期付任用」を終了させる積極的意思表示として処分性が肯定され──任用行為が処分である以上、任用拒絶たる更新拒否行為も処分となろう──、取消訴訟での本案判断が可能と考える。[43]

このような私見は、大阪大学付属図書館事件（前述Ⅱ1参照）の上告審（最判平成6・7・14判時1519-118）と、必ずしも矛盾するものではない。なぜなら、この事件は、日々雇用職員の三度にわたる任用予定期間開始のたびごとに、任用予定期間を明示した人事異動通知書が交付され、かつ、各予定期間満了時には、退職通知の交付とともに退職手当が支給されていたという、更新前提性が明らかに否定されるべき事案だったからである。そして、最高裁は、「原審の適法に確定した事実関係の下において」、任用期間満了により当然に退職したとする原審の判断を是認したに過ぎないと見ることができる。更新を前提としない任期付任用であることが明らかな事例につき、当該事案限りの判断をしたのであって、合理的意思解釈の余地を一般的に否定したわけではないとの位置付けもできなくはない。[44]

〈補注1〉
　本節原論攷の公表後に任期付任用公務員の問題を論じたものとして、以下のものがある。
・川田琢之「任期付任用公務員の更新打切りに対する救済方法──近年の裁判例を踏まえた『出口規制』に係る法理のあり方の検討」筑波ロー・ジャーナル3号（2008）99頁（第1編第2章第4節注35）参照

---

42) 2000（平成12）年9月の労働省（当時）「有期労働契約の反復更新に関する調査研究会」報告は、民間企業の有期雇用契約労働者に関する判例を分析し、更新への期待が保護される場合とそうでない場合を類型的に整理しており、任期付任用公務員の更新拒否についても参考になろう。
43) この点については、下井康史「期限付任用公務員の任用更新拒否」労働108号（2006）241頁参照。
44) 下井・前掲注43）240頁参照。ただし、大阪大学付属図書館事件最判に関する「匿名コメント」判時1519号（1995）119頁は、当事者双方の合理的意思解釈によって行政処分の内容を定めることは許されないとしており、同最判の射程を一般化するかのような説示となっている。

- 櫻井敬子「労働判例にみる公法論に関する一考察―期限付任用公務員の再任用拒否事案を素材として」日本労働研究雑誌637号（2013）68頁
- 早川征一郎＝松尾孝一『国・地方自治体の非正規職員』（旬報社・2012）
- 上林陽治『非正規公務員』（日本評論社・2012）
- 同『非正規公務員という問題』（岩波書店・2013）
- 川田琢之「非正規公務労働」土田道夫＝山川隆一編『労働法の争点』（有斐閣・2014）164頁
- 上林陽治『非正規公務員の現在―深化する格差』（日本評論社・2015）
- 同「非正規公務員と任用の法的性質」自治総研441号（2015）1頁

〈補注２〉

　民間企業の有期雇用契約労働者に関する判例法理は（Ⅰ参照）、2012（平成24）年の改正労働契約法で明文化された。すなわち同改正法は、有期労働契約の通算契約期間が５年を超えて反復更新された場合に、当該労働者が、当該使用者に対し、「期間の定めのない労働契約の締結の申込みをしたときは、使用者は当該申込みを承諾したものとみなす」と定めることで（18条１項）、有期契約労働者に対し、当該労働契約を無期のものに転換させる権利を承認するとともに、一定の事情が認められる有期労働契約であれば（19条各号）、当該労働者による契約更新の申込みに対し、「使用者が当該申込みを拒絶することが、客観的に合理的な理由を欠き、社会通念上相当であると認められないときは、使用者は、従前の有期労働契約の内容である労働条件と同一の労働条件で当該申込みを承諾したものとみなす」と定める（19条）。

# 結

# 日仏比較公務員法研究の意義

　公務員制度はいかにあるべきか。公務員法はいかなる法であるべきか。これらのことは、公務員行政が基盤行政であり、その内容が行政一般のあり方に大きく影響する以上、行政法学においては、社会の変遷を踏まえながら、労働法学や行政学その他隣接諸学問の進化を参照しつつ、常に考察の対象とされなければならない。考察の手法としては、歴史研究とともに比較法研究が有用であろう。後者の主たる狙いは、いかなる点がなぜ問題となるのか、自国の公務員法のみを参照していたのでは得られにくい視点を発掘し、そこで得られた視点から日本法の姿を再照射することで、新たな問題点を発見するとともに、問題解決のための理論的示唆を得ることにあると考える。

　ところで、英米独仏を中心とした公務員法の比較研究・紹介には、既に一定の蓄積がある。これらによれば、各国の公務員法は、歴史的経緯その他各国固有の事情を踏まえた多種多彩なものとなっており、種々の行政法分野の中でも、比較法研究が難しい部類に属するように思える。フランス法も、多くの公務員につき争議権を承認している点や、閉鎖型任用制の法制度が整備されている点で、我が国の公務員法とは大きく異なる。しかし、共通点も少なくない。例えば、国や地方公共団体に勤務する者のほとんどが公務員とされ、公務員とされれば、正規・非正規を問わず、民間労働法とは別体系の法

---

1) 塩野宏『行政法概念の諸相』（有斐閣・2011）494頁参照。
2) 諸外国の制度を通覧するものとして、峯村光郎編著『各国の公務員制度と労働基本権』（日本労働協会・1965）、猪野積『諸外国の公務員制度』（第一法規・1984）、外国公務員制度研究会編『欧米国家公務員制度の概要』（生産性労働情報センター・1997）、村松岐夫編著『公務員制度改革』（学陽書房・2008）。その他、吉村正『各國の官吏制度』（前野書店・1954）、諸外国教員給与研究会『諸外国の教員給与に関する調査研究報告書』（2007）、自治総合センター『新たな地方公務員制度における給与決定に関する調査研究会報告書』（2011）、同『諸外国の地方公務員の給与決定に関する調査研究会報告書』（2012）、同『諸外国の地方公務員の給与決定に関する調査研究会報告書』（2013）も参照。

制度が適用されている点、協約締結権が承認されておらず、勤務条件については法令が詳細に規律している点等が挙げられよう。このような共通点に鑑みれば、我が国にとって、比較法的アプローチが相対的には容易な部類に属するといえるのではあるまいか。では、上記のような相違点と共通点を有するフランス法の検討が、我が国の公務員法研究に示唆をもたらすのはいかなる点においてであろうか。以下、本書の構成に即して指摘しておく。

第1の示唆は、フランス法が、我が国と同様、勤務条件法定主義を採用する点からもたらされる。即ち、フランス法は、大多数の公務員につき、団結権と争議権を承認しつつ、協約締結権を否定する。その勤務条件は、法令で詳細に規律するのが同国の伝統である。かかる法令規律主義が採用される理由は、一般利益（intérêt général）の体現を責めとする国家には、そのための様々な特権が付与されており、民主主義政体におけるこれら諸特権は、政治的責任を委ねられた機関が行使しなければならないところ、かかる機関は、国家に勤務する職員との関係でも上記諸特権を放棄することが許されず、その結果、当事者自治・労使自治が排斥されなければならないこと、情勢適応原則――フランス公役務理論における基本原理の一つである――のもと、一般利益の需要変化に適応するためには、公務員の勤務条件を法令改正により一方的に変更できなければならないこと等に求められている[3]。公務員制度のあり方如何が、国家や国民にとって重要事項である以上、その制度内容は法令で定めるべきとの趣旨にも理解できよう。

このように、勤務条件決定システムにおける当事者自治の排除がフランス法の伝統であった。しかし、近時の法制度改革により、この伝統に変化が生じている。つまり、2010年官吏法改正は、一定の事項につき、官吏組合が協定を締結する余地を承認した。法令規律主義原則はなお維持されたものの、今後、当事者自治の要素をさらに拡張すべきとの主張も見られる。

我が国においても、勤務条件法定主義と労働基本権保障という、二つの憲法上の要請を両立調和させる法制度のあり方如何は、常に、公務員法をめぐ

---

3）法令規律関係については、第1編第1章第1節Ⅰ1(3)および第2節Ⅳ2参照。この理論と公役務理論との関係については、第3編第1章第1節Ⅳ2参照。

る最重要課題の一つである。この論点について、2011（平成23）年の国家公務員制度改革関連法案と2012（平成24）年の地方公務員制度改革関連法案は、理論面からの再検討を学界に迫るものであった。両法案は廃案となったが、勤務条件決定システムにおける法令規律と当事者自治との関係は、この問題が、公務員制度の根幹に関わる憲法上の論点である以上、今後も、学界における重要な研究課題であり続けるであろうし、また、そうでなければならない。同様の課題をめぐるフランス法の議論状況は、我が国公務員法の研究にあたり、様々な示唆を与えよう。このような問題関心に基づくフランス法の検討が第１編第１章であり、これを踏まえた日本法の考察が同編第２章である。

　第２の示唆は、フランス法が、閉鎖型任用制を整備している点からもたらされる。本書でも何度か言及してきたように[4]、行政学の知見によれば、各国の公務員任用制度は開放型と閉鎖型に大別され、前者の典型がアメリカの制度であり、後者のそれはフランスとされる。我が国の公務員法が、アメリカの法制度をモデルとしていることは、その制定経緯から明らかであり、また、具体の法制度からも、開放型の採用が看取できよう。ところが、多くの公務員について、その実態が閉鎖型であることは言を俟たない。この点で、制度の建前と実態の間に看過し難い乖離があることを指摘できる。

　しかし、かかる乖離の存在は、我が国公務員法をめぐる従来の議論において、ほとんど意識されてこなかったのではないか。制度の根幹に関わるこの問題点を、さして考慮しない立法論や解釈論が、諸種の弊害を生んでいると推測することは難くない。とはいえ、日本法のみを検討素材とする限り、具体的にいかなる問題や弊害があるのか、その存在を認識することすら難しい。そこで、閉鎖型の典型とされるフランス法制との比較を通じ、彼我における共通点と相違点を解明することで、我が国における問題点を認識し、かつ解決策の手がかりを得るための示唆を得ることができるのではないか、かかる問題関心に基づき、身分保障という切り口から、フランス法の官職分離制度

---

4）　第２編第１章II １および第２章第１節IV、第３編第１章第２節IV ２および第２章第１節III １参照。

を検討したのが第 2 編第 1 章であり、この点を踏まえた日本法の考察が同編第 2 章第 1 節である。同章の第 2 節以降では、身分保障制度と密接に関連する問題として、公務員の義務（第 2 節および第 3 節）、そして、成績主義の実現手法である人事評価制度（第 4 節）を扱った。

　第 3 の示唆は、フランスにおいて、様々な公法人に様々な種類の勤務者が存在している点からもたらされる。即ち、フランス法は、国や地方公共団体、さらには相当数の公法人に勤務する者につき、その大多数を正規任用公務員たる官吏とし、官吏法の適用対象とする一方で、様々な非正規職員につき、官吏法を適用しない。さらに、国や地方公共団体で勤務する者の中には、専ら民間労働法の対象とされ、公務員法の適用が排除される職員（私法契約職員）も存在する。このようないわば三元的制度である点が、フランス法の特徴といえよう。

　これに対し、我が国の公務員法は、一元的制度を特色とする。すなわち、一部の者を特別職職員として国公法・地公法の適用対象から除外したうえで（国公法 2 条 4 項 5 項、地公法 4 条）、公務員の大多数を占める一般職職員については、一部の者に特別の法律を用意してはいるものの（外務公務員法、教育公務員特例法、行政執行法人労働法、地方公営企業労働法等）、基本的には、国・地方公共団体のそれぞれにおいて、一つの公務員法が全ての一般職職員に適用される一元的・画一的制度である。かかる制度は、戦前の官吏制度における身分的相違を解消するために導入された。

　しかし、画一的・一元的制度であることについては、再検証が必要であるように思える。その理由の一つは、一般職公務員の勤務形態が相当に多様であることに求められる[5]。例えば、任用について、国公法・地公法は、いずれも無任期であることを原則とするが（最判昭和38・4・2民集17-3-435参照）、実際には、任期付任用が、両法に明確な根拠がある臨時的任用（国公法60条 1 項、地公法22条 2 項 5 項）のみならず、その位置付けが不明確なものについても、非常勤職員を中心に多用されてきたことはよく知られている。近時で

---

5） 塩野・前掲注 1 ）470頁は、任用期間と勤務時間の多様化とを合わせて「勤務形態の多様化」とする。

は、新たな任期付任用制度を設ける法律も少なくない。その他、短時間勤務任期付任用や部分休業の制度を導入する立法も次々に定められている。現行の画一的・一元的制度は、果たして、かかる勤務形態の多様化に耐え得る適切なものといえるだろうか。

 他方、我が国の公務員法は、一般行政主体たる国や地方公共団体に勤務する者だけを公務員とするのが伝統であった。しかし、2001（平成13）年の独立行政法人制度の創設に伴い、特別行政主体たる独立行政法人の一部（行政執行法人）について、その職員に公務員法が適用されている（独通法51条）。さらには、民間企業その他に、場合によっては公務員身分を維持させたまま職員を派遣する法制度も整備されてきた。上記の伝統が崩れてきているので

---

6) 任期付任用を定める法律として、定年退職者再任用に関する定め（国公法81条の4以下、地公法28条の4以下、自衛隊法44条の4）の他、一般職の任期付職員の採用及び給与の特例に関する法律、一般職の任期付研究員の採用、給与及び勤務時間の特例に関する法律、研究開発システムの改革の推進等による研究開発能力の強化及び研究開発等の効率的推進等に関する法律16条（研究公務員）、地方公共団体の一般職の任期付職員の採用に関する法律、大学の教員等の任期に関する法律3条（公立大学教員）、地方公共団体の一般職の任期付研究員の採用等に関する法律、女子教職員の出産に際しての補助教職員の確保に関する法律、国家公務員の育児休業等に関する法律7条・23条、国会職員の育児休業等に関する法律7条・19条、地方公務員の育児休業等に関する法律6条・18条、国と民間企業との間の人事交流に関する法律2条4項参照。以上については、第3編第1章第2節Ⅰ1参照。

7) 短時間勤務任期付任用を定める法律として、定年退職者再任用の場合に関する定め（国公法81条の5、地公法28条の5、自衛隊法44条の5）の他、地方公共団体の一般職の任期付職員の採用に関する法律5条参照。育児短時間勤務については、国家公務員の育児休業等に関する法律12条、国会職員の育児休業等に関する法律12条、地方公務員の育児休業等に関する法律10条参照。休業について定める法律として（第2編第1章Ⅳ2参照）、国家公務員の育児休業等に関する法律、国会職員の育児休業等に関する法律、地方公務員の育児休業等に関する法律、国家公務員の自己啓発等休業に関する法律、国家公務員の配偶者同行休業に関する法律、国会職員の配偶者同行休業に関する法律、裁判官の配偶者同行休業に関する法律、地公法26条の5・26条の6参照。以上については、第3編第1章第2節Ⅰ1参照。

8) 制定当時の独通法は、役員および職員が国家公務員とされる独立行政法人を「特定独立行政法人」と称していたが、2014（平成26）年の同法改正により、「行政執行法人」という名称に変更された（2条4項・51条）。地方独立行政法人については、2003（平成15）年の地方独立行政法人法が、一部の地方独立行政法人を「特定独立行政法人」とし、その役員および職員を地方公務員とする（地独行法47条）。

9) 公務員の派遣に関する法律として、国と民間企業との間の人事交流に関する法律、国際機関等に派遣される一般職の国家公務員の処遇等に関する法律、国会職員法43条、国際機関等に派遣される防衛省の職員の処遇等に関する法律、法科大学院への裁判官及び検察官その他の一般職の国家公務員の派遣に関する法律、公益的法人等への一般職の地方公務員の派遣等に関する法律、外国の地方公共団体の機関等に派遣される一般職の地方公務員の処遇等に関する法律。以上につ

ある。

　翻って考えるに、公務員法とは、公務員労働者の保護とともに、適切な行政サービスの提供を確保するための法制度である。その人的対象範囲が、国・地方公共団体の行政組織が担当する事務の範囲と一致すべき必然性はない。国・地方公共団体に勤務する職員であっても、職務内容や勤務形態次第では、公務員法を適用せず、民間労働法を全面適用することや、さらには、国・地方公共団体以外の団体に勤務する者でも、担当事務の内容次第では、公務員法が適用される公務員とすることにつき、少なくとも理論的な支障は必ずしも大きくないのではないか。この点で、国・地方公共団体のみならず、一定の公法人を含めた三元的制度を採用するフランス法が一定の示唆を与えよう。[10]かかる問題関心からフランス法を検討したのが第3編第1章であり、そこで得られた知見を踏まえた日本法の考察が同編第2章第1節である（第2編第2章第2節Ⅱ1および第3節Ⅳ2も参照）。第3編第2章第2節では、任期（期限）付任用公務員をめぐる訴訟法上の問題を扱った。

　本書によるフランス公務員法の分析は、以上の3点において、日本法の研究に一定の知見を与えよう。いずれの点も、我が国公務員制度の根幹に関わるものだろう。そして、本書におけるこれら3点についての考察からは、我が国の公務員法を、制度の根本から見なおす必要のあることが示唆されるのではないか。かかる必要性の高さは、国公法の制定が1947（昭和22）年であり、地公法の制定は1950（昭和25）年であるところ、当時と今日とでは、公務員制度をめぐる法状況が大きく変化していることで補強されよう。ここでいう変化とは、国公法・地公法自体が数多の改正を経験し、中には、職階制廃止という、制度の土台に関わるものもあったこと、[11]附属法律が増加し、そ

---

いては、第2編第1章Ⅳ3および4参照。
10）　勤務形態多様化について、塩野・前掲注1）478頁以下は、諸外国における多様化が我が国よりもはるかに拡大していることを踏まえたうえで、我が国が独自の道を歩んでいるかに見える理由として、画一的・一元的な公務員法制であることを挙げ、諸外国がスムーズに多様化を推進できたのは、もともと公勤務者の多様性があるからではないかと指摘する。
11）　職階制廃止については、第2編第1章Ⅱ2参照。国公法の制定と改正の経緯については、森園幸男＝吉田耕三＝尾西雅博編『逐条国家公務員法〔全訂版〕』（学陽書房・2015）8頁以下を、地公法の制定と改正の経緯については、橋本勇『新版逐条地方公務員法〔第4次改訂版〕』（学陽書房・2016）3頁以下を参照。

の内容も多様化していること、法制度の建前と乖離した運用の実態が見られること[12]（前述）、公務員法をめぐる学説や判例理論が変化していること[13]（とりわけ、特別権力関係論の否定）等である。また、行政争訟法制が大きく様変わりしていることも挙げておきたい。国公法・地公法制定当時の一般法は、訴願法と行政事件訴訟特例法であったが、その後、1962（昭和37）年に両法が廃止され、新たに行政不服審査法と行訴法が制定された。さらに、後者は2004（平成16）年に、前者は2014（平成26）年に、それぞれ大きく改正されている。これらの諸改革は、公務員法上の諸措置全般に対する法的統制の強化をもたらし得るところ[14]、このことが、公務員法における諸制度の改正をも要請する可能性は否定し難い[15]。その他、不利益処分について、その事前手続制度が未整備であることを踏まえれば、1993（平成5）年に行手法が制定されたことにも着眼すべきである。[16]

　以上のような状況のもとで、望ましい公務員法のあり方につき、立法論、そして解釈論の両面において、本書の日仏比較法研究を踏まえた理論的提唱の継続が、筆者に課せられた今後の課題である。

---

12)　前掲注6)・7)・9)の他、公務員倫理法につき第2編第2章第3節参照。
13)　開放型任用制の建前でありながら実態は閉鎖型任用であり、任官補職のシステムであることにつき、第2編第1章Ⅳ3・4参照。
14)　例えば、請求棄却の例であるが、従前の判例に比べて争訟機会を拡大するものとして、職務命令（式典時の国歌斉唱時に起立斉唱することを求める命令）違反を理由とする懲戒処分差止訴訟と命令服従義務不存在確認訴訟を適法とした最判平成24・2・9民集66-2-183参照。
15)　争訟手続に係る制度改正の必要性については、下井康史「公務員法―処分性に関する最高裁判例から見た争訟手続法制の問題点」（現代行政法講座編集委員会編『現代行政法講座Ⅲ　行政法の仕組みと権利救済』（日本評論社）掲載予定）参照。
16)　第2編第2章第1節Ⅴ3および第4節Ⅴ参照。

# 事項索引

● い

一般規程…8, 52, 159, 160, 231, 256
一方的辞職…134, 135, 153, 243, 244

● う

ウディノ議定書…58

● え

衛生安全委員会…58
衛生安全労働条件委員会…30, 57
役務の利益…156, 161, 167, 266

● お

大阪大学付属図書館事件…301, 302, 313

● か

解雇権濫用法理…177, 180-182, 293, 300, 301
開放型任用制…119, 138-140, 142, 148, 183-186, 189, 260, 263, 283, 289, 290, 317
カテゴリー…12, 150, 151, 260
官…144, 169, 170, 174
官職──→職
官職分離…138, 139, 149, 155, 157, 159-161, 163, 166, 169, 174, 317
官等…11, 12, 24, 52, 53, 55, 149, 151-157, 160-169, 187, 232-234, 239, 257, 258, 260, 261
官等と職の区別…138, 139, 149, 155, 160, 168
管理運営事項…102, 103
管理職員等…101, 102
官吏（制度）…144, 169
官吏法制の普通法外性…240, 242, 245, 247
官吏法第Ⅰ部…8, 9, 52, 188, 231, 256
────第Ⅱ部…9, 52, 187, 188, 231, 256
────第Ⅲ部…9, 24, 52, 256
────第Ⅳ部…9, 52, 256

● き

規範的効力…19, 60-62, 107, 116, 127

キャリア…12, 93, 153, 157, 189, 283
キャリア・システム──→閉鎖型任用制
休暇…269, 271
休業…171
休職…54, 153, 162, 165, 166, 170-172, 265
旧職階法…142, 145-147
行政管理委員会…17, 30-32, 56, 57
行政契約…308-311
行政行為…132, 134, 308-312
行政執行法人…68, 76, 201, 203, 204, 228, 297
行政整理…153, 165, 181
行政的公役務…245, 248, 250
行政的公施設法人──→公施設法人
行訴法改革…192
協約締結権…14, 16, 18, 22, 29, 61, 62, 64-66, 68, 69, 80, 84, 86, 90, 91, 94, 96-101, 104, 108, 125, 127, 129, 130, 316
均衡原則…26
勤務関係の法的性質──→公務員勤務関係の法的性質
勤務実績…93, 118, 215, 218
勤務条件法定主義…1, 3, 62, 71-73, 78, 80, 85-91, 94, 104, 108, 113-115, 117, 119, 121, 124-126, 128, 129, 211, 212, 244, 301, 303, 304, 316
勤務成績…118, 214, 216, 218, 225
勤務評定…192, 193, 216, 217

● く

グラン・コール…149, 239, 259

● け

形式的行政処分…310
形式秘…198-200
契約関係…303, 304, 307, 312
契約職員──→（私法）契約職員
兼業規制…270, 275, 279
研修職員…261

● こ

公役務…10, 22, 50, 316

*324* 事項索引

──の継続性原理…240-243
公役務理論…240,245
高級官僚群──→グラン・コール
公権力性…305-311
公施設法人…229,250,255
　行政的──…9
　商工的──…9,247,249
更新拒否…300,313
更新前提性…94,300,303,312
高等評議会──→公務員制度高等評議会
号棒…12,24,26,27,53,55,151,153,155,162,261
号棒外…27,49,55
公法関係…301,302
公法私法二元論…301,302,304
公法上の勤務関係説…128
公務員勤務関係の法的性質…128,131,303
公務員制度改革大綱──→大綱
公務員制度共通協議会…34,58
公務員制度高等評議会…30,34,35,56,57
公務就任平等・機会均等…1,2,92,118,119,182,244,282,292,293,296
高齢者部分休業…253,267,275,276
国家公務員制度改革関連法案…96,112,115,121,126,317
国家公務員制度改革基本法──→国公改革基本法
国家公務員の職階制に関する法律──→旧職階法
国家公務員の労働関係に関する法律案──→国公労法案
国家公務員倫理規程…204-209
国家公務員倫理審査会…204,208,209
国家公務員倫理法──→国公倫理法
国公改革基本法…66,97,99,213-216,223
国公倫理法…93,202-204,207-211
国公労法案…22,61,62,96,98-104,106-111,115,117,122,126,127,130,132
個別規程…9,11,12,52,56,150,232,259

●さ

財政民主主義…72,73,78-80,84-91,93,114,119,123,125
債務的効力…19,60,62,107,116,127
採用…141,151,170

採用内定…133,134
裁量基準…94,130-132
査定昇給…218,224

●し

士官の身分に関する1834年5月19日の法律
　──→フランス官吏法に関連する法令の1834年の法律
辞職…153
私人による行政…75,211
実質秘…198-200
指定管理者…76,77
(私法)契約職員…52,229,234,243,245,247,250,255,261-264,279,281,318
社会的対話…11,59
修学部分休業…253,267
終身の身分保障…156
自由任用職…262,273
重要事項留保説…130
出向…39,173
守秘義務…195-200,297
昇格…12,53,93,153,155,167,189,260,268,269
昇給…12,53,93,153,155,268
上級行政官…160,239
上級職…163,164,185,192
商工的公役務…245,247-249,255
昇進…12,153,268,269
商工的公施設法人──→公施設法人
昇進資格者名簿…189
情勢適応原則…10,50,120,244,316
昇任…141
職…27,142-145,147,149,151,152,154-158,160-174,187,232-235,257-260
　──への任用システム…143,145,162,175
職員群…9,11,27,52,53,55,149-153,155,160,233,234,239,258-260
職階制…138,140-144,146-148,169,175,184,186,187,189,320
職階法──→旧職階法
職級…142,143,151
職級明細書…142
職群…9,11,12,27,258-260
職種…142
職団…27,151,152,155,233-239,259

職団外派遣…54,164,165
職団廃止法…166
職務給原則…120,162
職務の公共性…72-74,76,77,80
職権退職…153,273
処分──→処分（性）
処分（性）…128,132-134,295,296,300,302,305-307,309-313
処分手続──→不利益処分手続
審査会──→国家公務員倫理審査会
人事管理協議会…30,57
人事記録閲覧…163,190,191,264,296
人事評価…92,93,118,153,189,194,213-225,269,318
人事評価基準…220,221
　　──の設定・公表…220,221,225

●せ

政治的任用…2,163,192
成績主義…1,2,92,93,118,120,140,181-183,186,192,193,217-219,223,244,282,291-294,318
選考…291,292
漸次の現役離職…253,273-276
全体の奉仕者…71,73,99,114,118,119,123
選定罷免権…71,80,92,118,123,124,292
全農林（警職法闘争事件）（最判）…67,69-73,75-81,85-90
専門調査会…64,66,67,76,77,87,97

●そ

争議権…14,23,68,70,79-81,84,85,98,316

●た

大綱…177-179,183,187-189,192,193
退職手当…172-174
退職年金…269,273-275
退職派遣…173
代表的組合…15,16,20,21,30
待命…169
団結権…14,68,98,100,105,125,316
短時間勤務…252,254,276-279,319
団体協約…61,62,99-104,106-110,115,126,127
団体交渉権…14,16,61,62,64,68,79-84,87-90,125

●ち

地位の特殊性…72-74,76,77,79,80
地方公務員制度改革関連法案…112,121,126,317
地方公務員任期法…252,280,282
地方公務員の労働関係に関する法律案…22,112,115,126
地方公務管理機構…6,30,33,36
地方独立行政法人…204
懲戒審議会…28,31,56,190

●て

手当…24,28,54,55,155
停職…170
定年（退職）…153,273
デュラフール協定…59

●と

当事者自治…94,128,303,311,312,316,317
同数行政管理委員会──→行政管理委員会
特定地方独立行政法人…69,100
特定独立行政法人…76,100,228,249,297
特別権力関係…128,306,311,321
特別昇給…218
特別手当…18,23-25,54
特別併任──→出向
独立行政法人…74,76,201,211,228,249,319

●な

内部昇任…150,259
名古屋中郵（事件）（最判）…67,69,78-83,85-90,114,182,293

●に

2002年報告…287,290-292,294,298
任意的法事項…117,119-121,129,130,135
任官…12,53,144,152,154,160,164,188,232,239,257,258,261
任官補職のシステム…138,143,145,148,154,168-170,172,174,175,187,232,257
任期付任用…94,251,252,261,280-284,286-288,290,291,294,299-301,303,313,318-320

任用…147

●ね

年次俸給指数値…26, 27, 55, 56, 59

●の

ノンキャリア・システム──→開放型任用制

●は

配置転換…156, 159, 161, 162
派遣…54, 162-164, 171-174, 319
パリ行政組織高等評議会…30
判断過程審査方式…193

●ひ

非常勤職員…286-288, 291, 294, 299, 318
非正規職員…7, 8, 51, 52, 185, 229, 234, 254, 255, 261, 264, 274, 276, 278, 279, 281, 318
必要的法律事項…117, 118, 120, 121, 129, 130
日々雇用職員…294, 301, 313
病院公務員制度…7-9, 52
評価結果の開示…215, 222, 223, 225
平等原理…244

●ふ

普通昇給…218
部分休業…253, 254, 271, 319
部分時間勤務…254, 264, 274-276
　通常の──…265
　特別の──…271
部門…12, 13
フランス官吏法に関連する法令
　1834年の法律…157, 158, 188
　1946年官吏法…10, 29, 52, 56-58, 160, 166, 167, 231-233, 239, 243, 256
　1946年10月19日の法律（46-2294号）──→1946年官吏法
　1946年第4共和国憲法前文…13, 14, 29, 51
　1959年官吏法…10, 52, 58, 160, 166, 231, 243
　1959年2月4日のオルドナンス（59-244号）──→1959年官吏法
　1983年7月13日の法律（83-634号）──→官吏法第Ⅰ部
　1984年1月11日の法律（84-16号）──→官吏法第Ⅱ部
　1984年1月26日の法律（84-53号）──→官吏法第Ⅲ部
　1986年1月9日の法律（86-33号）──→官吏法第Ⅳ部
　2010年改正官吏法…11, 17, 18, 31, 40, 57-61, 316
　2010年官吏法改正──→2010年改正官吏法
　2010年7月5日の法律（2010-751号）──→2010年改正官吏法
不利益処分手続…93, 118, 190, 191
プリム──→特別手当
分権型社会における地方公務員の任用制度のあり方等に関する検討会報告──→2002年報告
分限免職…153, 165, 166

●へ

閉鎖型任用制…53, 92, 93, 119, 120, 138, 139, 142, 148, 174, 175, 183-189, 191, 233, 260, 263, 283, 289, 290, 315, 317
ペルシー協定…11, 18, 34, 58, 59
ペンドルトン法…186

●ほ

俸給…24, 26, 27, 53, 55, 155, 162, 163
俸給指数…27
俸給指数表…26, 46, 55, 56, 59
俸給表…93, 120
法令規律関係…10, 16, 19-22, 50, 59-61, 125, 244, 263, 316
法令規律説…128, 129
補職…144, 145, 154-157, 161, 163-165, 168, 188, 232, 257

●み

身分…170-172
身分規程…7, 10, 52, 150, 231, 256
身分保障…1-3, 93, 111, 118-120, 140, 141, 155, 156, 166, 177, 179-183, 185-193, 244, 280-282, 288, 290, 293-295, 317, 318
民間給与調査…104, 105, 120

●や

雇止め…288, 295, 296
山形県人事委員会事件…280, 286, 303

●ら

ラウフバーン…259
ランク・イン・パーソン…145
ランク・イン・ポジション…145

●り

リモジェ…159
理由付記…222
留保付協約締結権…69, 93, 108, 114, 125
留保付団体交渉権…84, 90
猟官制…181, 186, 219

倫理監督官…206, 207
倫理規程→国家公務員倫理規程
倫理条例…204

●れ

例外規程…9

●ろ

ロイド・ラフォレット法…186
労使協働諮問機関…15-17, 19, 29, 31-34, 50, 58, 62
労使自治…3, 19, 91, 93, 94, 125, 126, 129, 212, 316
労使同数行政管理委員会→行政管理委員会
労使同数人事管理協議会→人事管理協議会
労働契約関係説…128, 129, 131-133, 136

著者紹介

**下井 康史**（しもい・やすし）

| | |
|---|---|
| 1963年 | 熊本県生まれ |
| 1994年 | 北海道大学大学院法学研究科博士課程単位取得退学 |
| 1994年 | 博士（法学） |
| | 北海道大学法学部助手、鹿児島大学法文学部助教授、新潟大学法学部助教授、同大学院実務法学研究科助教授・教授、筑波大学大学院ビジネス科学研究科教授を経て、 |
| 現　在 | 千葉大学大学院専門法務研究科教授（行政法担当） |

著　書　『産廃法談』（共著、環境新聞社・2004）
　　　　『はじめての行政法』（共著、有斐閣・2007、第3版補訂版・2015）
　　　　『はじめての行政法』（共著、三省堂・2009、第3版・2016）
　　　　『ケースブック行政法（第5版）』（共編、弘文堂・2014）

論　文　「2011年第二期地方分権改革の意味・意義・課題」社会保障法27号（2012）
　　　　「公共事業と環境保全」高橋信隆＝亘理格＝北村喜宣編著『環境保全の法と理論』（北海道大学出版会・2014）
　　　　「抗告訴訟と当事者訴訟の関係について――判例の検討と法改正論」判時2308号（2016）

## 公務員制度の法理論
―― 日仏比較公務員法研究　　　　（行政法研究双書 33）

2017（平成29）年2月28日　初版1刷発行

| | |
|---|---|
| 著　者 | 下　井　康　史 |
| 発行者 | 鯉　渕　友　南 |
| 発行所 | 株式会社　弘文堂　　101-0062 東京都千代田区神田駿河台1の7<br>TEL 03(3294)4801　振替 00120-6-53909<br>http://www.koubundou.co.jp |
| 印　刷 | 港北出版印刷 |
| 製　本 | 牧製本印刷 |

© 2017 Yasushi Shimoi. Printed in Japan

JCOPY　〈(社)出版者著作権管理機構 委託出版物〉

本書の無断複写は著作権法上での例外を除き禁じられています。複写される場合は、そのつど事前に、(社)出版者著作権管理機構（電話 03-3513-6969、FAX 03-3513-6979、e-mail:info@jcopy.or.jp）の許諾を得てください。
また本書を代行業者等の第三者に依頼してスキャンやデジタル化することは、たとえ個人や家庭内での利用であっても一切認められておりません。

ISBN978-4-335-31506-0

| | |
|---|---|
| オンブズマン法〔新版〕《行政法研究双書1》 | 園部逸夫<br>枝根　茂 |
| 土地政策と法《行政法研究双書2》 | 成田頼明 |
| 現代型訴訟と行政裁量《行政法研究双書3》 | 高橋　滋 |
| 行政判例の役割《行政法研究双書4》 | 原田尚彦 |
| 行政争訟と行政法学〔増補版〕《行政法研究双書5》 | 宮崎良夫 |
| 環境管理の制度と実態《行政法研究双書6》 | 北村喜宣 |
| 現代行政の行為形式論《行政法研究双書7》 | 大橋洋一 |
| 行政組織の法理論《行政法研究双書8》 | 稲葉　馨 |
| 技術基準と行政手続《行政法研究双書9》 | 高木　光 |
| 行政とマルチメディアの法理論《行政法研究双書10》 | 多賀谷一照 |
| 政策法学の基本指針《行政法研究双書11》 | 阿部泰隆 |
| 情報公開法制《行政法研究双書12》 | 藤原静雄 |
| 行政手続・情報公開《行政法研究双書13》 | 宇賀克也 |
| 対話型行政法学の創造《行政法研究双書14》 | 大橋洋一 |
| 日本銀行の法的性格《行政法研究双書15》 | 塩野　宏監修 |
| 行政訴訟改革《行政法研究双書16》 | 橋本博之 |
| 公益と行政裁量《行政法研究双書17》 | 亘理　格 |
| 行政訴訟要件論《行政法研究双書18》 | 阿部泰隆 |
| 分権改革と条例《行政法研究双書19》 | 北村喜宣 |
| 行政紛争解決の現代的構造《行政法研究双書20》 | 大橋真由美 |
| 職権訴訟参加の法理《行政法研究双書21》 | 新山一雄 |
| パブリック・コメントと参加権《行政法研究双書22》 | 常岡孝好 |
| 行政法学と公権力の観念《行政法研究双書23》 | 岡田雅夫 |
| アメリカ行政訴訟の対象《行政法研究双書24》 | 越智敏裕 |
| 行政判例と仕組み解釈《行政法研究双書25》 | 橋本博之 |
| 違法是正と判決効《行政法研究双書26》 | 興津征雄 |
| 学問・試験と行政法学《行政法研究双書27》 | 徳本広孝 |
| 国の不法行為責任と<br>　　公権力の概念史《行政法研究双書28》 | 岡田正則 |
| 保障行政の法理論《行政法研究双書29》 | 板垣勝彦 |
| 公共制度設計の基礎理論《行政法研究双書30》 | 原田大樹 |
| 国家賠償責任の再構成《行政法研究双書31》 | 小幡純子 |
| 義務付け訴訟の機能《行政法研究双書32》 | 横田明美 |
| 公務員制度の法理論《行政法研究双書33》 | 下井康史 |
| 行政上の処罰概念と法治国家《行政法研究双書34》 | 田中良弘 |